କାଳିଦାସଙ୍କ ଅମର କାବ୍ୟ

# କୁମାର ସମ୍ଭବ

(ପଦାନୁବାଦ)

କାଳିଦାସଙ୍କ ଅମର କାବ୍ୟ

# କୁମାର ସମ୍ଭବ

(ପଦାନୁବାଦ)

ଅନୁବାଦ

## ଆଶାମଞ୍ଜରୀ ଦେବୀ

ବ୍ଲାକ୍ ଇଗଲ୍ ବୁକ୍ସ
ଭୁବନେଶ୍ୱର, ଓଡ଼ିଶା
BLACK EAGLE BOOKS
Dublin, USA

**କାଳିଦାସଙ୍କ ଅମର କାବ୍ୟ- କୁମାର ସମ୍ଭବ(ଓଡ଼ିଆ ପଦାନୁବାଦ) /**
ଅନୁବାଦ: **ଆଶାମଞ୍ଜରୀ ଦେବୀ**
**ବ୍ଲାକ୍ ଈଗଲ୍ ବୁକ୍ସ :** ଭୁବନେଶ୍ୱର, ଓଡ଼ିଶା • ଡବଲିନ୍, ଯୁକ୍ତରାଷ୍ଟ୍ର ଆମେରିକା

BLACK EAGLE BOOKS

USA address:
7464 Wisdom Lane
Dublin, OH 43016

India address:
E/312, Trident Galaxy, Kalinga Nagar,
Bhubaneswar-751003, Odisha, India

E-mail: info@blackeaglebooks.org
Website: www.blackeaglebooks.org

First Edition: 2002

First International Edition Published by
BLACK EAGLE BOOKS, 2025

**KALIDASNKA AMARA KAVYA- KUMAR SAMBHAV**
Odia translated by **Ashamanjari Devi**

Translation Copyright © **Ashamanjari Devi**

All rights reserved. No part of this publication may be reproduced, stored in a retrieval system, or transmitted, in any form or by any means, electronic, mechanical, photocopying, recording or otherwise without the prior permission of the publisher.

Cover & Interior Design: Ezy's Publication

ISBN- 978-1-64560-642-0 (Paperback)

Printed in the United States of America

# ଉତ୍ସର୍ଗ

ନମାମି ବିଶ୍ୱପ୍ରଣବ ଗୁରୁ ମୋର ସଦ୍‌ଗୁରୁ ବିଶ୍ୱର
ଜ୍ଞାନାଞ୍ଜନ ଶଳାକାରେ ଯେ କରଇ
ବିଶ୍ୱ-ନେତ୍ର-ତମ ପରିହାର ।
ଯାହାର କରୁଣା ଲଭି ନେତ୍ର-ମଣିପୁର ଦର୍ଶନରୁ,
ସକଳ ସତ୍ୟତା ସାଧୁ ଅନୁଭବେ ବ୍ୟର୍ଥ ସଂସାରରୁ ।
ସେ ଗୁରୁ ପଦ-କମଳେ
ଶତେଦାର ଭୂମି ପ୍ରଣିପାତେ ।
ନିଜରେ ଜିଜ୍ଞାସା କରେ-
ପଙ୍ଗୁ ଯଦି ଲଙ୍ଘେ ଗିରି ସତେ !
ମହାକବି କୃତ ଏହି ସଂସ୍କୃତର କୁମାର ସମ୍ଭବ
ମୋ ଉତ୍କଳ ଭାଷାରେ ମୁଁ
ଯଥାସାଧ୍ୟ କଲି ଅନୁବାଦ ।
ଉତ୍କଳର ଜୟ ହେଉ
ଜୟ ହେଉ ଭାରତ ମାତାର,
ଶିଶୁ ସମ ଏ ଲେଖାଟି
ସର୍ବ ସ୍ଥାନୁ ଲଭୁ ସମାଦର ।

ଅନୁବାଦିକା : ଶ୍ରୀମତୀ ଆଶାମଞ୍ଜରୀ ଦେବୀ
ଜନ୍ମ: ୧୯୨୫ ମସିହା ଆଷାଢ଼ ମାସ ଶୁକ୍ଳ ଏକାଦଶୀ।

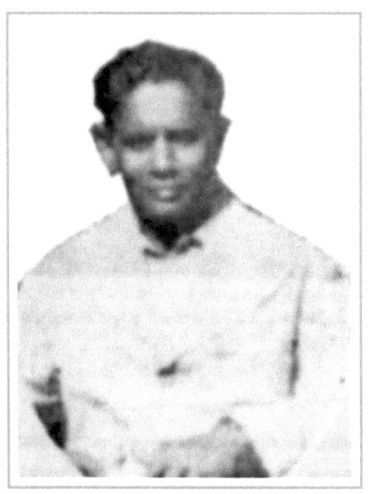

ପ୍ରେରଣାର ଉତ୍ସ: ପୂଜ୍ୟ ଶ୍ୱଶୁର
ସ୍ୱର୍ଗତଃ ରାମଚନ୍ଦ୍ର ମହାନ୍ତି

# ଶ୍ରୀ ଗୁରବେ ନମଃ

କଟକ ସହର ଓ ନାଗବାଲି ଗାଁ ହେଲେବି ରେଭେନ୍‌ସା କଲେଜ ଓ ହାଇସ୍କୁଲ ଯୋଗୁ ପାଖ ଗ୍ରାମ ଲୋକଙ୍କ ପାଇଁ ଯେମିତି ପରସ୍ପର ପରିପୂରକ। କାଠଯୋଡ଼ି ନଈ ପୋଲ ପାରି ହୋଇ ନଈ ବନ୍ଧେ ବନ୍ଧେ ଗଲେ, କାଠଯୋଡ଼ିର ଶାଖାନଦୀ ସିଢୁଆ ପଡ଼େ, ଓ ତାରି କୂଳେ କୂଳେ ଗଲେ କେତୋଟି ଗାଁ ପଛକୁ ରହିଯାଇ ତୁମକୁ ନାଗବାଲି ଯିବାକୁ ବାଟ ଛାଡ଼ିଦେବେ। ଛୋଟ ଗାଁଟିଏ, ହେଲେ 'ରତ୍ନଗର୍ଭା' ଗାଁ।

୪୫ଖଣ୍ଡ ଜମିଦାରିରେ ଏକଦା ଧର୍ମାନନ୍ଦ ମହାନ୍ତି ଜଣେ ଜମିଦାର ଥିଲେ। ଏଇ ଗାଁ ଲୋକେ ଅପଭ୍ରଂଶ କରି ଧର୍ମୁ ମହାନ୍ତି କୁହନ୍ତି। ସେ ଥିଲେ ଶ୍ରୀ କରଣ କୁଳର ଗରିଷ୍ଠ କୁଳଚନ୍ଦ୍ରମା ଜମିଦାର। ଯଦିଓ ଛୋଟ  ଗାଁ'ଟିରେ ଜମିଦାର, ତାଙ୍କର ପ୍ରତିପତ୍ତି ଆଭିଜାତ୍ୟ ଅଭିମାନ ବହୁତ ଥିଲା। ମୋର ଜଣେ ମାଉସୀ ସତ୍ୟଭାମାଙ୍କ ପାଖରୁ ଶୁଣିଥିଲି ତାଙ୍କ ଜମିଦାରିରେ ଛତ୍ରବଜାର, ଶଙ୍ଖତ୍ରାସ, ତେଲଙ୍ଗାପେଣ୍ଠ ଇତ୍ୟାଦି ଥିଲା। କିନ୍ତୁ ତାଙ୍କ ପୁରୁଣା କାଳିଆ ଧୂଳିଆ ମଉଡ଼ମରା ଘରଥିଲା। ଗାଁ ଠାକୁରାଣୀ ଗଛମୂଳେ ରହିଛନ୍ତି ଆଉ ଜମିଦାରଙ୍କର ଉଆସ ରହିବ କିପରି ? କାଠ କାମର ସୁନ୍ଦର ସୁନ୍ଦର ଚିତ୍ରକଳା କବାଟ, ଓରାକାନ୍ଥି ସବୁଠି ଚିତ୍ରଲେଖା ଦେଖିଲେ ଆତ୍ମସନ୍ତୋଷ ଆସେ।

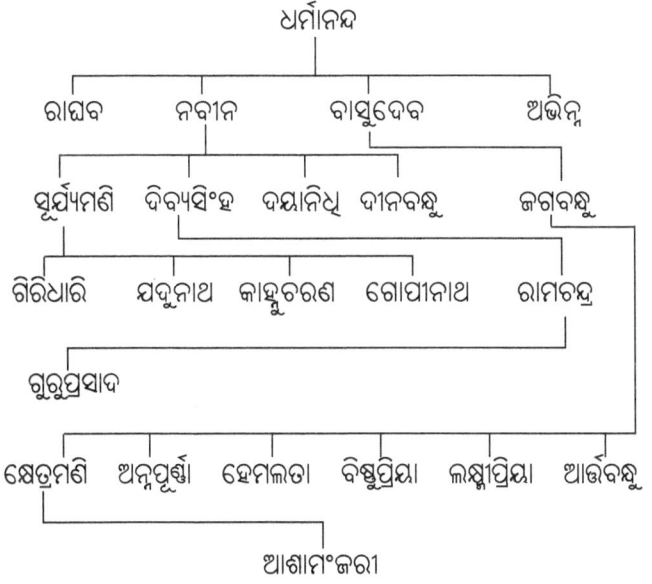

ନବୀନଙ୍କ ବଡ଼ପୁଅ ଷୋହଳ ବର୍ଷରେ ଘୋଡ଼ାରୁ ପଡ଼ି ମରିଥିଲେ। ସେ ସାନଭାଇ ଅଭିନ୍ନଙ୍କ ପୁଅ ନୀଳମଣିଙ୍କୁ ପୁଅ କରିଥିଲେ। ପରେ ନବୀନଙ୍କର ଚାରି ପୁଅ ହେଲେ। ଗୋପୀନାଥ ଓ କାହ୍ନୁଚରଣଙ୍କ ଉପନ୍ୟାସ ଯେ ପଢ଼ିଥିବେ, ସେମାନେ ତାଙ୍କ ବଂଶର ଇତିହାସ ଜାଣିଥିବେ। ଅଯଥା ଏଠି ଲେଖିବା ନିଷ୍ପ୍ରୟୋଜନ।

ସେତେବେଳେ ଶ୍ରୀ କରଣ କୁଳର ବହୁତ ଅଭିମାନ ମାନମର୍ଯ୍ୟଦା ଥିଲା। ଏ ବଂଶର ପିଲାମାନେ ଜମିଦାର ଓ ଶ୍ରୀ କରଣ କୁଳରେ ବିଭାହେଉ ଥିଲେ। ଦିବ୍ୟସିଂହ ବିଭା ହୋଇଥିଲେ କାଠାହାରର ହାତୀ ବନ୍ଧା ଜମିଦାରଙ୍କର ଏକମାତ୍ର କନ୍ୟାକୁ। ସେହି ଦିବ୍ୟସିଂହଙ୍କ ଏକମାତ୍ର ସନ୍ତାନ ରାମଚନ୍ଦ୍ର। ଏମାନେ ମୋର ମାମୁ ବଂଶ ଥିଲେ। ଅନ୍ୟ ମାମୁମାନେ ସମସ୍ତେ ପ୍ରାୟ ଜମିଦାର ଘରେ ବିଭା ହୋଇଥିଲେ। ଏବେ ତ ଜମିଦାର ନାହାନ୍ତି, ମନ୍ତ୍ରୀ ଅଛନ୍ତି।

ଧର୍ମୁଙ୍କ ତୃତୀୟ ପୁତ୍ର ବାସୁଦେବଙ୍କର ପୁତ୍ର ଏକମାତ୍ର ସନ୍ତାନ ଜଗବନ୍ଧୁ। ଜଗବନ୍ଧୁଙ୍କର ପାଞ୍ଚ କନ୍ୟା ସନ୍ତାନ। ଏକମାତ୍ର ପୁତ୍ର 'ଆର୍ତ୍ତବନ୍ଧୁ' ଯେ କି ପୂର୍ତ୍ତବିଭାଗର ଚିଫ୍ ଇଂଜିନିୟର ଥିଲେ। ସେ ମୋର ନିଜ ମାମୁ ଏବଂ ମୋ ବଡ଼ ଭାଇଙ୍କ ଠାରୁ ଦୁଇବର୍ଷ ସାନ ଥିଲେ। ବର୍ତ୍ତମାନ କେବଳ ମୋ ମାଇଁ ଅଛନ୍ତି, ସେ କଟକ ମାତା ମଠ ନିବାସୀ ଦେବବାବୁଙ୍କ ଜ୍ୟେଷ୍ଠା କନ୍ୟା ମିନତି ଦେବୀ। ମୋ ମାମୁ ତ ନାହାନ୍ତି, ତାଙ୍କର ଭାଇମାନେ ମଧ୍ୟ ନାହାନ୍ତି, ସମସ୍ତେ ସ୍ୱର୍ଗବାସୀ।

ଆର୍ତ୍ତବନ୍ଧୁଙ୍କ ବଡ଼ ଭଉଣୀ ମୋ ବୋଉ ଯେତେବେଳେ ବିଭାହେଲେ ତାଙ୍କୁ ମାତ୍ର ପନ୍ଦର ବର୍ଷ। ତାଙ୍କ ବାପା ଜଗବନ୍ଧୁ ତାଙ୍କୁ ବିଭାଦେଲେ ଫତେଗଡ଼ ରାୟପୁର ନିବାସୀ ଶ୍ରୀ କରଣ ବାଉରିବନ୍ଧୁଙ୍କ ଘରେ। ପନ୍ଦର ବର୍ଷର ଝିଅ ବିଭାହୋଇ ଶାଶୁ ଘରକୁ ଗଲାବେଳେ ତାଙ୍କର ଆଠଟି ପରିବାର ଏକାନ୍ନବର୍ତ୍ତୀ ଥିଲେ। ସେ ଜମିଦାର ନ ଥିଲେ। କେବଳ ଦୁଇବାଟି ସମ୍ପତ୍ତି କରିଥିଲେ। ଅଠର କୋଡ଼ିଏ ହଳ ବଳଦ ଲଙ୍ଗଳ ଓ କୋଠିଆ, ବାଉରି, ଚାକର ପୋଇଲି ଲୋକେ କୁହନ୍ତି ରାୟପୁର ଗହୀରରେ ସୁନା ଫଳେ। ଖରିଫ, ରବି, ଫସଲରେ ଭରପୁର, ଦଶଖଣ୍ଡି ଗାଁରେ ମାନୁଥିଲେ ତାଙ୍କୁ ଇତ୍ୟାଦି। ନିଜର ମେଳନ ପଡ଼ିଆ ଥିଲା। ଦୋଳ ଦଶହରାରେ ପଠାଣ ବାଉରୀ ଇତ୍ୟାଦି ଆସି ଖଣ୍ଡାଖେଳ, ଫରି, ବନାଟି ଖେଳ ସବୁ ଦେଖାଇ ବକ୍‌ସିସ ନେଉଥିଲେ। ମାଳି, ଗୁଡ଼ିଆ, ଧୋବା ଅନ୍ୟମାନେ ଯାହାର ଯାହା କାମ କରିବାକୁ ଜମି ହେତା ନେଉଥିଲେ। ବାଉରିବନ୍ଧୁ ବିହାରୀଲାଲ ପଣ୍ଡିତ ପାଖେ ଚାକିରୀ କରିଥିଲେ।

ତାଙ୍କର ଦୁଇ ପୁଅଙ୍କୁ ତେଣୁ କଟକରେ ପଢ଼ାଇବାକୁ ସୁବିଧା ହେଲା। ଦୁଇ ପୁଅଯାକ କୃତୀ ଛାତ୍ର ଥିଲେ। ତାଙ୍କର ଅସୁବିଧା ନଥିଲା, ସୁବିଧା ହୋଇଥିଲା। ତାଙ୍କର

ପ୍ରଥମା ସ୍ତ୍ରୀ ମରିଥିଲେ, ତାଙ୍କୁ ଆଉଥରେ ବିଭା ହେବାକୁ ପଡ଼ିଥିଲା । ବାପା ଓ ଦାଦା କୃତୀ ଛାତ୍ର ଥିଲେ କିନ୍ତୁ ବାପା କୁଳମଣିଙ୍କର ଧର୍ମ ବିଷୟରେ ପିପାସା ବହୁତ ଥିଲା । ସେ ଏମ୍.ଏ. ପାଶ୍ କଲାପରେ ଘର ଛାଡ଼ି ଚାଲିଯାଇଥିଲେ । ଭାରତର ବହୁଜାଗା ବୁଲି ବୁଲି ଶେଷରେ ବନ୍ଧୁ କଟକର ନିଶାମଣି ମହାନ୍ତିଙ୍କ ଅନୁରୋଧରେ ଘରକୁ ଫେରିଥିଲେ । ସେ ଆଉ ପଢ଼ି ନଥିଲେ, ବାଲେଶ୍ୱରର ଅଡ଼ିଟର ଚାକିରିରେ ରହିଥିଲେ । ତାଙ୍କର ସାନଭାଇ ଖ୍ୟାତନାମା ଚୌଧୁରୀ ବଂଶର ଦିବ୍ୟସିଂହ ପଟ୍ଟନାୟକଙ୍କ ଜ୍ୟେଷ୍ଠା କନ୍ୟାକୁ ବିବାହ କଲେ । ସେ ଏମ୍.ଏସ.ସି ପାଶ କରିଥିଲେ । ବାଉରିବନ୍ଧୁ ଜମିଦାର ଘରେ ବନ୍ଧୁ ବାନ୍ଧିଥିଲେ । ତାଙ୍କର ଦ୍ୱିତୀୟା ସ୍ତ୍ରୀଙ୍କର ତିନି କନ୍ୟା ଓ ଦୁଇ ପୁତ୍ର ଥିଲେ । କେବଳ ଜ୍ୟେଷ୍ଠା କନ୍ୟାକୁ ବିଭା ଦେଇ ସାରିବା ପରେ ସେ ସ୍ୱର୍ଗବାସ କଲେ । ତାଙ୍କର ଗୋଟିଏ ପୁତୁରା ଭଗବାନ ମହାନ୍ତି ବୋଲି, ସେ ଡାକ୍ତର ଥିଲେ । ବାଉରିବନ୍ଧୁଙ୍କ ମୃତ୍ୟୁ ପରେ ତାଙ୍କର ଆଠଟି ପରିବାର ଆଉ ଏକାନ୍ନ ପରିବାର ହୋଇ ରହିପାରିଲେ ନାହିଁ ।

ମୋ ଦାଦା (ଇନ୍ଦ୍ରମଣି ମହାନ୍ତି) ଚଣାହାଟ ଜମିଦାର ଘରେ ବିଭାହେଲେ, ମୋ ଖୁଡ଼ୀଙ୍କର ସାନ ଭଉଣୀ କୃଷ୍ଣା କୁମାରୀଙ୍କୁ ନାଗବାଲି ଦିବ୍ୟସିଂହ ମହାନ୍ତିଙ୍କ ପୁତ୍ର ୧୯୨୨ ମସିହାରେ ଶ୍ରୀ ରାମଚନ୍ଦ୍ର ମହାନ୍ତିକୁ ବିଭା ହୋଇଥିଲେ । ତାଙ୍କର ଏକମାତ୍ର ସନ୍ତାନ ହେଲେ ଶ୍ରୀ ଗୁରୁପ୍ରସାଦ । ସେମାନେ ମୋର ମାମୁ ବଂଶ ଥିଲେ ।

ମୋ ପିଲାଦିନେ ମୋ ମାମା ସାଙ୍ଗେ ମୁଁ ନାଗବାଲି ଯାଇଥିଲି । ସିଢୁଆ ନଈର ବନ୍ଧବାଟ ଦେଇ ନାଗବାଲି ଯାଆନ୍ତି । ଗାଁ ଆରମ୍ଭରେ ଗାଁ ଠାକୁରାଣୀ ଜଗିଛନ୍ତି । ଠାକୁରାଣୀଙ୍କ ବିଜେ ସ୍ଥଳକୁ କେତେଗୁଡ଼ିଏ କୋଚିଲା ଗଛ ପତ୍ର ପରି ଘେରି ରହିଛନ୍ତି । ହିଞ୍ଜଳି ଫୁଲର ଗଛମଧ ତା ଭିତରେ ଅଛି । ଫଗୁଣ ଚୈତ୍ରରେ ଈଷତ୍ ଲାଲ ହଳଦିଆ ଫୁଲ । ଦେଖିବାକୁ ବଉଳ ଫୁଲ ପରି । ଗାଁ ଲୋକଙ୍କର ମନ ମାନସିକ ପୂଜାସମ୍ଭାର ସବୁ ଯଥା- ହାତୀ, ଘୋଡ଼ା, ବାଘ, କଳସ, କଣ୍ଢେଇ ଇତ୍ୟାଦି ଝରାଫୁଲର ଆସ୍ତରଣରେ ପୋତି ହୋଇ ପଡ଼େ । କେତେ ପୂଜା ପର୍ବପର୍ବାଣିରେ ସ୍ଥାନ ଗହ ଗହ ହୋଇ ଉଠେ ବାଦ୍ୟ ବାଜଣାରେ । ଅନ୍ୟ ସମୟରେ ମଧ୍ୟ କେତେ ବିଶ୍ୱାସ ଓ ରହସ୍ୟରେ ପୂର୍ଣ୍ଣ ସେ ସ୍ଥାନ । ଦେଖିଲା ଲୋକର, ପାଦଚଲା ବାଟୋଇର, ମୁଣ୍ଡ ନଇଁ ଆସେ । ଆତ୍ମ ବିଶ୍ୱାସରେ ମନ ଆଶ୍ୱସ୍ତ ହୁଏ । ଆଗକୁ ପାଦ ପଡ଼େ । ଘର ବନ୍ଧକୁ ଲାଗିଛି । ବନ୍ଧ ଉପରେ ପୁରୁଖା ବଡ଼ ଓସ୍ତ ଗଛଟିଏ । ଉଦେ-ଅସ୍ତ କିରଣରେ ପତ୍ର ଝିଲିମିଲି କରେ । ବର୍ଷାଦିନେ ସେଇ ନଈ ବନ୍ଧରେ ବନ୍ଧ ଉଛୁଳା ବନ୍ୟାପାଣିକୁ ଦେଖି ଭୟ ଓ ଆଶଙ୍କାରେ ଗାଁ ଲୋକ ବିବ୍ରତ ହୁଅନ୍ତି । ଅସହାୟ ହୋଇ ଠାକୁରାଣୀଙ୍କୁ ଦୟିନୀ କରନ୍ତି । ବଢ଼ି ଚାଲିଯାଏ । ଠାକୁରାଣୀ ମାଜଣା ହୁଅନ୍ତି ।

ଶୀତ, ଶରତ ଋତୁରେ ନଈ ପଠାର କାଶତଣ୍ଡିଫୁଲ କାଇଁଚ ଗଛର ଫଳ ରକତ ଟଳମଳ ଖଇର ପାଞ୍ଚ ଫଳ ଓ ସୋରିଷ ଫୁଲର କିଆରି ଧନିଆଁ ଫୁଲ କିଆରୀ ଅନ୍ୟାନ୍ୟ ପନିପରିବାରେ ଭରିଥିବା ପଠାକୁ ଦେଖିଲେ ଚାଷୀ କଣ ଦେଖିବା ଲୋକର ପେଟ ପୂରିଯାଏ। ଆମ୍ବତୋଟା, ନଡ଼ିଆ ବଗିଚା, ବାଉଁଶ ବଣ, କଦଳୀ ବଣ, ବଡ଼ ବଡ଼ ଶାଗୁଆନ ଚାକୁଣ୍ଡା କୁରମ ଅସନ ଇତ୍ୟାଦି ଗଛ ସବୁ ଗାଁ ପରିବେଶକୁ ସୁନ୍ଦର କରିଥାଏ। ଧାନ କ୍ଷେତରେ ଅଶିଣ ପବନ ବାଜିଲେ ଶିଶୁ କ୍ଷେତ ଦୋଳିଖେଳେ। ହାଲକା ଚଲା ବଉଦର ଛାଇ ନଈ ବାଲିରେ ଲୁଚକାଳି ଖେଳେ। ଖରାଦିନେ ଖରା ତାତିରେ ଶିଉଳି ଲଗା ଧାରରେ ଛାଇ ନେଉଟାଣି ଖରା ଖେଳେ ନଈରେ। ଶୀତ ଦିନର ଅସ୍ତସୂର୍ଯ୍ୟର ପାଉଁଶିଆ ଖରାରେ ମନ ଉଦାସ ଲଗେ। ଅଦିନିଆ ଝଡ଼ ବତାସରେ ଉଡୁଥିବା ନଈବାଲି ଦେହରେ ଫୋଡ଼ି ଫୋଡ଼ି କଷ୍ଟ ଦିଏ। ସଞ୍ଜହେଲେ ଗାଈଗୋଠକୁ ଫେରନ୍ତି ଆଉ କେତୋଟି ସ୍ତ୍ରୀଲୋକ ସଞ୍ଜହେଲେ ଠାକୁରାଣୀଙ୍କୁ ଦୀପ ଦେବାକୁ ଯାଆନ୍ତି। ଖରା ତାତିରେ ଗଙ୍ଗେଇ ଚଢ଼େଇ ଥରଥର  କରି ବୁଡ଼ି ମାଛ ନେଇ ଆଉ ସଞ୍ଜ ହେଲେ ଫେରେନାହିଁ। ଏମିତି କେତେ ରୂପ ଦେଖିଛି।

ନାଗବାଲିର ପଧାନ ସାହି, ବଢ଼େଇ ସାହି, କୁମ୍ଭାର ସାହି, କେଉଟ ସାହିର ଚୁଡ଼ା ପାହାର। ଗୁରୁବାର ଚିତା, ପାଚିଲା ଧାନକ୍ଷେତ ହେଲେ ନାନାଦି ଚଢ଼େଇ ଓ ଶୁଆର ସ୍ୱରରେ ପୂରିଉଠେ। ଗାଁର ପର୍ବ ପର୍ବାଣୀ ଆଖଡ଼ା, ଯାତ୍ରୀ, ରାମଲୀଳା ଇତ୍ୟାଦିରେ ମନଖୁସି ଲାଗେ। ସେଇ ନାଗବାଲି ଋତୁପ୍ରିୟା ଷଡ଼ଋତୁ ବେଶରେ ନିଜକୁ ସର୍ବଦା ସୁଷମିତ କରିଥାଏ। ଏଇ ଶୀତ ଦିନରେ ନାଗବାଲି ନଈର ଚୋରାବାଲିରେ ଆମ ନୀଳମଣି ଅଜା ଲୁଚି ଯାଇଥିଲେ। ସେ ନାଗବାଲି ଯେ ଖାଲି ସୁଷମାମୟୀ ତା ନୁହେଁ, ତାରି କୋଳରେ କେତେ ଜ୍ଞାନୀ, ଗୁଣୀ, କର୍ମଠ, ବରିଷ୍ଠ ସୁଦକ୍ଷ ଅଫିସର, ଡାକ୍ତର, ପ୍ରଫେସର, ଲେଖକ କବି ନାଟ୍ୟକାରରେ ନିଜକୁ ତୀର୍ଥସ୍ଥଳୀରେ ପରିଣତ କରିଛି। ଆଗର ଜମିଦାରୀ କି ଧନ ଦୌଲତ ନାହିଁ। କିନ୍ତୁ କେତେ ହୀରା, ନୀଳା, ମୋତି, ମାଣିକ ତା କଣ୍ଠହାରରୁ ତା ପିଲାଙ୍କୁ ଦେଶ ବିଦେଶରେ ଖେଳାଇ ଦେଇଛି। ଓଡ଼ିଶାର ନାଗବାଲିର ଗୋପୀନାଥ ପ୍ରଥମେ ଜ୍ଞାନପୀଠ ପାଇଥିଲେ। କବି ଶ୍ରୀ ଗୁରୁପ୍ରସାଦ ବି ସେଇ ଗାଁର।

ଗୁରୁପ୍ରସାଦଙ୍କ ଦୋଷ ହେଲା ସେ ବି.ଏ ପଢ଼ିବା ବେଳେ ହିଁ ବିବାହ କଲେ। ବି.ଏ. ଏମ୍.ଏ. ଓ ଚାକିରୀ। ଚାକିରୀରେ କନ୍‌ଫରମ ହେବାବେଳକୁ ତାଙ୍କର ଦୁଇପୁତ୍ର ଓ ଜ୍ୟେଷ୍ଠା କନ୍ୟା ହେଇଥିଲେ।

ମୋର ଶ୍ୱଶୁର ମହାଶୟ ଯେତେବେଳେ ଶୁଣିଲେ ଯେ ତାଙ୍କର ପ୍ରଥମ ନାତି ହୋଇଛି, ତାଙ୍କର ରାଗ ଅଭିମାନ ଭୁଲିଥିଲେ ଓ ତୁରନ୍ତ ତାଙ୍କ ଖୁଡ଼ିଙ୍କୁ ପଠାଇ ଜୋର୍‌ରେ

ତାଙ୍କର ଭିଣୋଇ ଭୂଦେବ ଚରଣ ଦାସଙ୍କ ଘରେ ରଖିଥିଲେ ମତେ। କାରଣ ମାଲକାନାଗିରିରୁ ଶୀଘ୍ର ଆସି ପାରିବା ସମ୍ଭବ ନଥିଲା। ମୋର ଏକ ବର୍ଷର ପିତୃଗୃହର ରହଣି ପରେ ହୋଇଥିଲା ଘଟଣାଟି।

ସେଇ ପାଞ୍ଚ ମାସର ଶିଶୁଟିକୁ ସେ ମାଲକାନାଗିରି ନେଇ ଯାଇଥିଲେ। ତାଙ୍କରି ଚାକିରୀ ପଦସ୍ଥ ମୃତ୍ତିକା ବଙ୍ଗଳାକୁ। ସେଠାକୁ ଗଲା ପରେ ମୋର ନାଗବାଲି ଧୂଳିଆ ମଉଡ଼ମରା ଘର କଥା ମନେ ପଡ଼ିଲା। କାଠ କାମର ସୁନ୍ଦର ସୁନ୍ଦର ଚିତ୍ରକଳା ଅଙ୍କା ଥିବା କବାଟ ଓରା କାନ୍ଥ ଦେଖିଲେ ଅବାକ୍ ଲାଗେ। ଠାକୁରାଣୀ ଗଛତଳେ ରହୁଥିଲେ ବୋଲି ସେତେବେଳେ ଜମିଦାର ଘର ମଧ୍ୟ କୋଠ କରୁନଥିଲେ। ଏଠି କିନ୍ତୁ ବିସ୍ତୃତ ମାଳଭୂମିର ଖେଟ ଖର୍ବଟ ଜନବସତିର ଅଦ୍‌ଭୁତ ପରିବେଶ। ସେଇ ମୃତ୍ତିକା ବଙ୍ଗଳା ଚତୁର୍ଦ୍ଦିଗ ପାହାଡ଼ପର୍ବତ ଘେରା ଜନ ଅରଣ୍ୟାନି। ଆମର କଟକ ସହରରୁ ବହୁଦୂର ସତେ କି ଆସେ ସବୁ କୁଆଡ଼େ ହଜିଗଲୁ।

କିନ୍ତୁ ପରିବେଶ ଅଲଗା। ବଣର ମୟୂର ଡାକ ଓ ବଣ କୁକୁଡ଼ା ଅନ୍ୟ ପକ୍ଷୀମାନଙ୍କର ସ୍ୱର ଏକାଠି କରିଦିଏ। ନବ ମେଘର ଘନ ମେଦୁର ଆକାଶ ବର୍ଷଣ ଭାରରେ ଯେତେବେଳେ ତଳକୁ ନଇଁ ଆସେ, ସେ ବଙ୍ଗଳାର ବାହାର ପୋର୍ଟିକୋରେ ବସି ଶ୍ୱଶୁର ମହାଶୟ ସେହି ସରଳ, ସୁନ୍ଦର, ସ୍ୱର୍ଗୀୟ, ନିଷ୍ପାପ ଶିଶୁଟିକୁ ଧରି ଏଇ କାଳିଦାସଙ୍କ କୁମାର ସମ୍ଭବ ଗ୍ରନ୍ଥର ଶ୍ଳୋକ ଆବୃତ୍ତି କରି ଖୁବ୍ ଆନନ୍ଦ ପାଉଥିଲେ। ଶିଶୁଟିର ଶ୍ରଦ୍ଧା ନାମ ଥିଲା 'ସର୍ବଦମନ'। ଘରେ ଶାଶୁ ଆଈଶାଶୁ ଓ ମୁଁ।

ମୋ ଶ୍ୱଶୁର ଦିନେ ମତେ ପାଖକୁ ଡାକି କହିଲେ ଏଥିରୁ ଶହେଟି ଶ୍ଳୋକ ମତେ ମୁଖସ୍ଥ କରି ଦେବୁ। ଛନ୍ଦ ମଧ୍ୟ ଶିଖେଇ ଥିଲେ। ସେ ସୁନ୍ଦର ସବୁଜ ଦୃଶ୍ୟାନ୍ତର ପରିବେଶ ମନରୁ ଭୁଲିଯାଏ ନାହିଁ। ଭାଷା ମୁଁ ପାଏ ନାହିଁ। ମୁଁ ମୁଖସ୍ଥ କରି ନଥିଲି କେବଳ ଅନୁଭୂତି ହିଁ ଅନୁଭବ କରୁଥିଲି। ସେଠାରେ ବର୍ଷେ ରହିବା ପରେ ଜୟପୁରୁ ବଦଳି ହେଲା। ତା ତିନିବର୍ଷ ପରେ ରାୟଗଡ଼ା। ସେତେବେଳକୁ ମୋ ଶ୍ୱଶୁରଙ୍କ କୋଳ ଶତ୍ରୁଦମନ ଓ ପ୍ରିୟଦର୍ଶିନୀ ମଣ୍ଡନ କରିଥିଲେ। କିନ୍ତୁ ହଠାତ୍ ନାତୁଣୀଟି ନଅମାସର ହେଲାବେଳକୁ ଏତେ ସୁଖ ନିୟତି ସହିପାରିଲା ନାହିଁ। ନିୟତିର ନିର୍ଦ୍ଦେଶରେ ସେଇ ରାୟଗଡ଼ାରେ କ୍ୟାନସରରେ ତିନିଟି ଛୋଟ ଶିଶୁଙ୍କର ମମତା ପାଶୋରି ଶ୍ୱଶୁର ମୋର ସ୍ୱର୍ଗବାସୀ କଲେ। ରାୟଗଡ଼ାର ପାହାଡ଼ିଆ ନଈ କୂଳରେ ପାଞ୍ଚବର୍ଷର ଅବୋଧ ଶିଶୁ ତାଙ୍କୁ ମୁଖାଗ୍ନି ଦେଲା। କେବଳ ଅବାକ୍ ହୋଇଥିଲା ଓ ବେଳେବେଳେ କାନ୍ଦୁଥିଲା। ସେତେବେଳେ ଗୁରୁପ୍ରସାଦ ରଙ୍ଗେଇଲକୁଣ୍ଡା କ୍ୟାମ୍ପରେ ଏନ୍‌ସିସି ର କାମରେ ଥିଲେ। ପରେ ଆସି କର୍ମ କର୍ମାଣି କଲେ ବାପାଙ୍କର।

ମୋର ଦ୍ୱିତୀୟା କନ୍ୟା ଜନ୍ମ ପରେ ଏ ଲେଖାଟି ଆରମ୍ଭ କରିଥିଲି। ମୋର ପୂଜ୍ୟପିତା କୁଳମଣି ମହାନ୍ତିଙ୍କ ପାଖରୁ ପିଲାବେଳେ କିଛି ସଂସ୍କୃତ ଶିଖିଥିଲି। ଆଉ ମା' କ୍ଷେତ୍ରମଣିଙ୍କର ସତ୍‌ଶିକ୍ଷା ଓ ସ୍କୁଲ ପାଠରେ ଡୋରି ବନ୍ଧା ହେବାପରେ ବହୁତ ଇଚ୍ଛା କରି ଏ ସଂସ୍କୃତ ବହି ପଢ଼େ, ଓ ଭାବେ ଅନୁବାଦ ଓଡ଼ିଆରେ କରିବି ବୋଲି। ଅବଶ୍ୟ ଏ ଆଶା ମୋର ଦୁରାଶା ହୋଇପାରି ଥାଏ କିନ୍ତୁ ଶକ୍ତି ଅନୁସାରେ କଣ ମନୁଷ୍ୟ କାମନା କରେ?

ପୁରୀରେ ଥିବାବେଳେ ଏ ଲେଖାଟିକୁ ଆରମ୍ଭ କରିଥିଲି ଓ ଗୁରୁପ୍ରସାଦ ପୁରୀ କଲେଜରେ ଇଂରାଜୀ ବିଭାଗର ମୁଖ୍ୟ ଶ୍ରୀ ନନ୍ଦିକିଶୋର ମିଶ୍ରଙ୍କୁ ଦେଖାଇ ଥିଲେ। ସେ କହିବା ଅନୁଯାୟୀ ଆଉ ଥରେ ପ୍ରଥମ ସର୍ଗକୁ ଲେଖିଥିଲି। ଆଉ ମଧ୍ୟ କେତେକଙ୍କୁ ସେ ଦେଖେଇଥିଲେ ଓ ବହୁତ ଖୁସି ହେଉଥିଲେ। ତାଙ୍କର ନିଜ କାମ, ହଷ୍ଟେଲକାମ, କଲେଜକାମ ପାଇଁ ବିଶେଷ କିଛି ସହଯୋଗ କରିନଥିଲେ। ହଠାତ୍ ସବୁକିଛି ଗୋଳମାଳ ହୋଇଗଲା। ସେଇ 'ହାତୀକୋଠି'ରେ ମୋ ଜୀବନର ସ୍ୱର୍ଣ୍ଣ ଯୁଗର ଅବସାନ ହୋଇଗଲା।

ଏ ଲେଖା ମୋ ବିଡ଼ମ୍ବିତ ଜୀବନର ଅନ୍ତରାଳରେ ରହିଗଲା। ୧୯୬୮ ଓ ୧୯୬୯ରେ ମୋ ପିଲାମାନେ ଶଙ୍କଟ୍ରାସରେ ପଢ଼ି ଆସିବାପରେ ପଣ୍ଡିତ ଶ୍ରୀ ଆନନ୍ଦ ମିଶ୍ରଙ୍କୁ ଯାର ପାଣ୍ଡୁଲିପି ଦେଇଥିଲେ। କିନ୍ତୁ ଫେରି ପାଇନଥିଲି। ଅଧୁନା ଏ ପରିଣତ ବୟସରେ ଏ ବହିର ଦୋଷ ଗୁଣ ଜାଣିଲେ ବି ଆଉ ଅନ୍ୟ ଗ୍ରନ୍ଥ ସବୁ ଲେଖିବାର ସମୟ ନାହିଁ।

କିନ୍ତୁ ମୋର କନ୍ୟା ଓ ଜାମାତାମାନେ ଓ ପୁତ୍ରମାନେ ଅର୍ଥ ଓ ପ୍ରେରଣା ଦେଇ ଏହାକୁ ପ୍ରକାଶ କରିବା ପାଇଁ ବିଶେଷ ଆଗ୍ରହୀ।

ଏଥିପାଇଁ ଉଦ୍ୟୋକ୍ତା ଶ୍ରୀମାନ ଅମରେଶ ପଟ୍ଟନାୟକ, ଭଉଣୀ ଶାନ୍ତି ଦାସ, ପୁତ୍ର ସର୍ବଦମନ, ଶତ୍ରୁଦମନ, କନ୍ୟା ପ୍ରିୟଦର୍ଶିନୀ, ଦୂରଦର୍ଶିନୀ ଓ ଦେବଦର୍ଶିନୀ, ଜାମାତା ଶ୍ରୀମାନ୍ ଅନୁଗ୍ରହ ନାରାୟଣ ପଟ୍ଟନାୟକ, ଅଶୋକ କୁମାର ମହାନ୍ତି ଓ କ୍ଷୀରୋଦ କୁମାର ପାଢ଼ୀ, ନାତି ଶ୍ରୀମାନ୍ ବିଶ୍ୱବରେଣ୍ୟ, ଦେବୀ ପ୍ରସାଦ ଓ ପିୟୂଷ ତଥା ଅନ୍ୟ ନାତି ନାତୁଣୀମାନେ ମଧ୍ୟ ସ୍ନେହ ସହାନୁଭୂତି ଦେଇ ଆନନ୍ଦିତ କରିଛନ୍ତି ମତେ।

ମୋର ଅନୁରୋଧ ସୁଧୀ, ସଜ୍ଜନ, ବିଦ୍ୱାନ ଓ ପଣ୍ଡିତ ପାଠକମାନେ ଲେଖାଟିକୁ ସହୃଦୟ ଆମୂଳ ଚୂଳ ପାଠ କଲେ ମୋର ଶ୍ରମ ସାର୍ଥକ ହେବ ଓ ସ୍ୱଗୁଣେ ମୋର ଦୋଷ ତ୍ରୁଟି ମାର୍ଜନା କରିବେ। କାରଣ ଏହାହିଁ ଆରମ୍ଭ ବା ଶେଷ।

ପରିଶେଷରେ ଶ୍ରୀମାନ୍ ଗିରୀଶ ମିଶ୍ର, ଡଃ ରତ୍ନାକର ଚଇନି ଓ ଶ୍ରୀ ବାଇଲଡୁ

ପାଣିଗ୍ରାହୀ ବହୁ ପରିଶ୍ରମ କରି ଏ ଲେଖାଟିର ସଂଶୋଧନ କରି ଥିବାରୁ ମୋ ହାର୍ଦ୍ଦିକ ଶୁଭେଚ୍ଛା। ଏହାର ମୁଦ୍ରଣ ଓ ପ୍ରକାଶନରେ କଲ୍ୟାଣମୟୀ ଶ୍ରୀମତୀ ଦୀପ୍ତିପ୍ରଭାଙ୍କର ଭୂମିକା ଭୁଲି ହେବ ନାହିଁ। ସେ ସମସ୍ତଙ୍କର କଲ୍ୟାଣ କାମନା କରୁଛି। ତାଙ୍କର ଉତ୍ତରୋତ୍ତର ଜୀବନରେ ବହୁ ଉନ୍ନତି ଓ ଯଶ ଅର୍ଜନ କରନ୍ତି।

ଏ ଲେଖାପାଇଁ ପ୍ରତ୍ୟକ୍ଷ ଓ ପରୋକ୍ଷରେ ଯେଉଁମାନେ ସାହାଯ୍ୟ ଓ ସହାନୁଭୂତି ଦେଇଛନ୍ତି ସେମାନଙ୍କୁ ମୋର ଯଥାଯୋଗ୍ୟ ସମ୍ମାନ ଓ ଆଶୀର୍ବାଦ ଦେଇ, ବିଦାୟ ନେଉଛି।

ବିନୀତା
ଆଶାମଞ୍ଜରୀ

# କୁମାର ସମ୍ଭବ

# ପ୍ରଥମ ସର୍ଗ

ଏ ଉତ୍ତର ଦିଗନ୍ତରେ ଶୈଳରାଜ, ହିମାଳୟ ନାମେ
ଅବରୋଧି ରହିଛି ଯା’ ପୂର୍ବ ଆଉ ପଶ୍ଚିମ ବାରିଧି।
ଅବଗାହି ବାରିଧିର କଟିତଟେ, ମାନଦଣ୍ଡ ପରି
ଦେବଗଣ ଲୀଳାଭୂମି ଭୂମଣ୍ଡଳ ଗିରିରାଜ ପଣେ।୧।

ପୂର୍ବେ ପୃଥୁ ଉପଦେଶେ ସର୍ବ ଶୈଳ ହୋଇ ସମ୍ମିଳିତ
ଦୋହ ଦକ୍ଷ, ଗୋପାଳକ ହେଲେ ମେରୁ ସୁବର୍ଣ୍ଣ ଶିଖରୀ।
ବତ୍ସା କଲେ ହିମାଳୟେ, ଗୋ-ରୂପଧାରିଣୀ ଧରିତ୍ରୀରେ
ଦୁହିଁବାକୁ, ଦୁହିଁଥିଲେ, ଯେ ବସ୍ତୁ ବା ଏକତ୍ରିତ କରି।

ଅନେକ ରତ୍ନ, ଅନେକ ବିବିଧ ଭୂଷଣେ ସର୍ବ ଶୈଳ
ହେଲେ ବିଭୂଷିତ, କିନ୍ତୁ ବତ୍ସ, ରୂପୀ ହିମବନ୍ତ ରାଜ।
ଅଧିକ ଲଭିଲେ ଯେତେ, ବହୁ ମୂଲ୍ୟ ରତ୍ନ ଓ ଅରଣ୍ୟ
ଜ୍ୟୋତିର୍ମୟୀ ଲତାପୁଞ୍ଜ, ସଞ୍ଜିବନୀ କେତେ ବନ୍ୟ କୁସୁମ ଭେଷଜ।୨।

ଅନନ୍ତ ରତ୍ନ ଆକର, ଏହି ଗିରି କିନ୍ତୁ ଏକ ଦୋଷେ
ସର୍ବଦା ଭୋଗନ୍ତି ସର୍ବେ ଶୀତ କଷ୍ଟ ତୁଷାର ଆବୋରି।
ହେଲେହେଁ ଏକଇ ଗୁଣ-କଳଙ୍କକୁ ଇନ୍ଦୁ ଯେହ୍ନେ ଜିଣେ,
ସହସ୍ର ଚାନ୍ଦିନୀ ପୁଣି ଚଉଦିଗେ, ଆକାଶ ଓ ପୃଥିବୀକୁ ଘାରି।୩।

ଚୁନା ଚୁନା ମେଘସବୁ ଭାସିଯାଏ ସୁଦୁର ଆକାଶେ
ଯେ ଗିରି ଶିଖର ଡେଇଁ, ଗିରି-ଧାତୁ ରଙ୍ଗେ ଖେଳି ହୋରି।
ଅପ୍ସରା ରମଣୀ ମନେ ଭ୍ରାନ୍ତି ଆଣେ, ବାରୁଣୀ ଗଗନେ
ସୂର୍ଯ୍ୟ ଅବା ଗଲେ ଅସ୍ତ ! ରାତ୍ରି ପାଇଁ ବେଶ ହୋନ୍ତି ପ୍ରିୟ ମନୋହାରୀ।୪।

ଯେ ଗିରି ମେଖଳା ଘେରି, ଘନନୀଳ, ମେଦୁର ଜଳଦ
ଉର୍ଦ୍ଧ୍ୱକୁ ପାରେନା ଉଠି, ଉର୍ଦ୍ଧ୍ୱ ରୌଦ୍ର ତାପିତ ଶିଖରୁ।
ଆସନ୍ତି ଯେତେକ ସିଦ୍ଧେ, ସିଗ୍ଧା ସାନୁଦେଶ ଅବଲୋକି,
ଦୃଷ୍ଟି ଫଳେ ଉତ୍ତେଜିତ, ସିଦ୍ଧଗଣେ ପୁଣି ଉର୍ଦ୍ଧ୍ୱେ ଗମନ୍ତି ସେଠାରୁ।୫।

ସିଂହ-ଘାତି ବ୍ୟାଧ ଯେତେ, ଯେ ହିମାଦ୍ରି ଗଳିତ ତୁଷାରେ,
ସିଂହ ପାଦ ଚିହ୍ନ ପଥ ଅକସ୍ମାତ ନ ପାରିଲେ ଦେଖି,
ଗଜଘାତ କେଶରୀର ପାଦତଳ ରକ୍ତବୋଳା ମୋତି,
ପଡ଼ିରହେ ପଥେ, ସିଂହ-ଅଜାଣତେ ଗତି ତା' ପଥରେ
ଛାଡ଼ିଯାଏ ବ୍ୟାଧପାଇଁ, ଶିକାର ଲୋଲୁପୀ ଅବାଧରେ
ଶରବ୍ୟ ପାରୁଶେ ଦେଖେ ସେ ହିମାଦ୍ରି ଘନ ଅରଣ୍ୟରେ।୬।

ଯେ ହିମାଦ୍ରି ଗେରୁରଙ୍ଗେ, ଲେଖିଦେଲ ଲାଲ ଲାଲ ରେଖା
ଭୂର୍ଜ ପତ୍ରେ କରି ପୂର୍ଣ୍ଣ। ପରିଣତ ବୟସର ଗଜପୃଷ୍ଠ ପରି ଯା ଶୋଭନ
ସେ ପତ୍ରେ ପ୍ରଣୟୀ ପାଶେ, ଆପଣାର ପୀରତି ବାରତା
କିନ୍ନରୀ ବନିତା ଲେଖେ, ସିଦ୍ଧହସ୍ତା, ଅନୁଭବି ତା' ଦେହର ବେପଥୁ କମ୍ପନ।୭।

ଯେ ହିମାଦ୍ରି ଗୁହା ମୁଖୁ-ଜାତ ବାୟୁ ବହିଲେ ଉଜାଣି,
କୀଟଦ୍ରଂଷ୍ଟ ବାଂଶ ରନ୍ଧ୍ରେ, ବଳେ ପଶି ବଜାଏ ଯେ ସୁର,
କିନ୍ନର ମିଥୁର ଅବା ଗା'ନ୍ତି ରାଗ ଗାନ୍ଧାର ସୁରରେ,
ନିଜେ ଗିରି ଧରନ୍ତି ବା, ମୁଖରିତ ବଣ କରି, ବଇଁଶୀରେ ସେ ଉଜାଣି ତାଳ।୮।

ଯେ ହିମାଦ୍ରି ଗଜଯୁଥ ମଦସ୍ରାବୀ କପୋଳ କଣ୍ଡୁରେ-
ଘର୍ଷଣେ ପ୍ରଫୁଲ୍ଲ ଅତି, ଦେବଦାରୁ ବୃକ୍ଷେ ଘନ କରି,
ଯେ ସରଳ ଦ୍ରୁମ ଦେହୁ, ସ୍ରବି କ୍ଷୀର କରଇ ସୁରଭି
ସ୍ନିଗ୍ଧ ସାନୁ ଘନ ଦେଶ, ଉପଭୋଗ୍ୟ କରି ସେ ହିମାଦ୍ରି।୯।

ଯେଉଁ ହିମାଳୟ ଗୁହା, ଉତ୍ସଙ୍ଗର ଔଷଧୀଜ ଲତା,
ନିଶିଥରେ ଜଳେ ଯେହ୍ନେ ନିନ୍ଦି ଶତ ପ୍ରଦୀପ ଆଲୋକେ,
ବନଚାରୀ  କିରାତର ବଧୂ ଘେନି ଯାପିବା ଯାମିନୀ,
କରେ ସୁଷମିତ ଅବା ବନଦେବୀ ତୈଳହୀନ ସୁରତ ପ୍ରଦୀପେ।୧୦।

ଘନୀଭୂତ ହିମେ ଯା'ର ଜଡ଼ିଯାଏ ଅଙ୍ଗୁଳି ଓ ପାଦ,
ଅଶ୍ୱମୁଖୀ କିନ୍ନରୀଙ୍କ ଗିତି ତେଣୁ ହୁଏ ମନ୍ଥରିତ।
ଭାରି ପୟୋଧର, ପୁଣି ବୟସର ଭାର, ଗୁରୁ ନିତମ୍ବର ଭାର,
ଏ ସକଳ ଭାର ଲାଗି ଗତି ମନ୍ଦ କିନ୍ନରୀ ଦଳର।୧୧।

ଦିବସେ ଯା' ଗୁହା ତଳେ ଲୁଚେ ତମ ପେଚକ ସଦୃଶ,
ସୂର୍ଯ୍ୟ ତାପେ ଭୟକରି ଆଶ୍ରା ମାଗେ ଶୈଳରାଜ ପାଶେ,
ସେହି ହିମାଳୟ ଅଟେ ଉଚ୍ଚଶିର ଶରଣ ସୋଦର
କ୍ଷୁଦ୍ରେ ବି ମମତା ଦେଇ ସ୍ଥାନ ଦିଏ ଗହ୍ୱରେ ବିଶ୍ୱାସେ।୧୨, ୧୩।

ଯେ ଗିରି ଗୁହାରେ ଦେଖି, ଜନହୀନ କିନ୍ନର ଦମ୍ପତି
ସ୍ୱଇଚ୍ଛା ବିହାର ଲାଗି କରେ ବିବସନା ଘେନି ଆପଣା ରମଣୀ,
ଏକାକୀ ସ୍ୱାମୀ ପାରୁଶେ ହେଲେ ବି ତ ନାରୀ ଲଜ୍ଜାବତୀ
ସୁଦୂର ଆକାଶୁ ଦେଖି ସତେ ଅବା ସେ କଳାବଉଦ
ଅକସ୍ମାତ ଗୁହାମୁଖ ଛାଇଦିଏ ତା'କଳା ଓଢ଼ଣା।୧୪।

ଭାଗିରଥୀ ନିର୍ଝରରେ ସଞ୍ଚାରିତ ଶୀକର ସମୀର,
ମୁହୁର୍ମୁହୁଃ ପତ୍ର ଝାଡ଼େ ରସ କ୍ଷୀରି ଦେବଦାରୁ ଗହଳ ଶାଖାରୁ,
ସଞ୍ଜୀବିତ ରସେ ବାୟୁ ସୁରଭିତ, ଛାୟା ସୁଶୀତଳ-
ସେ ବନେ ବିଳସେ ଯହିଁ ବଣ-କେକୀ, କରି ଦୋଳାୟିତ
ଚିତ୍ରିତ କଳାପ ଗୁଚ୍ଛ ଶ୍ରମ କ୍ଳାନ୍ତ ବ୍ୟର୍ଥ ଶିକାରୀଏ, ତାହା ଦେଖି
ଇନ୍ଦ୍ରଧନୁ ଶୋଭାରେ ହୋନ୍ତି ମୁଗ୍ଧ, ଭୁଲି କ୍ଳାନ୍ତି, ଭୁଲି ଅବସାଦ,
ପୁନର୍ବାର ଫେରିଆସେ ଦେହମନେ ଅକସ୍ମାତ ସ୍ୱପ୍ନ ଆଉ ବଳ ଓ ସଂଯୋଗ।୧୫।

ଯେ ଗିରି ସପ୍ତର୍ଷି ସରେ ପଦ୍ମ ଫୁଟେ, ସପ୍ତ ଋଷି ଯା'ରେ
ନିଅନ୍ତି ପୂଜା ନିଯୋଗେ ସପ୍ତର୍ଷି ମଣ୍ଡଳୁ ଅବତରି;
ସପ୍ତର୍ଷି ମଣ୍ଡଳ ନିମ୍ନେ ଅବସ୍ଥିତ ସୂର୍ଯ୍ୟ ପୁଣି କିରଣ ପ୍ରସାରି ଊର୍ଦ୍ଧ୍ୱେ,
ଦିଅନ୍ତି ଶିଖର-ସରେ, ପୁନର୍ବାର ପ୍ରସ୍ଫୁଟିତ କରି ପଦ୍ମଦଳେ।୧୬।

ଯେଉଁ ହିମାଳୟେ ଦେଖି ସର୍ବସାର, ଧରିତ୍ରୀ ଧାରଣେ
ଯଜ୍ଞାର୍ଜିତ ସୋମରସେ, ଅଧିକାରୀ ଯେଉଁ ଶୈଳରାଜ,
ବିଚାରି ଯା' ପ୍ରଜାପତି, ସ୍ୱୟଂ ଦେଲେ ସୁନିଶ୍ଚିତ ଭାଗ
ଯଜ୍ଞଭୁକ୍ ଦେବତାର ସ୍ଥାନେ, ମର୍ତ୍ତ୍ୟରେ ଅମର୍ତ୍ତ୍ୟ ଗୌରବ।୧୭।

ଯେଉଁ ହିମାଳୟ, ସଖା ସ୍ୱର୍ଣ୍ଣଗିରି ମେରୁ ପୁଣି,
ଯାହା ଲାଗି ପ୍ରଜାପତି କରିଥିଲେ ମାନସୁ ସଂଜାତ
ମୁନି ମାନବୀୟା କନ୍ୟା, ମେନା ନାମେ ଭୁବନ-ମୋହିନୀ;
ଆତ୍ମ ଅନୁରୂପା କନ୍ୟା ଲଭି ଗିରି, ଯଥା ଶାସ୍ତ୍ର ସୁବିଧିରେ ହେଲେ ବିବାହିତ। ୧୮।

ଏଥୁଅନ୍ତେ ଶୈଳରାଜ, ସେ ସୁନ୍ଦର ସୁଭଗ ଦମ୍ପତି,
ସୁଯୋଗ୍ୟ ସୁରତି ରସେ ରହି ମଗ୍ନ କ୍ରମେ ଗଲା କାଳ।
ମନୋରମ ଯଉବନେ ଉଲ୍ଲସିତା ସେ ରାଜମହିଷୀ
ହିମାଳୟ ନାରୀ ଦେହେ ପ୍ରକଟିଲା ଗର୍ଭ ସଞ୍ଚାର।୧୯।

ମୈନାକ ନାମେଣ ପୁତ୍ର ଯଥା କାଳେ ସୁସମୟେ ପ୍ରସବିଲେ ମେନା,
ନାଗବଧୂ ଉପଭୋଗ୍ୟ, ଯେ ବିଶାଳ ବାରିଧି ବାନ୍ଧବ,
ଯେ ଥିଲେ ଅକ୍ଷତେ ରହି ବ୍ୟଥାହୀନ ଅମ୍ବୁଜ ଅତଳେ,
ଗିରିଗୁଳ ପକ୍ଷ ଯେବେ ଛେଦିଥିଲେ ବୃତ୍ରଶତ୍ରୁ, କ୍ରୋଧେ କୁଳିଶରେ।୨୦।

ମୈନାକ ଜନ୍ମର ପରେ, ପରେ ପୁଣି ଦକ୍ଷକନ୍ୟା ଭବ ପୂର୍ବ ପତ୍ନୀ,
ଅନଳେ ତେଜିଲେ ଦେହ ଯେବେ ସତୀ ପିତା ଅପମାନେ,
ଯୋଗ ବିସୃଜନେ ତହିଁ, ଯଜ୍ଞ କୁଣ୍ଡେ, ସେହୁ ପୁଣି ଧରା ଅବତୀର୍ଣ୍ଣ-
ମାନସେ ଗର୍ଭସ୍ଥ ହେଲେ ଶୈଳରାଜ ରାଣୀ ଗର୍ଭେ, ସୁପବିତ୍ର ତୁଷାର ଭବନେ।୨୧।

ଉତ୍ସାହ ଓ ଗୁଣ  ନୀତି ଧରି ପୁଣି ସମୁଚିତ ବେଳେ,
ପ୍ରୟୋଗେ ଲଭନ୍ତି ଯେହ୍ନେ ଗୁଣୀ ନରେ ଭବେ ଶ୍ରେଷ୍ଠଧନ,
ଭୂଧର ଅବଧି ତେହ୍ନେ ସୁସଂଯତ ପ୍ରକୃତି ଗୁଣରେ,
ନିଷ୍ଠାବତୀ ମେନା ଗର୍ଭେ, କଲ୍ୟାଣକାରିଣୀ ସତୀ ହୋଇଲେ ଜନମ।୨୨।

ଯେଦିନ ଜନ୍ମିଲେ ସତୀ, କନ୍ୟା ରୂପେ ଗିରିରାଜ ଘରେ,
ଦଶଦିଗ ସୁପ୍ରସନ୍ନ, ଧୂଳିହୀନ ଥିଲା ବାୟୁ ସ୍ତର,
ଧ୍ୱନିତ ଶଙ୍ଖର ତୁଲେ ପୁଷ୍ପ ବୃଷ୍ଟି କରିଲେ ବିବୁଧେ,
ପରମ ଆନନ୍ଦେ ସର୍ବେ ନିମଜ୍ଜିଲେ ଜଙ୍ଗମ ସ୍ଥାବର।୨୩।

ନବୀନ ଜଳଦ ମନ୍ଦ୍ରଧ୍ୱନି ତୁଲେ ପର୍ବତ ପ୍ରାନ୍ତର,
ଉତ୍‌ଥିତ ରତ୍ନ ଶଳାକା ଦୀପ୍ତି ତଳେ ଶୋଭଇ ଯେସନେ,
ତେସନ ଫୁଟନ୍ତି ଜ୍ୟୋତି କନ୍ୟା ପାଶେ ଅପୂର୍ବ ଶୋଭାରେ
ଶୋଭନ୍ତି ରାଜମହିଷୀ ଜନପ୍ରିୟ ଅତୁଳ ଶୋଭାରେ।୨୪।

ଉଦିତ ଚନ୍ଦ୍ର ଯେସନେ, ଦିନୁ ଦିନୁ ଜୋଛନା ପ୍ରଲେପି
ବଢ଼େ ଷୋଳ କଳା ଭରି, ତେସନେକ ସେ ଗିରିକୁମାରୀ,
ବଢ଼ନ୍ତି ଲାବଣ୍ୟମୟୀ, ଜ୍ୟୋସ୍ନା କଳା ସମ ଗିରି ଗୃହେ
ମନୋରମ ଅବୟବେ, ତନୁ ମନେ ଲାବଣ୍ୟେ ଆବୋରି।୨୫।

ବଂଶ ଅନୁକ୍ରମ ନମେ ବିଭୂଷିତା ଗିରିରାଜ କନ୍ୟା,
'ପାର୍ବତୀ' ନାମେଣ, ବନ୍ଧୁ ପ୍ରିୟଜନ ପିତୃବତ୍ତ ଜଣା।
ପଶ୍ଚାତେ ପାର୍ବତୀ ଯେବେ, ମହାଦେବେ ପତିତ୍ୱେ ମନାସି
ବଳାଇଲେ ତପେ ମନ, ନିବାରଣେ ମାତା ମେନା ଆସି
"ଉଃ ମା' ଏ ତପ କଷ୍ଟ ନ ସହ ଗୋ, ଉମା ଉଃ ମାଃ ବୋଲି,
ସେଦିନୁ ସଂସାର ରଟେ ପାର୍ବତୀରେ ଉମା ନାମ ଧରି।୨୬।

ଯଦିଓ ମୈନାକ ପୁତ୍ର ଥିଲେ ଆଗୁଁ ଗିରିରାଜଙ୍କର,
ତଥାପି ଅତୁଟ ସ୍ନେହ ଥିଲା ଅତି କନ୍ୟା ପାର୍ବତୀରେ,
ସଂଖ୍ୟାତୀତ ପୁଷ୍ପ ଯେତେ ଫୁଟିଲେ ବି ବସନ୍ତ କାନନେ,
ଚୂତ ମୁକୁଳେ ମଧୁପ ଅତ୍ୟଧିକ ସ୍ନେହ ଯେହ୍ନେ ଆଣେ।୨୭।

ସମୁଜ୍ଜ୍ୱଳ ଶିଖାଦ୍ୱାରା ସୁଶୋଭିତ ଯେସନେ ପ୍ରଦୀପ
ମନ୍ଦାକିନୀ ସେତୁ ଯୋଗେ, ଯେହ୍ନେ ପୂତ ଆକାଶ ଅୟନ,
ବିଶୁଦ୍ଧ ବାକ୍ୟ କଥନେ ଭ୍ରମ ନାଶି ପୁତ ଯେହ୍ନେ ହୁଏ ସୁପଣ୍ଡିତ
ପାର୍ବତୀରେ ଲଭି ଗିରି କନ୍ୟା ରୂପେ ହେଲେ ତେହ୍ନେ ଶୁଦ୍ଧ ସୁପବିତ୍ର ।୨୮ ।

କ୍ରୀଡ଼ାରସ ନିର୍ବିଶେଷେ ବାଲ୍ୟେ ପୁଣି ଚପଳା ବାଳିକା,
ଉମା, ଖେଳେ ସଖୀ ତୁଲେ, ମନ୍ଦାକିନୀ ତୀରେ ନିର୍ମାଣିଣ ।
ବେଦିକା ସମୂହ ନଦୀ ସଇକତେ, ପୁଣି ହିଁ କେବେ ବା,
ପୁତ୍ର କନ୍ୟା ଛଳେ ଖେଳେ ପୁତ୍ତଳିକା, କନ୍ଦୁକେ ଅଥବା ।୨୯ ।

ଶରତେ ହଂସ ବଳାକା ଆସେ ଯେହ୍ନେ ମନା ସରୋବରେ,
ରଜନୀ ନିଯୋଗୀ ଜଳେ ଜ୍ୟୋତି-ଲତା ଯେସନେ ଅରଣ୍ୟେ-
ଆପଣା ଦୀପ୍ତିରେ ଜଳି, ତେସନେକ ମେଧାବିନୀ ଉମା ପୂର୍ବଜନ୍ମ ସଂସ୍କାରରୁ,
ସର୍ବବିଦ୍ୟା ଶିଖନ୍ତି ସେ ଅନାୟାସେ ଅତିହିଁ ନିପୁଣେ ।୩୦ ।

କାଳକ୍ରମେ ପାର୍ବତୀର ଅଙ୍ଗ ଯଷ୍ଟି କଲା ଅବେଷ୍ଟନ
ଅଯତ୍ନସିଦ୍ଧ ଯୌବନ, ଅନାୟାସେ ମମତା ବିହ୍ୱଳ-
ମଦ ସମ ପୁଷ୍ପବାଣ, ମଦନର ବାଣ ରୂପୀ କେଉଁ ପୁଷ୍ପ ନହେଲେ ବି ସତ,
ସର୍ବଶ୍ରେଷ୍ଠ ଶର ସେ ତ, ସଚକିତେ ବାଳା ତନୁ କଲା ବିମୋହନ ।୩୧ ।

ନବ ଯୌବନ ପ୍ଳାବନେ ଉମା ଅଙ୍ଗ ତୁଳିକା ଆବୋରି
ଉନ୍ମୀଳିତ ଚିତ୍ରପରି, ସୌର କରେ ଶତଦଳ ପରି,
ବିକଶିତ ହେଲା ସତେ ! ସୁନିପୁଣ ଚିତ୍ରକର ହାତେ,
ମୁଖ, ବକ୍ଷ, ଜାନୁ, କଟୀ ସମ୍ପୂର୍ଣ୍ଣ ତା' ଅବୟବେ କମନୀୟ ତୁଳିରେ ତାହାରି ।୩୨ ।

ଈଷତ୍ ଉତ୍ତୋଳିତ ପାଦ, ପଦ୍ମର ସେ ଅଙ୍ଗୁଷ୍ଠ ଅଙ୍ଗୁଳି,
କଠିନ ଧରିତ୍ରୀ ପରେ ନିକ୍ଷେପିତ, ନଖ ପ୍ରଭା ତଳୁ,
ଆରକ୍ତିମ ଆଭା ଦେଖି, ମନେହୁଏ ସତେ ଅବା ସ୍ଥଳପଦ୍ମ ଝରି
ଲୋଟିଯାଏ ପାଦତଳେ ପାର୍ବତୀର, ଅପୂର୍ବ ସେ ଚରଣ-କମଳୁ ।୩୩ ।

ପ୍ରତିଦାନ ଲୋଭ ବସେ, ରାଜହଂସୀ ଦଳ ନିଜ ଗତି,
ପୀନସ୍ତନା ପାର୍ବତୀରେ ଦେଲେ ଅବା ନୂପୁର ନିକ୍ୱଣ ଅନୁସରି,
ମନ୍ଥରିତ ମନ୍ଦଗତି, ମନୋହର, ବୁଝି ବା ମରାଳୀ
ଶିଖାଇଛନ୍ତି ଉମାରେ ନତୁବା ଏ ଗତି ଉମା ପାଇଲେ କିପରି ।୩୪ ।

କ୍ରମଶଃ ଗୋ-ପୁଚ୍ଛାକାର, ନାତିଦୀର୍ଘ ସୁର୍ବର୍ତ୍ତୁଳ ପାର୍ବତୀ ଜଘନ,
ସୃଷ୍ଟି କାଳେ ବିଧାତା ଯା ନିର୍ବାଣିଣ, ଶେଷାଙ୍ଗ ସକଳ-
ନିର୍ମାଣେ, ଲାବଣ୍ୟ ଯେତେ ଲୋଡ଼ିଥିବେ ବ୍ୟତିବ୍ୟସ୍ତ ଅତି,
ସଯତ୍ନେ ସମ୍ପୂର୍ଣ୍ଣ ଚେଷ୍ଟା କରିଥିବେ ଉତ୍ତେଜିତ କରି ମନ ପ୍ରାଣ ।୩୫ ।

କର ପରଶେ କର୍କଶ ଚର୍ମ ଅତି, କରୀଶୁଣ୍ଢ ପୁଣି,
କଦଳୀ ତରୁ ଅତ୍ୟନ୍ତ ହିମ, ସତେ ଲୋକାଚାର ଭ୍ରମ,
ରୂପଲୁବ୍ଧ ପାର୍ବତୀର ଉରୁ ବୋଧ ଉପମା ଅତୁଳ,
ଯା ଅତି ଅସାଧାରଣ କଠିନ, ପୁଣି ନୁହେଁ ହିମ ନାତିଉଷ୍ମ ଉରୁ ନିରୁପମ ।୩୬ ।

ଅତି ଅନିନ୍ଦିତ ସେହି ପାର୍ବତୀର କାଞ୍ଚିଗୁଣ ସ୍ଥାନ,
ନିତମ୍ବ କି ନିରୁପମ ! ସ୍ୱପ୍ନାତୀତ ଯା'ରେ ଅନୁମେୟ,
ପାର୍ବତୀର ତପ ପରେ, ଅନ୍ୟ ନାରୀ ସ୍ୱପ୍ନେ ଯା ଅତୀତ,
କମନୀୟ ସେ ନିତମ୍ବ ଘେନି ରୁଦ୍ର କୋଳେ ଯାରେ ହେଲେ ତୁଷ୍ଟ ମନ ।୩୭ ।

ଅତିକ୍ରମି ନୀବିଦେଶ, ନତ ନାଭି, ରନ୍ଧ୍ରେ ଅଛି ପଶି,
ନବ ଲୋମ ସମୂହ ଯା' ମେଘଳାର ମଧ୍ୟେ ଥିବା ମଣି,
ସ୍ନିଗ୍ଧପ୍ରଭା ଫୁଟାଇ ତା, ଭେଦି ଅଙ୍ଗ ସୁବସନ ରାଜି,
ନାଭି ଗହ୍ୱରେ ପ୍ରବେଶେ, ମନୋରମ ସେ ନବୋଢ଼ା ପାର୍ବତୀର ପୁଣି ।୩୮ ।

ନବ ଯୌବନ ଅଥବା ଭରିଅଛି ସୋପାନ ସୁଭଗ,
ଦେବୀ ବିଲଗ୍ନା ମଧ୍ୟା ସେ, ବାଳା ଅଙ୍ଗେ ସୁଚାରୁ ତ୍ରିବଳୀ,
ପଞ୍ଚପୁଷ୍ପ ଆରୋହଣେ, ମଧ୍ୟ ଭାଗେ, ଉମା ଅପଘନେ
ନବୀନ ଯୌବନ ଯା'ରେ ସଜାଇଛି କମନୀୟ କରି । ୩୯ ।

ସେ କୃଶାଙ୍ଗୀ ପାର୍ବତୀର ସ୍ତନଯୁଗ ପରସ୍ପର ବାଦୀ,
ହୋଇ ଅବା ସମୁନ୍ନତ, ପାଣ୍ଡୁରିତ ସେ ସ୍ତନର କୃଷ୍ଣ ବୃତ୍ତ ମୁଖ,
ଯହିଁ ନାହିଁ ଗଳିବାକୁ ମୃଣାଳର କ୍ଷୀଣ ସୂତ୍ରଟିଏ,
ପାର୍ବତୀ ଉନ୍ନତ ବକ୍ଷ ବନ୍ଧୁରିତ ଅତି ସୁଶୋଭିତ ।୪୦।

ମନେ ହୁଏ ଅନୁଲକ୍ଷି ପାର୍ବତୀର ସୁକୋମଳ ବାହୁ,
ଶିରୀଷ ପୁଷ୍ପଠୁଁ ସୁକୁମାର ନହେଲେ ବା କାହୁଁ,
ଯେ ଶିରୀଷ ପୁଷ୍ପବାଣେ ମଦନର, ବିଚଳିତ ନହେଲେ ତ୍ରିନେତ୍ର,
କାମ ସିନା ଭସ୍ମୀଭୂତ ! ସେ ବାହୁପାଶ ବନ୍ଧନେ ସ୍ୱୟଂ ବଦ୍ଧହେଲେ ବିଶ୍ୱନାଥ ।୪୧।

ବନ୍ଧୁରିତ ସ୍ତନଯୁଗ ଆଚ୍ଛାଦିଣ ଯଦିବା ପାର୍ବତୀ,
ସୁବର୍ତ୍ତୁଳ ମୁକ୍ତାହାର ଅତି ଯତ୍ନେ ପିନ୍ଧନ୍ତି କଣ୍ଠରେ ।
ଅତି ସୁଶୋଭନ ସେହି ମୁକ୍ତାହାର, ତହୁଁ ବଳି ଶୋଭା
ଉମା ଶୁଭ୍ର କଣ୍ଠତଟ, ଭୂଷଣ ଓ ଭୂଷିତର ଦୁହେଁ ଅବା ଦୁହିଁଙ୍କର ଅନୁରୂପ ଶୋଭା ।୪୨।

ଉମା ମୁଖ ଶୋଭା ଦେଖି ଲୋଳା ଲକ୍ଷ୍ମୀ ରହିଲେ ଆବୋରି,
ସେ ବିପୁଳ ଶୋଭା ମଧ୍ୟେ, ତୃପ୍ତ ମନେ ଦିବସ, ନିଶିଥେ ।
ଦିବସେ ପଦ୍ମରେ ଥିଲେ, ଭାବୁଥିଲେ ଚନ୍ଦ୍ରସୁଧା ପାଇଁ
(କିନ୍ତୁ) ଏକାଧାରେ ଲଭିଲେ ସେ, ପଦ୍ମ ଆଉ ଚନ୍ଦ୍ର-ସୁଧା ଉମା ମୁଖ ଶିରୀ ।୪୩।

ଯଦିବା ପୁଷ୍ପ ସମୂହ, ନବ ପଲ୍ଲବରେ ଦେବ ରଖି,
ନିର୍ବଳ ସୁମୁକ୍ତାଫଳ ଯଦି ପୁଣି ରକ୍ତାଭ ବିଦ୍ରୁମେ,
ହେଉ ବା ସନ୍ନିବେଶିତ, ତା' ହେଲେ ବା ହେବ ପାର୍ବତୀର
ଆରକ୍ତ ଅଧର ଭରି ବିଚ୍ଛୁରିତ ହାସ୍ୟ ଛଟା ଲାଖି ।୪୪।

ସେ ମଧୁଭାଷିଣୀ ଉମା କଣ୍ଠ-ସୁଧା ଧ୍ୱନିତ ଝଙ୍କାରେ,
ଆଳାପେ ମଧୁରେ ଯେବେ, ସେତେବେଳେ ଶ୍ରବଣେ ସେ ସ୍ୱର,
ପରପୁଷ୍ଟା ପିକ କୁହୁ, ଝଙ୍କାରିତ ବିଭଙ୍ଗ ବୀଣାର ସ୍ୱର ସମ ଲାଗେ ମନେ
କୋକିଳ ପଞ୍ଚମ ତାନ ବୃଥା ସିନା ଶୁଣିବା ଲୋକର ।୪୫।

ଚଞ୍ଚଳ ସମୀର ଘାତେ ଇତସ୍ତତଃ ନୀଳୋତ୍ପଳ ପରି
ଆୟତାକ୍ଷୀ ପାର୍ବତୀର ଦୃଷ୍ଟିଭଙ୍ଗୀ, କାନ୍ତ ଅଧୀରତା ।
ବନ କୁରଙ୍ଗୀ ନୟନୁ ନେଲେ ଉମା, ଅବା ମୃଗୀଚୟ
ପର୍ବତ-ତନୟା ପାଶୁ ଶିଖିଥିଲେ ଚକ୍ଷୁ-ଚପଳତା ।୪୬ ।

ଆକର୍ଣ୍ଣ ଦୀର୍ଘ ଭ୍ରୂଲତା ପାର୍ବତୀର ଅଞ୍ଜନ-ଶଳାକା,
ଧରି ଆଙ୍କିଦେଲା ପରି, କାନ୍ତି ଯା'ର ଲୀଳା ସୁଚାତୁରୀ
ଦେଖି ଯା'ରେ ପୁଷ୍ପଧନୁ, ତେଜେ ଗର୍ବ, ବିଶ୍ୱ ବିମୋହନ,
ସ୍ୱକୀୟ ଚାପ ସୌନ୍ଦର୍ଯ୍ୟ, ଅତି ଦୀନ ହୀନ ମନେକରି ।୪୭ ।

ତିରସ୍କୃତ ହୋଇ ନିଜେ, ଲଜ୍ଜା ପାଇ ଚାମରୀ ଗାଭୀଏ,
ତେଜିଥାନ୍ତେ ନିଜ ଦେଶ, ଚାମରରୁ ମମତା ନିଜର
ଦେଖିଥିଲେ ପାର୍ବତୀର, କେଶଦାମ ସ୍ନିଗ୍ଧ ଶୋଭାରାଶି,
ଆପଣାର କେଶ-ପୁଚ୍ଛ, ଶୋଭା ଗର୍ବ ତେଜିବା ସତ୍ୱର ।୪୮ ।

ଏକାଧାରେ ସର୍ବ ଶୋଭା ଦେଖିବାକୁ ପ୍ରଜାପତି ଅବା,
ସର୍ବ ଉପମା ସମୂହ ବିନିବେଶି, ସାରକରି ସକଳ ସୌନ୍ଦର୍ଯ୍ୟ
ଏ ବିଶ୍ୱର ସୁଷମାରୁ ଚନ୍ଦ୍ର, ଶମ୍ପା, ଚମ୍ପା, ଶିରୀଷରୁ
କମଳ ବା କୈରବରୁ ଉପମିତ ଯେତେକ ବସ୍ତୁରୁ,
ତିଳେ ତିଳେ ଗଢ଼ିଲେକ, ସୁଷମିତ ଅତି ସଯତନେ,
ଅପରୂପା ପାର୍ବତୀର ଯେ ଯହିଁକି ଲାଖି ଅପଘନେ ।
ଏକେ ଏକେ ସନ୍ନିବେଶି ବିଶ୍ୱସୃକ ସୃଜିଥିଲେ ଯାହା,
ଏଥୁ ଅବା ବିଶେଷରେ କେଉଁପରି ବଖାଣିବି ତାହା ।୪୯ ।

ସ୍ୱଇଚ୍ଛାବିହାରୀ ମୁନି ସେ ନାରଦ, ପିତା ପାଶେ ଦିନେ
କନ୍ୟାରେ ନିରେଖି ଭାବି କହିଥିଲେ ନୃପତି ସମ୍ଭାଷି,
ଏ କନ୍ୟା ପ୍ରେମରେ ଜିଣି ଦିନେ ନିଶ୍ଚେ ହେବେ, ରାଜା ରୁଦ୍ରପ୍ରଣୟିନୀ,
ଏ ନୁହେଁ ଅନ୍ୟଥା କେବେ, ଏକ ପତ୍ନୀ ହେବେ ଉମା, ହର ଅର୍ଦ୍ଧାଙ୍ଗିନୀ ।୫୦ ।

କୁମାର ସମ୍ଭବ | ୨୭

ସେଦିନୁ ଶୁଣି ଏ ବାଣୀ ମୌନ ହେଲେ ସୁପଣ୍ଡିତ ସୁଜ୍ଞାନୀ ବିବେକୀ
ପୂଜ୍ୟପାଦ ପିତା ଗିରି ହିମବନ୍ତ, ହେତୁରଖି ସତ୍ୟବ୍ରତ ଦେବର୍ଷି ବଚନ,
ବିବାହ ବୟସେ ଉମା ଉପନୀତ ହେଲେ ବି ହିମାଦ୍ରୀ,
ଅନ୍ୟ ବରେ ଅଭିଳାଷ ମନୁ ମାରି ରୁହନ୍ତି ମଉନ;
ବିଶେଷତଃ ଅନଳର ଯୋଗ୍ୟ ସିନା ମନ୍ତ୍ରପୂତ ହବି,
ଅନ୍ୟ ତେଜସ୍କର ବସ୍ତୁ ଧାରଣେ ତା' ନପାରେ ସମ୍ଭବି।୫୧।

ଅଭ୍ୟର୍ଥନା ଭଙ୍ଗ ଭୟେ ଅତିରିକ୍ତ ଅଭିଳାଷ ମଧ
ନକହି ପଣ୍ଡିତ ଜନେ ଉଦାସିନେ ଥାଆନ୍ତି ଯେସନ,
ତେସନ ରହିଲେ ଗିରି ଯେତେ ଦିନ ପଶୁପତି ସ୍ୱଇଛାରେ ଯଦି,
ନ ମାଗିବେ ଗିରିକନ୍ୟା, ସେତେ ଦିନ ଥିବ ସେ ମଉନ।୫୨।

ବିଗତ ଜନମେ ସତୀ ସୁନୟନୀ ଦକ୍ଷେ କୋପକରି,
ବିସର୍ଜିଲେ ସ୍ୱଶରୀର, ସେହିଦିନୁ ଏକାକୀ ପିନାକୀ।
ସଙ୍ଗ ମୁକ୍ତ ଏକ ନିତ୍ୟ, ପୁନର୍ବାର ଦାର ପରିଗ୍ରହ
ନକରି ଅଛନ୍ତି ରହି, ଯୋଗମଗ୍ନ ସବୁ ଇଚ୍ଛା ହରିଛି ବିପତ୍ତି।୫୩।

ଅକସ୍ମାତ ଦିନେ ତହିଁ ଉପନୀତ ବ୍ୟାଘ୍ର ଚର୍ମଧାରୀ
ଯତିଶ୍ରେଷ୍ଠ ପଶୁପତି, ତପ ଅର୍ଥେ ଆସିଲେ ସେ ବନେ
ଯହିଁ ଗଙ୍ଗା ପ୍ରବାହିତ, ଗିରି ଉର୍ଦ୍ଧ୍ୱ ଶିଖରୁ ଉଛୁଳି
ନିମ୍ନ ଦେବଦାରୁ ବଣ କରି ସିକ୍ତ, ଯହିଁ ମୃଗଗଣେ
କ୍ରୀଡ଼ନ୍ତି ଆନନ୍ଦ ମୋଦେ, କଉତୁକେ ଚଉଦିଗେ ମୃଗମଦ କସ୍ତୁରୀ ବିତରି,
ସୁରଭିତ ବାୟୁସ୍ତରେ, ସାନୁଦେଶେ ଯେ ବନାନୀ ମୁଖରିତ କରି।୫୪।

ସୁଲଳିତ କଣ୍ଠଗୀତେ କିନ୍ନର କିନ୍ନରୀ ନିରବଧି,
ରହିଥାନ୍ତି ନିଜ ସୁଖେ। ସେ ଛାୟା ଶୀତଳ ବନେ, ତପୀ-
ରହିଲେ ଆଚରି ବ୍ରତ ଯୋଗୀଶ୍ରେଷ୍ଠ ରୁଦ୍ର ଯୋଗାସନେ
ନିଜ ଅଭିପ୍ରେତ ସ୍ଥାନ ସେ ଗହନ ପୁତ ତପୋବନେ।୫୫।

ରହି ଦୂରେ ବୃଷଧ୍ୱଜ, ବୃଷରାଜ କକୁଦ ଦୋଳାଇ,
ଅତି ଦର୍ପଭରେ ଗର୍ଜେ, ଘନୀଭୂତ ତୁଷାର ଖୁରାଗ୍ରେ
ଅବାରିତେ ବିଦାରଇ। ବନାନ୍ତରେ ଯାଉଁ ଦୂରେ ଫେରି,
ସଭୟେ ଦେଖନ୍ତି ଦୂରୁ, ସଚକିତେ ଗବୟେ ନୀରଦେ
ସହସା ଗର୍ଜନ ଶୁଣି କେଶରୀର, କେଉଁ ଦୂର ବର୍ଣ୍ଣୁ
ଚତୁର୍ଗୁଣେ ଗର୍ଜେ ବୃଷ, ବନ ଗିରି ସାନୁ ପ୍ରକମ୍ପାଇ।୫୬।

ଶିବ ଯହୁଁ ସମାଧିସ୍ଥ, ଦୂରେ ରହି ପ୍ରମଥ ସକଳେ,
ଅରଣ୍ୟ କୁସୁମ ତୋଳି ଅବତଂସି ପିନ୍ଧନ୍ତି ଶ୍ରବଣେ,
ସ୍ନିଗ୍ଧଶୀତ ଭୁର୍ଜପତ୍ର କଟିତଟେ କରନ୍ତି ଦୁକୂଳ,
ଦେହେ ବୋଳି ସୁବାସିତ ଗିରିଚୂର୍ଣ୍ଣ, ଶିଳାଜତୁ ଶିଳାପରେ କ୍ରୀଡ଼ାରତ ଶିବ ଅନୁଚର।୫୭।

ଏହିପରି ସାନୁଦେଶେ ସ୍ୱୟଂ ଶିବ ତପେ ନିମଗନ,
ନିଜର ସମ୍ମୁଖେ ସ୍ଥାପି ଆପଣାର ଜ୍ୟୋତିର୍ମୟ ମୂର୍ତ୍ତି।
ପ୍ରଜ୍ୱଳିତ ଅଗ୍ନି ଅଗ୍ରେ, ସେବି ଯା'ରେ ଭକ୍ତର ବାସନା,
ଅପୂର୍ଣ୍ଣ ରହେନି କେବେ, ଆଚମ୍ବିତ ! କରେ ସେ ଯେ ତପେ ରହି କାହା ଆରାଧନା ?।୫୮।

ଦେବତାର ପୂଜ୍ୟ, ଶ୍ରେଷ୍ଠ ତ୍ରିପୁରାରୀ ଶମ୍ଭୁ ତପେ ମଗ୍ନ,
ଶୁଣି ନିଜ ସାନୁଦେଶେ, ସଗୌରବେ ପାଦ ଅର୍ଘ୍ୟେ ଘେନି ଅଦ୍ରିନାଥ।
ଅଭ୍ୟର୍ଥନା କଲେ ଯେତେ ସୁବିଧିରେ, ପୁଣି ନିଜ ସଂଯତା ସୁତାରେ
ଜୟା ବିଜୟା ସଖୀରେ ସାଥେ ଦେଇ, ଆଦେଶିଲେ ନୃପ
ଶିବ ସେବା ଲାଗି ନିତି, ସଖୀ ସାଥେ ସେ ଘନ ଅରଣ୍ୟ,
ସୁପବିତ୍ର ଶୁଚିସ୍ନାତ ସୁଶୋଭିତ କଲେ ଉମା ନିତ୍ୟ ପୂଜାପାଇଁ ଶିବ ତପୋବନ।୫୯।

ତପସ୍ୟାର ପ୍ରତିକୂଳ ଜାଣି ନାରୀ ଶୁଶ୍ରୂଷା କାରିଣୀ
ପାର୍ବତୀରେ ଅନୁମତି ଦେଲେ ଶମ୍ଭୁ ଜିତେନ୍ଦ୍ରିୟ ହର,
ଚିତ୍ତ ବିକାର ବିଭ୍ରମ ହେତୁ, ସତୀ ଥିଲେ ବି ନିଜର
ଚେତନା ଯା ଭ୍ରଷ୍ଟ ନୁହେଁ, 'ଧୀର' ସେହୁ କହଇ ସଂସାର।୬୦।

ସୁକେଶୀ ପାର୍ବତୀ ତହିଁ ଅଭିଷେକପାଇଁ ଜଳ ପୂଜା ଫୁଲ ସହ,
ସଜାଡ଼ି କୁଶ ସମୂହେ, ସଜାଡ଼ନ୍ତି ବେଦୀର ଆସନ,
ଶୁଚି ଓ ସୁରୁଚିପୂର୍ଣ୍ଣ ସୁପବିତ୍ର ସୁବିଧିର ଉପଚାର ମାନ
ପ୍ରତ୍ୟହ କରନ୍ତୁ ଠୁଳ । ଆବଶ୍ୟକଠାରୁ ବେଶି ସେହି ସମର୍ପଣ,
ମନ ପ୍ରାଣ ପ୍ରଭୁ ପାଦେ କ୍ଳାନ୍ତି କିବା, ଲାଗିଲେ ବିଷାଦ,
ଶମ୍ଭୁ ଶିର-ସ୍ଥିତ ଚନ୍ଦ୍ର ସ୍ନିଗ୍ଧ କରେ, ପାଶୋରନ୍ତି ଆପଣାର ଖେଦ ।୬୧ ।

# ଦ୍ୱିତୀୟ ସର୍ଗ

ପାର୍ବତୀ ଯେ କାଳେ ଥିଲେ ଶିବ ସେନା ଭୋଳେ,
ତାରକା ନାମେଣ ଦୈତ୍ୟ ସ୍ୱର୍ଗ ନେଲା ବଳେ,
ଇନ୍ଦ୍ର ଚନ୍ଦ୍ର ବରୁଣର ନେଲା ଅଧିକାର,
ସକଳ ଦେବତା ପଣ କରି ଛାରଖାର ।୧ ।

ବ୍ରହ୍ମାଙ୍କ ସମୀପେ ସର୍ବେ ହେଲେ ଉପନୀତ,
ସକଳ ଦେବତା ତହିଁ ମୁଖ କରି ନତ,
ଅମରଗଣଙ୍କ ମୁଖ ଦେଖି ହୁଏ ମନେ,
ଜଳାଶୟେ ସୁପ୍ତ ପଦ୍ମ ଶୋଭାହୀନ ଯେହ୍ନେ
ବ୍ରହ୍ମାରେ ନିରେଖି ସର୍ବେ ପାଇଲେ ଜୀବନ,
ପ୍ରଭାତ ସୂର୍ଯ୍ୟର ସମ ପ୍ରଫୁଲ୍ଲ ବଦନ ।୨ ।

ପ୍ରଣିପାତ କରି ସର୍ବେ ହୋଇ ଯୋଡ଼ କରେ
ସ୍ତୁତି କରିଲେ ସ୍ରଷ୍ଟାରେ ଅମର ନିକରେ ।୩।

ନମୋ ତ୍ରିମୂର୍ତ୍ତୟେ ଦେବ ସୃଷ୍ଟି ଆଦିକାଳୁ,
ଆତ୍ମାରାମେ ଥିଲୁ ମତ୍ତ, ସର୍ଜନାରେ ଭାଳୁଁ,
ଗୁଣତ୍ରୟେ ବିଭାଗିଲୁ ବ୍ରହ୍ମା ବିଷ୍ଣୁ ଶିବେ,
ନମୋ ନମଃ ଅକପଟେ ନମୁଛୁ ତ୍ରିଦେବେ ।୪ ।

ହେ ଅନଘ, ଜନ୍ମହୀନ ସୃଷ୍ଟିର କାରଣେ,
ଯେ ଜଳେ ଅବ୍ୟର୍ଥ ବୀଜ ବୁଣିଲ ଗହନେ,
ସେ ବୀଜୁଁ ଜଗତ ଜାତ ଚରାଚର ଯେତେ
ସେ ଲାଗି ତୋହର ଯଶ ଗାଏ ବିଶ୍ୱ ଏତେ।୫।

ସ୍ଥିତି ସଂହାର ସୃଷ୍ଟିର ଏକମାତ୍ର ତୁହି,
ତ୍ରିବିଧ ଶକ୍ତି ବିନାଶି, ବିନାଶିବା ପାଇଁ,
ରଚିଅଛୁ ସୃଷ୍ଟି ସ୍ଥିତି ପ୍ରଳୟରେ ବାନ୍ଧି,
ପରାତ୍ପର ଯୋଗେଶ ହେ ତୋର କେ ବିବାଦି? ।୬।

ନିଜରେ ପୁରୁଷ କରି ନିଜେ ହୋଇ ନାରୀ
ଏ ତୋର ମିଥୁନ ଅଙ୍ଗ ଚରାଚର ଚରି।
ମାତା ପିତା ରୂପେ ପୂଜ୍ୟ ସ୍ଥାବର ଜଙ୍ଗମେ,
ପ୍ରଣମୁ ହେ ପିତୃଦେବ ଅଭୟ ଚରଣେ।୭।

ହେ ଅପରୂପ ତୋହର କାଳ ଅନୁକ୍ରମେ
ଦିବାରାତି ଜାଗରିତ ଏ ବିଶ୍ୱ ଧରମେ,
ସ୍ୱପ୍ନେ ହୁଅଇ ପ୍ରଳୟ କାଳରାତ୍ରି ତଳେ
ଦିବସେ ଜାଗଇ ବିଶ୍ୱ କରମ ମୁଖରେ।୮।

ହେ ପ୍ରଭୁ ତୁହି ଯେ ଅଟୁ ଏ ବିଶ୍ୱ କାରଣ
ତୋର କିନ୍ତୁ ନାହିଁ କିଛି କରଣ କାରଣ,
ତୁ ଅଟୁ ଜଗତ ଯୋନି ଅଯୋନି-ସମ୍ଭୂତ,
ତୁ ଅଟୁ ସଂହାରକର୍ତ୍ତା କେ' ତୋ ସଂହାରକ?।୯।

ହେ ପ୍ରଭୁ ହେ ନିରଞ୍ଜନ ଆତ୍ମାରେ ତୋହରି
ସୃଜି ପାଳୁ, ଲୀନ କରୁ ପ୍ରଳୟ ଆବୋରି;
ଏଣୁକରି କେ କଳନା କରିବ ତୋ ଶକ୍ତି
ହେ ମହିମାମୟ ପିତା ଘେନ ଏ ପ୍ରଣତି।୧୦।

ହେ ପ୍ରଭୁ ନଦୀ ସମୁଦ୍ର ତରଳ ସହିତେ
ଅଥବା ରୁକ୍ଷ କଠିନ ମହୀଧର ଯେତେ
ଇନ୍ଦ୍ରିୟ ପରଶ ଗୁଣ ପଦାର୍ଥ ସକଳ,
ଅବା ଲଘୁ ଗୁରୁ ମନୋମୟରୁ ବିଚାର,
ସକଳ ପ୍ରକାଶ ତୋର କାର୍ଯ୍ୟ କାରଣରେ
ବ୍ୟକ୍ତାବ୍ୟକ୍ତ ବିଭୂତି ଯା ଗୋପ୍ୟ ଚରାଚରେ ।୧୧।

ଓଁକାର ପ୍ରଣବ ବାକ୍ୟ ସୁର ଅନୁଯୋଗ,
ଉଦାତ୍ତ ଓ ଅନୁଦାତ୍ତ ସ୍ୱରିତ ତ୍ରିବିଧ
ଯେ ବାକ୍ୟ ଉଚ୍ଚାରଣରେ ଯଜ୍ଞ, ସ୍ୱର୍ଗ ଫଳ,
ସେ ବାକ୍ୟ ପ୍ରଣେତା ତୁହିଁ ଅନନ୍ତ ବିଶ୍ୱର ।୧୨।

ବିଶ୍ୱରୂପ ତୋତେ ଏହି ତତ୍ତ୍ୱଦର୍ଶୀଗଣ,
ତ୍ରିଗୁଣାତ୍ମିକା ପ୍ରକୃତି ରୂପର କାରଣ,
କୁହନ୍ତି ବି ସାକ୍ଷୀ ରୂପେ ପ୍ରକୃତି ଦର୍ଶକ,
ଉଦାସୀନ ନିତ୍ୟ ତୁହି କୁଟସ୍ଥ ପୁରୁଷ ।୧୩।

ହେ ଅସୀମ । ପିତୃଗଣ ସେବିତ ହେ ପିତା,
ଦେବାଧିଗଣର ଦେବ, ପରମ ଦେବତା
ଜଗତ ଈଶ୍ୱର ଯେହୁ ତାହାର ତୁ ପ୍ରଭୁ,
ଦକ୍ଷାଦି ସୃଷ୍ଟିକର୍ତ୍ତାର ସୃଷ୍ଟିକର୍ତ୍ତା ବିଭୁ ।୧୪।

ସର୍ବ ଭୂତାଶୟ ତୁହି ଯାଜ୍ୟ-ଯଜନୀୟ,
ହବ୍ୟ ହବ୍ୟକର୍ତ୍ତା ଆଉ ପୁରୁଷ ଚିନ୍ମୟ
ଭୋକ୍ତା, ଜ୍ଞେୟ, ଜ୍ଞାତା ଧ୍ୟେୟ ଅଟ ମାତ୍ର ତୁହି
ତୋତେ ହିଁ ତୁ କରୁ ଧ୍ୟାନ ହେ ଜଗତ ସାଇଁ ।୧୫।

ଯଥାର୍ଥ ସ୍ତୁତି ଶ୍ରବଣେ ଦେବଗଣ ମୁଖୁଁ
ପ୍ରସନ୍ନ ବଦନେ ବ୍ରହ୍ମା କୁହନ୍ତି ସବୁଙ୍କୁ ।୧୬।

ଜଗତର ଆଦିକବି ବ୍ରହ୍ମା ଚତୁର୍ମୁଖେ,
ଦ୍ରବ୍ୟ, ଗୁଣ, କ୍ରିୟା, ଜାତି, ଭେଦେ ଏକେ ଏକେ,
ସେ ବାଗ୍‌ଦେବୀ ଚର୍ତୁବିଧ ଅବୟବ ଧରି
ସାର୍ଥକ କରିଲେ ସର୍ବେ (ବ୍ରହ୍ମା) ମୁଖୁଁ ଅବତରି ।୧୭।

ହେ ପ୍ରତାପୀ ଦେବଗଣ, ନିଜ ବାହୁବଳେ,
ନିଜ ଅଧିକାର ଯାହା ଅକ୍ଷୁର୍ଣ୍ଣ ସବୁରେ
ରଖିଛ ତ ? ରକ୍ଷାକରି, କିନ୍ତୁ କି କାରଣେ.
ମୋ ପାଶେ ଆସିଛ ସର୍ବେ, ସୁଖ ନାହିଁ ମନେ ।୧୮।

ହେ ବସ୍ତ ତୁଷାର ସିକ୍ତ ନକ୍ଷତ୍ରର ପରି,
ପରିମ୍ଳାନ ତବ ମୁଖ ଭୟ ପରିହରି ।୧୯।

କୁହ ସତ୍ୟ ସମାଚାର, ଦେବରାଜ ଇନ୍ଦ୍ର
ଏ ଦଶା ଲଭିଲ କେହ୍ନେ, ଏ ତବ କୋଦଣ୍ଡ
ବୃତ୍ରାସୁର ମାରି ଯା'ର ସୂର୍ଯ୍ୟ ସମ ଶୋଭା
ନଥିଲା ମଳିନ ହୋଇ, ତାର କାହିଁ ଆଭା ? ।୨୦।

ମନ୍ତ୍ରବଳେ ଫଣାଧାରୀ ହୀନବଳ ସର୍ପ-
ସମ ରହିଅଛି ଆଜି, ବରୁଣର ଫାଶ
ଜଗତେ ଅଜୟ ଶତ୍ରୁ ଯା' ଫାଶେ ଆବୋରି,
ବିଷମ ଏ ଦଶା ତା'ର, କି ଦୁଃଖ ଏହାରି ? । ୨୧।

ଯେ ଅଜେୟ ଗଦା ହସ୍ତେ କୁବେର ଶୋଭଇ,
ନଷ୍ଟ ଶାଖା ଦ୍ରୁମ ସମ ସେ ଆଜି ଦିଶଇ,
ପରାଭବ କିବା ତାର ଦେହ ମନ ତଳେ,
ବୁଝୁଛି ଦାରୁଣ ଦୁଃଖ ଜାତ ତା' ମନରେ ।୨୨।

ଯେ ଦଣ୍ଡେ ଶୋଭିତ ଯମ, ଯମରାଜ ନାମେ,
ସେ ଦଣ୍ଡ ଅନଳ-ହୀନ ଅଙ୍ଗାର କି ମଣେ,
ଦେଖେ ସେ ଅଧୋବଦନେ କରେ ରେଖାପାତ-
ଦଣ୍ଡ ହାତେ ଭୂମିପରେ, କ୍ଳାନ୍ତ ଜନ୍ତୁନାଥ ।୨୩।

ଏ ଯେଉଁ ଦ୍ୱାଦଶ ରବି ଦେଖଇ ଆଗରେ
ତୁଷାର ଶୀତଳ ଲାଗେ ତା'ର ରୌଦ୍ରଜାଳେ,
ଚିତ୍ରପଟ ପରି ଯାହା ଦେଖଇ ଜଗତ,
ଆଖି ଝଲସାଏ ନାହିଁ ସେ ତେଜ ବିଚିତ୍ର ।୨୪।

ସିନ୍ଧୁଗାମୀ ସରସ୍ୱତୀ ବିପରୀତ ଗତି,
କଲେ ଯେହ୍ନେ ଲାଗେ କିଏ ରୋଧିଛି ତା'ଗତି
ବିଶୃଙ୍ଖଳ ଅଣଚାଶ ବାୟୁ ସଞ୍ଚାଳନ,
ଭାବୁଛି କେ ଅବରୋଧ କରେ ତା' ଗମନ ।୨୫।

ଏକାଦଶ ରୁଦ୍ର ଆଜି ଦିଶଇ ମଳିନ,
ଜଟାଜାଲ ଅସ୍ତବ୍ୟସ୍ତ ବିକଳ ଶ୍ରୀହୀନ,
ସେ ଜଟାରେ ଶଶୀରେଖା ଝୁଲେ ତାରା ପରି
ଯେ ରୁଦ୍ର ହୁଙ୍କାରେ ଯାଏ ସାରା ବିଶ୍ୱ ଥରି ।୨୬।

କୁହ ଦେବଗଣେ ଭୁଲି ମନୁ ଭୟ ଭ୍ରାନ୍ତି,
ନିଜ ପଦେ ଅଭିଷିକ୍ତ କୁଶଳେ ଥିଲଟି ?
କେଉଁ ଦୁରାଚାର ଆସି କରିଲା ଏ ଦଶା
ବଳେ ତବ ଅଧିକାର ଘେନିଲା ସହସା ।୨୭।

ସମାଗତ ବତ୍ସ ଆହେ ଅଛି କି ପ୍ରାର୍ଥନା,
କି ଉଦ୍ଦେଶ୍ୟ ମୋ ପାଶେ ଆସିଛ ଭୟମନା,
ମୁଁ ସିନା ସୃଜିଲି ସୃଷ୍ଟି, ତୁମେତ ପାଳକ,
ମୋ ପାଶେ ଆସିଲ କିମ୍ପା କୁହ ସବୁ ସତ ।୨୮।

ଅନୁକୂଳ ଅନୁଗ୍ରହ ଦେଖି ପିତାମହେ
ଚକ୍ଷୁ ଠାରି ସହସ୍ରାକ୍ଷ ଗୁରୁମୁଖେ ଚାହେଁ,
କହିବାକୁ ସମସ୍ତ ତା' ଦେଖି ନେତ୍ରଠାର,
ବାୟୁ ନିପୀଡ଼ିତ କିବା କବଳ ବନର ।୨୯ ।

ହେଲେ ବି ସହସ୍ର ଚକ୍ଷୁ ବାସରେ ସତ,
ବୃହସ୍ପତି ଦ୍ୱି-ନେତ୍ରରେ ସଦା ପରାହତ,
ଦେବଗୁରୁ ସୁପଣ୍ଡିତ ଦୂରଦର୍ଶୀ ପଣେ
ବୁଝାଇ କୁହନ୍ତି ତେଣୁ କମଳ ଆସନେ ।୩୦ ।

ଅନ୍ତର୍ଯ୍ୟାମୀ ପିତା ଆହେ, ଯା କହ ସକଳ
ସତ୍ୟ ସିନା ଅଧିକାର ପୀଡ଼ିତ ପ୍ରାଣର
ଶତ୍ରୁ ପରାହତ ଆମେ ନଜାଣୁ କି ତୁହି,
ଏ ବିପଦ ତୋତେ ଅବା ଗୁପତ ଅଛଇ ।୩୧ ।

ତୋର ବରାଭୟ ପାଇ ତାରକା ଅସୁର
ପ୍ରବଳ ହୋଇଛି ଅତି, ନାଶଇ ତ୍ରିପୁର,
ଧୂମକେତୁ ସମ ଉଦେ ହୋଇଅଛି ସେଇ
ସୁର ନର ନାଗ ଯା'ର ଉତ୍ପାତେ ଥରଇ ।୩୨ ।

ସେ ଅସୁର ପୁରେ ରବି ହୁଅଇ ଉଦିତ
ସ୍ନିଗ୍ଧ କରଜାଳେ ଯହିଁ ଫୁଟେ ପଦ୍ମ ନିତ୍ୟ,
ଅସୁର ଦୀର୍ଘିକା ଜଳେ ନୁହେଁ ରୌଦ୍ରଟାଣ
ଅଧିକ ନ ହେବାପାଇଁ ଭୟେ ମ୍ରିୟମାଣ ।୩୩ ।

ଅନ୍ଧାର ଆଲୋକ ପକ୍ଷ ଉଭୟ ତିଥିରେ
ଷୋଳକଳା ପୂର୍ଣ୍ଣକରି ଚନ୍ଦ୍ର ତାର ପୁରେ,
ସେବଇ ଅସୁରେ ନିତି ଶିବ ଭାଇ ଲେଖା
କେବଳ ରହିଛି ତହିଁ ବକ୍ର ଚନ୍ଦ୍ରରେଖା ।୩୪ ।

ଅସୁର ଉଦ୍ୟାନେ ବାୟୁ ନ ଚଳଇ ଡରି
କାଳେ ବାୟୁ ବଳେ ପୁଷ୍ପ ଯିବେ ତଳେ ଝରି,
କେବଳ ଅସୁର ପାଶେ ସେବଇ ଅନିଳ
ଅଧିକ ନ ହେବାପାଇଁ ସଦା ତତପର ।୩୫ ।

ବସନ୍ତ ଶରତ ଆଜି ଯେ ଯାହା ଋତୁରେ
ଫୁଟାଇ ସୁରଭି ଫୁଲେ ଏକତ୍ର ଅସୁରେ-
ଯେସନେ ଉଦ୍ୟାନ ବୃକ୍ଷେ ସେବୁଥାଇ ମାଳି,
ସର୍ବଦା ଫୁଲୁ କୁସୁମେ ଉଦ୍ୟାନ ସଜାଡ଼ି ।୩୬ ।

ଅନନ୍ତ ରତ୍ନ ଆକର ସାଗର ବରୁଣ,
ତାରକ ଅସୁର ଲାଗି ଯେ ଉପଢୌକନ
ଯୋଗ୍ୟ ହେବା ରତ୍ନଟିରେ କରଇ ପ୍ରତୀକ୍ଷା,
ପରିପୁଷ୍ଟ ହେଲେ ଦେଇ, ନେବ ସ୍ନେହ ଭିକ୍ଷା ।୩୭ ।

ବାସୁକୀ ପ୍ରମୁଖ ଯେତେ ନାଗରାଜ ଗଣ
ଅସୁରର ଚଉପାଶେ ସେବନ୍ତି ବେଢ଼ିଣ,
ଉଜ୍ଜ୍ୱଳ କରନ୍ତି ନିଶି, ଜାଳି ଫଣା-ମଣି,
ବାୟୁହୀନ ସ୍ଥିର ଦୀପ ଜାଳେ କି ଯାମିନୀ ।୩୮ ।

ଅସୁରର ପ୍ରୀତି ଲାଗି ଦେବରାଜ ନିଜେ
ସୁରଭ କୁସୁମ ତୋଳି ନନ୍ଦନୁ, ବିରସେ
ପେଷଇ ଦୂରରେ ନିତି ଉପହାର ଛଳେ,
ଦୁଷ୍ଟମତି ତୁଷ୍ଟ ହେବ ଅବା ବାସକରେ ।୩୯ ।

ଯେତେ ସେବା କଲେ ଦେବ, ଆହେ ପିତାମହ,
ମନ ତା'ର ତୁଷ୍ଟ ନୁହେଁ କୋପେ ଅହରହ ।
ଅଜ୍ଞକେ ନବୁଝି କରେ ନଷ୍ଟ ଏ ଜଗତେ,
ସ୍ୱଭାବେ ଅସୁର ଜାତି ଦୟା ନାହିଁ ଚିତ୍ତେ ।୪୦ ।

କେବେ ଯଦି ନନ୍ଦନ କାନନୁ ପାରିଜାତ
ତୋଳନ୍ତି ସୁରନାରୀଏ କର୍ଣ୍ଣେ ଅବତଂସ
ପିନ୍ଧିବାକୁ ତୋଳୁଥିଲେ ଅତି ସନ୍ତର୍ପଣେ
ଶାଖା ପ୍ରଶାଖା ବୃକ୍ଷର ଛିନ୍ନ ନୁହେଁ ଯେହ୍ନେ।୪୧।

ଅସୁର ଶୟନ କକ୍ଷେ ସୁର ରମଣିଏ
ଚାମର ଚାଳନ୍ତି ଧୀରେ, ନିଶ୍ୱାସ ପ୍ରବାହେ,
ବନ୍ଦୀ ରମଣୀରେ ଦୁଃଖ ଲୁହ ବ୍ୟଜନରେ
ଶୀକର ସେବିତ ବାୟୁ ସମ ଦେହେ ଝରେ।୪୨।

ପ୍ରମୋଦେ କ୍ରୀଡ଼ିବା ଲାଗି ମେରୁ ଶୃଙ୍ଗ ଆଣି,
ବାହୁବଳେ ଥାପିଛି ଉଦ୍ୟାନେ ଶୈଳଶ୍ରେଣୀ
ବିହରିବା ଲାଗି, ଯାହା ସୂର୍ଯ୍ୟ ଅଶ୍ୱଖୁରେ
ଯେ ମେରୁ ଶୃଙ୍ଗ ଆହତ, ପବିତ୍ର ବା' ଥିଲେ।୪୩।

ମନ୍ଦାକିନୀ ଜଳୁ ନିଏ ସ୍ୱର୍ଣ୍ଣପଦ୍ମ ଯେତେ,
ନିଜ ଦୀର୍ଘିକାରେ ରୋପି ଅସୁର ନିରତେ,
ମୃଣାଳର ମୂଳ ସହ ମନ୍ଦାକିନୀ ଜଳ,
ନୁହେଁ ଶୁଭ୍ର ଶିରୀହୀନ ଦିଗ ବାରଣର,
ମଦବାରି ଗୋଳିହୋଇ ଦିଶଇ ପଙ୍କିଳ,
ହେ ପିତା! ସ୍ୱର୍ଗଗଙ୍ଗାର ଦଶା ଏ ପ୍ରକାର।୪୪।

ଦୁଷ୍ଟ ଭୟେ ଗଗନରେ ନ ଚଳେ ବିମାନ
ସ୍ୱର୍ଗବାସୀ ପ୍ରୀତିଭରେ ତୁ ଅବଲୋକନ,
ନକରନ୍ତି କଦାଚିତେ କେଉଁ ମୁହୂର୍ତ୍ତରେ
ତାରକ ଆସିବ ବୋଲି ପଥୁକୀ ଭୟରେ
ନ ଯାଏ ସେ ପଥେ. ଭୟେ ରାକ୍ଷସର ଲାଗି,
ବାଟ ଘାଟ ଜନଶୂନ୍ୟ ସ୍ୱର୍ଗ ପୁରେ ଆଜି।୪୫।

ଦେବତାର ରୂପ ଧରି ଯଜ୍ଞେ ହବି ଖାଏ
କପଟ ଅସୁର ରୂପେ ନିଚେଷ୍ଟ ସଭିଏଁ,
ଅନଶନେ ଥାଉଁ ରହି ଚାହିଁ ଚାରିଦିଗେ
ଆଜ୍ୟ ଭୋଜ୍ୟ ସବୁ ହରେ, ଦେଖୁଛୁଁ ନୀରବେ ।୪୬ ।

ଇନ୍ଦ୍ର ପାଶୁ ଉଚ୍ଚୈଃଶ୍ରବା ଅଶ୍ୱ ଅପହରି
ଚିରକାଳ ସଞ୍ଚିତ ଯା' ଇନ୍ଦ୍ର ଯଶ ପରି-
ଯେ ଥିଲା, ନେଲା ଅସୁର ତାକୁ ବାହୁବଳେ,
କି କହିବୁ ପିତା, ଇନ୍ଦ୍ର ରହେ ବିଷାଦରେ ।୪୭ ।

ଯେତେ ମତେ ମାରିବାକୁ କଲେବି କୌଶଳ
ପ୍ରବଳ ଅସୁର ଆଗେ ନୋହୁଁ ଆମ୍ଭେ ସ୍ଥିର,
ଯେପରି ସାନ୍ନିପାତିକ ମଲୁ ମୁଖୁ ଗଳି
କଟୁ ମଉଷଧି ଯେତେ ପଡ଼ଇ ନିଗିଡ଼ି ।୪୮ ।

ଭାବିଥିଲୁ ଅବା ବିଷ୍ଣୁ ଚକ୍ରରେ ବିନାଶି
ପାରିବୁ ଦାନବରାଜେ ମିଳି ସ୍ୱର୍ଗବାସୀ,
ସୁଦର୍ଶନ କଣ୍ଠେ ତା'ର ଲାଗିବାର ବେଳେ
ଅନଳ ଝୁଲ ଉଡ଼ାଇ ବଙ୍କା ହୋଇ ପଡ଼େ,
ନିରେଖି ତା' ମନେ ହୁଏ ପଦ୍ମରାଗ ମଣି,
ଗଳା ହାରୁ ପାଖୁଡ଼ା କି ଫିଙ୍ଗେ ଦୈତ୍ୟ ଜାଣି ।୪୯ ।

ପ୍ରଚଣ୍ଡ ତାରକାସୁର ଗଜରାଜି ଯେତେ
ଐରାବତେ ପରାହତ କରିଲେ ଯୁଝତେ,
ଶିଖ ସାନୁ ଦେଶେ ଏବେ ଅଭ୍ୟାସିବା ଲାଗି
ପ୍ରସିଦ୍ଧ ଜଳଦ ଦଳେ ଦନ୍ତ କ୍ଷତେ ଦାଗି
ପୁଷ୍କର ଓ ଆବର୍ତ୍ତକ ଆଦି ମେଘ ଦଳେ,
ଲଣ୍ଡଭଣ୍ଡ କରିଥାନ୍ତି ଦନ୍ତାଘାତ ଛଳେ ।୫୦ ।

ମୁମୂର୍ଷୁ ବ୍ୟକ୍ତିର ଯେହ୍ନେ କର୍ମ ବନ୍ଧ ଲାଗି,
ଇଚ୍ଛାକରି ହୋଇଥାଏ ଧର୍ମ ଅନୁରାଗୀ,
ସେପରି ହେ ଶକ୍ତିଧର ! ସେନାପତି ଏକ,
ସୃଜନ କର ହେ ପ୍ରଭୁ ଯେ ନାଶିବ ଦୈତ୍ୟ,
ପ୍ରବଳ ତାରକାସୁରେ, ମିନତି ଆମର,
ତ୍ରିଲୋକର ରକ୍ଷା ଲାଗି, ରଖ ତୁ ଅମର ।୫୧ ।

ବନ୍ଦୀ ରମଣୀର ସମ ଉଦ୍ଧରି ଜୟଶ୍ରୀ
ଇନ୍ଦ୍ରକରେ ଦେବାଲାଗି ଯୋଗ୍ୟ ସେନାପତି,
ସକଳ ଦେବତା ଲୋଡୁଁ ! ହେ ତ୍ରିଦିବପତି
ଦୁର୍ଦ୍ଧର୍ଷ ଅସୁର କରୁ ନେବାକୁ ବିଷ୍ଣୁତି ।୫୨ ।

ଗୁରୁବାକ୍ୟ ଶୁଣି ବ୍ରହ୍ମା ଦିଅନ୍ତି ଉତ୍ତର
ଜଳଦ ଗମ୍ଭୀର ସୁରେ, ଜଳଦୁଁ ପନୀର
ପଡ଼େକି ପ୍ରବଳ ବେଗେ, ତହୁଁ ବଳି ସୁଖ,
ପାଇଲେ ଅମର ଶୁଣି ବିପୁଳ ପୁଲକ ।୫୩ ।

ହେ ବତ୍ସ, କର ପ୍ରତୀକ୍ଷା କିଛି କାଳପାଇଁ
ତୁମରି ପ୍ରାର୍ଥିତ ସେନାପତିରେ ଚିହ୍ନୋଇ,
କରି ନ ପାରୁଛି କିଛି ଏ ବିଷୟ ଜାଣି,
କାରଣ ମୋ ବରେ ଦୈତ୍ୟ ହେଲା ଅସହଣୀ ।୫୪ ।

ମତ୍ତଗୁଣେ ଶିରୀହୀନ ହୋଇଛି ଦାନବ
ନିଶ୍ଚୟ ହେବ ସେ କ୍ଷୟ ପାଇ ପରାଭବ,
ନିଜ ହାତେ ବୃକ୍ଷ ରୋପି ହେଲେ ସେହି ବିଷ,
କିପରି ଛେଦିବି ତାହା ମନରେ ବିରସ ।୫୫ ।

ପୂର୍ବେ ଏହି ବର ଦୈତ୍ୟ ମାଗିଛି ମୋ ପାଶୁ,
ତିନି ପୁରେ ନ ଜିଣୁ କେ ମୋ ସମର ତ୍ରାସୁ।
ଯେ କଠୋର ତପ ଥିଲା ଦୈତ୍ୟ ଆଚରିଣ
ତ୍ରିଲୋକ ପୋଡ଼ି ଥାଆନ୍ତା ନିମେଷ ମାତ୍ରେଣ,
ବର ଦେଇ ତପୁଁ ମୁକ୍ତ କରିଛି ତାହାରେ,
ନ ହେଲେ ଦାନବ ନଷ୍ଟ କରନ୍ତା ତ୍ରିପୁରେ।୫୬।

ଯୁଦ୍ଧେ ରତ ଥିବା ବେଳେ ତ୍ରିଜୟୀ ଦାନବ
ସମ୍ମୁଖେ ନଥାନ୍ତି କେହି ତ୍ରାହି ତ୍ରାହି ରବ
ଶୁଭଇ ଚୌଦିଗେ 'ବିନୁ ଶିବ ବୀଜୁ ଜାତ,
ସହ୍ୟ କେ କରିବ ତା'ର ପ୍ରଚଣ୍ଡ ପ୍ରତାପ'।୫୭।

ସେ ମହାଦେବ ମହାତ୍ମ୍ୟ ବିଷ୍ଣୁ କିବା ମୁହିଁ
ନ ଜାଣିଛୁ କିଛି ବସ୍ତ ପରମାତ୍ମା ସେହି,
ତମଗୁଣ ଅତୀତ ସେ ପ୍ରକୃତ ସ୍ୱରୂପ
କେ ଜାଣିଛି ଏ ଜଗତେ ତା'ର ପ୍ରତିରୂପ।୫୮।

ସେ ଜ୍ୟୋତିମୟ ପୁରୁଷ ସଂଯମୀ ସମାଧି,
ତ୍ରିଲୋକ-ସୁନ୍ଦରୀ ଉମା ରୂପେ ପରିମାର୍ଜି
ଅୟସ୍କାନ୍ତ ମଣି ପାଶେ ଲୌହ କଠିନତା
ଆକର୍ଷଣ ଫଳେ ଯେହ୍ନେ ଲଭଇ ସମତା,
ଶିବ ସେବାରତା ଉମା କାରଣ ଏଥିକି
ଆକୃଷ୍ଟ ହେବେ ବା ଶମ୍ଭୁ ତେଜି ସମାଧି କି।୫୯।

ଏ ଜଗତେ ମୋର ଓ ଶମ୍ଭୁର ବ୍ରହ୍ମ ବୀଜ
ସମର୍ଥ ଧାରଣେ ସିନା ହିମସୁତା ହେଜ
ନ ହେଲେ ଶମ୍ଭୁର ଶକ୍ତି ଜ୍ୱାଳାମୟୀ ମୂର୍ତ୍ତି,
ତୃତୀୟ ଧାରଣେ ନାହିଁ ଜନ୍ମିଛି ଏ କ୍ଷିତି।୬୦।

ଶିତିକଣ୍ଠ ଆତ୍ମଜ ସେ ଜନ୍ମି ଉମା ଗର୍ଭେ
ତବ ସେନାପତି ରୂପେ ଜିଣିବେ ଦାନବେ,
ବିରହ-ବନ୍ଧ-ବେଣୀରୁ ମୁକୁଳାଇ କେଶ
ସୁରବନ୍ଦିନୀଏ ମୁକ୍ତି ଲଭି ହେବେ ତୋଷ'।୬୧।

ଏତେ କହି ବିଶ୍ୱଯୋନି ହେଲେ ତିରୋହିତ
ଦେବତା ଭାଳି ସ୍ୱସ୍ଥାନେ ହେଲେ କାର୍ଯ୍ୟରତ।୬୨।

ତଦନ୍ତେ ଇନ୍ଦ୍ର ରାଜନ ଭାଳେ ପୁଷ୍ପବାଣେ,
ଦ୍ୱିଗୁଣ ବେଗରେ ଜାଣି ସମର୍ଥ ଏ କାମେ।
ଏକମାତ୍ର ଏଥେ ସେଇ ଆକର୍ଷିତ କରି
ଶମ୍ଭୁ ସାଥେ ମିଳାଇବେ ପାର୍ବତୀ ସୁନ୍ଦରୀ।୬୩।

ସ୍ମରଣ ମାତ୍ରକେ ଆସି ମିଳିଲେ ବହନ
ସହଚର ମଧୁ ସାଥେ, ଚୂତ ଫୁଲବାଣ,
ଲଳିତ ଭ୍ରୂଲତା ପରି ଚାରୁ ଚାପ କଣ୍ଠେ,
ଦୋଳାୟିତ ତନୁ ତଳେ, ଲାବଣ୍ୟ ପ୍ରକଟେ।
ରତି ବଳୟର ଦାଗ ଲାଗି କଣ୍ଠ ଦେଶେ,
ନ ସମ୍ଭୁ ଆଶ୍ଳେଷ କିବା ଚକ୍ଷୁର ନିମିଷେ,
ଆସିଛି ବାହାରି ରତି-ମନ୍ଦିରୁ ମଦନ
ଶତମୁଖ ସଭାସ୍ଥଳ କରି ସୁଶୋଭନ।୬୪।

# ତୃତୀୟ ସର୍ଗ

ଯେ' ବେଳେ ତହିଁ ପ୍ରବେଶିଲା ଦେବ-ସଭା ତଳେ,
ଏକାଧାରେ ସହସ୍ରାକ୍ଷ ଶତଦୃଷ୍ଟି ପଡ଼େ ତା' ଉପରେ,
ଚଞ୍ଚଳେ ଉଠି ଆସନୁ ସମାଦରେ ବସାଏ ଆସନେ
ନିଜପାଶେ, କାର୍ଯ୍ୟପାଇଁ ନତୁବା ଏ ପ୍ରଭୁତବର ପଣେ,
କାହିଁ ଏତେ ବିଶିଷ୍ଟତା ! ଭୃତ୍ୟ ସିନା ସମ ଆସନରେ
ବସେ ପାଶେ କାର୍ଯ୍ୟ ବେଳେ ଦ୍ୱିଧା କେବେ ନ ଆଣି ମନରେ ।୧।

ବିସ୍ମିତ ମଦନ ଭାବେ ରାଜବୃଦ୍ଧି ସମଝଇ ନାହିଁ-
ଏତେ ଅନୁଗ୍ରହ ତଳେ, ଶୁଣେ ବସି ନତ ମୁଖେ ରହି ।
ଭୃତ୍ୟର ଯା' ଅନୁନୟ, ପ୍ରଭୁଭକ୍ତି ନମିତ ପୟରେ
ଧୀରେ ପୁଣି ସୁଗଭୀରେ ବାର୍ତ୍ତା ପୁଛେ ଅତି ବିନୟରେ ।୨।

ହେ ଦେବ ଅଜ୍ଞାତ ନୁହେଁ ଆଜ୍ଞାଧୀନ ଗଣର ସାମର୍ଥ୍ୟ
ତଳ ପାଶେ, ସେ କାରଣୁ ସାମର୍ଥ୍ୟ ଯା' ମୋର ସୁବିଦିତ,
ମର୍ମେ ଅଛି ଜଣା ତବ ! ହେବ ମୋର ପରମ ସୌଭାଗ୍ୟ
କି ତବ ଆଦେଶ ? ଯୋଗ୍ୟ-ଗଉରବେ, ଭୃତ୍ୟ ତବ ଯୋଗ୍ୟ ।୩।

କୁହ ଦେବ ! ପୁଂସ କେବା ତବ ପଦେ ଆକାଙ୍କିତ ହୋଇ
ଆତରେ ତପସ୍ୟା ଘୋର, ଅସୂୟା ତୋ ମନେ ଆଣିଦେଇ
ଭାବୁଛି ଜିଣିବ ତୋତେ ଏଇ କାର୍ମୁକ ଶରରେ,
ଉପଯୁକ୍ତ ଦେବି ଶିକ୍ଷା ଏ ଧନୁର ପ୍ରଭାବ ବଳରେ ।୪।

ତବ ଅସମ୍ମତ ମନେ, ଅବା କିଏ ଲଭିବାକୁ ମୁକ୍ତି
ସୁକଠୋର ତପସ୍ୟାରେ ଏ ସଂସାରୁ ନେବାକୁ ନିଷ୍କୃତି,
କୁହ ଦେବ ସେ' ବା କିଏ, ବିଦ୍ଧକରି କଟାକ୍ଷର ବାଣେ,
ସୁନ୍ଦରୀର ବାହୁପାଶେ, ଫେରିବାକୁ ସଂସାର ଗହନେ।୫।

ଉଷାନିଶା ନିତି ଧାଇ କେଉଁ ପୁଂସ କରି ଗର୍ବ ମନେ,
ସଂସାର କୁଟିଳତାରୁ ଅବ୍ୟାହତି ପାଇବ ଜୀବନେ-
ଭାବି କରେ ମହାତପ, ସେ କାରଣୁ ଶଙ୍କା ମନେ ତବ
ପ୍ରବଳ ବର୍ଷାର ବେଗେ, ଦୁଇ କୂଳ ଲଂଘି ଉଦୁବେଗ
ତଟିନୀ ବନ୍ୟାରେ ଫୁଲି, ବାହି ଯେହ୍ନେ ଦୂରନ୍ତ ସାଗରେ
ଅନୁରାଗ ବାଣେ ତାକୁ ଦେବି ତେହ୍ନେ ଫିଙ୍ଗି ଏ ସଂସାରେ।୬।

ଅବା କେଉଁ ପତିବ୍ରତା ଶିରୋମଣି ସୁନ୍ଦରୀ ଲଳନା
ରୂପେ ମୁଗ୍ଧ ହେଇ ପ୍ରଭୋ, କୃପାକରି କୁହ ଦେବ କି ନା'
ଏ ଧନୁରେ ପ୍ରାଣ ତା'ର ନେବି ନିଶ୍ଚେ ଲଜ୍ଜା ପାଦେ ଦଳି,
କଣ୍ଠେ ତବ ବାହୁ ଭିଡ଼ି ଦେବ ପୁଣି ସତୀତ୍ୱ ତାହାରି।୭।

ଅବା କେଉଁ ଦୁଷ୍ଟା ନାରୀ ରୂପେ ତା'ର ଆକର୍ଷଣ କରି
ତୋତେ ବା ତଡ଼ାଇ ଦେଲା, ହେ ରାଜନ କୁହ ସତ୍ୟକରି,
ନିମିଷକେ ଗର୍ବ ତା'ର ଚୂର୍ଣ୍ଣକରି, ପଲ୍ଲବ ଶଯ୍ୟାରେ
ପଡ଼ିବ ନିନ୍ଦି କର୍ମକୁ କର ତାଡ଼ି ଆପଣା କପାଳେ।୮।

ହେ ବୀର ପ୍ରସିଦ୍ଧ ତବ ବଜ୍ର ଅସ୍ତ୍ର ରହୁ ବିଶ୍ରାମିଣ,
କୁହ ବାରେ କିଏ ଶତ୍ରୁ ? ବାଣେ ମୋର କରି ମ୍ରିୟମାଣ,
ଦୈତ୍ୟ, ସୁର, ନାଗ, ନର କେ ବର୍ତ୍ତିବ ସୁନ୍ଦରୀର ରୋଷ ଚକ୍ଷୁ ଦେଖି
ତ୍ରାହି ତ୍ରାହି ଡାକ ଦେବ ଆବେଗିତ ପରାଣ ନ ରଖି।୯।

କହିବା ବାହୁଲ୍ୟ ମାତ୍ର, ତ୍ରିଜଗତ-ସଂସାରୀ ପିନାକୀ,
ଅଚଳ ଯେ ସ୍ଥିର ଅତି ଅଙ୍ଗେ ତାର ଆଣି ଧୈର୍ଯ୍ୟଚ୍ୟୁତି,
ତବ ଅନୁଗ୍ରହ ହେଲେ ଫୁଲଧନୁ ଋତୁରାଜ ସାଥେ
ପରିବାଦୀ ହେବ କିଏ ? ମୋ ସାଥିରେ ଏ ବିଶ୍ୱ ଜଗତେ ।୧୦।

ଶୁଣି ଇନ୍ଦ୍ର କାମ ବାକ୍ୟେ ତୁଷ୍ଟମନେ ଉରୁ ଦେଶ ପାଶୁ,
ଚରଣ ନୁଆଁଇ ଧୀରେ ପାଦ ପୀଠେ ସହଜେ ନିବେଶୁ।
ବିଶ୍ୱସ୍ତେ କୁହନ୍ତି କାମେ, ହର ଚିତ୍ତ କର୍ଷଣ ବିଷୟେ,
ଅନାଇଁ ମଦନେ ଇନ୍ଦ୍ର ଦରହାସେ ସମ୍ପର୍ଣ୍ଣ ନିର୍ଭୟେ ।୧୧।

ହେ ସଖେ ! ଭାଷିଲ ଯାହା ସତ୍ୟ ସିନା ତବ ଗଉରବେ
ଗଉରବ ସିନା ମୋର, ବଜ୍ର ଆଉ ତବ ସଙ୍ଗ ଲାଭେ,
ଜିଣିଛି ମୁଁ ତ୍ରିଜଗତେ ! ତାପସର ପାଶେ ବଜ୍ରହତ,
ସତ, କିନ୍ତୁ ତବ ଧନୁ ନିର୍ବିବାଦେ ଜିଣିଛି ତାପସ ।୧୨।

ମୁଁ ଜାଣେ ସାମର୍ଥ୍ୟ ତବ, ନ ହେଲେ କି ବନ୍ଧୁ ମୋର ଆଜି,
ଏତେ ବଡ଼ ଏ ଦାୟିତ୍ୱ ସ୍କନ୍ଧେ ତବ ଦିଅନ୍ତି କି ଲବି ?
ଅନନ୍ତ ନାଗ ପୃଥିବୀ ଧାରଣକୁ ଜାଣିଣ ସମର୍ଥ,
ବିଷ୍ଣୁ ସିନା ଦେଲେ ତାରେ ବସୁନ୍ଧରା ବହନେ ସତତ ।୧୩।

ବୃଷଧ୍ୱଜ ମହାଦେବେ ବିଚଳିତ କରିପାର ତୁମେ,
ଭକ୍ତି ତବ ସମର୍ଥନେ, ତେଣୁ ଏହି କାର୍ଯ୍ୟ ସୁସମ୍ପନ୍ନେ
କର ତୁମେ, ଯଜ୍ଞ ଭାଗ ନେଲା ହରି ତାରକ ଅସୁର,
ମୃତ୍ୟୁ ତା'ର କାମ୍ୟ ଇଚ୍ଛି କୁହେ ଶୁଣ ଚିତ୍ତ କରି ସ୍ଥିର ।୧୪।

ବ୍ରହ୍ମ ଯୋଜିତ ଆତ୍ମାରେ ସମାଧିସ୍ଥ ମନ୍ତ୍ର ଜପେ ପ୍ରଭୁ,
ବାହ୍ୟ ଜ୍ଞାନଶୂନ୍ୟ ଶିବ, ଯଦି ହେବ ସେ ପ୍ରଭୁର ଆତ୍ମଭୁ।
ଶିବ ବୀର୍ଯ୍ୟୁଁ ହୋଇ ଜାତ ସେନାପତି ପଣେ ଯୁଦ୍ଧକରି,
ଉଦ୍ଧାରିବେ ଦେବତାଙ୍କୁ, ତାଙ୍କ ବିନା ଅନ୍ୟ ଯା ନପାରି ।୧୫।

ବ୍ରହ୍ମା କହିଛନ୍ତି ଦେବେ, ସୁସଂଯତ ଶିବ ଯଦି କେବେ,
ପାର୍ବତୀ ପ୍ରଣୟ ପ୍ରାର୍ଥୀ ଅନୁରକ୍ତ ଯଦି କେବେ ହେବେ,
ସେ ଅମୋଘ ବୀର୍ଜ୍ଜୁଁଜାତ, ଶିବ ତେଜ ଅତି ବଳୀୟାନ
ଧାରଣେ ସମର୍ଥ ସିନା ହିମସୁତା ପାର୍ବତୀ ଘଟଣ।୧୬।

ନଗେନ୍ଦ୍ର ଦୁହିତା ଲାଗି ତୁମେ ବି ତ ନହେବେ ଚିନ୍ତିତ,
ମୋର ଯେତେ ଗୁପ୍ତଚର କିନ୍ନରୀଙ୍କ ମୁଖୁ ଶୁଣିଛି ତ,
ପିତାର ଆଦେଶ ଧରି ଶିବ ସେବା ଲାଗି ବ୍ରତୀ ଉମା
ସେ ବନେ ରୁହନ୍ତି ନିତ୍ୟ ଅନୁଧାୟୀ ଶମ୍ଭୁର ତର୍ଜମା।୧୭।

ନ କର ବିଳମ୍ବ କାମ ଦେବତାଙ୍କ ପ୍ରୟୋଜନ ଲାଗି
ଯଦିଚ ପାର୍ବତୀ ରୂପେ ହର ହୃଦ କାରଣ ସଂଯୋଗୀ,
ତଥାପି ତୁମରି ବିନା କେ ଭାଙ୍ଗିବ ଶମ୍ଭୁର ସମାଧି,
ବୀଜରୁ ଅଙ୍କୁର ସତ୍ୟ! ବାରି ବିନା ବୀଜ କ୍ଷରିବ କି?।୧୮।

ଭାଗ୍ୟବାନ ତୁମେ କାମ! ଦେବତାର କାର୍ଯ୍ୟ ଆଜି ତବ,
ସେ ଫୁଲଧନୁ ସାମର୍ଥ୍ୟ, ପ୍ରଥମେ ତା' ହେବ ଅଭିନବ
କ୍ଷିତିରେ ସୁଖ୍ୟାତି ଘେନି ଚିରଦିନ, ଏକେତ ଅମର,
ଦେବକାର୍ଯ୍ୟ କରି ସିଦ୍ଧି ଯଶେ ତବ ପୂରିବ ସଂସାର।୧୯।

ତ୍ରିଲୋକ ପୂଜ୍ୟ ଦେବତା ଆଜି ତବ କୃପକଣା ଲାଗି
ସକଳେ ରୁହନ୍ତି ଚାହିଁ, ତ୍ରିଜଗତ ଶୁଭ ଅନୁରାଗୀ,
ହେ ବୀର! ସକଳ ପୂଜ୍ୟ, ତୁମରି ସେ ଫୁଲଧନୁ ଦେଇ
ଜୀବନ ନ ଘେନି କା'ର, ଅନାୟାସେ ହୋଇଛ ବିଜୟୀ।୨୦।

ହେ ମଦନ, ସଖା ତବ ମଧୁ ଋତୁ, ତୁମରି ପଶ୍ଚାତେ
ଅନୁଗତ ଚିରଦିନ, ଯେପରି କି ଅନଳ ସଙ୍ଗତେ-
ସମୀର ସଞ୍ଚରି କରେ ଶତେ ଗୁଣ, ଅନୁରୋଧେ କା'ର,
ଅନଳେ କି ବାୟୁ ଛୁଏଁ, ତେହ୍ନେ ତବ ମଧୁ ସହଚର।୨୧।

ଏ ଆଦେଶ ବାସବର ପ୍ରଭୁ ଦତ୍ତ ପ୍ରସାଦର ମାଳା
ଶିରୋଧାର୍ଯ୍ୟ କରି କାମ, ଅତିଶୟ ଆନନ୍ଦେ ଉତ୍ତଳା।
ଐରାବତ ଶାସନରେ କର ଯା'ର କର୍କଶ ଅତୀବ
ସେ କର ପରଶେ ଇନ୍ଦ୍ର, ତୃପ୍ତି ଦିଏ କାମେ ଅଭିନବ।୨୨।

ମଦନ ଭାଳଇ ମନେ, ମରେ ଅବା ବଞ୍ଚେ ଏ ଜୀବନେ
ଦେବରାଜ ଆଜ୍ଞା ନିଷ୍ଠେ ପାଇବି ମୁଁ ଶିବ ଦ୍ରୋହୀ ପଣେ,
ଦୃଢ଼ମନେ ଚଳେ କାମ ହିମାଳୟେ ଶିବ ଆଶ୍ରମରେ
ସାଥେ ଘେନି ସହଚର, ପତ୍ନୀ ରତି, କମ୍ପିତ ଅନ୍ତରେ।୨୩।

ସେ ବନେ ସେ ରୁଦ୍ରା ଶ୍ରମେ ଉପନୀତ ବସନ୍ତ କେ' ବେଳେ,
ଉନ୍ମେଷିତ ଶତ ଶୋଭା, ସମାଧିସ୍ଥ ତପଭଙ୍ଗ ଛଳେ
ଶାନ୍ତ ମୁନି ତପୋବନ, ନିମିଷକେ ବିଳାସ ଭବନେ
ପରିଣତ ହେଲା ଦେଖିଁ, ଉଲ୍ଲସିତ ମଦନ ନୟନେ।୨୪।

ସହସା ସମୟ ଲଘି ସୂର୍ଯ୍ୟ ଗଲେ ଉତ୍ତରାୟଣେ ଚଳି,
ପରିତ୍ୟକ୍ତ ଦକ୍ଷିଣାର ଗନ୍ଧବହ ଉକୁଟେ ପ୍ରସରି।
ମନେହୁଏ ଦେଖି ତା'ରେ ସ୍ୱପତ୍ନୀରେ ତେଜି କେଉଁ ବାଟ
ଆନ ରମଣୀରେ ମଜ୍ଜେ, ସତୀ ତା'ର ତେଜେ ଦୀର୍ଘଶ୍ୱାସ।୨୫।

ସେ ତପୋବନର ତଳେ ଅଶୋକର ଫୁଟାଇ ମଞ୍ଜରୀ,
ଶାଖା ସ୍କନ୍ଧ ସ୍ତବକରେ ଗୁନ୍ଥିଦେଇ, ଶାଖାରେ ସଞ୍ଚରି,
ଅକାଳେ ବସନ୍ତ ଚଳେ, ସୁନ୍ଦରୀର ନୂପୁର ଚରଣ
ଆଘାତ ଲୋଡ଼େନା ବୃକ୍ଷ ମୁକୁଳିତ ପ୍ରଫୁଲ୍ଲ କୁସୁମ।୨୬।

ରସାଳ ପଲ୍ଲବେ ଦିଶେ ରସାଣିତ ଆରକ୍ତିମ ଆଭା,
ଭ୍ରମରର ପଂକ୍ତି ତହିଁ, ମନୋଭବ ନାମାକ୍ଷର କିବା,
ମନେହୁଏ ଦେଖି ତାରେ ଋତୁରାଜ ନବ ଚୂତ ବାଣେ
ବନ୍ଧୁ ପୁଷ୍ପଚାପ ନାମ ଲେଖିଅଛି ଅତି ସୁଶୋଭନେ।୨୭।

ସ୍ୱର୍ଣ୍ଣନିଭ କର୍ଣ୍ଣିକାର ଦୀପ୍ତି ଭରେ ବନଭୂମି ଭରି,
କି ସୁନ୍ଦର ପୁଷ୍ପ ତିଳେ ଗନ୍ଧହୀନ ବିଧାତା କିପରି ?
ବିଚିତ୍ର ତା ସୃଜନରେ, ରୂପ ଗୁଣ କେଉଁଥିରେ  ହେଲେ
ସୃଜନେ ରଖଇ ଖୁଣ ଅବିଗୁଣ ସ୍ରଷ୍ଟାର ମନରେ ।୨୮ ।

ଅଫୁଟନ୍ତ କଳିକାର ରକ୍ତନିଭ ପଳାଶ ମଞ୍ଜରୀ,
ଦ୍ୱିତୀୟାର ଚନ୍ଦ୍ରସମ ବକ୍ର ଦିଶେ ସମୀରେ ସଞ୍ଚରି,
ମନେ ହୁଏ ଦେଖି ତାରେ କାନନିକା ବକ୍ଷସ୍ଥଳ ଚିରି
ଅସହିଷ୍ଣୁ ଋତୁରାଜ ନାୟକର ନଖକ୍ଷତ ପରି ।୨୯ ।

ଋତୁରାଜ ରୂପ-ଲକ୍ଷ୍ମୀ ଲଳନାର ଚଞ୍ଚଳ ନୟନେ,
ଭ୍ରମର ବେଷ୍ଟିତ ଶୋଭା, ଅଞ୍ଜନ କି ଲେପିଛି ଆପଣେ ।
ତିଳଫୁଲେ ମହୁମାଛି, ପତ୍ରାବଳୀ ରଚନା ସଙ୍କେତ
ବାଳାରୁଣ ଚୂତ ଫୁଲେ, ବନ-ବାଳା ଅଧର ରଞ୍ଜିତ ।୩୦ ।

ଜୀର୍ଣ୍ଣପତ୍ର ଯାଏ ଝରି ମର୍ମରିତ ଦକ୍ଷିଣାର କରେ
ବସନ୍ତର ତରୁ ଦଳୁ, ସଦ୍ୟସ୍ଫୁଟ ପିଆଇ ମଞ୍ଜୁଳେ,
ପୁଷ୍ପରେଣୁ ବିଞ୍ଚିଦିଏ, ହରିଣୀର ନୟନେ ଆବୋରି,
ଆକୁଳିତ ଚକ୍ଷୁ କରେ, ଅନ୍ଧସମ ବନେ ବନେ ବୁଲି
ପୁଷ୍ପ ପରିମଳ ତୃପ୍ତି ଭରିନେବା  ଆଗୁଁ ମୃଗ ଯୂଥ
ବୁଲନ୍ତି ବନେ ଚୌଦିଗେ ଝରା ପତ୍ରେ ଶୁଭେ ପାଦପାତ ।୩୧ ।

ସୁକୁମାରୀ କିନ୍ନରୀଏ ହିମଭୟେ କୁଙ୍କୁମ ଲେପିଣ
ସୁକପୋଳ ଓଷ୍ଠଯୁଗେ, ଆରକ୍ତିମ ଦିଶେ ଶୁଭ୍ର ମୁହଁ ।
ଆଜି ନାହିଁ ଶୀତ ତେଣୁ ପାଣ୍ଡୁରିତ କପୋଳ ଆବୋରି
ଘର୍ମ ବିନ୍ଦୁ ସତକିତେ ଝରିଯାଏ, ଲିଭେ ପତ୍ରାବଳୀ ।୩୩ ।

ରୁଦ୍ର ତପୋବନ-ବାସୀ ତପସ୍ୱୀଏ ଅକସ୍ମାତ ଭୁଲି,
ବ୍ୟଥିତ ବସନ୍ତ କରେ ବିଚଳିତ ଅନ୍ତର ସବୁରି,
ନିଜରେ କରାନ୍ତି ସହ୍ୟ ସ୍ୱ-ଆୟରେ ଋଷି ତପୋଧନ,
କେଉଁମତେ ସୁସଂଯତେ, ଜାଣି ନିଜ ବେପଥୁ କମ୍ପନ ।୩୪ ।

ଆରୋପିତ ପୁଷ୍ପଚାପେ ସେ ଆଶ୍ରମେ ରତି ଓ ମଦନ
ପ୍ରବେଶ ହୁଅନ୍ତେ ତହିଁ, ସଚକିତ ସ୍ଥାବର ଜଙ୍ଗମ,
ଯୁଗଳ ମିଳନେ ସର୍ବେ ପରସ୍ପରେ କରିଲେ ବ୍ୟକତ
ହୃଦୟର ରସସିକ୍ତ ଅନୁଭୂତି ପ୍ରଣୟ ସଂଜାତ ।୩୫ ।

ମଧୁପାୟୀ ପ୍ରିୟ ଅଳି, ପ୍ରିୟା ମୁଖେ ପହିଲେ ଭୁଞ୍ଜାଇ
ପୀତାଭ ନିଃଶେଷ ମଧୁ ଅବଶେଷ ନିଜେ ଦିଏ ପିଇ,
ପ୍ରଫୁଲ୍ଲ କୁସୁମ ବନ୍ତୁ, ଶାଖା ବୃନ୍ତେ ଏ ସମ ପୀରତି,
ଅଭିନୀତ ଦକ୍ଷିଣାରେ, ବୃକ୍ଷତଳେ କୃଷ୍ଣସାର ରତି,
ବିହ୍ୱଳିତେ ଚକ୍ଷୁ କରେ କୁଣ୍ଡୟନ ପ୍ରିୟାର ପାରୁଶେ,
ବେପଥୁ ଜାଗଇ ଦେହେ ସ୍ପର୍ଶସୁଖେ ତନ୍ଦ୍ରିତ ନିରେଖେ
ମୌନ ହରିଣୀର ଦେହ ଢଳିପଡ଼େ ପ୍ରିୟର ପରଶେ
ରଭସେ ସୌରଭାକୁଳ ଗନ୍ଧବହ ମୃଦୁ ଗତି ବଶେ ।୩୬ ।

ପଦ୍ମବନେ କରୀ-ପ୍ରିୟା ପଦ୍ମରେଣୁ ସୁରଭିତ ଜଳେ
କରେ ଭରି ଅନୁରାଗେ ପ୍ରିୟତମେ ପିଆଏ ନିରୋଳେ,
ନିଜେ ପିଇ ତୃପ୍ତି ଭରେ ପୁଣି ଦୂରେ ଜଳାଶୟ ତୀରେ
ମୃଣାଳ ଖାଇବା ଲୋଭେ, ଚଞ୍ଚୁ ମୁନେ ପ୍ରିୟା ପାରୁଶରେ-
ଧରି ଫେରେ ଚକ୍ରବାକ, ଏତେ ସ୍ୱାଦୁ ଏକାକୀ କିପରି
ଭୁଞ୍ଜିବ, ଏ ଗନ୍ଧଭରା ବସନ୍ତର ମୃଦୁଘାତ ସ୍ୱପନେ ସଞ୍ଚରି ।୩୭ ।

ଶ୍ରମବାରି ଉଠେ ଫୁଟେ କପାଳରେ ମୁଖେ, ଗଣ୍ଡସ୍ଥଳେ,
ପତ୍ରାବଳୀ ସୁଶୋଭିତ କିନ୍ନରୀର ଗୀତିର ଝଙ୍କାରେ,
ପୁଷ୍ପରସ ମଦପାନେ ଉତ୍କଣ୍ଠିତ ଦେହମନ ପ୍ରାଣ,
ମଦମତ୍ତା ରମଣୀର ମୁଖୁ ଚୁମ୍ବେ ତା'ର ପ୍ରିୟତମ ।୩୮ ।

କେବଳ ଚେତନ ନୁହେଁ, ଅଚେତନ ତରୁ ଓ ଲତାର
ମନେ ଆଣେ ବିହ୍ୱଳତା, ଅକାଳର ବସନ୍ତ ସମ୍ଭାର,
ପୁଷ୍ପଭରେ ନମ୍ର ଅତି ବ୍ରତତୀର ଆରକ୍ତ ପଲ୍ଲବେ,
ମଳୟ ପରଶେ ଧୀରେ ଥରି ଥରି ମର୍ମରି ନୀରବେ।
ତରୁ ଅଙ୍ଗେ ଲୋଟିଯାଏ, ମନେ ହୁଏ ପୀନସ୍ତନା ବଧୂ
ପ୍ରିୟତମେ ବାହୁଫାଶେ ବାନ୍ଧିବାକୁ, କୁସୁମେ ଆଚ୍ଛାଦୁ
ଲୀଳାୟିତ ଅଙ୍ଗ ତା'ର ପରଶଇ ପ୍ରିୟ ବନ୍ଧୁ ଫାଶ,
–ତରୁ ଓ ବ୍ରତତୀ ପ୍ରାଣ ମଳୟର ସୌରଭେ ରଭସ।୩୯।

ମଧୁର ବସନ୍ତ କାଳେ ମଧୁକଣ୍ଠୀ ଦିବ୍ୟାଙ୍ଗନା ଯେତେ,
ଗାୟନେ ମଧୁର ଗାନ, ସମାଧିସ୍ଥ ଜିତେନ୍ଦ୍ରିୟ ଚିତ୍ତେ
ନ ଜାଗିଲା ଚଞ୍ଚଳତା, ଆତ୍ମ ଧ୍ୟାନେ ମତ୍ତ ସଦାଶିବ
ବରଂଚ ଅତି ନିପୁଣେ, ବିଘ୍ନ ତା'ର କି କରି ପାରିବ ?
ନିଜେ ଯେ ନିଜର ପ୍ରଭୁ, ଯୋଗେଶ୍ୱର ଆତ୍ମାର ସନ୍ଧାନୀ,
କି କରିପାରିବ ତା'ର ମଳୟର ଉଚ୍ଚାଟ କରଣୀ।୪୦।

ଶଙ୍କର ପରମ ଭକ୍ତ, ଲତା ଗୃହେ ଆଶ୍ରମ ଚତ୍ୱରେ,
ହସ୍ତେ ଧରି ସ୍ୱର୍ଣ୍ଣ ବେତ, ଉଭାଥିଲେ ନନ୍ଦୀ ଏକାଧାରେ,
ଅକସ୍ମାତେ ବସନ୍ତର ଅଭ୍ୟୁଦୟେ, ବନସ୍ଥଳୀ ଦେହେ
ଜନ୍ମିଥିଲା ଯେ ବେପଥୁ, ଅନୁଭବି ବିରକ୍ତ ହେଲେ ହେଁ,
ପ୍ରକାଶ ନକରି ବାକ୍ୟେ, ଇଙ୍ଗିତରେ କରିଲେ ସ୍ଥଗିତ,
ବେପଥୁ ପ୍ରମଥଗଣେ, ରୁଦ୍ର କାଳେ, ହେବେ ବିଚଳିତ।୪୧।

ରୁଦ୍ରଗଣେ ଏକା ନୁହେଁ, ସେ ଇଙ୍ଗିତେ ସମଗ୍ର କାନନେ,
ନିଷ୍ପନ୍ଦ ନିଶ୍ଚେଷ୍ଟ ସବୁ, ଚିତ୍ରାର୍ପିତ ପରି ହୁଏ ମନେ,
ଗୁଞ୍ଜନ ଭୁଲିଲା ଅଳି ଶ୍ରାନ୍ତ ମୃଗ, କ୍ଲାନ୍ତ ପକ୍ଷୀକୁଳ
ତରୁରାଜି ଲତାପଂକ୍ତି ରହେ ସ୍ତବ୍ଧ ଇଙ୍ଗିତେ ନନ୍ଦୀର।୪୨।

ବସନ୍ତେ ବିଫଳ ଦେଖି ମଦନର ଦୁଃଖ ହେଲା ମନେ,
ତଥାପି ସାହସ ଧରି ନନ୍ଦୀ ଅଗ୍ରୁ ଅତି ସଂଗୋପନେ,
ଯାଏ ସେ ପଶ୍ଚାତେ ବୁଲି ଘନଶାଖା ପୁନ୍ନାଗ ଗହଳେ,
ଉଭା ସଦାଶିବ ଅଗ୍ରେ, ଏ ଯାତ୍ରାର ସମ୍ମୁଖ ଯୁକ୍ତରେ
ଯୁକ୍ତ ସ୍ଥାନ ପରି ଏ ଯେ ସର୍ବନାଶୀ, ଅନାଗତ ବିଘ୍ନେ
ଶଙ୍କରର ଧ୍ୟାନ ସ୍ଥାନ, ଅଦୃଷ୍ଟ ଯା ଭୋଗିବ ମଦନ ।୪୩।

ଅଜାଣତେ ମୃତ୍ୟୁ କି ସେ ସଶଙ୍କିତ, ନ ବୁଝେ କନ୍ଦର୍ପ,
ଦେବଦାରୁ ଦ୍ରୁମମୂଳେ ଦେବୀ ପରେ ବ୍ୟାଘ୍ର ଛାଲେ ନ୍ୟସ୍ତ,
ଧ୍ୟାନସ୍ଥ ଶିବର ସ୍ଥାଣୁ ପଦ୍ମାସନ, ଶରବ୍ୟରେ ଦେଖି,
ମଦନର ପଞ୍ଚପ୍ରାଣ ଉଡ଼େ କିବା ଉତ୍‌କଣ୍ଠିତ ଅତି ।୪୪।

କନ୍ଦର୍ପ ଦେଖନ୍ତି ପୁଣି, ଯୋଗୀଶ୍ରେଷ୍ଠ ବୀରାସନେ ବସି,
ଉତ୍ତରାର୍ଦ୍ଧ ସମୁନ୍ନତ, ସରଳ ଓ ସ୍ଥିର, ସ୍କନ୍ଦଦ୍ୱୟ ଅବସ୍ଥିତି
ଉନ୍ନତ ଭାବେ ଶୋଭଇ, କ୍ରୋଡ଼ ମଧ୍ୟେ ସ୍ୱୀୟ ଯୁଗ୍ମକର-
ଉତ୍ତାନେ ରହିବା ହେତୁ, ଦିଶେ ଯେହ୍ନେ ପ୍ରଫୁଲ୍ଲ କମଳ ।୪୫।

ଭୁଜଙ୍ଗେ ଆବଦ୍ଧ ରହେ, ସୁସଜ୍ଜିତ ଶିର ଜଟା ଜାଲ,
ଦ୍ୱିଗୁଣକୃତ ରୁଦ୍ରାକ୍ଷ ମାଳା, କର୍ଣ୍ଣ ଅବତଂସ ତାର,
କୃଷ୍ଣମୃଗ ଚର୍ମ ଗ୍ରନ୍ଥି, କଣ୍ଠେ ଯୁକ୍ତ ଘନନୀଳାୟିତ,
ନୀଳକଣ୍ଠ ନୀଳିମାରେ ମୃଗ ଗ୍ରନ୍ଥି ନୀଳେ ଅନୁଲିପ୍ତ ।୪୬।

ତ୍ରିନୟନ ଏକତ୍ରିତ ସମନ୍ୱୟେ ଲକ୍ଷ୍ୟ ନାସାଗ୍ରରେ
ନିଶ୍ଚଳ ନିଶ୍ଚେଷ୍ଟ ସ୍ଥିର ଭ୍ରୁରୁ ଦ୍ୱୟ, ନେତ୍ରରୋମ ତଳେ,
ଅର୍ଦ୍ଧ ନିମୀଳିତ ଦୀପ୍ତ ନାସିକାଗ୍ରେ ଜ୍ୟୋତି ନିମ୍ନ ମୁଖେ
ପ୍ରସରି ଚୌଦିଗେ ବୁଲେ ଚିତ୍ରାର୍ପିତ ଶିବର ସମ୍ମୁଖେ ।୪୭।

ଶରୀରସ୍ଥ ବାୟୁରୋଧି, ଘନୀଭୂତ ଗମ୍ଭୀର ମଉନ
ଭାରାକ୍ରାନ୍ତ ମେଘ ସମ, ତରଙ୍ଗ ବା ସଂଘାତ-ବିହୀନ ।
ପ୍ରଶାନ୍ତ ଜଳଧି ସମ, ବାତ୍ୟାହୀନ ପ୍ରଦୀପର ଶିଖା
-ସମ ଦିଶନ୍ତି ଭୂତେଶ, କନ୍ଦର୍ପର ବଢ଼ାଇ ଆଶଙ୍କା ।୪୮।

ଲଲାଟ ନେତ୍ରୁ ନିର୍ଗତ ଜ୍ୟୋତି ଆସେ ଧୀରେ ଧୀରେ ଝରି,
ସ୍ତିମିତ ନୟନ-ବାହୀ, ସେ ଜ୍ୟୋତିର ଆଲୋକ ଯାହାକି
ମୃଣାଳ ସୂତ୍ରଠୁ ବଳି ସୁକୋମଳ ସେ ଜ୍ୟୋତି ସଂଚରି,
ଶିବ ଶିର ସ୍ଥିତ ଚନ୍ଦ୍ର ଦିଶେ ମ୍ଳାନ, ଆଲୋକେ ତାହାରି ।୪୯ ।

ନବଦ୍ୱାର ରୋଧି ଦେବ ଅଧିଷ୍ଠାନେ କରି ମନ ସ୍ଥିର,
ପରମାତ୍ମା ଦରଶନେ, ଅବିନାଶୀ ଅବ୍ୟୟ ଅକ୍ଷର,
କ୍ଷେତ୍ରଜ୍ଞ ପୁରୁଷଗଣ କୁହନ୍ତି ଯା' ଆପେ ଅନୁଭବି,
ସ୍ୱକୀୟ ଆତ୍ମାରେ ପ୍ରଭୁ ନିମଜ୍ଜିତ ଆତ୍ମସ୍ଥ ସ୍ଥିତଧୀ ।୫୦ ।

ଶିଥିଳ ହସ୍ତରୁ ଖସି ପୁଷ୍ପଚାପ ପଡ଼ିଅଛି କାହିଁ
ବିସ୍ମିତ ସଶଙ୍କ କାମ, କି କରିବ ବୁଦ୍ଧି ନ ଆସଇ ।
ନିଃଶ୍ଚେଷ୍ଟ ରହଇ ସ୍ଥିର, ସେ ଭୀଷଣ ତ୍ରିନୟନ ଦେଖି,
ଭୀମକାନ୍ତ ରୁଦ୍ର ତେଜ ଅଗ୍ରତରେ ଅସ୍ଥିର ସେ ଅତି ।୫୧ ।

ଏ ସମୟେ ସଖୀ ସାଥେ ତଥାଗତ ପାର୍ବତୀ ବନ୍ଦିତା,
ସମାଧିସ୍ଥ ରୁଦ୍ର ପାଶେ, ଅଭିଳଷି ଦର୍ଶନ ନନ୍ଦିତା;
କୁମାରୀ ସ୍ଥାବର କନ୍ୟା ସଚକିତେ ମନରୁ ପାଶୋରି
ସକଳ ପଙ୍ଗୁ ଜଡ଼ତା, ଅକସ୍ମାତ ଥିଲା ଯାହା ଜଡ଼ି
ଭୟାଳୁ ମଦନ ପ୍ରାଣେ, ଦ୍ୱିଗୁଣେ ସେ ଉଠଇ ସତ୍ୱରେ
ନୂତନ ଶର ବା 'ଉମା' ପଞ୍ଚଶର ଅଥର୍ବ ତୁଣୀରେ ।୫୨ ।

ବସନ୍ତ କୁସୁମ ଭାରେ ପାର୍ବତୀର ଅଙ୍ଗ ସୁଶୋଭିତ,
ଅରୁଣାଭ ଅଶୋକ ସେ ପଦ୍ମରାଗ ମଣି ନିନ୍ଦେ ଶତ ।
କର୍ଣ୍ଣିକାର ସ୍ୱର୍ଣ୍ଣ ପୁଷ୍ପେ ଅବତଂସ ଶୋଭିତ ଶ୍ରବଣେ
ମୁକ୍ତାହାର ସୁଗ୍ରଥିତ ସିନ୍ଧୁବାର ପୁଷ୍ପ ମନୋରମେ ।୫୩ ।

ପୀନ ପୟୋଧର ଲାଗି ସମ୍ମୁଖକୁ ନମିତ ସଧୀରେ,
ବଲ୍କଳର ଅରୁଣାର ବସ୍ତ୍ର ଶୋଭେ ପାର୍ବତୀ କଟୀରେ।
ମନେହୁଏ ଦୂରୁ ଦେଖି ପଲ୍ଲବିତା ସ୍ତବକେ ସ୍ତବକେ
ନତମୁଖୀ ବ୍ରତତୀ ବା ପୁଷ୍ପଭାରେ ଚଳିଆସେ ଆପେ।୫୪।

ନିତମ୍ବେ ପତିତ ପୁଷ୍ପ ଚନ୍ଦ୍ରହାର ବକୁଳେ ଗ୍ରଥିତ,
ବାର ବାର ଲୋଟିପଡ଼େ ଆପଣାର କଟୀ ଆବୋରିତ
କରି ଉମା ସଜାଡ଼ନ୍ତି, ଦେଖିଲେ ତା' ମନେହୁଏ ସତ
କନ୍ଦର୍ପର ଅନ୍ୟ ଏକ ଶର ଗୋପ୍ୟେ ନିତମ୍ବେ ନିହିତ।୫୫।

ପାର୍ବତୀର ଗନ୍ଧ ଶ୍ୱାସେ ଆକୁଳିତ ଗନ୍ଧଲୋଭୀ ଅଳି,
ବିମ୍ବଫଳ ଓଷ୍ଠ ପାଶେ ଯାଏ ବୁଲି ଗୁଞ୍ଜନେ ଉଚ୍ଛୁଳି।
ସଭ୍ରମେ ଲଜ୍ଜିତ ଦୃଷ୍ଟି, କ୍ଷତକାରୀ ଲୀଳାକମଳରେ,
ନିବାରନ୍ତି ବାରମ୍ବାର ଭ୍ରମରକୁ ଚାହିଁ ଉମା ବ୍ୟଥିତ ଦୃଷ୍ଟିରେ।୫୬।

ନତମୁଖୀ ହେବେ ରତି ଲଜ୍ଜା ପାଇ ଦେଖିଲେ ପାର୍ବତୀ
ଅସାମାନ୍ୟ ସୌନ୍ଦର୍ଯ୍ୟରେ, ମଦନ ଯା ନ ପାରନ୍ତି ମୂର୍ଚ୍ଛି।
ମନେ ତେଣୁ ଭାବେ 'କାମ' ଜିତେନ୍ଦ୍ରିୟ ହେଲେ ବି ତ୍ରିଶଳୀ,
ଏ ବାମାର ରୂପାନଳ ବାଣରେ ସେ ପଡ଼ିବେ ମଉଳି।୫୭।

ଭବିଷ୍ୟତ ପତି ଶମ୍ଭୁ ସମାଧିର କୁଟୀର ଦୁଆରେ,
ପ୍ରବେଶନ୍ତେ ଉମା ଆସି, ସେ ସମୟେ ମଦନ ବିଚାରେ,
ମନମଧ୍ୟେ ହର ପ୍ରୀତି, ତେଣେ ପୁଣି ଯୋଗେଶ୍ୱର ଶିବ,
ପରମାତ୍ମା ଜ୍ୟୋତି ଦେଖି ହେଲେ କ୍ଷଣେ ଯୋଗରୁ ନୀରବ।୫୮।

ଯୋଗ ବିରହିତ ଦେବ ଯେତେବେଳେ ଧୃତ ପ୍ରାଣାୟାମେ,
ଧୀରେ ଧୀରେ ପରିତ୍ୟାଗି ଶିଥିଳିତ କଲେ ବୀରାସନେ,
ସେ ଆସ୍ଥାନ ଭୂମି ତଳୁ, ସତେ ଅବା ବିପନ୍ନ ବାସୁକୀ
ଧରିତ୍ରୀ ଧରିବା ଲାଗି, ଦୃଢ଼କରି ଥିଲେ ଫଣା ଟେକି।୫୯।

ତଦନ୍ତରେ ନନ୍ଦୀ ଧାଇଁ ପ୍ରଣିପାତେ, କରଇ ଜଣାଣ,
ଶୈଳପୁତ୍ରୀ ପାର୍ବତୀ ଯେ ଉଭା ଦ୍ୱାରେ ଉପଚାର ମାନ
ଧରି ହାତେ ସେବାଲାଗି, ଭ୍ରୂକୁଞ୍ଚନେ ଲଭି ଅନୁମତି,
ପାର୍ବତୀ ଘେନିଣ ନନ୍ଦୀ ପ୍ରବେଶିଲା ସାଧନାର କୁଞ୍ଜେ।୬୦।

ପ୍ରଣିପାତ କଲେ ସର୍ବେ ସହଚରୀ ଶମ୍ଭୁଙ୍କ ଚରଣେ,
ବସନ୍ତର ରାଶିକୃତ ପତ୍ରପୁଷ୍ପ ଅଞ୍ଜଳି ଅର୍ପଣେ।୬୧।

ତଦନ୍ତେ ପ୍ରଣମେ ଉମା, ନୀଳ କେଶୁ କର୍ଣ୍ଣିକା କୁସୁମ
ଖସିପଡ଼େ ଭୂତଳରେ, କର୍ଣ୍ଣୁ ପଡ଼େ ଅବତଂସ ଅତି ମନୋରମ
ପିନ୍ଧିଥିବା ପଲ୍ଲବର ନବକଢ଼ି, ସୁନ୍ଦରୀ ଯୁବତୀ
ପାର୍ବତୀ, ନମେ ପଦେ ବୃଷଧ୍ୱଜ ସ୍ଥିର ସ୍ଥାଣୁ ମତି।୬୨।

ପ୍ରଣତା ଉମାରେ ବୋଧି ଆଶୀର୍ବାଦ କଲେ ସଦାଶିବ
'ହେ ସୁନ୍ଦରୀ ଶୈଳପୁତ୍ରୀ, ମନମତ କର ପତି ଲାଭ'।
ଯେଣୁ ଉମା ତବ ବିନୁ ନ ଚାହିଁବ ଅନ୍ୟ କେବେ କା'ରେ,
ଈଶ୍ୱରର ବାକ୍ୟ କେବେ ନୁହେଁ ବୃଥା ଅନ୍ୟଥା ସଂସାରେ।୬୩।

ଏହି ସମୟରେ କାମ ଧନୁଶର କରେ, ଭାବେ ବସି,
ଶରବ୍ୟ ଶଙ୍କର ଲାଗି, ଗୌରୀ ପାଇଁ ଅପେକ୍ଷା କରିଛି।
ଅଗ୍ରସର ହେଲେ ଧୀରେ କଟାକ୍ଷରେ ଆମନ୍ତ୍ରଣ ଧନୁ,
ସାହସ ସନ୍ତାପି ଉଠେ, ମାରେ ନାହିଁ ଦମ୍ଭ ହଜେ ମନୁ।
ପତଙ୍ଗ ଧାଇଁଛି ଅବା ହେବ ଦଗ୍ଧ ଲୋଚନ-ଅନଳେ
ରୁଦ୍ର ରୋଷ ବହ୍ନି ତଳେ ପ୍ରାଣପାତ କରିବ ବିହ୍ୱଳେ।୬୪।

ମନ୍ଦାକିନୀ ଜଳୁ ତୋଳି ପଦ୍ମବୀଜ ରୌଦ୍ର କରେ ଦେଇ
ସେ ଭ୍ରମର କୃଷ୍ଣ ବୀଜେ ମାଳା ଗୁନ୍ଥି ଜପାମାଳା ନେଇ,
ଭକ୍ତି ଭରେ ଦିଏ ଉମା ରୁଦ୍ର ପଦେ ଉଗ୍ର ତପସ୍ୱୀରେ
ଉପହାର ଲାଗି ଦେବୀ, ବାଞ୍ଛିତର ପ୍ରସାରିତ କରେ।୬୫।

ପ୍ରତିଗ୍ରହଣେ ଇଚ୍ଛୁକ ଚନ୍ଦ୍ରମୌଳୀ ଉଦ୍ୟତେ ସମୟେ
ସମ୍ମୋହନ ନାମେ ବାଣ 'ଅମୋଘ' ଯା କନ୍ଦର୍ପ ଅଜୟେ
ସନ୍ନିବେଶି ରହେ ସ୍ଥିର, ଧନୁରେ ତା'ନ ଚାପୁଣୁ ବେଗ,
ଗୌରୀ କରୁ ମାଳାଗ୍ରାହୀ ଉଭା ଅଗ୍ରେ ନିଜେ ସଦାଶିବ।୬୬।

ଚନ୍ଦ୍ରୋଦୟ ଫଳେ ଯେହ୍ନେ ବାରିରାଶି ଈଷତ୍ ଚପଳ,
ତେସନ ରୁଦ୍ର ଅନ୍ତର ଉଦ୍‌ବେଳିତ, ଧୃତି ନାଶେ ବଳ।
ପାର୍ବତୀର ବିମ୍ବ ଓଷ୍ଠେ ଚାହିଁବାକୁ ତ୍ରିନୟନ ଦେଇ
ଅନ୍ତରେ ଜାଗଇ ଇଚ୍ଛା ସମୁତ୍‌ଥିତ କାମନା ବଢ଼ାଇ।୬୭।

ପାର୍ବତୀ ବି ଭାବାନ୍ତରେ ବ୍ରୀଡ଼ାନତ ମୁଖ ନାହିଁ ତୋଳେ,
କଦମ୍ବ କୋରକ ସମ ଫୁଟେ ଅଙ୍ଗ ବେପଥୁ ସଂଚାରେ,
ଅବାକ୍ ବିସ୍ମିତ ଉମା ସ୍ଥିର ରହେ ରୁଦ୍ରର ସମ୍ମୁଖେ
ଅବନତ ଦୃଷ୍ଟି ଢାଳି ଧରିତ୍ରୀରେ ମୂକ ଚିତ୍ର କି ସେ।୬୮।

ସଂଯତ ହୃଦୟେ ହର ନିମିଷକେ ଧୈର୍ଯ୍ୟ ଧରି ପୁଣି
ଚତୁର୍ଦ୍ଦିଗେ ନିରେଖନ୍ତି କରିଛି କେ ଚିତ୍ତ ଅସହଣି,
ରୋଷଦୀପ୍ତ ନୟନରେ, ଚକ୍ରୀକୃତ ଚାରୁଚାପ ଧରି,
ବାଣ କ୍ଷେପେ ଉଦ୍ୟତ ସେ ଦକ୍ଷ ହସ୍ତେ ମୁଷ୍ଟି ବଦ୍ଧକରି
ନତାଂସ ମଦନ ଉଭା, ଆକୁଞ୍ଚିତ ସବ୍ୟ ପାଦେ ରହି
ବିଷମାକ୍ଷ କ୍ରୋଧେ ଜଳେ, ପ୍ରଚଣ୍ଡ ସେ ଦୁରୁ ନିରେଖଇ। ୬୯,୭୦।

କ୍ରୋଧେ ମତ୍ତ ରୁଦ୍ର ଅଙ୍ଗୁ ଅକସ୍ମାତ ତଡ଼ିତ୍-କୃଶାନୁ,
ତ୍ରିନୟନୁ ବହିର୍ଗତ, ଜଳିଉଠେ ନିନ୍ଦି ଶତ ଭାନୁ,
କେ ଚାହିଁବ ଅବା ତାରେ, ତପସ୍ୟାରୁ ନିବର୍ତ୍ତି ଶଙ୍କର
ମନ ଅତି ଅସମ୍ଭାଳ, ରୋଷଦୀପ୍ତ ଚକ୍ଷୁ ଭୟଙ୍କର।୭୧।

ସହସା ଆକାଶ ପଥୁ ଚିତ୍କାରିଲେ ବିବୁଧ ସକଳ,
ଅସମ୍ଭାଳ କ୍ରୋଧ ଦେବ, ବାରେ ମାତ୍ର କର ହେ ସମ୍ବର।
ଶୂନ୍ୟରୁ ନଶୁଭେ ବାର୍ତ୍ତା ପହଞ୍ଚିବା ଆଗୁ ମର୍ତ୍ତ୍ୟଭୂମି
ରୁଦ୍ର ରୋଷାନଳେ ରାମ ଭସ୍ମୀଭୂତ ହେଲା ଧରା ଚୁମି।୭୨।

ସଶଙ୍କିତା ରତି ଦେଖେ ରୁଦ୍ର ନେତ୍ରୁ ଉଦ୍ଭିତ ଅନଳେ
ସହସା ଦହିଲା କାମେ! ଅତର୍କିତେ କମ୍ପିତ ମନରେ
କି ହେଲା ଦାରୁଣ ବାର୍ତ୍ତା ବୁଝି ଅବା ନ ବୁଝିବା ଆଗୁ,
ମୂର୍ଚ୍ଛିତେ ପଡ଼ିଲା ରତି, ଧୂଳିତଳେ ସକଳ ସରାଗୁ।
ବଞ୍ଚିତା ବିଧବା ରତି ବୈଧବ୍ୟର ଦାରୁଣ ଯାତନା
ନ ବୁଝିବାପାଇଁ ଅବା, କିଛି କ୍ଷଣ ଲାଗି ଏ କରୁଣା
ବିଧାତା କରିଲା ଦାନ। ମୂର୍ଚ୍ଛିତାରେ ମଇତ୍ର ବା ହୋଇ
ଦୁଃସହ ଏ ଯାତନାରେ ଭୁଲିବାକୁ ଅବସର ଦେଇ।୭୩।

ଅକସ୍ମାତ ବଜ୍ର ଯେହ୍ନେ ବନସ୍ପତି କରି ଭସ୍ମୀଭୂତ
ଅଦୃଶ୍ୟ ହୁଅଇ ଶୂନ୍ୟେ, ଭୂତପତି ତପସ୍ୱୀ ମହେଶ,
ତେସନ ଗମିଲେ ତହୁଁ, ନାରୀ ଜାତି ସାନିଧ୍ୟ ବରଜି
ପ୍ରମଥ ଗଣ ସହିତେ, ଅନ୍ତର୍ହିତେ, ତପୋବନ ତେଜି।୭୪।

ଅବସାଦ, ଲଜ୍ଜା, ଭୟ, ହତବୁଦ୍ଧି ପାର୍ବତୀ ମରମେ
ଭାଳୁଥିଲେ ତା'ପିତାର ସମ୍ମାନ ଯା' ଅଭିଳାଷ ମନେ।
ବିଡ଼ମ୍ବନା ହେଲା ସେ ତ, ରୂପ ତାଙ୍କ ଶିବର ଅନଳେ
ହେଲା ମନ୍ଦୀଭୂତ ପୁଣି। ଚିତ୍ରାର୍ପିତ ପରି ତେଣୁ ଭାଳେ,
ସହଚରୀ ସାଥେ ଯାଉଁ, ବ୍ୟକ୍ତ କରି ବିସ୍ମିତ ଯା'ସତ
ଦେହୁ ଗଳେ ଶ୍ରମଝାଳ ଶୂନ୍ୟ ମନେ ଚଳେ ଗୃହପଥ।୭୫।

ଅନ୍ତରାଳେ ହିମାଳୟ ଦେଖୁଥିଲେ ଦୁହିତା ଦୁର୍ଦ୍ଦଶା,
ସହସା ପ୍ରସାରି କର କୋଳେ ନେଲେ, ଭୟ ସଶଙ୍କିତା
କନ୍ୟାରେ ଆବୋରି ବୁକେ ମୃଣାଳ ବା ଧରି ସୁରଗଜ
ଯେସନେ ଚଳଇ ଶୂନ୍ୟେ, ତେହ୍ନେ ଗୃହେ ଗଲେ ନଗରାଜ।୭୬।

# ଚତୁର୍ଥ ସର୍ଗ

ବିବଶ କାମବଧୂ, ଚେତା ପାଇ, ସଧୀରେ ଜାଗଇ,
ଅସହ୍ୟ ଯେ ବ୍ୟଥାଭାର ଏ ନୂତନ ବୈଧବ୍ୟ ଯାତନା,
ବୁଝାଇ ଦେବା ଲାଗି ବିଧାତା ଚେତନା ଭରିଦେଲ ଦେହେ ତା'
ଏ ଅବା କେଉଁ ରୀତି ବିଧିର ଦୟାନିଧି ଛାତିର
ଚେତନା ଦେଇ ଦେହେ, ଜୀବନେ ଦେଲା ଅନୁଶୋଚନା।୧।

ସଧୀରେ ଖୋଲି ଦୁଇ ନୟନ, ଚଉଦିଗେ ନିହାରି,
ପ୍ରଳୟ ପରେ ଦେଖେ, ରହିଛି ସ୍ଥିର ଯହିଁ ଯାହାକି।
ନ ଦେଖି ଆଗେ ନିଜ ପତିରେ, ଅଶୁଭ ନୟନର ଗତିରେ,
ନବୁଝି ପାରେ କିଛି ସହସା ପ୍ରିୟତମ ପାଇଁକି
ଜୀବନୁ ଲବଟିଏ ଛାଡ଼ି ନଥିଲା ଯା'ରେ ଏକାକୀ।୨।

ହେ ମୋର  ପ୍ରିୟତମ, ତରୁଣ, ଅନ୍ତରତମ ଗୋ,
ବିକଳ କୋହେ ରତି ବାହୁନେ ଉଠି ଭୂମି ଶୟନୁ,
କିଛି ତ ନାହିଁ କାହିଁ କେଉଁଠି ? ମଉନ ବନ ଅଛି କାହିଁକି ?
କେବଳ ଦୂରେ ପଡ଼ି ରହିଛି ପାଉଁଶର-ପୁରୁଷ
ନିମିଷ ଆଗେ ଯା'ର ଜନମ ହର କୋପ-ନୟନୁ।୩।

ପାଉଁଶ-ପୁରୁଷରେ ନିରେଖି ପଡ଼େ ରତି ଭୂତଳେ,
ଧୂସର ଧୂଳି ଜାଲେ, ଉରଜ ଧୂସରିତ ଶିଥିଳ,
ଲୋଟାଇ ଚିକୁର ତା' କାନ୍ଦଇ କାମପ୍ରିୟା ବିକଳେ,
ପତର ମର୍ମର କାନ୍ଦଇ ବର ତରୁ ବୀଥିର।
କାନ୍ଦଇ ଧରଣୀ ଓ ଝରଣା, ପତଙ୍ଗ ପଶୁ ପକ୍ଷୀ କାନ୍ଦଣା
ପିଛିଳ ବନ୍ଧୁରିତ, ପଥର ଛାଡ଼ି ଅବା ଗଳିତ
ସମ ଦୁଃଖରେ ଭରି ସୁଦୂର ବନଭୂମି କାନ୍ତାର।୪।

ହେ ମୋର ପ୍ରିୟ, ମୋର ଅତିଥି ଚିରଦିନ ସାଥି ଗୋ,
ଉପମିତ ଜଗତ ସୁନ୍ଦର ତବ ତନୁ ଶୋଭାରେ
ସେ ଦେହ ଆଜି ହେଲା ପାଉଁଶ, ଦେଖି ତା' ମୋର ଦେହେ ଆୟୁଷ
ରହିଛି କେଉଁପରି ପାରେନା ବୁଝି ତିଳେ ମନ ଗୋ
କାଠ ପାଷାଣେ ବିଧି ଗଢ଼ିଛି କିବା ନାରୀ ଜାତିରେ।୫।

ହେ ପ୍ରିୟ ସେତୁ ଭାଙ୍ଗି ଚପଳ ବାରିରାଶି ସୁଦୂରେ
ଯାଏ ଗୋ ବାହି ଯେହ୍ନେ ନଳିନୀ ଦଶା ତିଳେ ନ ବୁଝି,
ଜୀବନେ କେବେ ଭିନ୍ନ କରିନ ତୋ ଅଧୀନା ରତିରେ
କିପାଇଁ କହ ନବୁଝି ଯାଅ ମତେ ବରଜି।୬।

ହେ ପ୍ରିୟ, ହେ ଜୀବନ-ବଲ୍ଲଭ, ଜୀବନେ  କେଉଁ ଦିନ ଗରବ
କରି ଗୋ, କରି ନାହିଁ ବିରୁଦ୍ଧ ଆଚରଣ ଯା'ଘେନି,
ମୋ ଦୁଃଖେ ଦରଶନ ନ ଦିଅ ଅକାରଣେ କି ଭାବି।୭।

ଶିଥିଳ ଚନ୍ଦ୍ରହାରେ ବାନ୍ଧି ମୁଁ ଯେତେ ଦେଲି ଯାତନା,
କମଳ ଅବତଂସ ଫିଙ୍ଗି ହେ ସ୍ମର, ରତି ବାସରେ,
ଚ୍ୟୁତ କେଶର ଧୂଳି ନୟନେ, ପଡ଼ି ଗୋ ତବ ଦେହ ଉପନେ
ସହିଲ ଯେତେ ମୃଦୁ ଯାତନା, ଆନ ନାରୀ ଈର୍ଷାରେ
କରିଥିଲି ମୁଁ ପ୍ରିୟ, ମାଗୁଛି କ୍ଷମା ମୋର ଦୁଃଖରେ।୮।

ହେ ଜୀବିତେଶ, କହ, ହୃଦୟ-ବାସିନୀ ମୋ ବନିତା,
ସେ ଖାଲି ଚାଟୁକଥା ଭୁଲାଇ କର ମତେ ଛଳନା,
ନହେଲେ ନଷ୍ଟ ତୁମେ ଅନଙ୍ଗ, ବରଜି ସବୁ ସୁଖ ସମ୍ଭୋଗ,
ମୁଁ କିଆଁ ନଷ୍ଟ ନୋହି ଜୀବନେ ରହିଅଛି କୁହ ଗୋ,
ବିକଳେ କାନ୍ଦିବାକୁ ଏକାକୀ କରି ଅନୁଶୋଚନା।୯।

ହେ ବନ୍ଧୁ ସୁରଲୋକ ପଥୁକୀ, ହେ ନୂତନ ବିଦେଶୀ,
ଏବେ ବି ତୁମ ସାଥେ ମୁଁ ଯିବି ବୋଲି ଅଛି ସମୟ।
ତଥାପି ବିହି ଏତେ ଦାରୁଣ, ଜଗତ ଦେହୀ ଜନ କାରୁଣ୍ୟ
ନଶୁଣି, ବଞ୍ଚିତ ଯା କଲା ଏ ଜୀବଲୋକ ସୁଖରୁ,
ବିଫଳ ମନୋମୟ ଦେହ ସପନ ସୁଖ ସମୂହ।୧୦।

ରଜନୀ ସୁନିବିଡ଼ ତିମିର ଆବରଣେ ଆବୋରି
ଘନ ମେଦୁର ନଭେ ଚମକୁଥିବ ଯେବେ ଚପଳା,
ପ୍ରିୟାର ଅଭିସାର ସମୟେ, ଘନ ଗର୍ଜନ ଶୂନ୍ୟେ ସଭୟେ
ତୁମ ବିନା କିପରି ସଙ୍କେତ ପ୍ରିୟଜନ ପାରୁଶେ,
ଅଭିସାରିକା ଯିବ? ବରଷା ରାତି ପଥ ନିରୋଳା।୧୧।

ବାରୁଣୀ ମଦପାନେ, ମତ୍ତ ବିହ୍ୱଳିତା ଲଳନା
ଘୂରାଇ ଅରୁଣାର ନୟନେ ଚାହିଁ କହେ ଯେ କଥା,
ଦୟିତେ, ଟେକି ଗ୍ରୀବା ଛଇଳୀ, ସତେ ବା ବୁଲି ଦେଖେ ମରାଳୀ
ହେ ଜୀବେଶ୍ୱର ତବ ବିନା କି କେବେ ହେବ ସଫଳ
ବେପଥୁ ରମଣୀର ବିକଳ ବିଡ଼ମ୍ବିତ ବାରତା।୧୨।

ବାନ୍ଧବ ଗୋ ପ୍ରାଣାଧିକ ସୁହୃଦ ସୁଧାକର ତୁମରି
ଯେ' ବେଳେ ଜାଣିବେ ସେ ଜଗତ ବିମୋହନ କାମର,
ଏ ସମ ଅଧୋଗତି, ସହଜେ, ବିଫଳେ ସେ ଉଦୟ ନୀରବେ,
ଅନ୍ଧାର ତିଥି ପରେ କରୁଣେ ଦେଖାଦେବେ ଆକାଶେ
ପୂର୍ଣ୍ଣିମା ତିଥି ହେବ ମଳିନ ଏ ଚାନ୍ଦିନୀ ନିଶିର।୧୩।

ହରିତ ଅରୁଣାଭ ଆଭାରେ ମିଶି ନବ ପୁଲକେ,
କୋରକ ଛାଡ଼ି ଯେବେ ଫୁଟିବ ସେ ରସାଳ ମୁକୁଳ
କାନନ ଆମ୍ର ବିଥି ଗହଳେ, କୋଇଲି କୁହୁରବ ଚହଳେ,
ଝରିବ ଅକାରଣେ ବିଫଳେ ତବ ଧନୁ ବିନା ଗୋ
କେ ନେବ ତବ ବିନା ଧନୁରେ ତୀର କରି, ଦୋସର।୧୪।

ହେ ଜୀବେଶ୍ୱର, ମୋର ପ୍ରାଣ, ଶୁଣ ଆସି ମୋ ପାରୁଶେ,
କାନ୍ଦନ୍ତି ଗୁରୁ ଶୋକେ ଅଧୀର ସୁରେ ଅତି କରୁଣେ,
କେତେ ଯେ ଧନୁ ଫୁଲେ ଆବୋରି ହେ ବିଶ୍ୱ ବିମୋହନ, ତୁମରି
ଧନୁରେ ଗୁଣ ଦେଇ ସଜାଇ ଅଛନ୍ତି ସେ ଅତୀତେ
ସେଲାଗି ମୋର ସାଥେ କାନ୍ଦନ୍ତି ନାଥ ତବ ବିହୁନେ।୧୫।

ହେ ପ୍ରିୟ ଆଉ ବାରେ ଉଠ ଗୋ ମହନୀୟ ରୂପରେ
ଆଦେଶି ରତି ଦୂତୀ କୋଇଲି ସୁମଧୁର ଆଳାପେ,
ଏ ମୋର ଅଭିମାନ ଭୁଲାଇ, କୁହୁକ ମଧୁଗୀତ ଶୁଣାଇ
କେତେ ଗୋ ଦେଇଅଛ ଏ ହତଭାଗୀ ମାନ ହଜାଇ
ନିପୁଣା ପିକବଧୂ ଚାତୁରୀ ତୁଲେ ମନ ବିଳାସେ।୧୬।

ହେ ମୋର ଦୟିତ ଗୋ ଗୋପନ ରତି ପୁର ଭବନେ,
କେତେ ଯେ ଅନୁନୟ ବିନୟ କରି କୁହ ଆଦରେ,
ସୁରତି ଲାଗି ମାଗି ଏ ତନୁ, ମୋ ପାଦେ ଶିର ରଖ ଅତନୁ
ବେପଥୁ ଆଲିଙ୍ଗନେ। ସେ ବେଳ ସ୍ମୃତି ଭାଳି ମୋ ମନେ
ନ ପାଏ ଶାନ୍ତି ଚାହିଁ, ଯେତେ ଯା ଦେଖେ ଚଉଦିଗରେ।୧୭।

ହେ ରତି ପଣ୍ଡିତ ଗୋ, ମୋ ତନୁ ଦିଅ କେତେ ସଜାଇ
ବସନ୍ତ ଋତୁ ଫୁଲେ କେତେ ଯେ ଆଭରଣେ ଆବୋରି।
ସେ ବେଶ ଅଛି ମୋର ଏବେ ବି, ସେ କାନ୍ତ ମୋହ ବପୁ କି ଭାବି
ଲୁଚାଇ ରଖିଅଛ ନୟନୁ ଆଡ଼କରି ରତିରେ,
ତୁମରି ପ୍ରସାଧାନ ରହିଛି ଦେହ ଭରି ମୋହରି।୧୮।

ଦାରୁଣ ଦେବତାଏ ସ୍ମରିଲେ ଅସମୟେ କିପରି ?
ସରାଗେ ସଯତନେ ସଜାଉଥିଲ ମତେ ଯେବେ ଗୋ
ମୋ ବାମ ପାଦେ ଭାଷା ନଦେଇ, ଗଲ ଯେ, ତୁମ ପଥ ଅନାଇଁ
ରହିଛି ଅନୁସରି ଆବେଗେ ତୁମ ପ୍ରାଣବନିତା
ଅଧା ଅଳତା ବୋଳା ଚରଣ ଥାପି ମହୀ ଭାଗେ ଗୋ ।୧୯।

ଅନଳେ ଅନୁସରି, ପତଙ୍ଗ ପରି ଯିବି ପ୍ରସରି,
ହେ ପ୍ରିୟ ତବ କୋଳ-ଅନଳେ ତବ ପଥ ସୁମରି ।
ନହେଲେ ସୁରନାରୀ ସରଗେ, ତୁମରେ ଭୁଲାଇବେ ସରାଗେ
ଚତୁରୀ ରମଣୀଏ ଚାତୁରୀ ବଳେ ଦେବେ ଭୁଲାଇ,
ଏକାକୀ ଦେଖି ପ୍ରିୟ ତୁମରେ, ବସିବେ ସେ ଆବୋରି ।୨୦।

ଯଦି ଗୋ ତିଳେ କରିବି ତବ ବିନା ପ୍ରିୟ ଗୋ,
ଜଗତ ଅପବାଦ ନାଗରା, ବଜାଇବ ମୋ ପାଇଁ,
ମଦନ ବିନା ରତି କା' ଆଶେ, ବଞ୍ଚିଲା ଧରା ତଳେ ନିମିଷେ,
ଏ ଅପବାଦ ସହି ରହିବି କିପରି ହେ ପ୍ରାଣେଶ
ଏ ଧରା ତଳେ ରବି ଚନ୍ଦ୍ର ଥିବା ଯାକେ କିପାଇଁ ?।୨୧।

ଏ ଶେଷ ଥରପାଇଁ ତୁମରେ ସଜାଇବି କିପରି,
ଜୀବନ, ତନୁ ତବ ଉଭୟେ ତେଜିଗଲେ ଜଗତ ।
ସରଗ ପଥୁକୀ ହେ ମୋ ସଖା କରମେ ଥିଲା ଅବା ଏ ଲେଖା,
ନହେଲେ ଭାବି ନାହିଁ ଯା କିଛି ଭରା ନିଶି ସପନେ,
ସେ ଆଜି ହେଲା ସତ, ଶରୀର ଜାଳି ଜୀବ ସହିତ ।୨୨।

ଜୀବନ-ବଲ୍ଲଭ ଗୋ, ଯେ' ବେଳେ ଧନୁ ତୀରେ ଆରୋପି,
ଅଶୋକ ବକୁଳ ବା ଶିରୀଷ ଚୂତ ନବ ମୁକୁଳେ,
ଅଥବା ଶତଦଳ, ଶରରେ ସଜାଇ ଥାପି ରଖି କୋଳରେ,
ହସି ଆଳାପେ, ମତ୍ତ ସେ ମଧୁ ଋତୁ ସଖା ସହିତେ
ସେ ଛବି, ସେ ଚାହାଁଣି ଭାବୁଛି ହତଭାଗୀ ବିକଳେ ।୨୩।

ହେ ସଖା ନିଯୋଜିତ ନିୟତ ଫୁଲବାଣେ ତୁମରି,
ବଢ଼ାଇ ଧନୁଶୋଭା ଯେ ସଖା ଫୁଲ ଦିଏ ଅରପି,
କାହାନ୍ତି ଅବା ଅସମୟ ସେ, ବିରହେ ତବ ଶୋକ ବିରସେ ?
ନ ଶୁଣୁ ଅଛନ୍ତି ବା, କି ଅବା ରୁଦ୍ର ରୋଷ-ଅନଳେ
ସେ ଗଲେ ତୁମ ପଥେ, ସୁହୃଦ ସଖା ସ୍ନେହେ ବିଳପି ।୨୪।

ଆତୁର ବିଳାପର, କରୁଣ ରାଗେ ହୋଇ ଅଥୟ,
ବିନ୍ଧେ କି ବିଷ-ବାଣ ସେ ଋତୁରାଜ ସଖା ଛାତିରେ
ଆହତ ସମ ଆସି ସମ୍ମୁଖେ, ଅନାଏଁ ଧୀରେ ଅତି ବିରସେ,
କି କହି ଦେବ ଅବା ବୁଝାଇ, ଏ ଦୁଃଖ, ଏ ଅନଳେ
ଆକୁଳ ରତି ପ୍ରାଣ, ସଖା ସୁହୃଦ ଭାବ ନୀତିରେ ।୨୫।

ବନ୍ଧୁରେ ଦେଖି ରତି କାତର କଣ୍ଠେ ଅତି ବିଳପେ,
ଜଘନ ପୀନ ସ୍ତନ କର ଯୁଗଳେ ମାରି ସତତ,
ସ୍ୱଜନ ଦେଖି ବଢ଼େ ବହୁତ, ଦୁଃଖୀର ଦୁଃଖ ଭାତ ନିୟତ ।
ଆତୁର ପ୍ରବୋଧନେ ଦ୍ୱିଗୁଣେ ପଢ଼େ ପୁଣି ଉଛୁଳି,
ବିକଳେ କାନ୍ଦେ ରତି କ୍ଷଣକ ଲାଗି ନୋହି ବିରତ ।୨୬।

ଗଳିତ ଦୁଃଖେ ଭାରି ଲୋତକେ ଭାସି ରତି କୁହଇ
ବସନ୍ତ ! ବାରେ ଦେଖ କି କରୁଣ ଦଶା ତବ ସଖାର ।
କପୋତ ପର ପରି ଧୂସର ପାଉଁଶ ଦେହ ତବ ସଖାର
ପଡ଼ିଛି ଭୂତଳେ ଯା' ସେ ଯାଏ ଉଡ଼ି ଧୀର ପବନେ
ସୁଦୂର ଗହନକୁ ପୋଡ଼ାଇ ଛାତି ତଳ ଏ ମୋର ।୨୭।

ହେ ପ୍ରିୟ ଉଠ ବାରେ, ଦେଖ ଗୋ ଚକ୍ଷୁ ତବ ଫିଟାଇ,
ଅତି ଦୁଃଖରେ ଉଭା ବନ୍ଧୁ ମାଧବ ତବ ସମୀପେ ।
ବୁଝାଇ କୁହ ପ୍ରିୟ ତାହାରେ, ଅନ୍ତର ବନ୍ଧୁ ପାଇଁ ନସରେ
ଭଲ ପାଇବା ଯେତେ, ପ୍ରାଣଠୁ ବଳି ବନ୍ଧୁ ବନ୍ଧୁରେ ।
ପ୍ରଣୟିନୀ ସମୀପୁ କେବେ ନା ପ୍ରେମ କମେ ଅଳପେ ।୨୮।

ମଦନ ତବ ଧନୁ କୋମଳ ପତ୍ର ପୁଷ୍ପେ ସଜାଇ,
ଯେ ଆଣେ କରି ନତ ସମସ୍ତ ସୁରାସୁର ଜୀବରେ,
କ୍ଷୀଣ କୋମଳ ବିଷ-ସୂତ୍ରର, ଗୁଣ ପରଶେ କରି ନିଥର,
ସେ ଆସି ଉଭା ତବ ପାରିଶେ ଦେଖ ଫେରି ଥରେ ଗୋ,
ଦେବ ମାନବହୀନ ଗହନ ବନଭୂମି କାନ୍ତାରେ ।୨୯ ।

ବସନ୍ତ ! ତବ ସଖା ଫେରିବ ସତେ କି ଗୋ କେବେ ବି,
ବାୟୁ ତାଡ଼ିତ ଦୀପ ଲିଭିଛି ଚିରଦିନ ଲାଗି ଗୋ ।
ମୁଁ ଅଛି ଧୂମ୍ରାୟିତ ସଳିତା, ମୋ ଛାତି କୁହୁଳେଇ ସହି ତା,
ବିକଳେ ଏହି ଦଶା ଆବୋରି କେତେ ଦିନ ବଞ୍ଚିବି,
ବିରହ ବେଦନାରେ ଅନଳ-ହୀନ ଧୁମେ ଲାଗି ଗୋ ।୩୦ ।

ମାଧବ ! ବିଧି ବିବେକହୀନ କାମଘାତି ଯେ
ପୂରିଲା ନାହିଁ ତାର ନିହତ କରିବାର ବିଚାର
ବନସ୍ତ ଗଜ ଦ୍ରୁମେ ଉପାଡ଼ି, ଗମଇ ଦୂରେ ଯେହ୍ନେ କଚାଡ଼ି
ସେ ଚକ୍ଷୁଁ ପଡ଼େ ଛାଏଁ ଲତିକା ତିଳଭୂମି ଆବୋରି,
ସେମିତି ଅଛି ପଡ଼ି ଏ ରତି, ବାହୁ ଫାଶୁ କାମର ।୩୧ ।

ତୁମେ ହିଁ ପ୍ରିୟଜନ ବନ୍ଧୁ ମୋ ବିପଦର ସହାୟ,
ମରଣ ଯହିଁ ମୋର ନିଶ୍ଚିତ, କାମନାର ଶେଷ ଗୋ
ଉଚିତ ବନ୍ଧୁର ଯା' କରମ, କର ଗୋ ଭୁଲି ବ୍ୟଥା ସରମ ।
ସଜାଡ଼ି ଚିତାନଳ ବିରହ, ଏ ଅନଳ ସହିତେ
ଝାସ ମୁଁ ଦେବି ତହିଁ ନରଖି ଲବେ ଅବକାଶ ଗୋ ।୩୨ ।

ଚେତନହୀନ ଜଡ଼ ଜୋଛନା, କେବେ କି ଗୋ ଶିଶିର
ଅସ୍ତ ସାଥେ, କେବେ ନମରି ରହିଛି କି ନିଶିଥେ ?
ମେଘର କୋଳେ ଲିଭେ ବିଜୁଳୀ, କେ ନାରୀ ରହେ ପ୍ରିୟ ପାଶୋରି ?
ଅଚେତ ଦେହ ଯହିଁ ଜଗତେ ଦେଖେ ନାହିଁ ଏକାକୀ,
ମୁଁ କେହ୍ନେ ରହିବି ଗୋ ଏ ସମ ଦଶା ଲଭି ମରତେ ।୩୩ ।

ଦିନେ ଯେ ଥିଲା ସଖା ଏ ରତି ସୁବାସିତ ଅଚିରେ
ଆବୋରି ଦେହ ସାରା, ନବ ପଲ୍ଲବେ ରଚି ଶୟନେ,
ତୁମରି ସଖା ତୁଲେ ହରଷେ, ନିମିଷ ମଣେ ରାତି ଦିବସେ,
ଆଜି ସେ ଦେହେ ଲେପି ପ୍ରିୟର ଅପଘନ ପାଉଁଶ,
ଆତୁର ଦେହ ଢାଳି ଅନଳ-ଶେଯ ପରେ ବହନ।୩୪।

ହେ ସୌମ୍ୟ, ହେ ମାଧବ, କେତେ ଯେ ଅଭିନବ ପୁଲକେ
ମଦନ ରତି ଲାଗି କୁସୁମ ଶେଯ ପାତି ଆଦରେ,
କେତେ ଯେ ଉପଚାରେ ନିରତେ, ସଜାଇ ଅଛ ଦୂର ଅତୀତେ,
ଆଜି ଏ ଚିତା-ଶେଯ ଦାରୁରେ ଦିଅ ବନ୍ଧୁ ସଜାଇ,
କର ଯୋଡ଼ି ମିନତି କରୁଛି ବନ୍ଧୁ ନାରୀ ଅଧୀରେ।୩୫।

ତନୁ ମୋ ଚିତା-ନଳେ ଦେଲେ ମୁଁ, ଦିଅ ତଳେ ଜାଳି ଗୋ
ମୃଦୁ ମଳୟାନିଳେ ଅନଳ ଜାଳି ଭଜେ ଗହନେ।
ଜାଣତ, ତୁମ ସଖା ଅଳପେ, ମୋ ବିନା ନ ରୁହନ୍ତି ନିମିଷେ
କାହିଁବା ତିଳେ ଡେରି ସହିବେ ମୋ ଦେହର ଜ୍ୱଳନେ,
ବ୍ୟଥିତ ପ୍ରାଣ ଧରି ଚାହିଁ ଗୋ ଥିବେ ଦୂର ଅୟନେ।୩୬।

ମୋ ଦେହ ଭସ୍ମ ପରେ, ଦିଅ ଗୋ ଦିଅ ଢାଳି ଉଦକ
ଅଞ୍ଜଳି ଅଞ୍ଜଳିଏ ସେ ଚିତାନଳ ପରେ ଝରାଇ।
ସେ ଜଳ ପରଲୋକେ ମୋ ସାଥେ, ଭୁଞ୍ଜିବେ ତବ ସଖା ସ୍ୱ ହାତେ
ଭରାଇ ସେ ଉଦକେ, ଉଦର ଭରି ଶାନ୍ତି ମାନସେ
ତୁମ ବିନା କେ ଦେବ ସଖାର ଏ ଅଭାବ ପୁରାଇ? ।୩୭।

ତା'ପରେ ବିଧିମତେ ଶୁଦ୍ଧିର ଯେତେ ପ୍ରେତ ନିୟମ,
କରିବ ସଖା ଲାଗି, ନବ ପଲ୍ଲବ ଚୂତ ମୁକୁଳ
ଦେବ ଗୋ ସଖା ଲାଗି ଆଦରେ, ଜାଣ ତ କେତେ ଖୁସି ମନରେ
ଚୂତ ମୁକୁଳ ଲାଗି, ଘେନିବେ ସେ ଶ୍ରାଦ୍ଧର ଦିବସେ।
ଶୁଖିଲା ହ୍ରଦ ତଳେ, ନିଦାଘ ଆକୁଳିତ ଶଫରୀ-
ପାଇଲା ଅବା ଜୀବ ସେପରି ହେଲେ ବାମ ରମଣୀ।୩୯।

ହେ ଫୁଲଧନୁ ପ୍ରିୟା, ଅନଳେ ତେଜ ନାହିଁ ଶରୀର,
ଅଚିରେ ତବ ସାଥେ ହେବ ଗୋ ତବ ପ୍ରିୟ ମିଳନ,
ସେ ଯେଉଁ ଦେବକାମ ପାଇଁକି, ହର କୋପ ଅନଳେ ଜଳିଛି,
ପତଙ୍ଗ ସମ ଜଳି ଯାଇଛି କାମ ହଜି ଅତୀତେ,
ଧର ଗୋ ବୁକୁ ଧୃତି ସକଳ କର ଧୀରେ ଶ୍ରବଣ ।୪୦।

ମଦନ ବାଣ ଲାଗି ଦିନେ ଯେ ପ୍ରଜାପତି ନୟନେ,
ଜାଗିଲା ଅଭିଳାଷ ନିରେଖି ପାଶେ ନିଜ ଦୁହିତା
ତା'ପରେ, ପରକ୍ଷଣେ ସହଜେ, ସଂଯତେ ଚିତ୍ତରୋଧି ନିଜେ ସେ
କାମରେ ଅଭିଶାପ ଦେଲେ ଯେ, ସୃଷ୍ଟିର ବିଧାତା
ଫଳେ ଯା ଶିବ ରୋଷ-ଅନଳେ ଜଳି ହେଲା ଏ ଦଶା ।୪୧।

ଧର୍ମର ଅନୁନୟେ କହିଲେ ତୋଷ କରି ବିଧାତା,
ପାର୍ବତୀ ତପେ ମୁଗ୍ଧ ହୋଇବେ ତ୍ରିଅମ୍ବକ ଯେଦିନ,
ସେ ସୁଖ ଉପଭୋଗ ଚୟନେ, ପରମ ଅଭିଳାଷ ଗୋପନେ
ଅନ୍ତରେ ଜାଗରୁକ ହୋଇଲେ ନିଜ ଇଚ୍ଛା ସାଧନେ,
ମଦନେ ପୁନରପି ଜୀଆଁଇ ଦେବେ ବିଶ୍ୱ-ଜୀବନ ।୪୨।

ଏ ଭବେ ଚିରଦିନ ଉଭୟ ଉତ୍ପତ୍ତିର ସ୍ଥଳ ଯେ
ଜଳଦ, ଜିତେନ୍ଦ୍ରିୟ, ଅମୃତ କୁଳିଶର ସୃଜନେ।
ଅୟି ଶୋଭନେ ତେଣୁ ନ ତେଜ, ଏ ଅପଘନ ତବ, ବରଜ
ମରମୁଁ ଦୁଃଖ ଭାର, ଭବିଷ୍ୟ ଭରା ସୁଖ ଆଶାରେ,
ନିଦାଘ-ମରା ନଦୀ ଉଚ୍ଛୁଳେ ଯେହ୍ନେ ମେଘ ଗହନେ ।୪୩।

ଏସନ ଦେବବାଣୀ କହି କେ ଦେଲା ଲବେ ନିବାରି
ରତିରେ, ମୃତ୍ୟୁ ମୁଖୁଁ, ଚାହିଁ ସେ ଚଉଦିଗ ନିହାରି
ମାଧବ ବନ୍ଧୁ ପୁଣି ଆଶ୍ୱାସି, ଭବିଷ୍ୟବାଣୀ ପରେ ବିଶ୍ୱାସ,
ବୁଝାନ୍ତି ସୁଚତୁର ବହୁତ, ଏ ଜଗତ କଥାରେ
ରତିର ପୋଡ଼ା ପ୍ରାଣେ ସହାନୁଭୂତି କର ପ୍ରସାରି ।୪୪।

ଦିବସେ ଜହ୍ନ ଯେହ୍ନେ ଆବୋରି ଆକାଶର ଛାତିରେ
ରବି ଅନଳେ ପ୍ରଭା ହରାଇ ଚାହିଁ ରହେ ରାତିକି,
ସେପରି କାମ-ନାରୀ, ନୟନେ ବିକଳ, ଅନଶନ ଭୂଷଣେ
ରହିଲେ ଚାହିଁ ଆଶୁ ଭବିଷ୍ୟେ, ଆଶଙ୍କା ଓ ଆଶାରେ,
ଜୀବନ ଧରି ଦେହେ ଧରାଇ ଦୁଃଖଭରା ଛାତିକି ।୪୫।

# ପଞ୍ଚମ ସର୍ଗ

ପାର୍ବତୀ ସମ୍ମୁଖେ ରୁଦ୍ର ରୋଷବହ୍ନି ବହିଲା ମଦନେ,
ଦେଲା ଯେ ଦାରୁଣ ବ୍ୟଥା ଉମା ମର୍ମେ, ଅଶ୍ରୁଳ ନୟନେ
ନିନ୍ଦି ସେ ରୂପର ମୋହ, ସେବା ଯତ୍ନ ନିରର୍ଥକ ଯେତେ
ଅନୁଭବି କ୍ଲାନ୍ତ ମନେ ପ୍ରାର-ପାତି ତପସ୍ୟା ନିରତେ
କରି ଶମ୍ଭୁ କୃପା-କଣା ଲଭିବାକୁ ହେଲେ ଦୃଢ଼ବ୍ରତା,
ପାର୍ବତୀ ପିତାର ପୁର, ତେଜି ହେବେ ବନ ଉପଗତା ।୧,୨।

ମେନକାର ମାତୃହୃଦ କନ୍ୟା ଦୁଃଖେ ଅତି ବିଚଳିତ
ଅତୀବ ସୁଃସାଧ୍ୟ ଯୋଗ ମୁନିଗଣ ଯହିଁ ପରାଜିତ
ଲାବଣ୍ୟ ପିତୁଳୀ ମୋର ପାରିବୁ କି ସହି କେବେ ତାହା
ଚାପିଧରି ବକ୍ଷ ପରେ ସ୍ନେହଭରା ଅନୁରୋଧେ ଆହା ।୩।

କୁହନ୍ତି ମେନକା ଧୀରେ "ଅୟି ବତ୍ସେ, ଏ ତୋର କାମନା
ସବୁ ଦେବ-ଦେବୀ ଉଭା, ମନ ଭରି କରି ଅରଚନା
ଏ ତୋର ପିତାର ପୁରେ । ଯାଅ ନାହିଁ ଘୋର ଅରଣ୍ୟରେ
କୋମଳ ଶିରୀଷ ପୁଷ୍ପ ଭ୍ରମରର ମୃଦୁ ଅତ୍ୟାଚାର
ସହିପାରେ ଅନାୟାସେ । ସହେ ନାହିଁ ବିହଙ୍ଗର ଭାର,
କିପରି ସହିବୁ ମା ଗୋ ଏ ବୟସେ ଏ ତପ କଠୋର ?" ।୪।

ବାରମ୍ବାର ମନା ସତ୍ତ୍ୱେ ଦୃଢ଼ବ୍ରତା କନ୍ୟାର କାମନା,
ବ୍ୟାହତ ନ ହେଲା ବାରେ, ନିମ୍ନମୁଖୀ ସଲିଳ ଝରଣା
ବାଲିବନ୍ଧ ରୋଧିବାକି ? ଅଭିପ୍ରେତ ବାଞ୍ଛିତ ବସ୍ତୁରେ
ସ୍ଥିର ହୃଦୟର ପାଶେ ବିଲକ୍ଷଣ, ନିୟତ ବୃଥାରେ ।୫ ।

କହେ ଟିକେ ଅଭିଳାଷ ପିତା ପାଶେ ପାର୍ବତୀର ସଖୀ,
ଯେତେଦିନ କାମନା ତା' ପରିପୂର୍ଣ୍ଣ ପାରିନି ପରଖି,
ସେତେଦିନ ଥିବେ ଉମା ତପେ ମଗ୍ନ, ଦେଲେ ଅନୁମତି
ଅତି ସମାଦରେ ଗିରି, ପୁନର୍ବାର ନକରି ଦ୍ୱିରୁକତି ।୬ ।

ତା'ପରେ ପିତାର ଆଜ୍ଞା ଅନୁରୂପେ କନ୍ୟା ଅଭିଳାଷ
ଧରି ଶିର ପରେ ବ୍ରତେ ହେଲେ ମଗ୍ନ ତରୁଣୀ ତାପସ
ପରେ ଲୋକ ମୁଖେ ଯାହା ଆଖ୍ୟାୟିତ "ଗଉରୀ ଶିଖର"
ଯେ ବନେ ତପସ୍ୟା ରତ ଥିଲେ ଉମା ଅତୀବ କଠୋର ।୭ ।

ଯେ କଣ୍ଠେ ହୀରକ ହାର ସ୍ତନ ଲିପ୍ତ ଚନ୍ଦନେ ରଞ୍ଜିତ
କରୁଥିଲା ବିଲେପନ, ସୂର୍ଯ୍ୟ-ନିଭ ପିଙ୍ଗଳ ଲୋହିତ
ସେ କଣ୍ଠେ ବଳ୍କଳ ଶୋଭେ, ବିପୁଳ ସେ ପୟୋଧର ଭାରେ
ବିଶୀର୍ଣ୍ଣ ବଳ୍କଳ, ଧାରେ କଣ୍ଠେ  ବାନ୍ଧି ନେଲେ ସେ ଆଦରେ ।୮ ।

କଟୀ ଚୁମ୍ବି କେଶଦାମ ଶୋଭୁଥିଲା ପୁରୁବେ ଯେପରି
କିଶୋରୀ ପାର୍ବତୀ ଦେହେ, ଆଜି ମଧ୍ୟ ଶୋଭେ ସେହିପରି
ପୂର୍ଣ୍ଣ ଜଟାଜାଲେ ଛନ୍ଦି ରୁକ୍ଷ କେଶ ଭ୍ରମର ବେଷ୍ଟିତ ।
ଉମା ମୁଖ-ପଦ୍ମ ପୁଷ୍ପେ ଶୈବାଳ କି ଘେରିଛି ସତତ ।୯ ।

ତାପସୀ ପାର୍ବତୀ ଆଜି ବ୍ରତପାଇଁ ତପସ୍ୟାର ପାଇଁ
ତିବ୍ରଳୀ ମୁଞ୍ଜୀରଞ୍ଜିତ ମେଖଳାର ବନ୍ଧନ ଗୁଡ଼ାଇ
ନିତମ୍ବର ଚନ୍ଦ୍ରହାର ପରିତେଜି, ମେଘଳା ବନ୍ଧରେ
କଠିନ ବଳ୍କଳ ବେଣୀ ରୋମାଞ୍ଚିତ କରେ ଅପଘନେ ।୧୦ ।

ନିଜ ହାତେ ପାର୍ବତୀ ସେ ରଞ୍ଜୁଥିଲେ ଲାକ୍ଷା ଯେ ଅଧରେ
ରଞ୍ଜିତ ସ୍ତନରେ ପଡ଼ି କନ୍ଦୁକ ଯେ ରକ୍ତାଭ ଆବୋରେ,
ସେ ହାତେ ଛିଣ୍ଡାଇ କୁଶ-କ୍ଷତ ରକ୍ତେ ଚମ୍ପକ ଅଙ୍ଗୁଳି
ଜପ କରେ ଅବିରତ ରୁଦ୍ରାକ୍ଷର ଜପାମାଳ ଧରି ।୧୧।

ଦୁଗ୍ଧଫେନିଳ ଶଯ୍ୟା ଶୟନେ ଯା' ପାର୍ଶ୍ୱ ଫେରିବାରେ
ବିଚ୍ୟୁତ କବରୀ ପୁଷ୍ପ ଅଙ୍ଗେ ଯା'ର ବ୍ୟଥା ଆଣି ପାରେ,
ସେହି ସେ କିଶୋରୀ ଉମା ଭୁଲେ କ୍ଳାନ୍ତି ସ୍ଥଣ୍ଡିଳ ଶୟନେ
ଆବୋରି ମସ୍ତକ ଭୁଜେ ଅନାବୃତ ଦେହ ଆବରଣେ ।୧୨।

ବ୍ରତର ନିୟମ ପାଳି ବ୍ରତୀ ଉମା ସାବଲୀଳ ଗତି
ତନ୍ୱୀ ତରୁଣୀର ଯେତେ, ନିକ୍ଷେପିଛି ବଣର ବ୍ରତତୀ,
ଲୀଳାୟିତ ଭଙ୍ଗୀତଳେ, ହରିଣୀର ଚଞ୍ଚଳ ନୟନେ,
ଆପଣା ଚପଳଦୃଷ୍ଟି ପୁନର୍ବାର ରଖନ୍ତି ଗୋପନେ ।୧୩।

ଆଶ୍ରମର ଶିଶୁ ବୃକ୍ଷେ ଦିଏ ଜଳ ଅନଳସ ବ୍ରତୀ
ଘଟ-ସ୍ତନ ପ୍ରସୟବେଣୁ; ଜନନୀ ପାଳଇ ସନ୍ତତି
ସ୍ନେହଜାତ ଶିଶୁପୁତ୍ରେ, ଦିବାରାତ୍ର ସେପରି ନିୟତ,
ଯଦିବା ଉତ୍ତର କାଳେ ପୁତ୍ରବତୀ ହେଲେ ଉମା ସତ,
ନଥିଲା ସେ ସ୍ନେହ ଊଣା ଆଶ୍ରମର ବୃକ୍ଷ-ଶିଶୁ ପାଶୁ
ସ୍ୱକୀୟ ଅପତ୍ୟ ସ୍ନେହୁ, ସେଦିନର ସସ୍ନେହ ବିଶ୍ୱାସୁ ।୧୪।

ଅରଣ୍ୟ କୋମଳ ତୃଣେ ଅନୁବ୍ରତ ଲାଳିତ ପାଳିତ
ଅତିରିକ୍ତ ସ୍ନେହଛଳେ ହରିଣୀର ଭୟ ତିରୋହିତ,
ତାପସୀ ପାର୍ବତୀ ପାଶୁଁ, ଯଦି କେବେ ସଖୀର ନୟନେ
ହରିଣୀ ନୟନ ମାପେ, ଟାଣି ଧରି ଗାଢ଼ ଆଲିଙ୍ଗନେ
ଚପଳ ହରିଣୀ ସ୍ଥିର, ମନୁ ତାର ଭୟଭ୍ରାନ୍ତି ଭୁଲି
ପରିପାଳୟିତା ଗୁଣେ ପାର୍ବତୀର ବିଶ୍ୱାସ ଆବୋରି ।୧୫।

ସ୍ନାନାନ୍ତେ ଉତ୍ତରୀ ଲାଗି ସୁବଲ୍କଳ କରି ପରିଧାନ
ପ୍ରଜ୍ଜ୍ୱଳିତ ଅନଳରେ ହୋମକରି ଆରମ୍ଭେ ସ୍ତବନ,
ନିଷ୍ଠାବତୀ ଉମା ପାଶେ ଆଶ୍ରମର ବହୁ ବୃଦ୍ଧ ଋଷି
ବିସ୍ମିତେ ଆସନ୍ତି ଦେଖି ବାଳିକା ଏ ଅପୂର୍ବ ତାପସୀ.
ଧର୍ମବୃଦ୍ଧମାନଙ୍କର ବୟଃ କ୍ରମ ନଥାଏ ବିଚାର
ଧର୍ମର ପ୍ରବଣତା ହିଁ, ସର୍ବଜନ ପୂଜ୍ୟ ସମାହାର।୧୬।

କ୍ରମେ ସେ ଆଶ୍ରମ ପୂତ ବନଭୂମି ଗଉରୀ ଶିଖର
ଚଉଦିଗେ ଖେଳାଏ ତା ହୋମାନଳ ପବିତ୍ର ଶିଖାର,
ଅଦ୍‌ଭୁତ ସ୍ୱର୍ଗୀୟ ଦ୍ୟୁତି, ହିଂସା ଦ୍ୱେଷ ପରସ୍ପର ଭୁଲି,
ମୃଗୟୁ ମୃଗୁଣୀ ଦଳ ବିରହନ୍ତି। ବୃକ୍ଷ ପଡ଼େ ଝୁଲି-
ଫଳଭାରେ ଅବିରତ, ଅତିଥିଏ ଯେ ଯହିଁ ତୃପତି
ଅତିଥି ସତ୍କାର ଲାଗି ଆଶ୍ରମେ ବା ସ୍ୱର୍ଗର ଉତ୍ପତ୍ତି।୧୭।

ଆକାଂକ୍ଷିତ ବର ଲାଭେ ସିଦ୍ଧିଲାଭ ନ କରି ସନ୍ଦେଶ
ସବୁ ବ୍ରତ ଉପାସନା ପରିତ୍ୟକ୍ତ କରି ସ୍ୱ ସାମର୍ଥ୍ୟ
ଅବହେଳି ତାଠୁ ଉର୍ଦ୍ଧ୍ୱ ଆନବ୍ରତ କଠୋର ଭୀଷଣ
ଭୟେ ଯହିଁ ମୁନି ଟଳେ, ପାର୍ବତୀ ତା କରିଲେ ଗ୍ରହଣ।୧୮।

ଦିନେ ଯେ ବାଳିକା ଆହା କ୍ରୀଡ଼ାରତ ଥିଲା କନ୍ଦୁକରେ
ସେ ଆଜି କଠୋର-ତପା ମୁନି ଗଣ ତପସ୍ୟା ଆଚରେ,
ନିଜର ଶରୀର ଭୁଲି ସୁନା ପଦ୍ମ ଦେହର ସୁଷମା,
ଅଥବା ସାର୍ଥକ ହେଲା ପଦ୍ମସମ ସେହି ମନୋରମା
ଦୃଢ଼ବ୍ରତା ଦୃଢ଼ମନ ସଙ୍ଗଠନ କଠିନ କାଞ୍ଚନ
ଏକ ସ୍ଥାନେ ସମେ ରଖି ବିଧାତା ବା କରିଛି ସୃଜନ।୧୯।

ସୁନ୍ଦରୀ ସରସ ମୁଖେ ରହେ ଚାହିଁ ଉର୍ଦ୍ଧ୍ୱମୁଖ ହୋଇ
ପ୍ରଖର ନିଦାଘ ସୂର୍ଯ୍ୟେ ସ୍ଥିର ଦୃଷ୍ଟି କ୍ଳାନ୍ତି ନ ଆସଇ।
ପ୍ରତିଦିନ ରୌଦ୍ର କରେ, କରେ ଦେବୀ ପଞ୍ଚାଗ୍ନି ସାଧନା
ଚତୁଃ ଦିଗେ ଅନଳର ଶିଖାଜାଳି-ମଧ୍ୟେ ରହେ ଉମା।୨୦।

କାଞ୍ଚନ ମୁଖର ତଳେ ସୂର୍ଯ୍ୟ ରଶ୍ମି ଜଳି ଅହରହ
ରକ୍ତ ପଦ୍ମ ସମ ଦିଶେ ଉର୍ଦ୍ଧ୍ୱମୁଖୀ ପାର୍ବତୀର ମୁହଁ,
କେବଳ କାଳିମା ରେଖା ପଡ଼ି ଯାଏ ଅପାଙ୍ଗ ନୟନେ
କୋକନଦ ଚକ୍ଷୁ ପରେ ଅଳିଟିଏ ବସେ କି ଗୋପନେ ? । ୨୧ ।

ବୃଷ୍ଟି ଜଳ ଚନ୍ଦ୍ର ସୁଧା ବୃକ୍ଷବୃତ୍ତି ଜୀବନ ସାଧନ,
ଯେସନେ ବୃକ୍ଷ ଲତାର, ପାର୍ବତୀର ପାରଣା ବିଧାନ,
ସେପରି ନିୟତ ଥିଲା, ତୁଳେ ତୁଲ୍ୟ ଆରାଧନା
ବୃକ୍ଷ ବୃତ୍ତି ବ୍ୟତିରେକେ ପାର୍ବତୀର ନ ହୁଏ ସାଧନା । ୨୨ ।

ପ୍ରଚଣ୍ଡ ଅନଳ ତାପେ ଦଗ୍ଧୀଭୂତ ଧରିତ୍ରୀର ଦେହେ
ବର୍ଷା ଜଳ ପଡ଼ି ଯେହ୍ନେ ଉଠେ ତାପ ଜୀବନ ପ୍ରଶ୍ରୟେ,
ସେପରି ନବ ବର୍ଷଣ ଅମ୍ବରର କ୍ରମ ଜଳାଧାରା,
ତାପିତ ପାର୍ବତୀ ଦେହୁ ଅପସରେ ଦୀର୍ଘଶ୍ୱାସ ଭାରା । ୨୩ ।

ଉର୍ଦ୍ଧ୍ୱନେତ୍ରୀ ପାର୍ବତୀର ନୀଳପକ୍ଷ୍ମେ ପ୍ରଥମ ପ୍ରପାତ
ନବବର୍ଷା ଜଳବିନ୍ଦୁ କ୍ଷଣେ ରହି, ଅଧରୁ ପଡ଼େ ତ ।
କୋମଳ ଅଧରୁ ପଡ଼ି, ବନ୍ଧୁରିତ ବକ୍ଷୋଜରୁ ଶେଷେ
ଛିଟ୍ରି ଜଳବିନ୍ଦୁ ଯାଏ ତ୍ରିବଳୀରୁ ନତ ନାଭି ଦେଶେ । ୨୪ ।

ଗଉରୀ ଶିଖର ଶୃଙ୍ଗେ ନଗ୍ନ-ଦେହା ପାର୍ବତୀ ମନରେ
ହିମ ବର୍ଷା ଶୀତ ଝଡ଼େ ଆସିନାହିଁ ଆଲୋଡ଼ନ ତିଳେ
ତା'ର ମହାତପ ସାକ୍ଷୀ ବର୍ଷା ରାତି, ବିଜୁଳି ଚାହାଣୀ
ଉନ୍ମେଷିତ ଦେଖେ ରାତ୍ରି ଧ୍ୟାନମୟୀ ତାପସୀରେ ପୁଣି । ୨୫ ।

ପଉଷ ନିଝୁମ ରାତ୍ରେ ହିମ ପଡ଼େ ଗଉରୀ ଶିଖରେ
ବର୍ଷା ଶୀତ ପବନରେ ଜଳମଗ୍ନା ପାର୍ବତୀ ଦେହରେ ।
ଶିତ୍‌କାର ଆଣେନା କିଛି, ଦୂରୁ ଶୁଣି ଚକୋର କାନ୍ଦଣା
ବିରହୀ  ଚକୋରୀ ଲାଗି ଦୁଃଖ ଭୋଗେ ଅନୁକମ୍ପା ମନା । ୨୬ ।

ଆକଣ୍ଠ ଜଳେ ମଣିଷ ପଦ୍ମସମ ପାର୍ବତୀର ମୁଖ
ହିମଝଡ଼ ବର୍ଷାତଳେ ଥରି ଥରି ହୁଅଇ ଉନ୍ମୁଖ
ନିଶିଦିନ ଏକାପରି ଶୋଭାପାଏ। ଗିରି ଗାତ୍ର ଭରି,
ଯେତେ ଜଳାଶୟ ପଦ୍ମ ଝରେ କିନ୍ତୁ ଶିଶିର ଆବୋରି।୨୭।

ଫଳିତ ପତ୍ରରୁ ଝରେ ରସ ଯେତେ ପରମ ତାପସ
ତପସ୍ୟାର ପରାକାଷ୍ଠା ପାଳି ହୁଏ କ୍ଷୁଧା ନିର୍ବାପିତ।
ପାର୍ବତୀର ଉଗ୍ର ତପ ନିରାହାରୀ ତେଜି ପର୍ଣ୍ଣରସ,
ଅପର୍ଣ୍ଣା ବୋଲନ୍ତି ତାରେ ସେ କାରଣୁ ବ୍ରହ୍ମଙ୍କ ପୁରୁଷ।୨୮।

(ଏହିପରି) ପଦ୍ମସମ ଉମା ଅଙ୍ଗ ପଡ଼େ କଳା ତପର ପ୍ରଭାବେ,
ଅତିକଷ୍ଟେ ଉପାର୍ଜିତ ବ୍ରତ ଫଳେ ଭାବଇ ନୀରବେ,
ଅନିର୍ଦ୍ଦିଷ୍ଟ ଅପେକ୍ଷାରେ ବ୍ରହ୍ମଚାରୀ ଯେତେ ଋଷିବର
ଉମାର ଚରଣ ତଳେ ତୁଚ୍ଛ ମଣେ ନିଜ ତପ ଫଳ।୨୯।

ଦିନେ ଏକ ବ୍ରହ୍ମଚାରୀ ପହଞ୍ଚିଲେ ସହସା ଯେ ସ୍ଥାନେ
ଜଟିଳ ମସ୍ତକ ଯୁବା, ବାଗ୍ମି ଶ୍ରେଷ୍ଠ ଅଙ୍ଗ ପରିଧାନେ
କୃଷ୍ଣସାର ଚର୍ମବାସେ, ହସ୍ତେ ଦଣ୍ଡ, ଶରୀରସ୍ଥ ତେଜେ,
ବ୍ରହ୍ମ ଅଗ୍ନି ଉଜ୍ଜୀବିତ, ବ୍ରହ୍ମଚର୍ଯ୍ୟ ଆଶ୍ରମ ବା ନିଜେ
ଏ ଯୁବାରେ ଅନୁସରି ଉପସ୍ଥିତ, ଗଉରୀ ଶିଖରେ
ଆଶ୍ରମେ ଅତିଥି କରି ସେ ଯୁବକେ ଅତି କୁତୂହଳେ।୩୦।

ଅତିଥି ସତ୍କାର ପ୍ରିୟା ପାର୍ବତୀର ଅଭ୍ୟର୍ଥନା ଯେତେ
ଏ ସମ ବ୍ୟକ୍ତି ବିଶେଷେ ଅନୁଧାୟୀ ମଉନ ଚକିତେ
ନିଜ ସମ ଦେଖେ ଉମା ସନ୍ନ୍ୟାସୀରେ, ଉଚିତ ମନାସି
ସଂସାରୀ ଜୀବନ ପରି ସମର୍ପଇ ସକଳ ବିଶେଷି।୩୧।

ଯଥାବିଧି ପରିଚର୍ଯ୍ୟା ପରେ ଯୁବା ଦେଇ ଏକ ଦୃଷ୍ଟି
ଆପାଦ ମସ୍ତକ ଭରି ଦେଖନ୍ତି ସେ ଉମା ଅଙ୍ଗ ଯଷ୍ଟି,
କ୍ଷଣକାଳ ରହି ମୌନ ପଚାରିଲେ ପାର୍ବତୀରେ ଚାହିଁ
ଅତୀବ କୋମଳ ବାକ୍ୟ ତାପସୀ ଯା କେବେ ଶୁଣିନାହିଁ ।୩୨ ।

"ହେ ବ୍ରତଚାରିଣି ତବ ଅନୁରୂପ ହୋମ ଲାଗି ଯେତେ,
ମିଳେକି ସମିଧ କୁଶ ? ସ୍ନାନଯୋଗ୍ୟ ଜଳ ଅଛି ସତେ
ଏ ଆଶ୍ରମ ଝରଣାରେ ? ତବ ଅଙ୍ଗେ ଲାଗେ ନିତ କଷ୍ଟ,
ଶରୀର ଆଗେ ତ ହେଲେ ପଛେ ଧର୍ମ ବିଦିତ ଜଗତ ।୩୩ ।

ଏ ବ୍ରତର ଲାଗି ଉଦ୍ରେ ବହୁଦିନୁ ଅଳକ୍ତ ରଞ୍ଜିତ
ହୋଇନି ଅଧର ତବ, କିନ୍ତୁ ଅଗ୍ରେ ସ୍ୱହସ୍ତ ପାଳିତ
ଦିଶୁଛି ଯେ ଲତା ଏହୁ ପଲ୍ଲବିତ ନବୀନ ପଲ୍ଲବେ,
ଉପମିତ ହେବ ତବ ଅଧରର ଆରକ୍ତ ବିଭବେ ।୩୪ ।

ତବ କରୁ କୁଶଗୁଚ୍ଛ ଆହରିଣ ହରିଣୀ ସକଳ
ଦେଖନ୍ତି ବିହ୍ୱଳ ନେତ୍ରେ, ନେତ୍ର ତବ ଆକର୍ଣ୍ଣ ବିଶାଳ,
ନିଜର କରିବା ପାଇଁ ତବ ଚକ୍ଷୁ ଚପଳତା ପରି,
ଅଭିନୟ କରି ବୃଥା ନିଜେ ଯା'ନ୍ତି ନିଜରେ ପାଶୋରି ।୩୫ ।

ହେ ପାର୍ବତୀ! ଏ ପ୍ରବାଦ ସତ ଆଜି ମଣିଲି ମୁଁ ଭବେ
ସୁନ୍ଦର ଆକୃତି କେବେ, ପାରି ନାହିଁ କରି ପାପ ଲବେ
ତୁମରି ଏ ରୂପ ଆଉ, ଏ ଭୀଷଣ କଠୋର ପାରଣା
କେତେ ଯୋଗୀ ଋଷି ମନେ ଧରି ରଖେ ଆଦର୍ଶ ଧାରଣା ।୩୬ ।

ହିମାଳୟ ଶିରେ ଖସେ, ଧୀରେ ବହି ଗଙ୍ଗା ଜଳଧାରା
ସପ୍ତର୍ଷି ପାର୍ବଣ ଫୁଲେ, ନିତ୍ୟ ଯା'ର ସ୍ରୋତ ଉଚ୍ଛୁଳିଲା
ସେ ସୌଭାଗ୍ୟ ହିମାଳୟ ପବିତ୍ରତା । ତା'ଠୁ ବଳିଗଲେ
ପୁତ୍ର ପୌତ୍ର ସହ ଗିରି ସୁପବିତ୍ର ତବ ତପ ଫଳେ ।୩୭ ।

ଉଦାର ହୃଦୟେ ଆଗେ, ଆଜି ମୋର ମନେହୁଏ ପ୍ରତେ
ତ୍ରିବର୍ଗରୁ ଧର୍ମସାର, ଅର୍ଥ କାମେ ଛାଡ଼ି ତୁମେ ସତେ।
ଧାଇଛ ଧର୍ମରେ ତୁମେ, ଧର୍ମ ଯହିଁ ଅଭୟ ଆଶ୍ରୟ
ଅବିରତ ଧର୍ମ ସେବି ଅଙ୍ଗ ତବ ଧର୍ମେ ବିନିମୟ ।୩୮ ।

ହେ ବ୍ରହ୍ମଚାରିଣୀ, ତବ ଆତ୍ମୀୟତା ଅତିଥି ସତ୍କାର
କଲା ମତେ ଆପଣାର, ସହସା କି ଭାବି ଅବା ପର !
ନହେଲେ ଏ ସଙ୍କୋଚରେ ମୋ ପାଶରେ ବି କାରଣେ କହ !
କୁହନ୍ତି ପଣ୍ଡିତ ଜନେ ଆତ୍ମୀୟତା ଜନ୍ମେ ନିଃସନ୍ଦେହ
ସପ୍ତବାକ୍ୟ ବିନିମୟେ, ସାଧୁ ସଙ୍ଗେ ହୁଏ ସଖ୍ୟ ଜାତ
ସେ କାରଣୁ ମୁଁ ତୁମର ପର ହେବା, ହେବ ଅସଙ୍ଗତ ।୩୯ ।

ତୁମରି ବ୍ରାହ୍ମଣ କୁଳେ ଜନ୍ମ ମୋର ଅୟି ତପୋଧନେ
ସେ ଲାଗି କ୍ଷମା ଗୋ ମୋର, ଯେତେ ଦୋଷ ବାଚାଳ ମୋ ମନେ
ରହିଛି ବା ମୋ କଥାରେ, ତବ ପାଶେ ଗୋପନୀୟ କିଛି
ପୁଛିବି କି ଏକ କଥା କୃପା କରି କହିବ ସତ କି ? ।୪୦ ।

ହିରଣ୍ୟ ଗର୍ଭ ସଂଜାତ କୁଳେ ଜନ୍ମ, ତ୍ରିପୁରମୋହିନୀ
କମନୀୟ ରୂପ ଗୁଣେ ଅଟ ତୁମେ ଐଶ୍ୱର୍ଯ୍ୟ ଶାଳିନୀ।
ନବୀନ ଯୌବନ ବପୁ ରୂପ ମାନ ଯଉବନ ଧନ
ତଥାପି ଏ ବ୍ରତ କଷ୍ଟ କାହା ପାଇଁ କୁହ କି କାରଣ ? ।୪୧ ।

ଘରେ ସଂସାରେ ଏପରି ଅଭିମାନୀ ଅଟେ ଯେଉଁ ନାରୀ
ନିଜରେ ତାପସୀ କରି, ଅଭିମାନେ ସବୁ ତୁଚ୍ଛ କରି,
କିନ୍ତୁ କୃଶୋଦରୀ ତବ ରୂପ ଆଉ ବ୍ରତର ପାରଣା
କେ ପାଷାଣ ଅଛି ଭବେ କରିବାକୁ ଏ ଅବମାନନା ? ।୪୨ ।

ଅୟି ଶୁଭ୍ରେ ! ତୁମର ରୂପ ଡିଳେ ଶୋକ ଜଡ଼ୀଭୂତ
ଦିଶେନି, ତୋ ପିତୃପୁରେ ବିମନା ଗୋ କୁହ ମତେ ସତ
ଯେ ପୁରେ ସକଳ ଭୋଗ୍ୟ, ତହିଁ ତବ କି ଅଭାବ ପୁଣି
କଳୁଷିତ କରିବ କେ ତବ ରୂପେ ଫଣୀଯୋଗ୍ୟ ମଣି ।୪୩।

ହେ ତାପସୀ କୁହ ସତ ଏ ଯୌବନେ ବୃଦ୍ଧ ପରିଧାନ
ବଲ୍କଳ ବସନ ଦେହେ ଅସମୟେ କି ଅଛି କାରଣ ?
ସନ୍ଧ୍ୟା ଗଗନେ ଉଦିଲେ ସ୍ଫୁଟଚନ୍ଦ୍ର ତାରା ବିଭାବରୀ
ସେ ବେଳେ କି ଶୋଭାପାଏ ଅରୁଣାର ସୂର୍ଯ୍ୟର ଉତ୍ତରୀ ? ।୪୪।

ହେ ସୁନ୍ଦରୀ ତବ କାମ୍ୟ ଯଦି ସ୍ୱର୍ଗ ତପସ୍ୟାର ବଳେ,
ବୃଥାଶ୍ରମ ତୁମର ଏ, ସର୍ବ ଦେବ ଲୀଳାଭୂମି ତୋ ପିତାର ପୁରେ
ଅବା ଦିବ୍ୟ ପତି ଲାଭେ ? ଏ କାମନା ବୃଥା ସେ ବି ସତ,
ରତ୍ନ କେବେ ଖୋଜେ କା'ରେ ? ଲୋକେ ତାରେ ଖୋଜନ୍ତି ସତତ ।୪୫।

ହେ ପାର୍ବତୀ ଦୀର୍ଘଶ୍ୱାସେ ହୃଦ ତବ ଦେଇଛ ବଖାଣି,
ମୋର ସନ୍ନିକଟେ ଉମା, ଅବଗାହେ ସଂଶୟେ ମୁଁ ପୁଣି
ତୁମେ ଯାରେ ଚାହଁ ସେ କି ପ୍ରାର୍ଥନୀୟ ତୁମର ବା ସତେ !
ପାର୍ଥିତ ଦୁର୍ଲ୍ଲଭ ହେବ ତବ ପାଶେ ! ଭାବେ ମୁଁ ବିସ୍ମିତ ।୪୬।

ସତ ଯଦି ହୁଏ ତାହା କିଏ ସେ ଗୋ ନିଷ୍ଠୁର ହୃଦୟ,
ଦେଖି ତବ ଅବତଂସ କର୍ଣ୍ଣୋତ୍ପଳେ ନହୁଏ ବିଳୟ,
ଗଣ୍ଡସ୍ଥଳେ, ମସ୍ତକର ପିଙ୍ଗଳ ଓ ଶ୍ଳଥ ଜଟାଭାର,
ଖସି ଲଲାଟ ଆବୋରେ, ବଜ୍ରଠାରୁ ବଳି ତା' ଅନ୍ତର ।୪୭।

(ଅହୋ) କଠୋର ଏ ବ୍ରତ ପାଳି ସୌର କରେ ପଡ଼ିଅଛି କାଳି
ବିଭୂଷିତ ଯୋଗ୍ୟ ସ୍ଥାନ ଦିବସରେ ଚନ୍ଦ୍ର ରେଖା ସରି
ପାଣ୍ଡୁରିତ ହେ କୃଶାଙ୍ଗ ସଚେତନ କେଉଁ ଯବା ତବ
ବିକଳ ଏ ଦଶା ଦେଖି, ବ୍ୟଥିତ ସେ ନହୋଇ ରହିବ ? ।୪୮।

ଯାହା ଲାଗି ଏତେ ବ୍ରତ ଏତେ ତୁଚ୍ଛ କର ଗୋ ସାଧନା।
ଏବେବି ସେ ଭାଗ୍ୟହୀନ, ଏ ରୂପରୁ ଲଭିଛି ବଞ୍ଚନା
ଏ ପକ୍ଷ୍ମରେ ନେତ୍ର ତବ ଏ କୁଟିଳ କମନୀୟ ରୂପ,
ନିଜରେ ଦେଇ ସେ କେବେ ଦେଖିନାହିଁ, ଧନ୍ୟ ସେ କୁରୂପ।୪୯।

ହେ ଗୌରୀ, ମୋ ପୂର୍ବାଶ୍ରମ ସ୍ୱ-ସଞ୍ଚିତ ପାଳିତ ବ୍ରତର
ଦେଉଛି ଅର୍ଦ୍ଧେକ ଆଜି, ଅଭିଳାଷ କରି ପୂର୍ଣ୍ଣତର,
ଲଭ ଗୋ ମନର ପତି, କିନ୍ତୁ କୁହ କିଏ ଭାଗ୍ୟବାନ,
ଯା ଲାଗି ଗୋ ଶ୍ରମ ଏତେ, ରୂପ ତବ କରଇ ଦହନ।୫୦।

ମନ ତଳ ଭେଦି ଏହି ଶ୍ଳୋକବାକ୍ୟ ପାର୍ବତୀ ମଉନେ
ଲଜ୍ଜା ବିଜଡ଼ିତ ମୁଖେ କୁହେ ଧୀରେ ଇଙ୍ଗିତେ, ଗୋପନେ
ଅଞ୍ଜନ ବିଲୀନ ନେତ୍ର କମ୍ପିଯାଏ ପାରୁଶ ସଖୀରେ
ଅନୁରୋଧ ଛଳେ ତା'ର ଦୁଃଖ ଯେତେ କହିବାକୁ ବାରେ।୫୧।

ସେ ସଖୀ କହେ ସମ୍ବୋଧି, "ହେ ସନ୍ନ୍ୟାସୀ ମନଦେଇ ଶୁଣ,
ଶତଦଶ-ତନୁ ଦଳେ ଏ ଆତପ କରି ନିବାରଣ,
ସଖୀ ମୋର କରେ ତପ ନବନୀତ ତନୁ ବିନିବେଶି,
ଅମ୍ବୁଜେ ତାପ ନିବାରି ବପୁ ତାର ତପସ୍ୟା ବିଳାସୀ।୫୨।

ମୋ ଅଭିମାନିନୀ ସଖୀ, ଅଭିଳାଷ ଅତୀବ ମହତ,
ଇନ୍ଦ୍ର, ଚନ୍ଦ୍ର, ବିବୁଦାଦି ପତିତ୍ୱରେ ନ ମାଗଇ ସତ।
ସେ ଯେଉଁ ପିନାକ ପାଣି ରୋଷାନଳେ ଜାଳିଛି ମଦନ,
"ଅରୂପହାର୍ଯ୍ୟ, ପିନାକୀ ପତିତ୍ୱରେ କରିଛି ବରଣ।୫୩।

ଯେ ତୀର ଧନୁରୁ କାମ ବିସର୍ଜିଲା ବିଷମ ଟଙ୍କାରେ,
ରୁଦ୍ର ରୋଷାନଳେ ଜଳି ହେଲା ଭସ୍ମ, ସେଦିନୁ ଅନ୍ତରେ
ସେ ଅବ୍ୟର୍ଥ ତୀର ଦହେ ପାର୍ବତୀରେ, ମର୍ମେ ରହି ରହି
ସେ ଦିନୁ ଅଦ୍ୟାପି 'ସାଧୁ' ତପସ୍ୟାର କଠୋରତା ସହି।୫୪।

ଉନ୍ମାଦିନୀ ସଖୀ ମୋର ସେହି ଦିନୁ ପିତାର ଭବନେ,
ଲେପୁଥିଲା ଲଲାଟେ ଯେ ଚନ୍ଦନ ଯା ଧୂସର ମଳିନେ।
ଚୂର୍ଣ୍ଣିତ ଅଳକ ହୁଏ ଧୂସରିତ, ନହୁଏ ଲାଘବ,
ତୀବ୍ର ସେ ଜ୍ୱଳନ ଜ୍ୱାଳା ହିମ ଶେଯେ ନୁହେଁ ନିର୍ବାପିତ।୫୫।

ପିନାକୀ ଚରିତ ସୁଧା ସଙ୍ଗୀତରେ ଉମା ଗାଏ ଗୀତି,
ବାଷ୍ପ ଆକୁଳିତ କଣ୍ଠେ ବନାନ୍ତର-ସଙ୍ଗୀତ ସୁମୁଖୀ
କିନ୍ନର ରାଜକନ୍ୟାଏ ଅଶ୍ରୁମୁଖୀ ପାର୍ବତୀରେ ଚାହିଁ,
ଅଶ୍ରୁଜଳେ ଭାସନ୍ତି ସେ ମୁଖରିତ କରି ବଣଭୂଇଁ।୫୬।

ରାତ୍ରି ଶେଷେ କ୍ଷଣେ ମାତ୍ର ତନ୍ଦ୍ରାତଳେ ତରଳ ସପନେ
ପାଗଳିନୀ ଉମା କରେ ପ୍ରଳାପନା ସହସା ଶୟନେ।
ତେଜି କହେ "ନୀଳକଣ୍ଠ, ହେ ନିଷ୍ଠୁର ଫିଙ୍ଗି ଯାଅ ନାହିଁ
ବାହୁବନ୍ଧେ ବାନ୍ଧିବାକୁ ଟେକିଭୂଜ, ଅବିଭୂତେ ରହି।୫୭।

ନିଜ ହସ୍ତାଙ୍କିତ ରୂପ ପିନାକୀର ବକ୍ଷ ପରେ ଧରି,
ନିର୍ଜନେ ବିଳପି କହେ ତୁମେ ଅଛ ସର୍ବଘଟେ ପୂରି
କୁହନ୍ତି ପଣ୍ଡିତ ଜନେ, କି କାରଣେ ଏ ଆଶ୍ରିତା ଲାଗି
ତୁମେ ଅଛ ଅନ୍ତରାଳେ, କେଉଁ ଦୋଷେ କୁହଗୋ କି ଲାଗି ?।୫୮।

ଚନ୍ଦ୍ରଶେଖର ଦର୍ଶନ ତବଦଧି ନ ପାଇ ପାର୍ବତୀ
ପିତାପାଶୁଁ ଅନୁମତି ଆଣି ସଖୀ ଏ ବନେ ରଚିଛି
ଏ କଠୋର ବ୍ରତ ଆଉ ଏ ଆଶ୍ରମ ତପସ୍ୟାରେ ଜାଗି
ସଖୀ ମୋ ପ୍ରତୀକ୍ଷା କରେ, ପିନାକୀରେ ଦୃଢ଼ ଅନୁରାଗୀ।୫୯।

ଏହି ଯେ ନିବିଡ଼ ଘନ ନଭଶ୍ଚୁମ୍ବୀ ଦିଶେ ଦାରୁବଣ
ସ୍ୱହସ୍ତେ ରୋପିଛି ସଖୀ, ସାକ୍ଷୀ ତାର ଏବ୍ରତ ଯେଦିନ-
ପାଳିଲା ପ୍ରଥମ କରି, ଫଳଭାରେ ସେ ଯେ ଅବନତ
ନିଷ୍ଠୁର ଯେ ଚନ୍ଦ୍ରମୌଳି ଅଦ୍ୟାବଧି ନହୁଅନ୍ତି ଦୃଶ୍ୟ।୬୦।

କର୍ଷିତ ଅଭାବେ ଯେହ୍ନେ ହୁଏ ମାଟି ପାଷାଣରୁ ଟାଣ,
ତପର ପ୍ରଭାବେ ତେହ୍ନେ ପାର୍ବତୀର ଦୃମ ଅପଘନ।
ବରଷଇ ଯେହ୍ନେ ବାରି ଇନ୍ଦ୍ର ମେଘୁ କୃପାମୟ ଧାରା,
ଲିଭାଇ ଧରିତ୍ରୀ ତାପ, ତେହ୍ନେ ସଖୀ ଦେହେ ସୁଧାଧାରା,
ଆଶୁତୋଷ କୃପାବାରି ଢାଳିବେ କି, ଭାଳୁଁ ସକାତରେ
ନିର୍ମାଖି ସଖୀରେ ଚାହିଁ, ବିଚଳିତ ଅଜ୍ଞାତ ଆଶାରେ।୬୧।

ସହଚରୀ ପାଶୁ ଶୁଣି ବ୍ରହ୍ମଚାରୀ ସକଳ ବାରତା,
ଉଲ୍ଲସିତ ଉଦ୍ଦାମ ଭାବ, ଉଦାସୀନେ ପୁଛନ୍ତି ଗଉରୀ,
ଯା ଶୁଣିଲି ସତ କିଗୋ! କହିଲି ବା ପରିହାସ କରି।୬୨।

କୁମାରୀ ସୁଲଭ ଲଜ୍ଜା ଧୀରେ ତେଜି ସମ୍ପୁଟିତ କରେ
ଘେନି ଧୀରେ ଜପାମାଳା, ଧରି ଧୈର୍ଯ୍ୟ ଅତି ଅଛକରେ
କୁହନ୍ତି ପର୍ବତକନ୍ୟା, ନିଜେ ଗୌରୀ ପ୍ରାଣସ୍ପର୍ଶୀ କଥା
'ହେ ବିଦ୍ୟା ପାରଗ ଯୁବା ଶୁଣିଲ ଯା ସକଳ ସତ୍ୟ ତା'।୬୩।

ଯଥାର୍ଥରେ ଶିବଲାଭ ଉଚ୍ଚତମ କରି ଅଭିଳାଷ
ଆଚରିଲି ଏ ତପସ୍ୟା, ଅସମ୍ଭବ ଯାହାର ଆଶା ତ
ନ ପାଇବି ଜୀବନେ ମୋ, ତା ପାଇଁ ଏ ବୃଥା ଶ୍ରମ ସିନା,
ନିଜ ଶକ୍ତି ଅନୁଯାୟୀ ଜୀବ କେବେ କରେକି କାମନା?।୬୪।

ପାର୍ବତୀର କଥା ଶେଷେ, କୁହେ ଯୁବା ବ୍ରହ୍ମଚାରୀ ଧୀରେ
ଜାଣିଛି ମୁଁ ମହେଶ୍ୱରେ, ଅମଙ୍ଗଳ ଅଭ୍ୟାସ ତା'ଠାରେ
ଭଗ୍ନ ମନୋରଥ ତବ ଥରେ, ପୁଣି ତାରେ ଅଭିଳାଷ
କିପରି କରଗୋ ଇଚ୍ଛା ଶ୍ରବଣେ ମୁଁ ନୁହଁଇ ଉଷତ।୬୫।

ତୁଚ୍ଛ ଏ କାମନା ପରେ କୁହ ଗୌରୀ, ବିବାହ କୌତୁକେ
ତୁମରି ଏ ଶୁଭ୍ର କର, ମାଙ୍ଗଳିକ ବଳୟିତ ସୂତ୍ରେ
ଶୋଭିତ ବେସନେ କୁହ, କାଳସର୍ପଗୁଡ଼ା ସମ୍ଭୁ ହାତେ
ପ୍ରଥମେ ତ ଭୟହେବ! ଅସମ୍ଭବ ନଯାଏ ମୁଁ ପ୍ରତେ।୬୬।

ନିଜେ ତୁମେ ଭାବ ଗୌରୀ, କଳହଂସ-ଚିତ୍ରିତ ଦୁକୂଳେ
ଗଜାଜିନ ହେବ ବନ୍ଧା, ସ୍ତବେ ଯହିଁ ଶୋଣିତ ବିନ୍ଦୁରେ ।୬୭ ।

ଗଇଁଠାଳ ପଡ଼ିଥିବ, ବଧୂ ବେଶେ ଅଲକ୍ତ ରଞ୍ଜିତ,
ଯେ ପାଦ ଥାଆନ୍ତା ପଡ଼ି ପ୍ରଥମରେ ପୁଷ୍ପ ବିଚ୍ଛୁରିତ
ଶ୍ୱଶ୍ରୁଗୃହ ପ୍ରାଙ୍ଗଣରେ, କିନ୍ତୁ ଆହା ଶ୍ମଶାନ ଭୂମିରେ
ପଡ଼ିବ ଶବ ବିକୀର୍ଣ୍ଣ-ଚୂଳ ମଧ୍ୟେ ଭାବି ମୁଁ ନପାରେ ।୬୮ ।

ତ୍ରିନେତ୍ର ମହେଶ ସେ ଯେ ଭାବିଲେ ଯା ଦେହ ଥରି ଉଠେ
ସେ କରିବ ଆଲିଙ୍ଗନ ପୀନସ୍ତନ ଚନ୍ଦନ ଉକୁଟେ
-ନେବ ଭୋଗ୍ୟ ପ୍ରସାଧାନେ, ଶ୍ମଶାନର ଚିତାଭସ୍ମ ଧୂଳି
ଲାଗିବ ଉରଜେ ତବ, ଅନୁଚିତ କି ଏଥିରୁ ବଳି ? ।୬୯ ।

ହସିବେ ସଂସାର ଜନେ ଏ ବିବାହେ, ଗଜରାଜ ପରେ
ଚତୁର୍ଦ୍ଦୋଳ ପରିବର୍ତ୍ତେ ଆରୋହିଣ ବୃଦ୍ଧ ବୃଷଭରେ
ଯାଉଥିବେ ବର କନ୍ୟା,  ସାଧୁ-ସନ୍ଥ ହସି ଅଧୋମୁଖେ
ତୁନିହେବେ, ଲୋକ ଦୃଷ୍ଟି ହସି ହସି ହେବ ଅଣାୟତ୍ତେ ।୭୦ ।

ପିନାକୀର ସଙ୍ଗ ଇଚ୍ଛୁ ତ୍ରିପୁରର ନୟନାଭିରାମ
ଚନ୍ଦ୍ରର ଫୁଟନ୍ତ ଜ୍ୟୋତି ହେଲା ମ୍ଳାନ ହର ଶିର ଲଗ୍ନ
ତ୍ରିପୁର-ନେତ୍ର-କୌମୁଦୀ ତୁମେ ଉମା ମହେଶର ମୋହେ
ଶୋଚନୀୟ ପରିଣାମେ ନିଶ୍ଚେ ମଗ୍ନ ତୁମେ ତ ଉଭୟେ ।୭୧ ।

ହେ ମୃଗନୟନା ତବ କମନୀୟ ନେତ୍ର ଛଟା ତଳେ
କିପରି ବାଛିଲ ଗୌରୀ, ଆଶୁତୋଷ ବିରୂପ ରୂପରେ
ଅଜ୍ଞାତ ଜନମ ଯାର ଦିଗମ୍ବର ପୁଣି ତ୍ରିଲୋଚନ
ଶ୍ମଶାନବାସୀ ନିର୍ଗୁଣ, ବଳିବର୍ଦ୍ଧ ଯାହାର ବାହନ ।୭୨ ।

ଶ୍ମଶାନର ଯୂପ କାଷ୍ଠେ ବେଦପୂତ ଯୂପକ୍ରିୟା କରି
ସାଧୁଜନେ କେବେ ଉମା, ଥାଆନ୍ତି କି ଧର୍ମ ଅନୁସରି
ମନ ତହୁଁ ନିବାର ଗୋ, କାହିଁ ତହିଁ ପୂଣ୍ୟର ଲକ୍ଷଣ
ଅତୀବ ଅନ୍ୟାୟ ଆଗୋ, ଅସମ୍ଭବ ଏ ପାଣିଗ୍ରହଣ ।୭୩।

ଆଶୁତୋଷ ନିନ୍ଦା ଶୁଣି, ଅବିରତ, ଅଧର କମ୍ପିତ
ଦୁଃଖ ଶୋକ ଅପମାନେ ବିରକ୍ତିରେ କରି ଭ୍ରୂକୁଞ୍ଚିତ
ନିନ୍ଦୁକ ଯୁବକେ ଚାହିଁ ବକ୍ର ଆଖି କ୍ରୋଧେ ଉଠେ ଜଳି
ବ୍ୟଙ୍ଗୋକ୍ତି ଶ୍ରବଣେ ଉମା ଯୁବକରେ କୁହନ୍ତି ନିବାରି ।୭୪।

"ନିନ୍ଦୁକ ତୁମେ ତପୀ, ମନ୍ଦବୁଦ୍ଧି ଅଜ୍ଞ ସେହି ନର
ଯେ କରେ ମହାତ୍ମା ଜନେ ନିନ୍ଦା ନା ଖାଲି, ବୁଝି ଚଞ୍ଚଳ
ପ୍ରକୃତିର ବଶବର୍ତ୍ତୀ, ସେ କାହୁଁ ବା ବୁଝିବ ଅଜ୍ଞାନ
ପରମାର୍ଥ ମହାଜ୍ଞାନ, ମହେଶ୍ୱର ଅଦ୍ଭୁତ ସନ୍ଧାନ ।୭୫।

ଯେ ଚାହେଁ ସତତ, ଏହି ଜଗତର ବିପଦ ନିବାରି,
କି ଯେ ଭଲ ମନ୍ଦ ସବୁ, ଏକାକାର ନିଜସ୍ୱ ବିଚାରି,
ଦୂରନ୍ତ ଏ ବିଶ୍ୱ ଯା'ର ଲୋଡ଼େ ମାଗି ଅଭୟ ଆଶ୍ରୟ,
ସେ ମହାପୁରୁଷ ପାଶେ ସମ ଅହି ପୁଷ୍ପ ସମୁଚ୍ଚୟ ।୭୬।

ହେ ଅଜ୍ଞ ହେ ମୂଢ଼ମନା, ଦେବ ଦେବ ମହେଶ୍ୱର ଜାଣି,
କେ ପାରିଛି ତ୍ରିଲୋକରେ, ଯା'ର ପାଶୁ କୃପା ଲେଶ ଆଣି
ଦୀନ ଜନ ପାଲଟିଛି ଚକ୍ରବର୍ତ୍ତୀ, ଶ୍ମଶାନ ନିବାସୀ
ହେଲେବି, ସ୍ୱରୂପ ତାର ଶାନ୍ତ ଅବା ସୃଜନ ବିନାଶି ।୭୭।

ସେ ବିପୁଳ ବିଶ୍ୱମୂର୍ତ୍ତି ଆଶୁତୋଷ ସେ ଭକ୍ତବତ୍ସଳ,
ଗଜାଜିନ, କ୍ଷୌମବସ୍ତ୍ର, ଅଥବା ସେ ଶଶାଙ୍କ ଶେଖର,
ଯେ ଭୂଷଣେ ସେ ଭୂଷିତ, ଅହିହାର, ପୁଷ୍ପ ବିଭୂଷଣେ
ଅଥବା ନର କପାଳ ହାତେ ଧରି ଶ୍ମଶାନ ଭ୍ରମଣେ
ରୂପାତୀତ ଶିବ ଶମ୍ଭୁ ଅଥବା ସେ ବାଳେନ୍ଦୁ ଶେଖର
କେ ବର୍ଣ୍ଣିବ ତା ବିଭୂତି ଅଷ୍ଟରତ୍ନ ଯା'ର ଗନ୍ତାଘର ।୭୮।

ଚିତାଭସ୍ମ ବିଲେପିତ ଅଙ୍ଗେ ତାର କର ଉପହାସ
ନଟରାଜ ନୃତ୍ୟ ତାଳେ ଯେ ଭସ୍ମ ସେ ଦେହୁ ଲଭେ ହ୍ରାସ
ଗୋଟାଇ ହରଷେ ତଲୁ ଦେବତାଏ ଲଲାଟେ ଆବୋରି
ପବିତ୍ର ସେ ଭସ୍ମ ପାଇ କୃତକୃତ୍ୟ ଦେବତା ମଣ୍ଡଳି ।୭୯ ।

ଦେବରାଜ ଇନ୍ଦ୍ର ଯେବେ ଐରାବତେ କରଇ ଗମନ
ଦୀନ ବୃଷଭ ବାହନ ଶିବେ ଦେଖି ନମେ ଶ୍ରୀଚରଣ
ପରଶଇ କପାଳ ତା ଶିବ ପଦେ, ମହେଶ ଅଙ୍ଗୁଷ୍ଠି
ଇନ୍ଦ୍ରଶିର ପାରିଜାତ ପରାଗେ ଯା' ଆରକ୍ତିମ ଅତି ।୮୦ ।

ଯଦିଚ ବ୍ରାହ୍ମଣ ତୁମେ ମୂର୍ଖ ଅତି ମହେଶ କଳଙ୍କ
ଅବିରତ କରିଅଛ, ତଥାପି ତ ସାଧୁ ସତ୍ୟ ଏକ
କହିଛ କଳଙ୍କ ତାର ବ୍ରହ୍ମା ଆଦି ଯା' ଉତ୍ପତ୍ତି ସ୍ଥଳ
ଇତର କେ ଜନ୍ମ ତାର ଜାଣିବ ବା ଭୂଚର ଖେଚର ।୮୧ ।

କି ଅଛି ବିବାଦେ ଅବା ତବ ସାଥେ ହେ ବ୍ରାହ୍ମଣ ସାଧୁ,
ଯା' ଶୁଣିଛ ନାମେ ତାର, ଶୁଣିଛ ତ ! ସକଳ ବିବାଦୁ
ନେଉଛି ବିଦାୟ ମୁହିଁ, ହୃଦ ଯା'ରେ କରି ବିନିମୟ
ହେଲି ମୁଁ ଯଥେଚ୍ଛାଚାରୀ ନିନ୍ଦା ସ୍ତୁତି ସବୁକରି ଲୟ ।୮୨ ।

ହେ ସଖୀ, ଏ ବ୍ରହ୍ମଚାରୀ ଆଉ ଥରେ କି କହିବା ଲାଗି,
ଅଧର କମ୍ପିତ କରେ, ଏ ଯୁବକେ ଅନୁରୋଧ ମାଗି,
ବିଦାୟ ଦିଅ ଗୋ ତାରେ, ମହତ ଜନର ନିନ୍ଦା କରି,
ନୁହେଁ ସେ ଯେ ଦୋଷୀ ଏକା, ଯେ ଶୁଣେ ତା ପାପ ମତେ ବଳି ।୮୩।

ଅଥବା ମୁଁ ଯାଏ ଏଠୁ, ରୋଷ ବସେ ସ୍ଖଳିତ ବସନା,
କୁଚଶ୍ରୀ ଉମାର ଦିଶେ, ନିଜ ରୂପେ କରନ୍ତି ଯେ ମନା ।
ମହେଶ ଦି ହାତେ ରୋଧି ସହାସ୍ୟରେ ଉମା ଗତିପଥ,
"ନ ଯାଅ ପାର୍ବତୀ ଦୂରେ", ଅବରୋଧି କହନ୍ତି ମହେଶ ।୮୪ ।

ସହସା ନିରେଖି ଅଗ୍ରେ ମହେଶରେ, ଆରାଧ୍ୟ ପତିରେ
ବେପଥୁ ସରମେ ଭାରି ଅପଘନ ଘର୍ମ ଜରଜରେ
ଅପସରି ଯିବା ଲାଗି ଉତ୍‌କଣ୍ଠିତା ନତମୁଖୀ ଉମା
ନିମ୍ନମୁଖୀ ଝରଣା କି ପାଇ ବାଧା ଶିଳା ଖଣ୍ଡେ ଜମା
ହୋଇ ଯେହ୍ନେ ଫୁଲିଯଶ. ସିନ୍ଧୁଗାମୀ ସଲିଳର ସୁଅ
ପର୍ବତ-ତନୟା ତେହ୍ନେ ଉର୍ଦ୍ଧ୍ୱପାଦେ ଏକ ପାଦ ସହ
ନିଚେଷ୍ଟ ରହିଲେ ସ୍ତବ୍ଧ, ଭୂମିପରେ ଆରେକ ଚରଣ
ନିରେଖି କୁହନ୍ତି ହର, ନୀଳକଣ୍ଠ ପାର୍ବତୀ ରମଣ।୮୫।

"ହେ ଅବତାଙ୍ଗୀ ଗୌରୀ, ଆଜିଠାରୁ କ୍ରୀତଦାସ ପରି
ରଖିଲ ତପସ୍ୟାବଳେ, ଗୁଣ ମୁଗ୍ଧ ମହେଶ ତୁମରି
ରହିଥିବ ଚରିଦିନ, ଶୁଣି କର୍ଣ୍ଣେ ସେ ସୁଧା ବଚନ
ଜୀବନ କି ଲଭେ ଉମା, ଭୁଲି ବ୍ୟଥା, ତପର କଷଣ।୮୬।

# ଷଷ୍ଠ ସର୍ଗ

ତଦନ୍ତେ ସଖୀର ହାତେ ଗୁପତର ପଠାଇ ସନ୍ଦେଶ,
କହିବାକୁ ମହେଶ୍ୱରେ, କନ୍ୟା ମୁହିଁ ପିତାର ନିର୍ଦ୍ଦେଶ
ନେବି ମାନି ସମ୍ପ୍ରଦାନେ, ତବ କରେ ଦେବା ଲାଗି ପିତା
ବ୍ୟବସ୍ଥା କରିବେ ସିନା, ଦାନଯୋଗ୍ୟ କରି ପରିଣୀତା ।୧ ।

"ସେ କ୍ଷଣେ ପାର୍ବତୀ ଶୋଭା ଚଢ଼ି ଉଠେ ଅତୀବ ଦ୍ୱିଗୁଣେ,
ସଖୀ ହାତେ, ସମ୍ପ୍ରଦାନ ସନ୍ଦେଶ ଯା' ପଠାଇ ମରମେ, ହୁଅଇ ଉତ୍‌ଫୁଲ୍ଲ ଅତି"
ବସନ୍ତେ ଆମ୍ର ବୃକ୍ଷରେ ପଲ୍ଲବିତା ଲତା ଅନ୍ତରାଳେ,
ଗୋପ୍ୟ ରହି ପିକ-ବଧୂ, ଋତୁରାଜେ ଯେହ୍ନେ ନିଉଛାଳେ,
ଆପଣାର ଉଦ୍ଦାମତା କଳକଣ୍ଠ, ସେପରି ସଖୀରେ
ପଠାଇ ପାଆନ୍ତି ତୃପ୍ତି, ପ୍ରବୋଧିଣ ସକଳ, ଶଙ୍କରେ ।୨ ।

ଶୁଣି ସେ ବାରତା ଦେବ ସ୍ମର ଅତି ତଥାସ୍ତୁ ବୋଲିଣ
ଅଙ୍ଗିରା ବଶିଷ୍ଠ ଆଦି ସପ୍ତର୍ଷିରେ କରିଲେ ସ୍ମରଣ ।୩ ।

ସ୍ମରଣ ମାତ୍ରେକେ ଶିବ ଧରି ସାଥେ ଅରୁନ୍ଧତୀ ସତୀ
ସ୍ୱକୀୟ ପ୍ରଭାପୁଞ୍ଜରେ ଉଦ୍‌ଭାସିତ କରି ନଭଗତି ।୪ ।

ମିଳିଲେ ହର ସମ୍ମୁଖେ, ସ୍ୱର୍ଗଗଙ୍ଗା ମନ୍ଦାକିନୀ ଜଳେ
ସ୍ନାନସାରି ସର୍ବ ଋଷି ବିଶ୍ୱନାଥ ଅଗ୍ରେ ପ୍ରବେଶିଲେ ।
ମନ୍ଦାର କୁସୁମ ପଡ଼ି ତୀର ଜଳେ ସ୍ୱର୍ଗ ତଟିନୀର
ଦିଗ୍‌ନାଗର ମଦବାରି ଗନ୍ଧବହେ ସୁରଭି ସଲିଳ
ସେ ଜଳେ ପରଶି ଅଙ୍ଗ ମୃଦୁଗନ୍ଧ ଶରୀରୁ ସଞ୍ଚରେ
ସମାପି ସ୍ନାହାନ ଜପ ସର୍ବ ଋଷି ଈଶ୍ୱରେ ନମିଲେ ।୫ ।

ଉପବୀତ ଧାରି ମୁକ୍ତାମୟ, ସୁବର୍ଣ୍ଣ ବଳ୍କଳ
ଶୋଭେ ଅଙ୍ଗେ, ଜପାମାଳା କର ପୁଟେ ରତ୍ନସମ ଠୁଳ
ଦେଖିଲେ ହୁଏ ବା ମନେ ସ୍ୱର୍ଗୁ ସ୍ୱର୍ଣ୍ଣ ବଳ୍କଳ ବିଶିଷ୍ଟ
କଳ୍ପତରୁରାଜି ଖସେ, ରତ୍ନ ସୂତ୍ରେ ହୋଇ ବିମଣ୍ଡିତ ।୬ ।

ସୌରଲୋକୁଁ ସୂର୍ଯ୍ୟ ତେଣୁ ପ୍ରଣମିଣ ସପ୍ତର୍ଷି ସକଳେ
ସ୍ଥିର ସୁସଂଯତ ପୁଣି ରଥକେତୁ ନତ କରି ବଳେ
ପ୍ରତୀକ୍ଷା କରନ୍ତି ଚାହିଁ, ଊର୍ଦ୍ଧ୍ୱପଥୁ ସପ୍ତର୍ଷିର ଗତି
ପୂଜ୍ୟତମ ଋଷି ମେଳୁ, ଯିବା ଲାଗି ମାଗି ଅନୁମତି ।୭ ।

ପ୍ରଳୟେ ଜଗତ ପାଏ ଧ୍ୱଂସ, ରହେ ସ୍ଥିର ସପ୍ତଋଷି
କଳ୍ପାନ୍ତ ସଙ୍କଟେଣ ଯେହ୍ନେ ବାହୁ ତୋଳି ଆଶ୍ରୟ ନେଇଛି
ମହାବରାହର ଦନ୍ତେ ଏ ଧରିତ୍ରୀ, ଜନ୍ମ ଆଉ ପ୍ରଳୟାନ୍ତ ଲାଗି
ତେସନ ବରାହ ଦନ୍ତେ ରତ୍ନେ ଗୋପ୍ୟ ସପ୍ତର୍ଷି ଉଜାଗି ।୮ ।

ଜଗତ ସୃଜନ ଲାଗି ଚତୁର୍ମୁଖ, ଅସମ୍ପୂର୍ଣ୍ଣ ଯାହା
ସମ୍ପୂର୍ଣ୍ଣ ଥିଲେ ଯେ କରି ଏ ସପ୍ତଙ୍କୁ ବ୍ୟାସ ଆଦି ପୌରାଣିକ ଏହା
କହିଛନ୍ତି ପୁରୁବାରେ, ପୁରାତନ "ଧାତା" ବୋଲି ମୁଖେ
ତେଣୁ ଏ ସପ୍ତର୍ଷି ଦେବ, କୀର୍ତ୍ତିମାନ ସଂସାର ସମୀପେ ।୯ ।

ତପସ୍ୟାର ନିର୍ମଳତା ଫଳ ଭୋଗେ ପାଇଲେବି ଋଷି
ତଥାପି ତପସ୍ୟାରତ, ତପେ ଯାର ଦୃଢ଼ ଅନୁରକ୍ତି,
ସେ ଲାଗି ସାଧନ୍ତି ତପ, ନୁହେଁ ସେତ ସକାମ ବାସନା
ଫଳ ଭୋଗେ ହେବେ ତୁଷ୍ଟ ଲାଭ କରି ତପର କାମନା ।୧୦।

ସତୀ ସାଧ୍ୱୀ ଅରୁନ୍ଧତୀ ଋଷି ମଧ୍ୟେ ବଶିଷ୍ଠ ଚରଣେ
ନିର୍ନିମେଷେ ଥିଲେ ଚାହିଁ, ସତୀ କୁଳ ଶିରୋମଣି ପଣେ
ମନେହୁଏ ଦେଖି ତାରେ ଋଷିଗଣ ତପସ୍ୟା ଶିଦ୍ଧିର
ପରିଗ୍ରହ କରି ମୂର୍ତ୍ତି ସତେ ଉଭା ! ଅନନ୍ତ ଶୋଭାର ।୧୧।

ସମାଗତ ଋଷିଗଣେ ଆଉ ସତୀ ଅରୁନ୍ଧତୀ ଚାହିଁ
ସମାଦର କଲେ ଶିବ, ସମଭାବେ ମହତ ଭାବହିଁ
କରେ ନାହିଁ ପକ୍ଷପାତ, ସ୍ତିରୀ ଆଉ ପୁରୁଷ ବିଚାରି
ସଜ୍ଜନ ଚରିତ୍ର ଗୁଣେ ପୂଜାପାଏ ସ୍ତିରୀ ପୁଂସ ପରି ।୧୨।

ବଶିଷ୍ଠ ପତ୍ନୀରେ ଦେଖି ପ୍ରଭୁ ମନେ ଜାଗେ ଅଭିଳାଷ
ଆକାଂକ୍ଷିତ ପତ୍ନୀ ଲାଗି, କାହିଁକିନା ସହ ଧର୍ମେ ଖ୍ୟାତ,
ଗୃହିଣୀ ଗୃହର ଲାଗି, ଉଚିତ ଯା' ତ୍ରିଲୋଚନ ମନେ,
ଦଗ୍ଧୀଭୂତ କାମ ପ୍ରାଣ ଆଶ୍ରାକରି ଭାବେ ସଂଗୋପନେ ।
ପୂର୍ବ ଅପରାଧ ଭୁଲି ଆଉ ଥରେ ଏ ତନୁ ମୋହର
ହୋଇବ ବା ପୂର୍ବପରି ଭାବି 'କାମ' ପ୍ରଫୁଲ୍ଲ ଅନ୍ତର ।୧୩,୧୪।

ସମ୍ମୁଖେ ଦେଖିଣ ଶମ୍ଭୁ ଚରାଚର ବିଶ୍ୱର ଆରାଧ୍ୟ,
ଶିକ୍ଷା, କଳ୍ପ, ବ୍ୟାକରଣ ଅଙ୍ଗ ସାଥେ ବେଦ-ଚିତ୍ତ ବୃନ୍ଦ
ଋଷିଙ୍କର ଅଙ୍ଗ ହେଲା ରୋମାଂଚିତ ଦେଖି ପ୍ରଭୁ ଅଗ୍ରେ
ଯଥାବିଧି ମାନ୍ୟ କରି ବିନୟରେ ପୁଛନ୍ତି ସରବେ ।୧୫।

'ହେ ଦେବ ଯେ ଚାନ୍ଦ୍ରାୟଣ ବ୍ରତ ପୁଣି ହୋମାନଳେ ଦାନ
ଆହୁରି ନିୟମ ଆଦି ବେଦପାଠେ ଏ କୃଚ୍ଛ୍ର ସାଧନ
ଏତେଦିନେ ପରିପକ୍ୱ ସୁସମ୍ପନ୍ନ ହେଲା ଆସି ସତେ,
ନତୁବା କି ଦେବ ଦେବ ତ୍ରିଲୋକେଶ ଦେଖନ୍ତୁ ଅଗ୍ରତେ ? ।୧୬।

ତ୍ରିଜଗତ ଅଧୀଶ୍ୱର ହେ ଦେବେଶ ତବ ମନ ପ୍ରାଣେ
ଅବିଦିତ ନୁହେଁ କିଛି ବ୍ରହ୍ମା ଆଦି ବିବୁଧ, ଗହଣେ
ସେ ମନେ ସ୍ମରିଲେ ପ୍ରଭୁ ଆମରେ ଯା' ସକଳ ତପସ୍ୟା
-ସିଦ୍ଧ ହେଲା ଏତେ ଦିନେ ଲଭି ତବ କୃପାର ପ୍ରତୀକ୍ଷା ।୧୭।

ତୋତେ ଯେ ସ୍ୱପ୍ନେ ଭାବଇ ପରାତ୍ପର ସେ ଯେ ଭାଗ୍ୟବାନ
ବୋଲି ବିଦିତ ଜଗତେ ବ୍ରହ୍ମ ଆଉ ବେଦାନ୍ତ ଶ୍ରବଣ ।
ସକଳ ଉତ୍ପତ୍ତି ସ୍ଥଳ ତୁଇ ଦେବ, ସ୍ଥିର ଋଷିଗଣେ,
ସାର୍ଥକ ଜନମ ଆମ ପୂର୍ବେ ପୁଣ୍ୟ କଲୁ ଆମ୍ଭେମାନେ ।୧୮।

ହେ ପ୍ରଭୋ ଏକଥା ସତ୍ୟ, ସୂର୍ଯ୍ୟ ଚନ୍ଦ୍ର ଜିଣି ଉଚ୍ଚେବାସ,
ଦେଇଛ ଏ ଋଷିଗଣେ, ସପ୍ତଋଷି ଲୋକ ବୋଲି ଖ୍ୟାତ,
ଆଜିର ଏ ଅନୁଗ୍ରହ କରି ତୋର ସ୍ମରିବା ସମ୍ମାନେ,
ସପ୍ତର୍ଷି ଲୋକଠୁ ଉର୍ଦ୍ଧ୍ୱେ ସ୍ଥିତ ନିଶ୍ଚେ ହେଲୁ ଆମ୍ଭେମାନେ ।୧୯।

ଭଗବାନ ଆଜି ତବ, ଅନୁଗ୍ରହ ଅଧିକନ୍ତୁ, ଗୌରବେ ଭୂଷିତ
ହୋଇଛୁ ଏ ସପ୍ତଋଷି, କାହିଁକି ନା ମହତ ପୁରୁଷ
ସାଧୁ ସଜ୍ଜନ ସଙ୍ଗରେ, ସମାଦର ଲଭିବା ବ୍ୟକ୍ତିର
ଆସଇ ବିଶ୍ୱାସ ବୁଦ୍ଧି, ନିଜଗୁଣେ ଭାଳି ମହତ୍ତର ।୨୦।

ହେ ଦେବତା ବିରୂପାକ୍ଷ, ଅନ୍ତର୍ଯ୍ୟାମୀ ତୁମେତ କେବଳ
ଆଜି ଏ ସ୍ମରଣ ସାଥେ କି ଆନନ୍ଦ ଅନ୍ତରେ ଆମର
ସମଝିବ ପ୍ରଭୁ ତୁମେ ପରତ୍ପର, ଅସମର୍ଥ ଏ ସପ୍ତଋଷିର
ବୁଝାଇବା ଶକ୍ତି ନାହିଁ, ଅନ୍ତରାତ୍ମା ପୁରୁଷ ବିଶ୍ୱର ।୨୧।

୮୬ | କୁମାର ସମ୍ଭବ

ହେ ପ୍ରଭୁ ଦେଖି ସାକ୍ଷାତେ ରୂପ ତେବ ସନ୍ଦେହ ଏ ମନେ
ଜାଗରିତ ଅହରହ, କୃପାମୟ ଅନୁଗତ ଜନେ
କୃପାକରି କୁହ ନାଥ, ଜ୍ଞାନ ବୁଦ୍ଧି ଅଗୋଚର ଯାହା
ସେହି ସେ ସ୍ୱରୂପ ତୋର ବୁଝାଇଣ କୁହ ସୃଷ୍ଟିନାହା।୨୨।

କୁହ ପ୍ରଭୁ ବିଶ୍ୱନାଥ, କେଉଁ ରୂପ, ଆଜି ଏ ତୋହର?
ସୃଜନର ବ୍ରହ୍ମା ଅବା ପାଳନର ବିଷ୍ଣୁ ଚକ୍ରଧର
ଅଥବା ରୁଦ୍ରର ମୂର୍ତ୍ତି, ସଂହାରକ ସାଜିଛ ଏ ରୂପ
ନିଜଗୁଣେ ବୁଝାଇ ତା କୁହ ପ୍ରଭୁ ଏ ତୋର ସ୍ମାରକ।୨୩।

ନତୁବା ଥାଉ ସେ କଥା ଏତେ ବଡ଼ ସୌଭାଗ୍ୟ ବା କାହିଁ
ଅଛି ଏ ସପ୍ତଋଷିର, କହ ଦେବ ସ୍ମରିଲ କିପାଇଁ
ଅନୁମତି ଦିଅ ଦେ. କିବା କାର୍ଯ୍ୟ, କରିବୁ ପୂରଣ
ଆସିଛୁ ଯେ ଅବିଳମ୍ବେ ପ୍ରଭୁ ତୋର ସ୍ମରଣ ମାତ୍ରେଣ।୨୪।

ସପ୍ତର୍ଷି ସମୂହ ବାକ୍ୟ ଅବସାନେ ଯେତେଯେତେ ଦେବ
ଉତ୍ତରିଲେ ସଗାମ୍ଭୀରେ ମଧୁ ଦଶନ ବିଭବ
ଅପୂର୍ବ କାନ୍ତିରେ ଝଳେ, ଲଲାଟରେ ଚନ୍ଦ୍ର ତା'ଠୁ ବଳି
ଝଟକିଲା ଶତଗୁଣେ, ଋଷିଗଣେ କୁହନ୍ତି ବିଚାରି।୨୫।

"ହେ ସପ୍ତର୍ଷି ଜାଣ ତୁମେ, ନିଜଲାଗି ଆତ୍ମଅର୍ଥ ଲାଗି,
ନକରେ ମୁଁ ଭବେ କିଛି, ଅଷ୍ଟମୂର୍ତ୍ତି ଯେ ମୋର ସମ୍ଭବି
ପ୍ରକଟିତ ସୃଜନେ ମୋ ଅଗ୍ନି ଜଳ ବାୟୁ ଆକାଶରେ,
ତହିଁରେ ମୋ ସ୍ୱାର୍ଥ ନାହିଁ ସୃଜନେ ଯା ରହିଛି ବିଶ୍ୱରେ।୨୬।

ସ୍ୱାର୍ଥ ଶୂନ୍ୟ ମୋର ଆଜି ଦେବଗଣ କରିଲେ ପ୍ରାର୍ଥନା
ମୋ ପାଶୁ ଆତ୍ମଜ ଲାଗି, ତୃଷ୍ଣାତୁର ଚାତକ କରୁଣା
ମାଗଇ ଯେସନେ ମେଘୁ, ଦେବତାଏ ଶତ୍ରୁ ଧ୍ୱଂସ ଲାଗି,
ମୋ ତହୁଁ ଚାହାନ୍ତି ସୁତ ଦିଗ୍‌ବିଜୟୀ ରଣ ଅନୁରାଗୀ।୨୭।

ସେ ଲାଗି ସେ ସପ୍ତଋଷି, ହୋମ ଅଗ୍ନି ଉତ୍ପାଦନ ପାଇଁ
ଅରଣ୍ୟ କାଷ୍ଠ ସଂଗ୍ରହ କରେ ଯେହ୍ନେ ଯଜମାନ ପାଇଁ
ସେପରି ମୁଁ ଚାହେଁ ଆଜି ଆତ୍ମଜର ଲାଗି ଅନୁରୂପ
ହୈମସୂତା ପାର୍ବତୀରେ, ଅନୁକୂଳ ମୋ ଲାଗି ସେହିତ ।୨୮ ।

ଏଇ ପ୍ରୟୋଜନ ପାଇଁ କର ଯାଇ ପ୍ରାର୍ଥନା ଗିରିରେ
କନ୍ୟା ସଂପ୍ରଦାନ ଲାଗି, ସତ୍‌ପୁରୁଷ ସଂଘଟିତ ହେଲେ
ବିବାହ ସମ୍ଭବ କର୍ମ, ନୁହେଁ ବ୍ୟର୍ଥ କୁଫଳ-ଦାୟକ
ତେଣୁ କରି ଚଳ ଶୁଭେ, ହିମ ପୁରେ ହେ ଋଷି ସପ୍ତକ ।୨୯ ।

ସୁପ୍ରତିଷ୍ଠ ସମୁନ୍ନତ ବସୁନ୍ଧରା ଭାର ନିର୍ବାହକ
ହିମାଳୟ ବଂଶେ ମୋର ହେବ ଯଦି ଯୌନ-ସମ୍ବନ୍ଧକ
କେଉଁ ଗୁଣେ ନୋହି ଊଣା ସର୍ବଗୁଣେ ସାଫଲ୍ୟ ମଣ୍ଡିତ
ହେବ ନିଶ୍ଚେ ଏ ଯୋଜିତ ସ୍ପୃହା ମୋର ନୁହେଁ ଅବାଞ୍ଛିତ ।୩୦ ।

ପ୍ରାର୍ଥିତା ପାର୍ବତୀ ପାଇଁ ହିମବନ୍ତେ କି କହିବା ଲାଗି
ତୁମରେ ମୁଁ ଶିଖାଇବି, ତବ ଶିକ୍ଷା ପଦ୍ଧତିରେ ଲାଗି
ସାଧୁ ସଜ୍ଜନର ସେବା ଉଦଦେଶ ପ୍ରଚଳିତ ଭବେ
ଉପଦେଶ କିବା ଦେବି, ଭିନ୍ନ ନୁହେଁ ତୁମଠୁ ଯା' କେବେ ।୩୧ ।

ଏ ବିବାହେ ଅରୁନ୍ଧତୀ ସବୁ ବୁଝି କରିବେ ବିଚାର
ଯେ କାହିଁକି ବିଧି ଭୃତ୍ୟ ବିବାହାଦି ମଙ୍ଗଳ ଆଚାର,
କାହିଁକି ନା ପୁରସ୍ତିରୀ ସ୍ୱଭାବତଃ କରେ ସଂଘଟନ
ଯହିଁକି ଯାହା ବା ଲୋଡ଼ା, ଗୃହିଣୀର ଯାହା ସଂବିଧାନ ।୩୨ ।

ତେଣୁ ତୁମେ ଚଳ ତ୍ୱରା ବୃଥା କାଳ ବିଳମ୍ବ ନକରି
ଔଷଧିପ୍ରସ୍ଥ ନଗରେ, ହିମାଳୟ ରାଜ୍ୟରେ ସଞ୍ଚରି
ଯେଉଁଠାରେ ମହାକୋଶୀ ଝରି ଆସେ ନିର୍ଝର ଆକାରେ
ପ୍ରତୀକ୍ଷାକର ମୁଁ ତହିଁ ହେବ ଭେଟ ମୋ ସାଥେ ସେଠାରେ ।୩୩ ।

୮୮ | କୁମାର ସମ୍ଭବ

ପରମ ତାପସ ଶିବ ଯୋଗୀକୁଳ ଶିରୋମଣି ପଣେ
ପରିଣୟ ଲାଗି ଦେଖି ସମୁତ୍ସୁକ, ସପ୍ତର୍ଷି ମରମେ
ବ୍ରହ୍ମାର ତନୟ ସର୍ବେ ମନୁ ଲଜ୍ଜା କାଟି ଏତେଦିନେ
ଶାନ୍ତ ହେଲେ ଚିରତରେ, ବିତାଇବା ଗୃହସ୍ଥ ଜୀବନେ ।୩୪ ।

ତାହାପରେ ଋଷିବୃନ୍ଦ ଅନୁମତି ନେଇ ହେଲେ ବିଦା
ହିମାଳୟ ଗୃହ ପଥେ ଏଣେ ପ୍ରଭୁ ମହାଦେବ ସିଧା
ଚଳିଲେ ପୂର୍ବ ନିର୍ଦ୍ଦିଷ୍ଟ ମହାକୋଶୀ ପ୍ରପାତ ନିକଟେ
ଅନିର୍ଦ୍ଦିଷ୍ଟ କାଳ ପାଇଁ ଅପେକ୍ଷାରେ ରହିବାକୁ ବାଟେ ।୩୫ ।

ମନୋମୟ ଗତିବଳେ ଚଳି ତ୍ୱରା ନୀଳାଭ ଅୟନେ
ଔଷଧିପ୍ରସ୍ଥ ନଗରେ ଉପବିଷ୍ଟ ହେଲେ ମୁନିଗଣେ ।୩୬ ।

ଅନନ୍ତ ରତ୍ନ ସମ୍ଭାରେ ପରିପୂର୍ଣ୍ଣ ଅଳକା ନଗରୀ
ଆସିଛି ଓହ୍ଲାଇ ସତେ ଏ ନଗରେ ସ୍ୱର୍ଗୁ ଅବତରି
ଅଥବା ସ୍ୱର୍ଗର ଯାହା ଅତିରିକ୍ତ ନୂଆକରି ସ୍ଥାପି
ଦେଇଛି ଔଷଧିପ୍ରସ୍ଥେ ଅନୁପମ ନଗରେ ଆରୋପି ।୩୭ ।

ପରିଖା ସମ ବେଷ୍ଟିତ ଗଙ୍ଗା ବହେ, ମଣିଶିଳା ସହ
ସେ ନଗର ଚଉପାଶେ ପ୍ରାଚୀର ବା ଘେରିଛି ସମୂହ
ସୁରକ୍ଷିତ କରି ରାଜ୍ୟେ, ମଧ୍ୟେ ଜଳେ ପ୍ରଦୀପ୍ତ ଲତିକା
ଚକ୍ଷୁ ଝଲସାଇ ଦିଏ ସେ ନଗରୀ ହୋଇ ସୁଶୋଭିତା ।୩୮ ।

ହସ୍ତୀ ଯହିଁ ଭୟ ଭୁଲି ସିଂହ ସାଥେ ବିହରଇ ସୁଖେ
'ବଳିଯୋନୀ' ସମ୍ଭୂତ ସେ ଅଶ୍ୱ ଯେତେ, ନଗରୀର କକ୍ଷେ
ଯକ୍ଷ ବିଦ୍ୟାଧର ଯହିଁ ପୁରବାସୀ, ବନ ଦେବତାଏ
ପୁରନାରୀ ବୋଲି ଖ୍ୟାତ, ସୁଖେ ରହି ଅଛନ୍ତି ସଭିଏଁ ।୩୯ ।

ପ୍ରାସାଦ ସମୂହ ଶୀର୍ଷେ, ମେଘଚୁମ୍ବୀ ସମୁନ୍ନତ ଶିରେ,
ଗୁରୁ ଗୁରୁ ଶବ୍ଦ କରେ ଘନ କୃଷ୍ଣ ବାରିଦ ଅମ୍ବରେ
ସେ ଶବ୍ଦ ପ୍ରତିଧ୍ୱନିତ ପୁର ମଧ୍ୟେ, ମନେହୁଏ ସତେ !
ତାଳେ ତାଳେ ମୃଦଙ୍ଗ କି ବାଜେ ମୃଦୁ ଝଙ୍କାର ସହିତେ ।୪୦।

କଳ୍ପ-ବୃକ୍ଷ ସମୂହର ତୁଙ୍ଗ ଶାଖେ, ବାୟୁବିଧୂନିତ,
ନବୀନ ପଲ୍ଲବ ପତ୍ରେ, ଧ୍ୱଜଦଣ୍ଡେ ଚିନାଂଶୁକ ସେ ତ ।।
ବିନା ଯତ୍ନେ ପ୍ରକୃତିର, ପତାକା-ଶ୍ରୀ କିବା ତା'ର ଗୃହଯନ୍ତ୍ର, ସେହି
ଔଷଧିପ୍ରସ୍ଥ ନଗର ଶୋଭାବନେ ନିରନ୍ତର ଅପୂର୍ବ ଦିଶଇ ।୪୫।

ରାତ୍ରି ବେଳେ ଯହିଁ ଜଳେ, ଜ୍ୱଳ ଜ୍ୱଳ ସ୍ଫଟିକ ପ୍ରାସାଦ
ସୁରାପାନ ରମ୍ୟ ସ୍ଥାନ, ଉଦୟନେ ତାରକା ଅଗଣିତ
ଉପହାର ଜ୍ୟୋତି ଦିଏ ପ୍ରତିବିମ୍ବ କରି ବିକିରଣ
ଅତି ମନୋହର ପୁର ନିରବଧି ସ୍ୱପନେ ମଗନ ।୪୨।

ଯେ ପୁରେ ମେଘ-ମେଦୁର ବନଭୂମି ତିମିର ଆଲୋଡ଼ି
ଯାମିନୀ ପ୍ରକାଶେ ଶୋଭା, ଜ୍ୟୋତି ଲତା କିରଣେ  ସଂଚରି
ଅଭିସାରିକା ଚଳଇ ପଥେ ତା'ର ଭୁଲି ଭୟ ମନୁ
ଦୁର୍ଦ୍ଦିନେ ସୁଦିନ କରି ବୀଟ ନାରୀ ସଙ୍କେତ ଅୟନୁ ।୪୩।

ଭୁବନେ ଯାହାର ନାହିଁ ଜରା କ୍ଳେଶ ଭରା ଯଉବନ
ଭୁଲାଇ ବୟସ ମତ୍ତ-ମାର ଭିନ୍ନ ଶତ୍ରୁ ନାହିଁ ଆନ
ରତିକ୍ଳାନ୍ତ ଦେହ ଯହିଁ ଜଳିପଡ଼େ ଆବେଶ ବିହ୍ୱଳେ
ସ୍ଥିର ଯହିଁ ସୁଖ ନିଦ୍ରା ଅନ୍ୟ ନିଦ୍ରା ନପଶଇ ବଳେ ।୪୪।

ସେ ପୁରେ ନାହିଁତ ଶତ୍ରୁ, ଖେଦ କିମ୍ବା କ୍ଳେଶ ଜୀବନର,
ଖାଲି ମାନ ଅଭିମାନ କରେ ବାମା ପ୍ରିୟତମେ ତା'ର,
ନଚାଇ ଭ୍ରୂଲତା କୋପେ, ପ୍ରୀତି ଖେଦେ ଅଧର କମ୍ପାଇ
ଲଳିତ ତର୍ଜନୀ ଆଗେ, ମାନ ସଙ୍ଗେ ପ୍ରିୟ ରହି ରହି ।୪୫।

ସେ ନଗର ଉପକଣ୍ଠେ ଥିଲା ଅତି ରମ୍ୟ ଉପବନ
ଗନ୍ଧମାର୍ଦ୍ଦନର ନାମେ, ସୁରଭିତ କରି ଭୂ ଗଗନ,
କଳ୍ପବୃକ୍ଷେ ପୂର୍ଣ୍ଣ ଯାହା କ୍ଳାନ୍ତ ପାନ୍ଥ, ବିଧ୍ୟାଧର ଯେତେ
ତରୁ ତଳେ ସୁପ୍ତ କେବେ ଭୁଲି କ୍ଳାନ୍ତି ପରମ ସନ୍ତୋଷେ।୪୬।

ଆଶ୍ଚର୍ଯ୍ୟ ଚକିତ ସର୍ବେ ଦେଖି ପୁର ସେ ହିମବନ୍ତର
ବୃଥା ଆମ ଯୋଗ ଯେତେ ସାଧନାର କୃଚ୍ଛତା ବ୍ରତର
ମିଛେ ବେଦେ କହିଥାନ୍ତି ସ୍ୱର୍ଗ ସୁଖ ଯା ସହିତ କାହିଁ
ହେବ ସ୍ୱର୍ଗ ସମକକ୍ଷ ବୃଥା ଆମ କାମ୍ୟ ଥିଲା ସେହି।୪୭।

ହିମାଳୟ ଗୃହମୁଖୀ ସ୍ୱର୍ଗୁ ସର୍ବେ ସବେଗେ ଉତ୍ତରି
ଆସୁଥିଲେ ସପ୍ତଋଷି, ସଚକିତେ ରାଜ୍ୟରକ୍ଷୀ ଭୁଲି
ଦୌବାରିକ ଉର୍ଦ୍ଧ୍ୱେ ଦେଖେ, ନଭ ପଥେ ପିଙ୍ଗଳ ଜଟାର
ରମ୍ୟଗୁଚ୍ଛ ଶୋଭାପାଏ, ଅଗ୍ନିଶିଖା ଚିତ୍ରପରି ସ୍ଥିର।୪୮।

ଅବତରି ନଭ ପଥୁଁ ହୋଇ ସର୍ବେ ବୃନ୍ଦ ଅନୁରୂପେ
ଶ୍ରେଣୀବଦ୍ଧ ଭାବେ ଗଲେ, ହିମବନ୍ତ ଗୃହ ଅଭିମୁଖେ
ମନେହୁଏ ଦେଖି ତାଙ୍କୁ ଜଳମଧ୍ୟେ କି ପ୍ରତିବିମ୍ବିତ
ଶତଧା ସୂର୍ଯ୍ୟର ଛାୟା କି ଅପୂର୍ବ! ବଚନୁ ବଳି ତ।୪୯।

ଦୂରୁ ଦେଖି ଋଷିବୃନ୍ଦ ଧରି ଅର୍ଘ୍ୟ ସ୍ୱୟଂ ନଗରାଜ
ଉର୍ଦ୍ଧ୍ୱଶ୍ୱାସେ ଯା'ନ୍ତି ଛୁଟି ଅଭ୍ୟର୍ଥନା ଲାଗି ଧରି ସାଜ,
ଦ୍ରୁତ ପାଦ ପାତେ ଧରା ଦବିଯାଏ, ସମୁନ୍ନତ ଗିରି।୫୦।

ଶିଳାମୟ ମହାପୁଂସ ବକ୍ଷସମ ହେଲେ ସମସରି
ମଧ୍ୟଗତ ନାନା ଧାତୁ ତାମ୍ରବର୍ଣ୍ଣ ଅଧର ବା' ତା'ର
ଦୀର୍ଘ ଦେବଦାରୁ ତରୁ ଭୁଜଦଣ୍ଡ ଭୂଧର ସମ୍ରାଟ
ଉଭା ଅଗ୍ରେ ଅର୍ଘ୍ୟ ଧରି, ଦେଖି ମନେ ହୁଅଇ ପ୍ରତୀତ।୫୧।

ଯଥାବିଧି ସତ୍କାରିଣ ଋଷିଗଣେ ଆନନ୍ଦେ ନୃପତି
ଅନ୍ତଃପୁରେ ପଥ ବାହି ନେଲେ ସାଥେ ବୋଧି ସପ୍ତଋଷି ।୫୨।

ଅନ୍ତଃପୁରେ ବେତ୍ରାସନେ ସମ୍ମାନିତ ଆସନେ ବସାଇ
ନିଜ ଯୋଗ୍ୟ ଆସନରେ ବସି ନିଜେ ଭୂଧରରାଜ ହିଁ
ପୁଚ୍ଛା କଲେ କରଯୋଡ଼ି ସମବେତ ଋଷି ମଣ୍ଡଳୀରେ
କି ଲାଗି ଆସିଲେ ଦେବ ଭାଗ୍ୟବାନ ଦରିଦ୍ର କୁଟୀରେ ।୫୩।

ବିନା ମେଘେ ବର୍ଷାସମ ପୁଷ୍ପହୀନ ବୃନ୍ତେ ଫଳ ପରି
ଅକସ୍ମାତେ ଆଗମନ, ଆଶ୍ଚର୍ଯ୍ୟ ଏ ଯା'ରେ ଅନୁସରି
ଧ୍ୟାନ ଓ ଧାରଣା ଯୋଗ ହେଲେ ବି ଯା' ନମିଳେ ଦର୍ଶନ
ସେ ଯେ ନିଜେ ଉପଗତ ଗୃହେ ମୋର ଅପୂର୍ବ ଘଟଣ ।୫୪।

ତବ ଅନୁଗ୍ରହେ ଆଜି ବିସ୍ମିତ ମୁଁ ଭାବେ ମନେ ସତେ
କେତେ ବଡ଼ ଜ୍ଞାନୀ ମୁହିଁ ଅଥିବା ମୁଁ ସରଗ ନିକଟେ
ମୋ ଦେହ ପାଷାଣେ ଗଢ଼ା ରକ୍ଷ ଟାଣ ଲୌହର ସମାନ
ତବ ସ୍ପର୍ଶମଣି ସ୍ପର୍ଶେ ସ୍ୱର୍ଣ୍ଣସମ ହେଲା ମୋ ଜୀବନ ।୫୫।

ହେ ତାପସ ବୃନ୍ଦ, ଯେତେ ପୁରିଛନ୍ତି ସ୍ଥାବର ଜଙ୍ଗମ
ଏ ମୋର କଠିନ ଦେହେ, ପୁତ ସର୍ବେ ଆଜହୁଁ ପ୍ରମାଣ
କାରଣ ସାଧୁ ସନ୍ଥ ଯେ ସ୍ଥାନରେ ପଦରଜ ଦେଇ
ଯାଇଥାନ୍ତି ପଥେ ତାର, ତୀର୍ଥ ସେ ଯେ ଭୁବନେ ଗୋସାଇଁ ।୫୬।

ହେ ପୂଜ୍ୟ ବ୍ରାହ୍ମଣୋତ୍ତମ, ପବିତ୍ର ମୁଁ ଅତି ପୂଣ୍ୟବାନ,
ଏ ମର୍ତ୍ତ୍ୟରେ ଭାବୁଛି ମୁଁ ଦ୍ୱି କାରଣୁ ପାଇବି ସମ୍ମାନ,
ତବ ପଦ ଧୌତକରି ଧନ୍ୟ ହେଲି, ମସ୍ତକ ଆବୋରି
ପତିତପାବନୀ ଗଙ୍ଗା ଝରେ ନିତି ପୂତ ମତେ କରି ।୫୭।

ହେ ମୁନେ ଦ୍ୱିବିଧ ରୂପ ସ୍ଥାବର ଓ ଗତିଶୀଳ ମୋରେ
ଏ ଦେହ ହୋଇଲା ଧନ୍ୟ, ତବ ଅନୁଗ୍ରହ ପାଇବାରେ
ଏ ମୋର ଜଙ୍ଗମ ଦେହେ, ପାଇଲି ମୁଁ ସେବାର ଆଗ୍ରହ
ହେଲି ମୁଁ ପରମ ପୂତ ସ୍ଥିତି-ଦେହେ ପଦରେଣୁ ସହ।୫୮।

ହେ ପୂଜ୍ୟ ମହର୍ଷି ଗଣ, ଅକସ୍ମାତ ତବ ଦରଶନେ
କି ଅପୂର୍ବ ପୂତ ଶାନ୍ତି ଲଭିଛି ମୋ ମନ ଦେହ ପ୍ରାଣେ
ଶୃଙ୍ଗ, ଉପଶୃଙ୍ଗ, ମୋର ଉପତ୍ୟକା, ଅଧିତ୍ୟକା ଭରି
ପାର୍ବତ୍ୟ ବିପୁଳ ଅଙ୍ଗ ରହିଛି ଯା ଦିଗ୍‌ବିଦିଗ ଘେରି
ସେ ଆନନ୍ଦ ଧରେ ନାହିଁ ବିଶ୍ୱବ୍ୟାପୀ ମୋର କଳେବର
ହେ ପ୍ରଭୋ ଦର୍ଶନେ ତବ, ଯେ ଆନନ୍ଦ ଲଭିଛି ଅପାର।୫୯।

ହେ ପ୍ରଭୋ ତବ ଆଗମେ, ମୋର ଏଇ ଗୁହା ଅଭ୍ୟନ୍ତରୁ
ଅପସରି ଗଲା ତମ, ଆଉ ମୋର ଅନ୍ତର ମଧ୍ୟରୁ
ରଜଗୁଣ ବିନାଶିଲ, ଅଜ୍ଞାନ ଯା', ସୂର୍ଯ୍ୟ ସମ ଆସି
ଦର୍ଶନେ କୃତାର୍ଥ କରି ଜ୍ଞାନ ଦେଇ, ଅଜ୍ଞାନ ବିନାଶୀ।୬୦।

ହେ ପ୍ରଭୋ କି ପ୍ରୟୋଜନ ଏଥି ତବ ଭାବେ ମୁହିଁ ମନେ
ଯା କିଛି କଳ୍ପନା ତବ ସିଦ୍ଧି ସେ ତ ହେବ ତତ୍‌କ୍ଷଣେ
କେବଳ ଇଚ୍ଛା ଉଦୟେ ବିଳମ୍ବ ଯା' ମନର ଗୋସାଇଁ
କୃତାର୍ଥ କରିବାପାଇଁ ଗୃହେ ମୋର ଆସିଲା ବା ଧାଇଁ?।୬୧।

କୃପାକରି କୁହ ନାଥ ଏ ଅଧମେ ଆଦେଶ ପାଳନେ
ଚରିତାର୍ଥ ହେଉ ନିଜେ ଆଜ୍ଞାଧୀନ ସେବକ ମରମେ
ହୁଅଇ ସନ୍ତୋଷ ଅତି, ପ୍ରଭୁ ପାଶୁ କର୍ମ ବିନିଯୋଗେ
ହେଲେ ଅନୁଗ୍ରହ ଭାବି, ଭାଗ୍ୟବାନ ନିଜକୁ ସେ ଭାବେ।୬୨।

କି କହିବି ଅଧିକ ବା, କେ ପ୍ରଭୋ, ମୋ କନ୍ୟା ଓ ରମଣୀ
ଉଭାଛନ୍ତି ଅଗ୍ରେ ତବ, ଆଉ କିଛି ତବ ଭୃତ୍ୟ ପୁଣି
କାର୍ଯ୍ୟ କରଣେ ତତ୍‌ପର, କିବା କାର୍ଯ୍ୟେ କର ପ୍ରୟୋଜନ
ଧନରତ୍ନ ତୁଚ୍ଛ ଅତି, ତୁଚ୍ଛ ମୋର ପରିବାର ପ୍ରାଣ।୬୩।

ଗୁରୁ ଗମ୍ଭୀର ନିନାଦେ ଉଚ୍ଚାରିତ କଥକ ରାଜାର
ପ୍ରତିଧ୍ୱନି ଗୁହା ମୁଖୁଁ ହୋଇ ଶୁଭେ ପୁଣି ବାରମ୍ବାର
ଶ୍ରବଣେ ଯା ମନେହୁଏ, ଜିଦ୍‌ଖୋର ରାଜା ହିମବନ୍ତ
ଅନୁରୋଧ କରି ପୁଚ୍ଛେ ବାରମ୍ବାର ଋଷିଙ୍କ ସମୀପ।୬୪।

ନଗରାଜ ବାକ୍ୟ ଶେଷେ, ସର୍ବ ଋଷି ଇଙ୍ଗିତେ ଅଙ୍ଗିରା
ବକ୍ତବ୍ୟ ପ୍ରକାଶେ ଯା'ର ପ୍ରଗଲ୍ଭତା ରହିଛି ଅସରା,
କୁହନ୍ତି ସେ "ନୃପମଣି କହିଲା ଯା ମୋର କନ୍ୟା ପତ୍ନୀ,
ଆଉ ମୁଁ, ଏ ବକ୍ତବ୍ୟର ଉଦାରତା ତୁମରେ ହିଁ ପୁଣି
ଶୋଭାପାଏ ଅଧିକନ୍ତୁ, ତବ ତୁଙ୍ଗ ଶିଖରୀଠୁ ବଳି
ତୁମରେ ଏ ସମୁନ୍ନତ ମନ, ଅତି ଉଚ୍ଚ ଆହେ ମହାଗିରି।୬୫,୬୬।

ପୂର୍ବରୁ ବିଦିତ ଯାହା ବିଷ୍ଣୁର ଏ ସ୍ଥିତିଶୀଳ ରୂପେ
ଉଭା ତୁମେ ହିମବନ୍ତ ସତ୍ୟ ସେ ତ ବିଷ୍ଣୁ କୁକ୍ଷି ଗତେ।
ସ୍ଥାବର ଜଙ୍ଗମ କୀଟ ସୁସଜ୍ଜିତ ପଦାର୍ଥ ସମୂହ,
ରହିଛି ସନ୍ତତ ସତେ, ଏକାପରି ତବ କୁକ୍ଷି ସହ।୬୭।

କୋମଳ ମୃଣାଳ ସମ ଫଣା ପରେ ଭୂଭାର କି ଧରି,
ପାରନ୍ତେ ସମ୍ଭାଳି ସତେ ଶେଷନାଗ, ହେ ରାଜା ତୋହରି ?
ଏ ବିପୁଳ ବପୁ ଯଦି ପାତାଳରୁ ସ୍ୱୟଂ ଭୂଧାରଣେ
ନଥାନ୍ତା ସଚରାଚର ବ୍ୟାପୀ ଆହେ ତୋ ମହିମା ଗୁଣେ।୬୮।

ସତତ ବାହିନୀ ଗଙ୍ଗା ଆଦି ଯେତେ ସ୍ରୋତସ୍ୱତୀ ନଦୀ
ହେ ଗିରି ରାଜନ, ତୋର ଅବିଚ୍ଛିନ୍ନ କୀର୍ତ୍ତି ନିରବଧି
ସମଭାବେ ସବୁଦିଗେ ତୋ ମହିମା କରନ୍ତି କୀର୍ତ୍ତନ
ସାଗର ସରିତ ଭେଦି, ଯା ସରିତ ହେଉଛି ବିଲୀନ ।୬୯ ।

ବିଷ୍ଣୁର ଚରଣ ତଳୁ ଜାତ ବିଷ୍ଣୁପଦୀ, ଗଙ୍ଗା ମାତା,
ଗର୍ବ ଯେହ୍ନେ ମନେ ଆଣେ, ଦ୍ୱିତୀୟେ ତୁ ଉତ୍ପତ୍ତିସ୍ଥଳ ତା,
ସେ ଲାଗି ଗୌରବ ତୋର ଅଳ୍ପ ନୁହେଁ, ଆହେ ଗିରିରାଜ,
ସଂସାର ମହିମାମୟ କରି ରାଜେ ତୋ ଶୃଙ୍ଗ ସମାଜ ।୭୦ ।

ଯେତେବେଳେ ଭଗବାନ ବିଷ୍ଣୁ ହେଲେ ତ୍ରିବିକ୍ରମ ରୂପ,
ଅର୍ଦ୍ଧ ଊର୍ଦ୍ଧ୍ୱ ତିର୍ଯ୍ୟକ ସେ ବିଷ୍ଣୁପାଦ ମହିମା ବିଶେଷ
ପରିଦୃଷ୍ଟ ହେଲା (ରାଜା), କିନ୍ତୁ କେଉଁ ଅତୀତର କାଳୁ
ବିଷ୍ଣୁଠାରୁ ଗରୀୟାନ ତୋ ମହିମା ବିରାଜେ ସୃଷ୍ଟିରୁ ।୭୧ ।

ଇନ୍ଦ୍ରାଦି ଦେବତା ଗଣ ସଙ୍ଗେ ତବ ଯଜ୍ଞଭାଗ ଜାଣି,
ସ୍ୱର୍ଣ୍ଣମୟ ସୁମେରୁର ଗିରିଶୃଙ୍ଗ ଗର୍ବ ଯାଏ ନମି ।୭୨ ।

ତୋର ଏ ଗୌରବ ତଳେ, ଯେତେ ରୁକ୍ଷ ଉଦ୍ଧତ ବା ତୋର
କଠିନତା ତୋ ଅଙ୍ଗର, ଅବୟବ ଶିଳାମୟ ଭାର,
ଏ ଉକ୍ତି ନମ୍ରତା ଆଦି ପୂଜା, ଆରାଧନା ଓ ଅର୍ଚ୍ଚନା,
ଏ ତୋର ଜଙ୍ଗମ ଦେହେ ରହିଅଛି କୋମଳ କରୁଣା ।୭୩ ।

କି କାରଣେ ଆସିଅଛୁ, ଶୁଭ ମନେ ହେ ରାଜନ ଶୁଣ !
ବସ୍ତୁତଃ ଏ କାର୍ଯ୍ୟ ତୋ'ର କର୍ତ୍ତବ୍ୟରେ ଯା'କିଛି କରେଣ
ନେବାକୁ ସେ ଉପଦେଶ, ଅଂଶ କିଛି ଯାହା ବା' ଆମରି,
ପ୍ରକୃତ ସେ ଫଳ ଭୋଗ ପାଇଁ ରାଜା ଜନମ ତୋହରି ।୭୪ ।

ସେ କାର୍ଯ୍ୟ କହୁଛି ଶୁଣ "ଅଷ୍ଟବିଧ ଗୁଣର ଗରିମା"
ଅଣିମା, ଲଘିମା, ଆଦି ସିଦ୍ଧିଗୁଣେ, ଅନନ୍ତର ସୀମା ।।
ଛୁଇଁନାହିଁ ଯେଉଁ ଗୁଣ 'ଈଶ୍ୱର' ଯା ନାମ ସୁବିଖ୍ୟାତ,
ମସ୍ତକେ ଯା ଅର୍ଦ୍ଧଚନ୍ଦ୍ର ଅମଳିନେ ଜଳୁଛି ସତତ ।୭୫ ।

ଭୂମି, ଜଳ, ବାୟୁ, ଅଗ୍ନି ତେଜ, ଯାର ଅଷ୍ଟବିଧି ରୂପେ
ପରସ୍ପର ସହାୟକ, ଏ ବିଶ୍ୱର ପୂରକ ସ୍ୱରୂପେ
ମିଳିତ ଅଶ୍ୱ ସମୂହେ, ବାହିନ୍ୟନ୍ତି ଯେହ୍ନେ ଯାନ ରାଶି,
ଅଷ୍ଟବିଧ ମୂର୍ତ୍ତି ଯା'ର ଏ ବିଶ୍ୱକୁ ବହନ କରିଛି ।୭୬ ।

ସେହି ସେ ଅଧ୍ୟାତ୍ମ ଯୋଗୀ ସମୂହର, ସର୍ବ ଅନ୍ତର୍ଯ୍ୟାମୀ,
ପରମାତ୍ମା ଶମ୍ଭୁ ଯାରେ ଧ୍ୟାନ ଆଉ ଧାରଣାରେ ନମି
ଯେ ଶମ୍ଭୁ ଚରଣ ବାରେ ଦରଶନେ ନାହିଁ ଜନ୍ମ ଆଉ,
ପୁରାବିଦ୍ କରିଛନ୍ତି, ପୁରାଣରେ ସେହି ମହାବାହୁ ।୭୭ ।

ଭକ୍ତ ବାଞ୍ଛା କଳ୍ପତରୁ ସର୍ବକର୍ମ ଦ୍ରଷ୍ଟା ଶମ୍ଭୁ ନିଜେ,
ଆତ୍ମ ମୁଖେ କହିଛନ୍ତି ତବ କନ୍ୟା ପାଣିପ୍ରାର୍ଥୀ ସେ ଯେ ।୭୮ ।

ସରସ୍ୱତୀ ଯେଉଁପରି ଅର୍ଥ ସାଥେ ହେଲେ ଶୁଭେ ଯୁକ୍ତ
ସୁଫଳ-ଦାୟିନୀ ଭବେ ସେହିପରି ତବ କନ୍ୟା ହସ୍ତ,
ଜଗତର ଶୁଭ ଲାଗି, ହେଉ ଯୋଗ୍ୟ ବିବାହ ବିଧାନେ,
ସତ୍‌ପାତ୍ରେ ଅର୍ପିଲେ କନ୍ୟା ହୁଏ ନାହିଁ ଦୁଃଖ ପିତା ମନେ ।୭୯ ।

ଚରାଚର ବିଶ୍ୱ ଆଜି ମାତା ବୋଲି କରୁ ହେ ସ୍ୱୀକାର,
ପୂଜ୍ୟତମା ମାତୃରୂପେ ତୋର କନ୍ୟା ତିଷ୍ଠୁ ଚିରକାଳ ।
କାହିଁକି ନା ଜଗତର ପୂଜ୍ୟପିତା ଏକମାତ୍ର ଶିବ,
ବିରାଟ ବିଶ୍ୱର ଦେବ ଏକମାତ୍ର ନୈଷ୍ଠିକ ବୈଷ୍ଣବ ।୮୦ ।

ପ୍ରଣମାନ୍ତେ ସଦାଶିବ ଅର୍ପିବେ ତୋ ଦୁହିତା ଚରଣେ,
ନମିବେ ବିବୁଧେ ଯେବେ ମସ୍ତକର କିରୀଟ ଗହଣେ
ଜଳୁଥିବା ମଣିଜାଳେ ସୁରଞ୍ଜିତ ହେବ ଉମାପଦ,
ଅପୂର୍ବ ଶୁଭଶ୍ରୀ ଦେଖି ହେବୁ ରାଜା ପରମ ଆନନ୍ଦ ।୮୧ ।

କି ଅବା କହିବୁ ବେଶୀ, ଭାବ ଥରେ ରାଜା ତୋ ମନରେ,
ବଧୂବେଶେ ତୋ ଉମାରେ କରିବୁ ତୁ ସଂପ୍ରଦାନ ଯାରେ,
ସେ ବିଶ୍ୱ ମଙ୍ଗଳମୟ, ଯା ପାଇଁ ଏ ପ୍ରାର୍ଥୀ ସପ୍ତଋଷି
ତୋର ଏ ଦ୍ୱାରସ୍ଥ ହୋଇ, ଯଶ କିବା ଏହାଠୁ ବଳିଛି ।୮୨ ।

ବିଶ୍ୱଗୁରୁ ଶଙ୍କର ଯେ ଜଗତ ଯା'କରେ ସ୍ତୁତି ଗାନ
ଅଥଚ ଏ ସାରା ସୃଷ୍ଟି, ତାର କେହି ନାହିଁ ପୂଜ୍ୟ ସ୍ଥାନ,
ସେଇ ସେ ଶଙ୍କର ତାରେ, କନ୍ୟାଦାନେ ହେ ହିମାଦ୍ରି ପତି,
ହୁଅ ତା'ର ବନ୍ଦନୀୟ, ଭାଗ୍ୟବାନ ଏ ଜନ୍ମେ ନୃପତି ।୮୩।

ହିମାଳୟେ ଯେତେବେଳେ କହୁଥିଲେ ଦେବର୍ଷି ଅଙ୍ଗୀରା
ଏ ବିବାହ ସୁନିର୍ବନ୍ଧ, ଲଜ୍ଜା ଆଉ ସଂକୋଚେ ଅଧୀରା
ପାର୍ବତୀ ଆନତ ମୁଖେ ପିତା ପାଶେ ବସି ଖେଳୁଥିଲେ,
ସଂଗୃହୀତ ଶତଦଳ ପାଖୁଡ଼ାରେ ଗଣୁଥିଲେ ଧୀରେ,
ନିବିଷ୍ଟ ମନରେ ରହି, ସତେ ଅବା ନ ଶୁଣନ୍ତି କିଛି,
ଲଜ୍ଜାରେ ସେ ଅଧୋମୁଖୀ, ଲୀଳାପଦ୍ମ ଦଳରେ ବିଶେଷି ।୮୪ ।

ମହର୍ଷି ବାକ୍ୟେ ନୃପତି ସୁନିଶ୍ଚିତ ହେଲେ ବି ମନରେ,
ଗୃହିଣୀ ମେନାର ମୁଖେ ଚାହୁଁଥିଲେ ରହି ବାରେ ବାରେ ।
ବିବାହ ନିମିତ୍ତ କା'ର ହେଲେ ପ୍ରାୟ ଗୃହସ୍ଥ ସକଳ
ଗୃହିଣୀର ପରାମର୍ଶ ଲୋଡ଼ିଥାନ୍ତି ସ୍ୱ-ମତ ଉପର ।୮୫ ।

ପତିବ୍ରତା ମେନା ମଧ ଅଭିପ୍ରାୟ ବୁଝି ସ୍ୱାମୀ ତହୁଁ,
ଆନନ୍ଦେ ଅନୁମୋଦନ କଲେ ସତୀ ସାଧ୍ୱୀ ନାରୀ ଯେହୁ
ଜୀବନରେ ଯାଏନାହିଁ ତା ସ୍ୱାମୀର ଇଚ୍ଛା ବିରୁଦ୍ଧରେ
କାୟ ମନବାକ୍ୟ, ଦେଇ ଅନୁସରି ଥାଏ ସେ ସ୍ୱାମୀରେ
ସର୍ବ ଋଷି ବାକ୍ୟ ଶେଷେ, 'ଏଇ ହେଲା ପ୍ରକୃତ ଉତ୍ତର',
କହି ଧୀରେ ଅଦ୍ରିନାଥ, ବିବାହର ମଙ୍ଗଳ ବେଭାର-
ବିଭୂଷିତା କନ୍ୟା ଧରି ସମ୍ମୁଖରେ କହିଲେ ଉଚ୍ଚାରି ।୮୭।

"ଆସ ମା ମୋ ଗୃହଲକ୍ଷ୍ମୀ, ଆଜି ତୋରେ ଭିକ୍ଷା ଦାନକରି
ଅପିଲି ମୁଁ ମହେଶ୍ୱରେ, ଜଗତ-ବନ୍ଦ୍ୟ ମୁନିଗଣ ଯାରେ-
ମାଗି ମୋତେ କଲେ ଧନ୍ୟ, ଗୃହମେଧି ଫଳ ଲଭିବାରେ ।୮୮।

ସତ୍‌ପାତ୍ରେ କରିଲେ କନ୍ୟା ସମ୍ପ୍ରଦାନ ଧନ୍ୟ ହେବି ଭବେ,
ମୁନିଗଣେ ସମ୍ବୋଧିଣ କହେ ରାଜା ଗୁରୁ ଗଉରବେ ।୮୯।

"ଏଇ ତ୍ରିଲୋଚନ-ବଧୂ କନ୍ୟା ମୋର ପ୍ରଣମେ ଗୋସାଇଁ,
ସପ୍ତଋଷି ମଣ୍ଡଳିରେ ନଗରାଜ ଉଦାର ବାକ୍ୟେ ହିଁ
ଶ୍ରବଣରେ ମୁନି-ବୃନ୍ଦ, ଅଭିପ୍ରାୟ ଅନୁରୂପେ ବାଛି,
ଆଶୁଫଳ ସିଦ୍ଧି ଲାଭେ ଅମ୍ବିକାର ସୁକଲ୍ୟାଣ ଇଚ୍ଛି- ।୯୦।

ସମ୍ବର୍ଦ୍ଧନା କଲେ ତାରେ, ଭକ୍ତି ଭରେ ଯେତେବେଳେ ସତୀ
ପ୍ରଣମିଲେ ମୁନିଗଣେ, ସ୍ୱର୍ଣ୍ଣ କର୍ଣ୍ଣଭୂଷା ଗଲା ଖସି
ଧରିତ୍ରୀରେ, ଖୁସିମନେ ଅରୁନ୍ଧତୀ ପାର୍ବତୀରେ ଚାହିଁ
କୋଳେନେଲେ ସ୍ନେହଛଳେ, ଲଜ୍ଜାମୁଖୀ ଉମାରେ ଅନାଇଁ।୯୧।

ଅଳିଅଳି ଦୁହିତାର ସ୍ନେହେ କାନ୍ଦେ ଅଶ୍ରୁମୁଖୀ ମେନା
ବୁଝାଇ କୁହନ୍ତି ତହୁଁ ଅରୁନ୍ଧତୀ ଶିବର ଗରିମା,
ତ୍ରିଦିବର ଅସାଧ ଯା' ସେ ଅନନ୍ତ ଗୁଣାବଳୀ ଶୁଣି
ପ୍ରକୃତିସ୍ଥ ହେଲେ ମେନା, ମୁନିପ୍ରିୟା ଗଲେ ଯା' ବଖାଣି।୯୨।

ହରବନ୍ଧୁ ମୁନିଗଣେ ପୁଚ୍ଛା କଲେ ହିମବନ୍ତ ରାଜ
ଶୁଭଲଗ୍ନ ହେବ କେବେ' ଆଉ ମାତ୍ର ତିନି ଦିନ ହେଜ
ଗମନେ ଉଦ୍ୟତେ ସର୍ବେ ଗଲେ କହି ଯିବାର ପୂର୍ବରୁ
ହିମାଳୟେ ପ୍ରବୋଧିଣ ସର୍ବରଷି, ଶିବ କଳ୍ପତରୁ
ଯେ ସ୍ଥାନେ ପ୍ରତୀକ୍ଷମାଣେ ଥିଲେ ରହି- "ଅଭିପ୍ରେତ କାମ"।୯୩।

ସୁସିଦ୍ଧ ହୋଇଛି ଦେବ, କହି ସର୍ବେ ବିଦାୟ ଗ୍ରହଣ
କରି ଗଲେ ନଭ ପଥେ ଅଦ୍ରିକନ୍ୟା ଲାଭ ଆଶା ନେଇ
ରହିଲେ ଉତ୍ସୁକମନା ଶିବ ଶମ୍ଭୁ, ତିନି ଦିନ ପାଇଁ।୯୪।

- ଲାଗିଲା ସହସ୍ର ଯୁଗ କାମଜୟୀ ବିଶ୍ୱଦେବ ଯହିଁ
ଅତିହିଁ ଉଛନ୍ନ, ଭବେ ଆନଜନେ କେ  ବଖାଣୁ ଥାଇ।୯୫।

# ସପ୍ତମ ସର୍ଗ

ଋଷିଗଣ ନିର୍ଦ୍ଧାରିତ, ଦିବସ ଅତିବାହିତ ହୋଇଲା ଯେଦିନ
ଏଥୁଅନ୍ତେ ନଗରାଜା, ଧରି କୁଟୁମ୍ବ ପରଜା, ବରିଲା ବରଣ-
ଉମାର ବିବାହ ବିଧି, ଯେ କାଳେ ଲଗ୍ନେ ଅବଧି, ସପ୍ତମ ସ୍ଥାନରେ
ଶୁଦ୍ଧି-ଯୁକ୍ତ ତିଥି ଧରି, ଶୁକ୍ଳପକ୍ଷ ଅନୁସରି, ରାଜା ସମ୍ପାଦିଲେ ।୧ ।

ଶୁକ୍ଳପକ୍ଷ ତିଥି ସାର, ଜାମାତା ନିର୍ଣ୍ଣୟ କର, କୁଟୁମ୍ବ ବିଚାରେ
ବିବାହ କୌତୁକ ବିଧି, ସମ୍ପାଦିବେ ସର୍ବେ ଶୁଦ୍ଧି, ମିଳି ଆଗ୍ରହରେ ।
ସେ ଲାଗି ଔଷଧିପ୍ରସ୍ଥ, ପୁରସ୍ତ୍ରୀ ପରିଶୋଭିତ, ମଙ୍ଗଳ ବିଧାନେ,
ଏକ ପରିବାର ପରି, ନଗର ଓ ଅନ୍ତଃପୁରୀ ଲାଗନ୍ତି ସମାନେ ।୨ ।

ମନ୍ଦାର ତରୁ କୁସୁମେ, ରାଜପଥ ଆସ୍ତରଣେ, ଚିନାଂଶୁକ କେତୁ,
ସଜ୍ଜିତ ସୁଚାରୁ ରୂପେ, ସୁବର୍ଣ୍ଣ ତୋରଣ ପଥେ ମଧ୍ୟଭାଗ ହେତୁ ।
ଦିଶଇ ଅତି ସୁସଞ୍ଜ, ଉଜ୍ଜ୍ୱଳତା ଅନୁରାଗ ଉଭୟ ମନରେ,
ଭରଇ ବିପୁଳାନନ୍ଦ, ରାଜପଥର ସ୍ୱଚ୍ଛନ୍ଦ, ସ୍ୱର୍ଗ ଶୋଭା ବଳେ ।୩।

ପୁତ୍ର କନ୍ୟା ଯଦି ବେଶି ଥିଲା ବା ରାଜାର ଅତି ସ୍ନେହ, ଉମା ପାଇଁ
ଥିଲା ରାଜା ରାଣୀ ମନେ, ଆଜି ପୁଣି ସସ୍ତ୍ରଗୁଣେ, ଉଠିଛି ଚିତୋଇ,
ସତେ ବା ମରଣୁ ଉଠି, ଫେରିଛି ଉମା-ସମ୍ପତ୍ତି, ରାଜା ରାଣୀ କୋଳେ,
ଆସନ୍ନ ବିବାହ ଲାଗି, ତେଣୁ ବେଶି ଅନୁରାଗୀ ପିତା ମାତା କୋଳେ ।୪ ।

ଏଥିବଳି ସେ ପାର୍ବତୀ, ସମାନ ଆଦର ଅତି, ରମଣୀ ଗହଣୁ-
ଲଭନ୍ତି ବିପୁଳ ସ୍ନେହ, କୋଳୁକୋଳେ ଅହରହ, ବସନେ ଭୂଷଣୁ।
ସକଳ ରମଣୀ ଆଖି, ଆଣିଛି ଉମାରେ ଡାକି, ଅପତ୍ୟ ସ୍ନେହରେ
ଯା'କିଛି ଭୁଲନ୍ତି ନାରୀ, ଉମା ଶଶୀରେ ନିହାରି, ଉଲ୍ଲାସ ମନରେ।୫।

ଉଦୟ ନିମିଷ ପରେ, ତୃତୀୟ ମୁହୂର୍ତ୍ତ ଯା'ରେ, ବୋଲନ୍ତି ସକଳ
ମୈତ୍ର ମୁହୂର୍ତ୍ତ ବୋଲିଣ, ଚନ୍ଦ୍ରେ ଉତ୍ତରା ଫାଲ୍‌ଗୁନ, ହୋଇବାରୁ ମେଳ
ପତି ପୁତ୍ରବତୀ ନାରୀ, ପାର୍ବତୀର ବିଧିପାଳି, ଶୁଭ ମନାସିଣ,
ବିବାହ ପୂର୍ବର ବିଧି, କରିଲେ ସର୍ବ ସମ୍ପାଦି, କୁଟୁମ୍ବିନୀ ଗଣ।୬।

ସେ ପାର୍ବତୀ ଗୌରଦେହା, ହଳଦୀ ସିନ୍ଦୂରେ ଆହା, ନବ ଦୁର୍ବାଦଳେ-
ଶ୍ୱେତ ସୋରିଷ ମିଶାଇ, ସୀମନ୍ତେ ଦେବାରୁ ଥୋଇ, ଶୋଭାଗୁଣ ବଳେ।୭।

ଝୀନ କୌଷେୟ ବସନ ନାଭିଦେଶରେ ବେଢ଼ିଣ, ଉମା ଅଙ୍ଗ ଗୋଟି
ହସ୍ତଶୋଭେ ବାନ୍ଧି ବାଣ, ବିଧିରେ ଅଙ୍ଗ ଭୂଷଣ, ସାର୍ଥକ ସବୁଠି।୮।

ଏଥୁ କିବା ଅଛି ବଳି, ନବୀନ ଭାବେ ଦୁଲାଳୀ, ହେବାରୁ ଭୂଷିତ
ଶୁକ୍ଲପକ୍ଷ ଚନ୍ଦ୍ରସମ, ଦିଶେ ଅତି ମନୋରମ, ପାର୍ବତୀ ସତେ ତ !
ଜୀବନର ଅନ୍ଧରାତି, କାଟି ବା ଦିଏ ନିୟତି, ନାରୀ ଜୀବନର
ପ୍ରତିଭାତ କ୍ରମ ଶଶୀ, ସୁବିମଳ ଦଶଦିଶି, ଆଶୁ ଭବିଷ୍ୟର।୯।

ଲୋଧ୍ର ପରାଗେ ତଇଳ, ଅଙ୍ଗେ ବୋଳି ଜରଜର, ବାସ ଅଙ୍ଗରାଗେ,
ଜଡ଼ାଇ ଚୁଆ ଚନ୍ଦନେ, ସ୍ନାନକାଳ ଆବରଣେ, ଅନ୍ୟ ନାରୀ ସଙ୍ଗେ
-ଚତୁଃସ୍ତମ୍ଭ ସ୍ନାନଗୃହେ, ନିଅନ୍ତି କନ୍ୟା ଆଗ୍ରହେ, ମରକତ ଶିଳା-
-ଶୋଭିତ ଯହିଁ ତହିଁରେ, ମଣି ମୁକ୍ତା ଖଚିତରେ, ବସାଇ ସୁଶୀଳା
ହେମକୁମ୍ଭ ବାରି ଢାଳି, ସ୍ନାନ କରାଇଲେ ନାରୀ, ମଙ୍ଗଳ ବାଜଣା-
-କାନ୍ଦିଲା ଦିଗ ଉଚ୍ଛୁଳି, ମାଙ୍ଗଳିକ ବିଧି ସାରି, ଶୋଭିତ ସୁକନ୍ୟା।୧୦।

ଯେ ମଙ୍ଗଳ ଶୁଭ୍ରବାସ, ପତି-ଗମନେ ଉଦ୍ଦିଷ୍ଟ, ପିନ୍ଧି ତା' ପାର୍ବତୀ,
ଶାରଦ ଧରିତ୍ରୀ ଅବା, ବର୍ଷାପରେ ଦିଶେ ଶୋଭା, କାଶ ଫୁଲେ ଅତି ।୧୧ ।

ପତିବ୍ରତା ଗଣେ ମିଳି, ସୁରମ୍ୟ ମଣ୍ଡପେ ଚଳି, ସ୍ତମ୍ଭ ଚତୁଃଷ୍ଟୟେ-
ଶୋଭିତ ମଣି ବେଦୀରେ, ବସାନ୍ତି କୌତୁକ ଭରେ, ଧରି କାମିନୀଏଁ ।୧୨ ।

ତଥାପି ବିବାହ ଲାଗି, ସାଜସଜ୍ଜା ଅନୁଯୋଗୀ ହେବ ତ ନିଶ୍ଚୟ,
ସେଥିଲାଗି ପ୍ରଥମରେ, ଧୂପଦେଇ ପାର୍ବତୀରେ, ଆର୍ଦ୍ର ତା ନିଚୟ
ଶରୀରୁ ସକଳ ପୋଛି, ନବଦୂର୍ବାଦଳେ ଖଞ୍ଜି, କୁଞ୍ଚିତ କେଶରେ
ମଧୁଦ୍ରୁମ କୁସୁମରେ, ହରିଦ୍ରାର ଶୋଭାବଳେ, ମଧ୍ୟ ଜଡ଼ିବାରେ ।୧୪ ।

ଅଗୁରୁ ପଙ୍କ ମିଶ୍ରିତ, ଶ୍ୱେତ ଗୋରଚନା ପତ୍ର, ଶରୀରେ ଆଲେଖି
ସୁକୋମଳ ଅଙ୍ଗଲତା, କଲେ ଶୁଭେ ସୁମଣ୍ଡିତା, ସକଳ ସୁମୁଖୀ ।
ସେ ଗୌରୀ ଶୋଭନ୍ତି ଯେହ୍ନେ ତ୍ରି-ପଥଗା ଜହ୍ନୁକନ୍ୟେ, ସୈକତ ଶାଳିନୀ
ଚକ୍ରବାରେ ସୁଶୋଭିତା, ବନପୁଷ୍ପ ସୁମଣ୍ଡିତା, ଲାବଣ୍ୟକୁ ଜିଣି ।୧୫ ।

ଆପାଦ ଲମ୍ବିତ କେଶେ, ମୁଖଚନ୍ଦ୍ର ଉଦି ଦିଶେ, ସମୀପେ ତାହାର
ଭ୍ରମର ବେଷ୍ଟିତ ପଦ୍ମ କୃଷ୍ଣ, ମେଘେ ଅବା ଚନ୍ଦ୍ର କାହୁଁ ଯୋଗ୍ୟ ତା'ର ।୧୬ ।

ପାର୍ବତୀ କପୋଳ ପରେ, ଲୋଧ୍ର ପରାଗ ଲେପିଲେ, ବଳି ଶତ ଗୁଣେ-
କପାଳ ଶୁଭ୍ରତା କାନ୍ତି ଗୋରଚନା ଦେଲେ ଲେପି, ଆରକ୍ତ ମିଶ୍ରଣେ
କର୍ଣ୍ଣେ ପୁଣି ଯବାଙ୍କୁର ମିଶାଇଲେ ହରିଦ୍ରାର, ଶ୍ୱେତ ଓ ଲୋହିତ
ଶୁଭ୍ର ମିଶି ତିନି ଗୁଣେ, ମନ ଆଖି ଏକାପଣେ, ଯହୁଁ ଫେରେନି ତ ।୧୭ ।

ଉମା ଅଙ୍ଗ ଅବୟବେ, ଅନୁପମ ଭଙ୍ଗୀ ଜାଗେ, ଯହିଁରେ ଅଧର
ରେଖି ରେଖାରେ ବିରଞ୍ଚି, ବିଭକ୍ତ ଯା କରିଅଛି, ମଧୁ କୁଙ୍କୁମର
ଓଷ୍ଠ ରାଗ ପ୍ରଲେପନ, ଯା ଶୋଭା ବଚନୁ ଜିଣେ, ସେ ପୁଣି କମ୍ପିତ,
ଆଶୁତୋଷ ସଙ୍ଗ କାମେ, ଆଶୁ ଭବିଷ୍ୟ ସପନେ, ଲାବଣ୍ୟ ରଞ୍ଜିତ ।୧୮ ।

କେ' ସଖୀ ଚରଣେ ଚିତା ଲେଖୁଁ ସଖୀ ସୁବାଞ୍ଛିତା, କହେ ପରିହାସେ
"ହେ ସଖୀ ଅଳତା ପାଦେ, ଚନ୍ଦ୍ରମୌଳି କପୋଳେ ଯେ ଚନ୍ଦ୍ର ଯହିଁ ଦିଶେ
ସଖୀ ପରିହାସେ ବାମା, ପୁଷ୍ପହାରେ ମାରେ ଉମା, ସଲାଜ କୋପରେ
ଗୋପନ ମନର କୋଣେ, ଆନନ୍ଦ ନଲୁଚେ କ୍ଷଣେ, ସ୍ଫୁରିତ ଅଧରେ।୧୯।

ନୀଳ କରବୀର ଅବା, ଫୁଟିଛି ଅପୂର୍ବ ଶୋଭା, ନୟନେ ଉମାର,
ସେ ନୟନେ କଳା ଲେପି, ଅଧିକା କି ହେବ ସଖୀ, ରମଣୀ ସକଳ,
କେବଳ ଶୁଭ ମନାସି, ଲେପିଲେ ଅଞ୍ଜନ ମସୀ, ପାର୍ବତୀ ନୟନେ
ଶତଗୁଣେ ଶୋଭା ବଳି, ଯା ନୟନ କାନ୍ତିଝଳି, କି ହେବ ଅଞ୍ଜନେ।୨୦।

ତାରକିତ ରଜନୀର, ଫୁଲହାରେ ବ୍ରତତୀର, ନତ ପ୍ରଭା ପରି
ପ୍ରଭାତ ତରଳ ବକ୍ଷେ, ଭାଷିଲେ ବିହଙ୍ଗ ଲକ୍ଷେ, ନଦୀ ସମ ସରି
ପାର୍ବତୀ ଦିଶଇ ଅତି, ବସନେ ଭୂଷଣେ ସତୀ, ହେବାରୁ ଭୂଷିତ,
ଅର୍ନିବଚନୀୟ ଶୋଭା, କି ଉପମା ତାରେ ଦେବା, ବଚନୁ ବଳିତ।୨୧।

ସେ ଗୌରୀ ଦର୍ପଣେ ଦେଖି, ନିଜ ଅଙ୍ଗସାଜେ ସୁଖୀ, ବାଞ୍ଛିତ ପତିରେ,
ଦେବା ଲାଗି ତନୁ ମନ, ଭାବି କମ୍ପେ ଅପଘନ, ସ୍ତିମିତ ଚକ୍ଷୁରେ।
ସହଜେ ରମଣୀ ଜାତି, ସଜାଇ ନିଜରେ ନିତି, ନିଜ ପତି ପାଶେ
ସାର୍ଥକ ଭାବନ୍ତି ମନେ, ନହେଲେ ସେ ଅକାରରେ, ଅବହେଳିତ ସେ।୨୨।

ଏଥୁଅନ୍ତେ ପ୍ରସାଧନ, ହୋଇବାରୁ ସମାପନ, ମାତା ମେନା ଧୀରେ,
ମନଃଶିଳା ହରିତାଳ, ମିଶାଇ ମଙ୍ଗଳ ତିଳ, କପୋଳେ ବିଧିରେ
ଦେବାପାଇଁ ଆସୁଁ ପାଶେ, ଅବତାଂସ ଦନ୍ତ ପତ୍ରେ, ଅମଳ କପୋଳେ-
ପଲ୍ଲବେ ଝଳ ଝଳ, ସୁନ୍ଦର ଓ ସୁବିମଳ, ପାର୍ବତୀର ଭାଲେ।
ତର୍ଜନୀ  ମଧ୍ୟମାଙ୍ଗୁଳି ଦେଇ ତିଳକର କଳି ଭାଲେ ଦେଲେ ମାଆ,
ପୂର୍ଣ୍ଣ ଅଭିଳାଷ ତୁଲେ, ପୂର୍ଣ୍ଣିମା ଉମାଶଶୀ ରେ, ନିରେଖିଣ ଆହା-।୨୩।

ଭାଳନ୍ତି କନ୍ୟାରେ ନାହିଁ, ଯେଦିନ ପାର୍ବତୀ ଠାଇଁ, ଏ ସ୍ତନ କୁସୁମ-
ହେଲା ଉନ୍ମେଷିତ ଧୀରେ, ସେଦିନ ମୋ ଆଶା ତିଳେ, ବଢ଼ିଦେଲା କ୍ରମ।
ବିଶ୍ୱର ବରେଣ୍ୟ ଯେହୁ, ଜାମାତା ସେ ହେବ ଆଉ, କି ଅଛି ଅଧିକ
ଭାବୁଁ ଶୋକେ ଅଭିଭୂତା, କପୋଳେ ଦେଇଣ ଚିତା, ବୁହାନ୍ତି ଲୋତକ।୨୪।

ପୁଣିହିଁ ମଙ୍ଗଳ ସୂତ୍ର, ମେଷ ରୋମେ ଯା' ନିର୍ମିତ, ବାନ୍ଧିଦେବା ବେଳେ
ଅଶ୍ରୁଳ ମେନାର ଆଖି, ସ୍ଥାନାନ୍ତରେ ଦିଏ ରଖି, ମଙ୍ଗଳ ସୂତ୍ରରେ।
ପାର୍ବତୀର ଉପମାତା, ତ୍ରୁଟି ଦେଖାନ୍ତି ଆସି ତା' ବାନ୍ଧି ଉମା ହାତେ,
ଦୁହିତା ଲଗାଇ କୋଳେ, କାନ୍ଦଇ ମେନା ବିହ୍ୱଳେ, ଆନନ୍ଦାଶ୍ରୁ ସାଥେ।୨୫।

ପାର୍ବତୀରେ ଦେଲେ ଆଣି, ନୂତନ ଦର୍ପଣେ ପୁଣି, ଦେଖିବାକୁ ତାରେ
ପ୍ରତିବିମ୍ବ ଦେଖେ ଉମା, କ୍ଷୌମବାସ ପହରଣା, ଅପୂର୍ବ ଶୋଭାରେ
କ୍ଷୀରସିନ୍ଧୁ ଫେନ ତଳେ, ବିହସିତ ବେନା କିରେ! ପ୍ରସନ୍ନ ସତତ
ଅଥବା ପୂର୍ବେ ଉଦିତ, ଚନ୍ଦ୍ରକରେ ଉଦ୍‌ଭାସିତ ଶାରଦ ନିଶୀଥ।୨୬।

ମାତାର ଯା' ଅଭିଜ୍ଞତା, ସ୍ତ୍ରୀ ଆଚାରେ ସୁବିଖ୍ୟାତା, କରନ୍ତି ସେ ମାଆ
କୁଳ ଦେବତା ବନ୍ଦାଇ, ପ୍ରଣିପାତ ସାରି ଯାଇଁ କୁଳନୀତି ଯାହା-
ବୁଝାଇ କୁହନ୍ତି ପୁଣି, ପ୍ରବୀଣା ସତୀ ରମଣୀ, ଚରଣେ ପ୍ରଣତି
କରିବାକୁ ଉପଦେଶ, ଦେଇ ଦେଖାନ୍ତି ନିଜେତ, ସକଳେ, ପାର୍ବତୀ।୨୭।

ସତୀ ସ୍ୱାଧୀ ପୁତ୍ରବତୀ, ଚରଣେ ନମନ୍ତି ସତୀ, ସକଳ ଚରଣେ
ପ୍ରଣମନ୍ତି ଯାରେ ଉମା, ସେ ବୋଧନ୍ତି ଆଶିଷେ ମା, ସ୍ନେହଶୀଳ ମନେ
"ପତିର ଅଖଣ୍ଡ ପ୍ରେମ, ପାଇ ଉମା ହୁଅ ଧନ୍ୟ", ଲଜ୍ଜାରୁଣ ମୁଖୀ
ଅନନ୍ତ ଗୁଣ ଶାଳିନୀ, ହର୍ଷମୁଖେ ଗଲେ ପୁଣି, ସୁଆଶିଷ ସତୀ
ସେହି ସ୍ନେହାଶୀଷ ପାଇଁ, ଅର୍ଦ୍ଧାଙ୍ଗିନୀ ହେଲେ ଯାଇଁ, ପଶ୍ଚାତେ ଗଉରୀ,
ଜୀବନ କୃତାର୍ଥ କରି, ଅଧେ ଶିବ ଅଧେ ଗୌରୀ, ଜଗତ ଆବୋରି।୨୮।

ସଭ୍ୟ ଓ କର୍ମ ଚତୁର, ଇଚ୍ଛାରେ ଯା'ଥିଲା ଚିର, ସେ ଦୁହିତା ଲାଗି,
ବିବାହ ଚିତ୍ତେ, ସକଳ, ସାରି କାର୍ଯ୍ୟ ହିମାଚଳ, ବନ୍ଧୁ ତୁଲେ ଜାଗି-
ରହିଲେ ବୃଷାଙ୍ଗ ଲାଗି, ଉତ୍‌କଣ୍ଠିତ ଅନୁରାଗୀ, ସଭାସ୍ଥ ସକଳେ ।୨୯ ।

(ଏଣେ) କୈଳାସେ ସପତ ମାଏ, ବ୍ରାହ୍ମୀ ଆଦି ମାତୃକାଏ, ଶିବ ସମ ବରେ,
ମଣ୍ଡିବା ଯୋଗ୍ୟ ସାଜରେ; ନିବେଶନ୍ତି ଅଗ୍ରତରେ, ହୋଇ ହୃଷ୍ଟମନ ।୩୦ ।

ନିଅନ୍ତି ମାତୃମଣ୍ଡଳୀ, କରୁଁ ସସମ୍ମାନେ ଶୂଳୀ, ପରଶି ବହନ
ସେ ସକଳ ଦ୍ରବ୍ୟ ପୁଣି, ନ ଘେନନ୍ତି ଶୂଳପାଣି, ଥିଲା ଯା' ପୂର୍ବର
ସେଇ ଭସ୍ମ ସେହି ଭୂଷା, ଅପୂର୍ବ ଶ୍ରୀ ହେଲା ଇଚ୍ଛା, ଉଦୟେ ଶଙ୍କର ।୩୧ ।

କି ଅଦ୍‌ଭୁତ କି ଅପୂର୍ବ, ସେଇ ଚିରନ୍ତନ ଦ୍ରବ୍ୟ, ବିଭୂତି ଭୂଷଣ,
ଗନ୍ଧ ଲେପେ ପ୍ରତିଭାତ, ନର ମୁଣ୍ଡେ ଶିରସ୍ନାତ, ପିନ୍ଧା ଗଜାଜିନ,
ପ୍ରାନ୍ତଭାଗେ ରୋଚନାଙ୍କ, ସୁରଞ୍ଜିତେ ସେ କି ସତ, କ୍ଷୌମବାସ ପରା ।୩୨ ।

ଲଲାଟରେ ସ୍ଥିତ କ୍ଷୁର, ସ୍ତିମିତ ପିଙ୍ଗଳ ସ୍ଥିର, ଦୀପ୍ତବାନ ତାରା
କପାଳ ଫଳକେ ରହି, ମନୋରମ ସେ ରାଜଇ, ହରିତାଳ ସମ
ପ୍ରତିଭାତ ଯେହ୍ନୁ ଦିଶେ, କି ହେବ ତିଳକ ଶୀର୍ଷେ, ଶିବ ପଞ୍ଚାନନ ।୩୩ ।

ତିଳକର ସମ ପୁଣି, କଙ୍କଣାଦି ଯେ ମଣ୍ଡଣି, ନହେଲା ତ ତ୍ରୁଟି
ବାହୁ କଣ୍ଠେ ଯେ ଯେଉଁଠି, ବିଜନିତ ସର୍ପ ପଂକ୍ତି, ଭୂଷଣେ ପ୍ରତିତି ।
ସ୍ଥିର ସର୍ପ ଜାଲେ ମଣି, ଶତ ଅଳଙ୍କାର ପୁଣି, ହେଲା ଶମ୍ଭୁଅଙ୍ଗେ ।୩୪ ।

ମସ୍ତକେ ବାଳଶଶୀର, ରେଖାଜଳେ ଚିରତର, (ଯହିଁ) କଳଙ୍କ ତ ଲାଗେ
ତହିଁ ଦିବା ରାତ୍ରି ଏକା, ପରି ସୁଶୋଭିତ ରେଖା, ଚନ୍ଦ୍ରର ସୁଷମା,
ମୁକୁଟ ହେଲେ ଖଚିତ, କି ଶୋଭା ବା ହେବ ସେତ, ବିଶ୍ୱର ଯେ ଭୂମା ।୩୫ ।

ସ୍ୱଇଚ୍ଛାରେ ଏହିପରି, ବିଭୂଷିତ ତ୍ରିପୁରାରି, ସୁନ୍ଦର ଅଦ୍ଭୁତ
ଅପୂର୍ବଶ୍ରୀ ଦେଖି ଯାରେ, ଅନୁଚର ସର୍ବେ ଧୀରେ, ପାର୍ଶ୍ୱେ ଉପନୀତ ।
ଧାରଖଡ୍ଗ ଦର୍ପଣରେ, ଦେଖାନ୍ତି ଦେବ ଶମ୍ଭୁରେ, ଅବାକ୍ ବିସ୍ମିତେ ।୩୬ ।

କୁମାର ସମ୍ଭବ | ୧୦୫

ଏହିପରି ସାଜସଜ୍ଜା, ସାରି ବିଶ୍ୱର ସରଜା, ଉଠିଲେ ତ୍ୱରିତେ
ନନ୍ଦୀ ବାହୁ ଭରାଦେଇ, ବୃଷଭେ ହେଲେ ଆରୋହୀ, ବ୍ୟାଘ୍ର ଚର୍ମେ ଯାର
ପୃଷ୍ଠ ହେଲା ଆଚ୍ଛାଦିତ, ସଙ୍କୋଚନେ ନିଜ ଗାତ୍ର, ବହିଲା ଶଙ୍କର।
କୈଳାସ ସ୍ୱଚ୍ଛ ଶିଖରେ, ଆରୋହିଣ କି ମହେଶ୍ୱରେ, ଗମିଲେ ତଡ଼ତି
ଲାଗେ ମନେ ଦେଖିଲେ ତା, ବୃଷ ପୃଷ୍ଠ ଶିଖେ ପିତା, ଆରୋହି ବା ନିତି।୩୭।

ଅନୁକୂଳ କରି ଶିବ, ଗମିଲେ ଯେ କାଳେ ଦେବ, ସପ୍ତମାତୃକାଏ
ସ୍ୱକୀୟ ବାହନେ ଚଢ଼ି, ଅନୁଗମିଲେ ସେ ନାରୀ, ନିର୍ମଳ ପ୍ରଭାଏ,
ମୁଖ ତାଙ୍କ ଦିଶେ ଯେହ୍ନେ, ପୁଷ୍ପରେଣୁ ମଖା ବର୍ଣ୍ଣେ, ଦିଶେ ଝଲମଲ,
କର୍ଣ୍ଣ ଅବତଂସ ଶୋଭା, ନୀଳ ନଭେ ପୂର୍ଣ୍ଣ ଅବା, ଫୁଲ୍ଲଶତଦଳ
ଚଳନେ ସେ ଆକାଶରେ, ଅପୂର୍ବ ସୁଷମା ବଳେ, ମନ୍ଦ ମୃଦୁବାତେ,
କମ୍ପଇ ଇଷତେ ରହି, ଦଶଦିଗ ନେଇ ମୋହି, ନିରେଖୁଁ ମରତେ।୩୮।

କର୍ଷିତ କନକ କାନ୍ତି, ସେ ମାତୃ ମଣ୍ଡଳୀ ପଂକ୍ତି, ପଶ୍ଚାତେ ମା କାଳୀ
ଗମନ୍ତି କରାଳଘୋରା, ନରମୁଣ୍ଡେ ଦିଶେ ତୋରା, କଣ୍ଠ ଅବହେଳି
ଦେଖିଲେ ଭାବେ ଏ ମନ, ଶୋଭିତ ବଳାକା ଘନ, ଯେହ୍ନେ ଯାଏ ଦୂରେ
ହେମ କାନ୍ତି ବିଦ୍ୟୁସମ, ଅବତଂସ ଅନୁପମ, ଝଲସେ କର୍ଣ୍ଣରେ।୩୯।

ଏପରି ସଜ୍ଜିତ କର, କରେ ଶୁଭେ ଅନୁକୂଳ, ତୂର୍ଯ୍ୟ ମାଙ୍ଗଳିକ
ନିନାଦିଲେ ଭୂତଗଣେ, ଯା ସ୍ୱରେ କମ୍ପେ ଗଗନେ, ବିମାନ ଦେବଙ୍କ
ବାଜି ସେଇ ଜୟଢ଼ଙ୍କ, ଜଣାଇଲା ବରଯାତ୍ରା, ଦେବତା ନିକରେ
ଏଯେ ଶୁଭ ଏ ସମୟ, ତ୍ରିଲୋକେଶ ପୁଜିନିଅ, ବର ଅଭୟରେ।୪୦।

ଶ୍ୱେତ ଆତପତ୍ର ଧରି, ସହସ୍ର ରଶ୍ମି ଉତ୍ତାରି, ଧରି ହର ମାଥେ
ବିଶ୍ୱକର୍ମା ଯା ନିର୍ମାଣି, ଥିଲେ ସେ ଛତ୍ରରେ ଆଣି, ଶଙ୍କର ସମୀପେ
ସେ ଜଟାରେ ଲହରାଇ, ଗିରିଶିଖୁ ପଡ଼େ ନଇଁ, ଗଙ୍ଗା ଅବା ଧୀରେ।୪୧।

ନବୀରୂପ ପରିହରି, ଗଙ୍ଗା ଓ ଯମୁନା ମିଳି, ଢାଳନ୍ତି ଚାମରେ
ସମୁଦ୍ରଗା ଅନ୍ୟ ରୂପେ, ସହଂସ ମାଳିକା କି ସେ, କରେ ତଟିନୀର
ସେବିତ ଶଙ୍କର ପାଶେ, ଅପୂର୍ବ ଚାମର ଦିଶେ, ଯମୁନା ଗଙ୍ଗାର ।୪୨।

ଘୃତାହୁତି ଦେଲେ ଜନେ, ମାହାତ୍ମ୍ୟ ବର୍ଦ୍ଧିତ ଯେହ୍ନେ, ଅନଳର, ତେହ୍ନେ
ବିଧାତା ବିଷ୍ଣୁ ସହିତେ, ଜୟଧ୍ୱନି କଲେ ପଥେ, ଶିବ ସଂବର୍ଦ୍ଧନେ ।୪୩।

ଶିବଙ୍କ ମହିମା ଗାଇ, ପୁରାଣ ପୁରୁଷ ଦୁଇ, ଶଙ୍କର ସମ୍ମୁଖେ
ସାକ୍ଷାତେ ହୋଇଲେ ଉଭା, କି ଅପୂର୍ବ ତ୍ରୟଦେବା ହର୍ଷାକୁଳ ମୁଖେ ।
କିଏ ଆଗ କିଏ ପଛ, ବାରିତ ନହୁଏ ସ୍ୱଚ୍ଛ, ନୁହେଁ ବଡ଼ ସାନ
କେବେ ହରି ଆଦିଭୂତ, ବ୍ରହ୍ମା ଶିବ ଜନ୍ମ ତାତ, କେବେ ପଞ୍ଚାନନ- ।
ହରି ହର ବ୍ରହ୍ମା ଆଗୁଁ, ଥିଲେ ଏ ବିଶ୍ୱ ପ୍ରତିଭୂ, ସୃଷ୍ଟିର ମେଦିନୀ ।୪୪।

ଇନ୍ଦ୍ରାଦି ଦେବତା ଗଣେ, ଦୂରୁ ନିରେଖି ବାହନେ, ଅତୀବ ବିନୟେ
ପ୍ରଣାମ କରନ୍ତି ଦୂରୁ, ଇନ୍ଦ୍ର ଚନ୍ଦ୍ର ଯୋଡ଼କରୁ, ନନ୍ଦୀ ଯେ ଜଣାଏ ।୪୫।

ସେ ଦେବ ବ୍ରହ୍ମାରେ ଚାହିଁ, ଈଷତ୍ ମଥା ଦୋଳାଇ, ବିଷ୍ଣୁ ସମ୍ଭାଷଣେ
ଇନ୍ଦ୍ର ଚାହିଁ ହର୍ଷ ମୁଖେ, ସକଳ ହେବ ପ୍ରମୁଖେ, ସସ୍ନେହ ନୟନେ ।୪୬।

ଯେ ସମ୍ମାନ କରି ସାରି, ବିମୁଗ୍ଧ ସେ ତ୍ରିପୁରାରି ଏସନ ସମୟେ
ଦୂରରୁ ସପ୍ତର୍ଷିଗଣ, କଲେ ଜୟ ଜୟ ଗାନ, ଶଙ୍କରର ଜୟେ ।
ଶ୍ରବଣେ କୁହନ୍ତି ଶମ୍ଭୁ, ଆଧିକ୍ୟର୍ଯ୍ୟ ପଣେତ ଆଗୁଁ, ବରିଛି ଆପଣେ
ଏ ବିବାହ ଯଜ୍ଞପାଇଁ, ଗମିଲେ ସପ୍ତର୍ଷି ତହିଁ, ବରଯାତ୍ରୀ ପଣେ ।୪୭।

ବିଶ୍ୱାବସୁ ପ୍ରମୁଖରେ, ଯେତେ ଗନ୍ଧର୍ବ କିନ୍ନରେ, ସଙ୍ଗୀତ ନିପୁଣେ
କଲେ ଶ୍ରେଷ୍ଠ ବୀଣା ତାନେ, ଶମ୍ଭୁବିଜୟ ଆଖ୍ୟାନେ, ବାଦ୍ୟକାର ପଣେ,
ସେ ବାଦ୍ୟର ସୁର ତାଳେ, ତମ ମନୁ ଅପସରେ, ଚଳନ୍ତି ଗହଣେ
ଉତ୍ସୁକେ ବରଯାତ୍ରୀଏ, ଅଭିମୁଖେ ହିମାଳୟେ, ଧରି ବିଶ୍ୱପ୍ରାଣେ ।୪୮।

ଶମ୍ଭୁର ବାହନ ଷଣ୍ଢ, ଦୋଳାଇ ତା ବପୁଖଣ୍ଡ, ଯାଏ ଶୂନ୍ୟ ପଥେ,
ଶୃଙ୍ଗେ ତା ପରଶେ ମେଘ, ଯାଏ ଅତି ଉଦ୍‌ବେଗ, ପରମ ଉଷତେ।
ଦେଖି ତାରେ ହୁଏ ମନେ, କରିଛି ସାନୁ ଗହନେ, କେଳି କେଉଁ ଦେଶେ,
ଅଥବା କା ତଟଭୂମି, ପଙ୍କ ତାଡ଼ି ଶୃଙ୍ଗେ ଆଣି, କମ୍ପଇ ଇଷିତେ।୪୯।

ନଗେନ୍ଦ୍ର ଗୁପ୍ତ ଭବନେ, ଶତ୍ରୁ ଯହିଁ ଭଗ୍ନମନେ, ନପାଏ ସୁଯୋଗ
ଦ୍ରୁତଗାମୀ ବୃଷରାଜ, ବଜାଇ କିଙ୍କିଣୀ ସାଜ, ପହଞ୍ଚିଲା ଆଗ।
ଅବା ପରିଣୟ ପ୍ରାର୍ଥୀ, ଶଙ୍କର ଦୃଷ୍ଟି ସଂପାଦି, ପିଙ୍ଗଳ ନୟନେ
ସୁବର୍ଣ୍ଣ ସୂତ୍ର ସମାନ, ଆକର୍ଷିତ କରି ଘନ, ଆଣିଛି ଭୁବନେ।୫୦।

ସେ ନଗର ଉପକଣ୍ଠେ, ଦେଖି ଘନ ନୀଳକଣ୍ଠେ, କୌତୁହଳେ ଚାହିଁ
ଥିଲେ ଯେତେ ପୁରବାସୀ, ଚକ୍ଷୁମନ ଥିଲେ ତୋଷି, ଆକାଶ ମାର୍ଗେ ହିଁ।
ତ୍ରିପୁର ବିଜୟ ଦିନେ, ସ୍ୱବାଣେ ନଭ-ଅୟନେ, ଚିହ୍ନିତ ମାର୍ଗରେ
ସେ ପଥେ ସରଗୁଁ ତଳେ, ଓହ୍ଲାଇ ସେ ପ୍ରାନ୍ତପୁରେ, ଚଳିଲେ ନଗରେ।୫୧।

ଭାବୀ ଜାମାତା ଆଗମେ, ଉଲ୍ଲସିତ ପୁରଗ୍ରାମେ, ଯେ ବନ୍ଧୁ ସ୍ୱଜନେ
ଧରି ନଗରାଜ ପତି, ଚଳିଲେ ଅତି ତଡ଼ତି, ଗଜେ ସମାସୀନେ
ଯେ ଯାହା ବିଭବ ବଳେ, ଅଳଂକୃତ ଯେ ଯହିଁରେ ଦିଶଇ ଦୂରରୁ
ବୃକ୍ଷରାଜି ସହ ଯେହ୍ନେ, ବିକଶିତ ଫୁଲବନେ, ଘନ ଅନ୍ତରାଳୁ-
ନିତମ୍ବ ଭାଗ ରାଜାର, ଅଥବା ଚଳଇ ତାର, ଅଭିଳାଷ ତୁଲେ
ଶିବ ଅନୁରାଗୀ ହୋଇ, କଟକୁଁ ରାଜା ଚଳଇ, ପତ୍ର ପୁଷ୍ପ ଫଳେ।୫୨।

ବିଶାଳ ତୋରଣ ଦ୍ୱାରେ, ଉନ୍‌ମୋଚିଣ ଅର୍ଗଳରେ, ଦୁଇ ଦିଗ ଦେଇ
ନଗେନ୍ଦ୍ରର ଦଳ ଆଉ, ସୁରବଳ ମିଶିଯାଉଁ, ଘନଘଟା ହୋଇ-
ବହୁଦୂର ଯାଉଁ ବ୍ୟାପୀ, ମନେହୁଏ ବା ଅଦ୍ୟାପି, ଭାଙ୍ଗି ଜଳସୁଅ
ପରସ୍ପର ମିଳିଯାଏ, ସେତୁ ଭାଙ୍ଗି ଏ ଉତ୍‌ସାହେ, ଦୁଇଟି ପ୍ରବାହ।୫୩।

ପ୍ରଣମିଲେ ନଗରାଜେ, ଯେବେ ଭୂତପତି ନିଜେ, ସଙ୍କୁଚିତ ହୋଇ
ସରମେ ରହିଲେ ରାଜା, ଏ ତ୍ରିଲୋକ ଯା' ସରଜା, ମନରେ ଚିତୋଇ
ଉତ୍‌କଣ୍ଠିତ ଉତ୍ସାହରେ, ମାତି ରାଜା ନଜାଣେ ସେ, ମାହାତ୍ମ୍ୟ ଶିବର
ଆଗୁଁ ନତଶିର ହୋଇ, ପ୍ରଣମିଛି ନଗସାଇଁ, ନଜାଣି କେବଳ ।୫୪ ।

ଔଷଧିନଗର ପ୍ରସ୍ଥେ, ପଣ୍ୟ ବ୍ୟଥିକା ସହିତେ, ପୁଷ୍ପ ଆସ୍ତରଣେ
ଚରଣର ଗୁରୁବେଶ, ଯହିଁ ନଦିଶେ ବିଶେଷ, ସେ ପଥ ଗହଣେ
ପ୍ରଫୁଲ୍ଲ ହିମାଦ୍ରିପତି, ଜାମାତା ଆଦରେ ନ୍ୟନ୍ତି, ପୁଷ୍ପମୟ ପଥେ
ରତନ ମନ୍ଦିରେ ନେଲେ, ନଗପତି ସ୍ୱମନ୍ଦିରେ, ବିପୁଳ ପୁଲକେ ।୫୫ ।

ସେ ବେଳେ ଦେଖିବା ପାଇଁ, ଈଶାନେ ଜାଗି ଉଠଇ ଉତ୍‌କଣ୍ଠା ଆଗ୍ରହ
କାର୍ଯ୍ୟ ଛାଡ଼ି ଯା'ନ୍ତି ଉଠି, ପ୍ରସାଦ ଶିଖରେ ଲୋଟି, ପୁର ନାରୀ ଚୟ ।୫୬ ।

କେ ଯାଏ ପେଲି ପହଁରି, ଦେଖିବ ସୁବିଧା କରି, କବରୀ ଲୋଟାଇ
ହାତେ ଧରି ଆର ହାତେ, ଗହଳି ଆଡ଼ାଏ ପଥେ, କେଶ ଲୋଟୁଥାଇ ।୫୭ ।

ପାଦେ କେ' ଅଳତା ରାଗ, ଲେଖୁ ସେ ରମଣୀ ଆଗ, ଶୁଣି ଶିବାଗମ
ଉଠି ଧାଇଁଲା ପ୍ରଖରେ, ମନ୍ଦଗତି ତେଜି ହେଲେ, ମୁକ୍ତ ବାତାୟନ,
ସମୀପେ ଚାହେଁ ସେ ରହି, ଯେ ପଥେ ଯାଇଛି ଧାଇଁ, ସେ ପଥ ରଞ୍ଜିତ
ହେଲା ଅଳତାର ରାଗେ, ଶିବଦେଖା ଅନୁରାଗେ, ଗବାକ୍ଷ ପର୍ଯ୍ୟନ୍ତ ।୫୮ ।

ଯଦିଓ-ବାମ ନେତ୍ରରେ, ବିଧି ଅଞ୍ଜନ ରୀତିରେ, ଦକ୍ଷ-ନେତ୍ରେ ଟାଣି
କେ ଅଞ୍ଜନ ଶଳାକା ଧରି, ବାମ ନେତ୍ର କରି ଖାଲି, ଗବାକ୍ଷେ ଗଲାଣି ।୫୯ ।

ସହସା ରମଣୀ କେହୁ, ଶୁଣିଲାକ ବାଦ୍ୟ ତହୁଁ, ବାତାୟନ ଆଡ଼େ
ଚାହେଁ ଧାଏଁ ଦରଶନେ, କଟୀରୁ ଖସିଲା କ୍ଷଣେ, ବସନ ପଥରେ-
କରି କରେ ଆଚ୍ଛାଦନ, ଗୋପ୍ୟ ନତ-ନାଭି ସ୍ଥାନ, ଧାଏଁ ସେ ଚପଳା
ଭୂଷଣ ଦୀପ୍ତିରେ ଭରି, ଗଲା ନାଭି ଦେଶ ତା'ରି, ନଜାଣେ ସେ ବାଳା ।୬୦ ।

ଚନ୍ଦ୍ରହାର ଅଧା ଗୁନ୍ଥି, କେ ନାରୀ ପଛୁ ଧାଇଁଛି, ଅଙ୍ଗୁଷ୍ଠି ଦୁଇରେ
କେବଳ ରହିଛି ସୂତା, ଗଳିଛି ମଣି ମୁକୁତା, ଫିଟି ପଡ଼ି ତଳେ।୬୧।

ଆସବ ପାନେ କାମିନୀ, ଏକତ୍ରିତ ହେଉଁ ପୁଣି, ବିଲୋକ ନୟନ
ସତତ ଚପଳ ଦୃଷ୍ଟି, ଶତଦଳେ ମଣ୍ଡିଲା କି, ମୁକ୍ତ ବାତାୟନ।୬୨।

ଦେଖୁ ଦେଖୁ ଚନ୍ଦ୍ରମୌଳି, ତୋରଣ ପତାକା ଶୋଭି, ରାଜପୁର ଦ୍ୱାରେ
ଆସିଲେବି ଦିବାଭାଗେ, ତଦୀୟ ଲଲାଟେ ଜାଗେ, ଯେ ଚନ୍ଦ୍ରମା ଫାଳେ,
ସେ ଦୀପ୍ତିରେ ପ୍ରାସାଦର, ଶ୍ୱେତ ଦୀପ୍ତି ବଢ଼େ ଖର, ଶତ ସୂର୍ଯ୍ୟ ସମ
ଅବାକ୍ ବିସ୍ମିତ ଯେତେ, ନୟନେ ନଯାଇ ପ୍ରତେ, ଦେଖନ୍ତି ସୁଠାମ।୬୩।

ସେ ପୁର ସୁନ୍ଦରୀଗଣ, ମନୋହର ପଞ୍ଚାନନ, ଦେଖି ନୟନରେ
ଏତେ ଗଲେ ମଜ୍ଜି ତହିଁ, ନିଜରେ ନଜାଣେ କେହି, ଶିବମୟ ପୁରେ।୬୪।

କେ ନାରୀ କହଇ ସଖୀ, କୋମଳାଙ୍ଗୀ ଏ ପାର୍ବତୀ, ଏଇ ଅପରୂପେ
ପତି ରୂପେ ପାଇବାରେ, ଯେ ତପ କଷ୍ଟ ସହିଲେ, ସାର୍ଥକ ସିନା ସେ।
ଏସମ ଯୁବାର ଦାସୀ, ହେଲେ ବି କୃତାର୍ଥ ଅଛି, ଅଙ୍କଶାୟିନୀ ଯେ
କେତେ ପୁଣ୍ୟ ବଇଭବ, କେତେ ସଉଭାଗ୍ୟ ଥିବ, ପାର୍ବତୀ ପାଇଁ ଯେ।୬୫।

କେ ନାରୀ କହଇ ହସି, ଆମର ଯେ ଉମାଶଶୀ-ସମ ଏକା ଶିବ
ଏ ଦୁଇ ମିଥୁନ କରି, ନଥିଲେ-ବିହି ଆଚରି, ବିଫଳ କରି ଗୋ,
ଏ ରୂପ ଯୁଗଳ ସୃଷ୍ଟି, କରିଥାନ୍ତେ ପରମେଷ୍ଠି, ସିନା ଏ ଜଗତେ
ସେ କାରଣୁଁ ଯୋଡ଼େ ସେତ, ମହେଶ ଉମା ସହିତ, ଯୁଗ୍ମକରି ସତେ।୬୬।

ସତେ ଆଗୋ ଏ ଶଙ୍କର, ମାରି ନାହିଁ ସେହି ସ୍ମର, ଲାଜ ଅଧୋମୁଖେ
ସୁନ୍ଦର ଚନ୍ଦ୍ରଶେଖର, ଦେଖି ଆପେ ମଲା ସ୍ମର, ଈର୍ଷାୟିତ ବୁକେ।୬୭।

କେ ଭାଷଇ ଆଗେ ସଖୀ, ଆମରାଜା ଧରିତ୍ରୀ କି, ଧରିଅଛି ବୋଲି ଉଚ୍ଚଶିରେ
ସତତ ରହଇ ଉର୍ଦ୍ଧ୍ୱେ, ଆଜି ଜାମାତା ସମ୍ବନ୍ଧେ, ସାର୍ଥକ ମହୀରେ।
ଉଚ୍ଚତମ ନଗରାଜ, ସବୁହୁଁ ପ୍ରଫୁଲ୍ଲ ଆଜ, ସମୁନ୍ନତ ଗିରି,
ସତ୍ୟ ସତ୍ୟ ପ୍ରତିଭାତ, ବିଶ୍ୱର ବନ୍ଦନ ଯେ'ତ ଜାମାତା ତାହାରି।୬୮।

ଏସମ ଆଳାପ ଶୁଣି, ପଥେ ଯାନ୍ତି ଶୂଳପାଣି, ହିମାଳୟ ଗୃହେ
ଅଞ୍ଜଳି ଅଞ୍ଜଳି ଲାଜ, ବୃଷ୍ଟି ପଡ଼େ ତହିଁ ଆଜ, ବହୁଜନ ଦେହେ
କେୟୁର କଙ୍କଣେ ବାଜି, ଚୂର୍ଣ୍ଣ ହୋଇପଡ଼େ ଆଜି, ହୋଇ ବିଚ୍ଛୁରିତ।୬୯।

ଯେ ପଥେ ଯାଆନ୍ତି ଶିବ, ହିମାଳୟ ଦ୍ୱାରେ ଦେବ, ବିଷ୍ଣୁ ଦେଖି ପ୍ରୀତ
ହୋଇ ଦେବ ବାହୁ ତୋଳି, ଆଣନ୍ତି ପୁରେ ତ୍ରିଶୂଳୀ, ବୃଷଭ ପିଠିରୁ-
ବାହୁଭରା ଦେଇ ବର, ଉତ୍ତରିଲେ ଯହୁଁ ନର, ନିର୍ଜଳ ମେଘରୁ
ଶରତ ଆକାଶୁ ଖସି, ଆସନ୍ତି କି ସୂର୍ଯ୍ୟ ହସି, ଶ୍ୱେତ କାୟ ଛାଡ଼ି
ଅଗ୍ରେ ଚଳିଲେ ବିଧାତା, ଅନୁସରି ଶଙ୍କର ତା', ଗଲେ ଦ୍ୱାର ମାଡ଼ି।୭୦।

ତାପରେ ପ୍ରଥମଗଣେ, ସପ୍ତର୍ଷି ଓ ସନାତନେ, ଇନ୍ଦ୍ରାଦି ଦେବତା
ସକଳେ ହିମ ସଦନେ, ପହଞ୍ଚିଲେ ଏକ କ୍ଷଣେ, ସର୍ବେ ସମବେତ୍ତା।
ଦେଖି ଭାବେ ମନ ତହିଁ, କି ଅବ୍ୟର୍ଥ କାର୍ଯ୍ୟପାଇଁ, ସର୍ବେ ଏକଠୁଳ,
ସିଦ୍ଧି ଅନୁକୂଳ ମାଗି, ସକଳେ ରୁହନ୍ତି ଜାଗି, ପୁଲକ ବିହ୍ୱଳ।୭୧।

ତହିଁ ଉପସ୍ଥିତ ହୋଇ, ବସିଲେ ଜଗତସାଇଁ, ଆସନେ, ତାପରେ
ନଗରାଜ ଅର୍ଘ୍ୟନୋକ, ସହିତ ରତ୍ନସନ୍ତକ, ମଧୁପର୍କ କରେ
ନିଅନ୍ତି ଉଚ୍ଚାରି ମନ୍ତ୍ର, ଦୁଇ କ୍ଷୌମ ବସନତ, ସକଳ ବିଧାନେ।୭୨।

ନବ ବାସେ ପଞ୍ଚାନନ, ଅନ୍ତଃପୁର ରକ୍ଷୀଗଣ, ନେଲେ ଦୂର ସ୍ଥାନେ
ଉମା ପାଶେ ଚଞ୍ଚଳରେ, ନବୋଦିତ ଚନ୍ଦ୍ରକରେ, ଫେନିଳ ସିନ୍ଧୁ ସେ,
ଆସୁଛି ବା ନତ ହୋଇ, ଶାନ୍ତ ବେଳାଭୂମି ଛୁଇଁ, ଉଚ୍ଛ୍ୱସି ନିକଟେ।୭୩।

ଜୀବଲୋକ ସତେ ଅବା, ଶରତ ସବୁଜ ଶୋଭା, ପାଇ ହେଲା ସୁଖୀ,
ତେସନ ସେ ଚନ୍ଦ୍ରଚୂଡ଼, ଅନାଗତ ସୁଖେ ଭୋଳ, ପାର୍ବତୀ ନିରେଖି
ପ୍ରଫୁଲ୍ଲିତ କୋକନଦ, ସମ ରୁଦ୍ର ଚକ୍ଷୁ ଆଜ, ଶାରଦୀ ନଦୀର
ସ୍ୱଚ୍ଛ ଜଳ କି ହୃଦୟ, ପ୍ରସନ୍ନ ପ୍ରଫୁଲ୍ଲମୟ, ଦିଶନ୍ତି ଈଶ୍ୱର।୭୪।

ଏକାନ୍ତ ଅଧୀର ହୋଇ, ଚାରିଚକ୍ଷୁ ହେଲା ଯହିଁ, ଚକିତ-ଲଜ୍ଜିତ
ମୁହୂର୍ତ୍ତକେ ଅଧୋମୁଖୀ, ଉଭୟ ଚପଳ ଦୃଷ୍ଟି, ଭାବ ବିହ୍ୱଳିତ।୭୫।

କୋମଳ ପଲ୍ଲବ ପରି, ଉମାର କ୍ଷୁଦ୍ର ଅଙ୍ଗୁଳି, ଆରକ୍ତିମ କରେ,
ଯେ ବେଳେ ହିମାଦ୍ରିରାଜ, ତୋଳି ଦେଲେ ବୃଷରାଜ, ବରଣୀ ଶଙ୍କରେ,
ସତେ ବା ବଦନ ଲୁଚି, ଥିଲା ଉମା ଅଙ୍ଗେ ରଚି, ଭସ୍ମସାର ରୂପ
ଏତେ ଦିନେ ଅଙ୍କୁରିତ, କର କିଶଳୟେ ସେତ, ମରଣୁ ଜୀବିତ !
ନଜାଣି ପ୍ରମଥପତି, ଭ୍ରମେ ଅବା ଧରିଛନ୍ତି, ଅଙ୍କୁରିତ କାମେ
ଉମା କରେ ଭ୍ରମେ ପଡ଼ି, ଧରନ୍ତି ଆଜି ତ୍ରିଶୂଳୀ, ବଞ୍ଚିତ ମଦନେ।୭୬।

ସେ ମିଳନ ମୁହୂର୍ତ୍ତରେ, ବେପଥୁ ଉମା ଶରୀରେ, ହୁଅଇ ଚେତିତ,
ପୁରୁଷୋତ୍ତମ ଶଙ୍କର, କରପୁଟ ଅଙ୍ଗୁଳିର, ସ୍ୱେଦେ ଜର୍ଜରିତ,
ଅବଶ କରେ ମହେଶ, ଉମାରେ ଅବା ମନ୍ମଥ, ସମଭାବେ କରି
ଦେଲା ମନର କଳ୍ପନା, ଦମ୍ପତିରେ ଅନ୍ୟମନା, ଗୋପ୍ୟେ ଅବତରି।୭୭।

ଅନ୍ୟର ବିବାହ ବେଳେ, ଉମା ମହେଶ୍ୱର ଥିଲେ, ବଚନୁ ବଳିତ
ହୁଅନ୍ତା ସେ ଶୋଭା କେତେ, ଆଜି ଏ ବିଭା ନିଶିଥେ, ସ୍ୱୟଂ ବିବାହିତ।୭୮।

ଜ୍ୟୋତିଷ୍ମାନ ମେରୁଠାରେ, ପ୍ରଦକ୍ଷିଣ କରି ବୁଲେ, ଯେହ୍ନେ ଦିବାରାତି
ତେସନ ଶିଖା ଅନଳେ, ପ୍ରଦକ୍ଷିଣ କରି ବାରେ, ଶୋଭିଲେ ଦମ୍ପତି।୭୯।

ଉଭୟେ ଉଭୟ ସ୍ପର୍ଶେ, ତନ୍ଦ୍ରିତ ନୟନ ପାଶେ, ନତ ମୁଖେ ହେଲେ
କୁଳ ପୁରୋହିତ ତହିଁ, ପ୍ରଦକ୍ଷିଣ କଲେ ନେଇ, ତ୍ରିବାର ଅନଳେ।
ପ୍ରଦକ୍ଷିଣ କରି ବହ୍ନି, ବିସର୍ଜିଲେ ଲାଜ ଆଣି, ଉମା ବଧୂ ହାତେ।୮୦।

ଗୁରୁ ପରି ପୂଜ୍ୟପାଦ, ପୁରୋହିତ ଆଜ୍ଞାମାତ୍ର, ଲଜ୍ଜାଧୂମ ପାଶେ
ଅଞ୍ଜଳି ଭରାଇ ସୁଖେ, ଧୂମଗନ୍ଧ ନେଇଁ ମୁଖେ, ଉମା ଗଣ୍ଡସ୍ଥଳ
ନିମିଷକ ଲାଗି ଧୂମ, କର୍ଣ୍ଣଭୂଷା ପଦ୍ମ ସମ, ଦିଶେ ଅବିକଳ ।୮୧ ।

ସେ ଆଚାର ଧୂମନେଇ, ମୁଖଛବି ଆନ ହୋଇ, ଗଲା ପାର୍ବତୀର
ଅମଳ ସେ ଗଣ୍ଡସ୍ଥଳ, ଆରକ୍ତିମ ଓ ପାଟଳ, ନୟନୁ କଜ୍ଜଳ-
ରେଖା ଗଲା ଅପସରି, କର୍ଣ୍ଣୁ ଜବାଙ୍କୁର ମରି, ଦିଶିଲା ମଳିନ ।୮୨ ।

ବ୍ରାହ୍ମଣ କୁହନ୍ତି ଧୀରେ, ବଧୂବେଶୀ ପାର୍ବତୀରେ, "ଚାହିଁ ହୁତାଶନ
କୁହ ବତ୍ସେ କରି ସାକ୍ଷୀ, ପତି ତୁଲେ ଧର୍ମ ରଖି, ଚଳିବ ଜୀବନେ ।
ଆଜହୁଁ ସ୍ୱଧର୍ମେ ତବ, ସୁନ୍ଦର ଓ ଅଭିନବ, ସୁଖ ଦୁଃଖ କ୍ଷଣେ ।" ।୮୩ ।

ଅପାଙ୍ଗେ ପ୍ରସାରି କର୍ଣ୍ଣ, ଶୁଣି ଉମା ହେଲେ ଧନ୍ୟ, ସେ ବଚନ ସୁଧା
ଗ୍ରୀଷ୍ମତାପେ ପରିତପ୍ତ, ପ୍ରଥମ ବରଷା ପାତ, ପିଏ କି ବସୁଧା ।୮୪ ।

ପ୍ରିୟଦର୍ଶୀ ଧ୍ରୁବ ସ୍ୱାମୀ, ପ୍ରିୟାରେ ଦେଖାନ୍ତି ଆଣି, ଧ୍ରୁବ ନକ୍ଷତ୍ରରେ
ସରମେ ଜଡ଼ିତ ଧୀରେ, କୁହନ୍ତି ଦେଖିଲି ତାରେ, ଉମା ନତଶିରେ ।୮୫ ।

ବିବାହ ବିଧି ସମ୍ପନ୍ନ, ସାରିଲେ  ଯହୁଁ ବ୍ରାହ୍ମଣ, ବେଦିକାରୁ ଉଠି,
ସେ ଜଗତ ପିତା ମାତା, ପ୍ରଥମେ ନମିଲେ ଧାତା-ପ୍ରଭୁ ପରମେଷ୍ଠି ।୮୬ ।

ପ୍ରଣମାନ୍ତେ "ଆୟୁଷ୍ମତୀ, ବୀର ପ୍ରସବିନୀ ସତୀ", କଲ୍ୟାଣିରେ ଧାତା
ସେ କଥା କହିବା ଆଗୁଁ, ସ୍ତିମିତ ଲୋଚନେ ଭାବୁ ଥିଲେ ଲୋକପିତା ।
ଏ ବିଶ୍ୱ ଯାର ବିଭୂତି, କି ଆଶିଷ ତାର ପ୍ରତି, ହେବ ଅନୁରୂପ
ଏ ଅବାକ୍ ଏ ଅଦ୍ଭୁତ, ଯା ଲାଗି ବିଧି ଚିନ୍ତିତ, ସେ ହୁଏ ପ୍ରଣତ ।୮୭ ।

ତା'ପରେ ନବଦମ୍ପତି, ବେଦୀ ଚତୁଷ୍କୋଣେ ବସି, ସୁବର୍ଣ୍ଣ ଆସନେ
ଲୋକାଚାରେ ଦୁର୍ବାକ୍ଷତ, ନ୍ୟନ୍ତି ଶୀରେ ତାତ ମାତ, ଅନୁରବି ପ୍ରାଣେ ।୮୮ ।

କୁମାର ସମ୍ଭବ | ୧୧୩

ପଦ୍ମାଳୟା ପଦ୍ମପତ୍ର, ଧରିଲେ ମସ୍ତକେ ପୂତ, ଦମ୍ପତି ଉପରେ
ସେ ଛତ୍ରରେ ଜଳକଣା, ମୁକ୍ତା ସମ ହେଲା ଜଣା, ମୃଣାଳ ଦଣ୍ଡରେ ।୮୯ ।

ତହିଁ ସରସ୍ୱତୀ ଆସି, ବରବଧୂ ଚାହିଁ ସ୍ତୁତି, କରନ୍ତି ଦ୍ୱିଭାବେ
ସଂସ୍କୃତ ଶବ୍ଦେ ବିଶୁଦ୍ଧ, ଶଙ୍କରେ କରିଲେ ସ୍ତବ, ପ୍ରାକୃତ ବିଭବେ
ଅତି ସୁଖ ଶ୍ରବ୍ୟବାଣୀ, ସ୍ତୁତିରେ ତୋଷି ଭବାନୀ, ସ୍ୱୟଂ ସରସ୍ୱତୀ-
ବିରଚିଲେ ଯେଉଁ ସ୍ତବ, କିବା ତହିଁ ଅଭିନବ, ରଚନା ନ ଅଛି ? ।୯୦।

ସେ ଦମ୍ପତି ଅଗ୍ରତରେ, ମିଳି ଅପ୍ସରା କିନ୍ନରେ, କଲେ ଅଭିନୟ,
ଜଗତର ଆଦିତମ, ଯେ ନାଟକ ଅନୁପମ, ହାବ ଭାବ ସହ,
ବ୍ୟଞ୍ଜିତ ଅପୂର୍ବ ବୃତ୍ତି, ଭେଦେ ପ୍ରକଟିତ ଅତି, ଅନୁରାଗ ରାଗ,
ବୀରରସ ଲଳିତର ମୃଦୁ ବେପଥୁ ଶରୀର, ମିଳନ ବିଚ୍ଛେଦ,
ନାଟକୀୟ ପଞ୍ଚସନ୍ଧି, ପ୍ରୟୋଗେ ଦେଖାନ୍ତି ବନ୍ଦି, ଉମା ମହେଶ୍ୱରେ
ପତିର ସଙ୍ଗତେ ସତୀ, ଦେଖନ୍ତି ଆନନ୍ଦେ ଅତି, ବିସ୍ମିତ ବିସ୍ତାରେ ।୯୧ ।

ଉତ୍ତମ ସୁଯୋଗ ବୁଝି ଦେବତାଏ କରବୁଜି, କରନ୍ତି ଜଣାଣ,
ଏ ଆନନ୍ଦ ଏ ସୁଖରେ, ପୁନର୍ଜନ୍ମ ମଦନରେ, ଦିଅନ୍ତୁ ଆପଣ,
ଏ ଶୁଭ ସମୟେ ପ୍ରଭୋ କରା ଅବଧାନ ଦିବ୍ୟ ମଦନେ ବଞ୍ଚାଇ,
ଆସି କରୁ ପଦସେବା, ଶାପ୍ୟ ଅନ୍ତେ ଆହେ ଦେବା, ପୁନର୍ଜନ୍ମ ପାଇ ।୯୨ ।

ଗତକ୍ରୋଧ ଭଗବାନ, କରିଲେ ଅନୁମୋଦନ, ନକରି ଦ୍ୱିରୁକ୍ତି
ଉପଯୁକ୍ତ କାଳ କରେ, କାର୍ଯ୍ୟସିଦ୍ଧି ଲଭେ ନରେ, ପ୍ରଭୁର ସୁଦୃଷ୍ଟି ।୯୩।

ଚନ୍ଦ୍ରମୌଳି ଏଥୁଅନ୍ତେ, ଗିରିକନ୍ୟା-ବର ହାତେ, ଧରି କଲେ ଗତି
ସୁବର୍ଣ୍ଣ କଳସ ଦ୍ୱାରେ, ଶୋଭିତ ବାସର ଘରେ, ଈଶ୍ୱର ପାର୍ବତୀ।
ଶୁଦ୍ଧ ସୁଶୋଭିତ ଗୃହ, ଭୂତଳେ ସୁପାତି ସହ, ସୁପରିଶୋଭିତ
ତହିଁ ଶଙ୍କର ଗଉରୀ ମୁଖଚନ୍ଦ୍ରେ ହାତେଧରି, ଦେଖିବାରେ ବ୍ୟସ୍ତ
ଯେତେ ଟୋଳିଧରନ୍ତି ତା, କାଳେ ନବ ପରିଣୀତା, ନତମୁଖୀ ଉମା
ଅଧୋମୁଖୀ ମଉନରେ, କମ୍ପିତ ମହେଶ କରେ, ଲଳିତ ତନିମା ।୯୪ ।

ଉତ୍‌କଣ୍ଠିତ ଭୂତପତି, ସେ ଶୋଭାଦର୍ଶନେ ଅତି, ଉଛନ୍ନ ଚିନ୍ତିତ
ଶଯ୍ୟା ସହଚରୀ ବୋଲେ, ଅଳ୍ପ କଥା ଅବା' ହେଲେ, ପୁଣି ମୌନ ସେତ
ସେ ଚତୁର ଶୂଳପାଣି, ଇଙ୍ଗିତେ କୁହନ୍ତି ଜାଣି, ଭୂତଙ୍କୁ ହକାରି,
ଅପୂର୍ବ ବିଭଙ୍ଗ କରି, ଭୂତଗଣେ ଅବତରି, ଯାଆନ୍ତି ବିଚରି !
ଦେଖି ନତମୁଖୀ ଉମା, ସେ କୌତୁକ ଗୃହେ ବାମା, ହସି ଜାଗରୁକ
ହେଲେ ଲବେ ଚନ୍ଦ୍ରମୌଳି, ସେ ଶୋଭା ନୟନ ଭରି, ଦେଖନ୍ତି କୌତୁକ।୯୫।

# ଅଷ୍ଟମ ସର୍ଗ

ଏଥୁ ଅନ୍ତରେନବ ପରିଣୀତା ଉମା
ପତିରୂପେ ଲଭି ଶଙ୍କର  ହେଲେ ସୁଖୀ
କୁମାରୀ ତାପସୀ ଭୁଲିଯାଏ ଆନମନା
ଅତୀତ ଦୁଃଖ, ଶିବ ସେବା ଉନ୍‌ମୁଖୀ।

ଆଜି ବୃଷାଙ୍କ ପାରୁଶେ ବିରାଜେ ସତୀ
ଭୀତ ବିସ୍ମୟ ଆବେଗଭରା ବିକାରେ,
ସ୍ୱାମୀ ସଙ୍ଗର ନୂଆ ହୋଇ ଅନୁଭୂତି
ଅଙ୍ଗେ ବିଚରେ ପୁଷ୍ପିତ ତନୁଧାରେ।
ସ୍ଥାଣୁ ଶଙ୍କର ଉଚ୍ଛନ୍ନ ଅତି ମନେ
କାନ୍ତ ପ୍ରେୟସୀ ସୁଷମାରେ ଯାଉଁ ବୁଡ଼ି,
ନିତ୍ୟ ନୂତନ କାମ ଦ୍ୱିଗୁଣିତ ପ୍ରାଣେ
ଅଯୁତ ଭାବନା ଯାଉଛି ପାଗଳ କରି।୧।

କେତେ କି କହିବା ଲାଗି ମନ ଯାଏ ଡାକି,
ଉତ୍ତର କିଛି ନ ଦିଅଇ ବଧୁ ଉମା,
ଅଞ୍ଚଳ ଧରି ଟାଣିଲେ ଛଡ଼ାଇ ରଖି,
ପଶ୍ଚାତ କରି ଶେଯେ ଶୁଏ ମନୋରମା।
ପ୍ରତିକୂଳ ଯେତେ ଆଚରଣ କରେ ବାଳୀ
ତେବେ ବି ପିନାକୀ ଅନୁକୂଳ ପ୍ରିୟା ପ୍ରତି
ବିପୁଳ ଜଗତ ଜୀବର ଯେ ଅଧିକାରୀ
ପାର୍ବତୀ ପାଶେ ମଉନ କି ଅଭିଳକ୍ଷି ?।୨।

ଶଙ୍କର ଦିନେ କୌତୁକ କରି ମିଛେ
ଶୋଇ ରହିଲେ ନିଦ୍ରାରେ ଅଭିଭୂତ,
କାନ୍ତ ପାରୁଶେ ପାର୍ବତୀ ଆସି ଦେଖେ
ନିରେଖି ସୌମ୍ୟ ମୂରତି ତୃପ୍ତ ସେତ।

ସହସା ନୟନ ଖୋଲି ଚାହିଁଦେଲେ ପ୍ରଭୁ
ତିର୍ଯ୍ୟକ, ତିନି ନୟନେ, ହାସ୍ୟ ରେଖି।
ଚମକିତ ଉମା ନୟନେ, କି ଛୁଏଁ ବିନ୍ଦୁ
ଚମକେ ତନିମା, ମୁଦି ଦେଇ ଦୁଇ ଆଖି।୩।

କଟୀରୁ ବସ୍ତ୍ର  ଫେଡୁଥିଲେ ସ୍ୱାମୀ ସ୍ନେହେ
ଅତି ଉଚ୍ଚାଟ ମରମେ ସଞ୍ଚାଳନେ,
ପ୍ରସାରିତ ବାହୁ, ଗୌରୀ ବେପଥୁ ଦେହେ,
କାହିଁବା ବସ୍ତ୍ର ? ନିବାରିତ କ୍ଷଣେ କ୍ଷଣେ,
ବିଫଳ ଚେଷ୍ଟା କରନ୍ତି ଯା' ଉମା ଖାଲି
ନିଜ ଅଙ୍କାତେ ଉଚ୍ଛ୍ୱାସ ଯାଉଁ ବଢ଼ି,
ନୀବି ବନ୍ଧନ ଫିଟିପଡ଼େ ଛାଏଁ ତା'ରି
ନତମୁଖୀ ଉମା ଅପଘନ ଝାଳେ ବୁଡ଼ି।୪।

ସଖୀ ସଙ୍ଗାତ ବୁଝାଇ କୁହନ୍ତି ଯେତେ,
'ହେ ସଖୀ' ଯେ ବେଳେ ନିର୍ଜନ ଥିବ ବେଳ,
ଶଙ୍କରେ ତୋଷ, ତୋଷିତ ସେ ଯେତେ ମତେ
ହେବେ ଅନ୍ତରେ ମଣାନ୍ତି ସେ ସଖୀକୁଳ।
ନିତ୍ୟ ପାଶୋରି ଯାଆନ୍ତି ସେ ସବୁ ମନୁ
ପତି ସମ୍ମୁଖେ ପାର୍ବତୀ ଦିନୁ ଦିନୁ
ଥର ଥର କରି ବହୁବାର ଭୁଲା ମନୁ।୫।

ମଉନାବତୀର ମୌନ ଭାଙ୍ଗିବାପାଇଁ
ଜାଗେ ଉଦ୍‌ବେଗ ଶଙ୍କର ମନେ ଅତି
ବ୍ୟର୍ଥ ପ୍ରଶନେ, ଛଳିଲେ ବି ବାର ବାର
ଉତ୍ତରେ ଉମା ହଁ, ନାହିଁ ମଥାପୋତି।
ବ୍ୟର୍ଥ ମହେଶ କୌଶଳ କଲେ ଯେତେ
ଇଙ୍ଗିତେ ଆଖି ସଙ୍କେତେ ଉମା ତୁନି।
ଉଚ୍ଚାଟ ବଢ଼େ ଯେତେ ପ୍ରିୟା ଅନୁରାଗୁଁ
ଶଙ୍କର ମନେ କାମନାର ବୀଜ ବୁଣି।୬।

ନିର୍ଜନେ ଯେବେ, ପରିଧେୟ ବାସ କାଢ଼ି
ନିଅନ୍ତି ଶମ୍ଭୁ ପାର୍ବତୀ ଦେହୁ ବଳେ,
ପତିର ନୟନେ ଦି ହାତ ନେଇଁ ଆବୋରି,
ଭାବନ୍ତି ଉମା ଶଙ୍କର ହାରିଗଲେ।
ଏ କି ବୈଚିତ୍ର ତୃତୀୟ ନୟନେ ଦେଖି
ଉମା ଉଲଗ୍ନ। ହସନ୍ତି ରୁଦ୍ର ଚାହିଁ
ବିମୂଢ଼ା ବାଳିକା ଲଜ୍ଜା ଆନତ ମୁଖୀ
ଭାବେ ନିରୁପାୟେ ନିର୍ବାକେ ବସିରହି।୭।

"ରତୌବାମା" ପ୍ରିୟା ଦେଖିଲେବି, ହର ମନେ
ଜାଗେ ନାହିଁ କିଛି ରୋଷ ଅବା ଅଭିମାନ
ଗାଢ଼ ଚୁମ୍ବର ନଥିଲେ ବି ପ୍ରତିଦାନ
ଉଷ୍ମତାହୀନ ପ୍ରେୟସୀର ଆଲିଙ୍ଗନେ
ମଦନାନ୍ତକ ପ୍ରତିଦାନ ନ ପାଇବି
ପ୍ରଣୟାକୁଳ ପ୍ରଣୟିନୀ ପ୍ରିୟା ପ୍ରତି
ମୁଗ୍ଧ ମହେଶ, ନିଚେତ ସମ ଯେ ସତୀ
ନିରେଖି ତାହାରେ ନିଶିଦିନ ଅନୁରାଗି।୮।

ନବବଧୂ ଉମା ସହେ ଯା' ଆବେଶେ ଖାଲି
ଅକ୍ଷତାଧର ଚୁମ୍ବନ ଅବା ଦେହେ
ବର୍ଜିତ କ୍ଷତନଖର ଯେ କୁହୂହଳି
ଚଳ ଶିତ୍କାର, ଅନୁକୂଳ ଭରା ସ୍ନେହେ।
କିନ୍ତୁ ଯେତେବେଳେ ଉନ୍ମତ୍ତ ସଦାଶିବ,
ଉଚ୍ଛ୍ୱାସ ବଶେ ଧରନ୍ତି ପ୍ରିୟାରେ କୋଳେ,
ଛଳି ପାର୍ବତୀ କରେ ପ୍ରତିକୂଳ ଭାବ
ମୁଗ୍ଧ ଆବେଶ କାଟିଦେଇ ଅବହେଳେ।୯।

ନିଶି ବୃତ୍ତାନ୍ତ, ଜାଣିବାକୁ କେଉଁ ସଖୀ
ବ୍ୟସ୍ତେ ପଚାରେ ପ୍ରଭାତେ ବିସ୍ମୟରେ,
ଲଜ୍ଜା ଆବେଶେ କୁହେ ସଖୀ କୁଳେ ଦେଖି
ନିରାଶ ନକରି ଶଙ୍କର ଯାହା କଲେ।

ପ୍ରତ୍ୟୁତ ତା'ର ଚିତ୍ତ ବିକଳ ଅତି
ଗୋପ୍ୟ ଯାହାବା ନିଜର ସେ ସବୁ କହି,
ଚିତ୍ତ ଆମୋଦେ ଭରିଦେବାକୁ ସେ ସଖୀ
ସଜନୀ କୁଳରେ ହସ ବିସ୍ମୟେ ମୋହି।୧୦।

ଅତି ନିର୍ଜନ ଚାରିଦିଗ ଯେତେବେଳେ
ପ୍ରିୟ ପରିଭୋଗ ଦେଖିବାରେ ଲାଳାୟିତ,
ଧରି ଦର୍ପଣେ ଦେଖେ ଉମା ସେ ସବୁରେ
ଦେହ ବଲ୍ଲରୀ ମୁକୁଳିତ କରି ସେ'ତ।
ଅତି ବିଚିତ୍ର ବିଡ଼ମ୍ବନା ଏହୁ ତାର
ପଶ୍ଚାତୁ ପତି ବିମ୍ବ ପଡ଼ଇ ତହିଁ,
ଲଜ୍ଜା ଜଡ଼ିତେ, ଦେହ ଆବରଣେ ସାର
ଖୋଜିବାରେ ଖାଲି ଅଧୋମୁଖେ ରହେ ଚାହିଁ।୧୧।

କନ୍ୟାରେ ଚାହିଁ ତୃପ୍ତି ଲଭନ୍ତି ମେନା
ନୀଳକଣ୍ଠର ଆଦରିଣୀ ସଉଭାଗୀ,
ବଲ୍ଲଭ ପାଶେ ବଲ୍ଲରୀ ପ୍ରତିପ୍ରାଣା
ବ୍ୟଥା ଅପସାରେ ମାତୃପରାଣେ ଜାଗି ।୧୨।

ଅଳ୍ପ ଦିବସେ ଶଙ୍କର ସ୍ୱଆୟତ୍ତେ
ଆଣି ପାର୍ବତୀ, ସୁରତ କର୍ମେ ସୁଖୀ
ହେଲେ ଅନ୍ତରେ, ପାର୍ବତୀ ଧୀରେ ସତେ !
ନର୍ମ କ୍ରୀଡ଼ାର ବିମୁଖତା ଭୁଲିଲେ ବି ।୧୩।

ପାର୍ବତୀ ପୁଣି ସହିଗଲେ ବିମୁଖତା
ପ୍ରତି ଆଶ୍ଳେଷ ଚୁମ୍ବନେ ମୁଖ ସୁଧା,
କଟୀରୁ ମେଖଳା ଶିଥିଳିତ ଚତୁରତା
ପ୍ରିୟର ପୀଡ଼ନ ପାଇ ବି ନଦେଲେ ବାଧା ।
ନିରେଖି ତୃପ୍ତ ମହେଶ ମର୍ମତଳେ
ପ୍ରାର୍ଥିତ ପ୍ରୀତି ପାଇ ପ୍ରିୟା ପାଶୁ ଠୁଳେ ।୧୪।

ସେହି ଦମ୍ପତି ପୁଣି କିଛି କାଳ ପରେ
ନବ ସଂଜାତ ଭାବ ଗାଢ଼ ଅନୁରାଗେ,
ବାନ୍ଧି ହୋଇଲେ କ୍ଷଣିକ ବିରହ ତଳେ
ଅୟୁତ ଯୁଗ ବା କାତରେ ମିଳାଏ ଲବେ,
ଦୁହେଁ ଦୁହିଁଙ୍କର ହୃଦୟ ତୋଷଣେ ଅତି
ବ୍ୟଗ୍ର ମରମେ ଭୁଲି ଚାଟୁ ଦିବା ରାତି,
ନୟନ ନୟନ ମିଳନେ ସରମ ଭୀତି
ଜାଗେ ନାହିଁ ଦେହେ, ଭୁଲି ନୂଆ ଦେଖା ପ୍ରୀତି ।୧୫।

ପାର୍ବତୀ ନିଜ ଅଭିଳାଷେ ପାଇ ପତି
ଯେତେ ସନ୍ତୋଷ, ବଳି ତା'ଠୁ ହେଲେ ହର,
ଜାହ୍ନବୀ ଯେହ୍ନେ ଉନ୍ମୁଖ ସିନ୍ଧୁ କତି
ତହୁଁ ଉଚ୍ଚାଟ ବେଶି ବଢ଼େ ସାଗରର ।୧୬।

ଯେତେ ରହସ୍ୟ ନିଧୁବନ ନିପୁଣତା
ଗୁରୁ ଶଙ୍କର ପାଶୁ ଶିଖି ସେ ସବୁରେ,
ଭରା ଯୌବନ ଯୁବତୀର ଆତୁରତା
ଦକ୍ଷିଣା ଦ୍ୟନ୍ତି ପାର୍ବତୀ ପ୍ରୀତି ତୁଲେ ।୧୭ ।

ଆତ୍ମରୂପୀ ପ୍ରଣୟିନୀ ପାଇ ହର ପରମ ସନ୍ତୋଷେ
ଅସହିଷ୍ଣୁ ଅସଂଯତ ପ୍ରିୟା ପାଶେ ପ୍ରଣୟ ଲାଳସେ
ବ୍ୟଥିତ ବେପଥୁ କରେ ନିବାରନ୍ତି ଅମ୍ବିକା ଅଳସେ
ପତିରେ, ଅଧର କ୍ଷତ ଶୀତଳିବା ଲାଗି ଅବକାଶେ
ମହେଶ ଲଲାଟ ଚନ୍ଦ୍ର କିରଣରେ ପୁଣି ସଦାଶିବ ।୧୮ ।

ଭାଲନେତ୍ରେ ଆଘାତ ଲଭିଥିଲେ ପାର୍ବତୀ କେଶରୁ
ପଡ଼ି ଚୂର୍ଣ୍ଣ ନୟନରୁ ଲୋଳ ପୋଛି ପାର୍ବତୀ ଉଦ୍‌ଗ୍ରୀବ
ମୁଖପଦ୍ମ ମରୁତରେ ଫୁତ୍କାରନ୍ତି ସୁରଭି ସଂଚାଳୁ
ନିମୀଳିତ ସୂଚିତ ଏ ପରିପୂର୍ଣ୍ଣ ଆନନ୍ଦଦାୟକ,
ଏ ସ୍ଥଳେ କୁହନ୍ତି କବି ଦମ୍ପତିର ଅନୁଭୂତି ନେଇ ।
ବିସୃଜନେ ସୃଜନେ ବା, ଏ ସୃଷ୍ଟିରେ ରଚି ଚରାଚର
ପରିପୂର୍ଣ୍ଣ ବ୍ରହ୍ମ ତୁଲେ ରଚେ କ୍ରୀଡ଼ା ଅନୁକମ୍ପା ଦେଇ ।୧୯ ।

ଏହିପରି ସଦାଶିବ ଇନ୍ଦ୍ରିୟ ସୁଖ ସଉଭାଗେ
ମତ୍ତ ଅତି, ଉଜ୍ଜୀବିତ କରି ଦଗ୍ଧ ମଦନରେ ପୁଣି,
ଉମା ସାଥେ ଉମାପତି ରହି କାଳ କାଟିଲେ ସନ୍ତୋଷେ
ନଗପତି ଭବନରେ ମାସାଧିକ କାଳଯାଏ ଗଣି ।୨୦ ।

ହିମାଳୟ ସନମତି ମାଗି ଶିବ ବୃଷଭ ଆରୋହି
ପ୍ରିୟାରେ ସଙ୍ଗତେ ଧରି ପ୍ରାକୃତିକ ସୌନ୍ଦର୍ଯ୍ୟ ବିଳାସେ,
ବୁଲନ୍ତି ତୁଷାର ରାଜ୍ୟେ ଏଣେ ରାଜା ଦୁହିତା ବିହୁନେ
ଅତୀବ ଦୁଃଖିତ ହୁଏ କନ୍ୟା ସ୍ନେହେ କାତର ବିଶେଷେ ।୨୧ ।

ପବନର ସମଗତି ବୃଷରାଜ ବାହନ ଆରୋହି
ବୁଲୁ ବୁଲି ସେ ଦମ୍ପତି ମେରୁଗିରି ପ୍ରବେଶିଲେ ଆସି,
ପୀନସ୍ତନା ପାର୍ବତୀରେ ରଖି ଅଗ୍ରେ ପଶ୍ଚାତେ ଶଙ୍କର
ହେମମୟ ଗିରି ଶୃଙ୍ଗେ ବିରଚିତ ସ୍ୱର୍ଣ୍ଣ ପ୍ରଭା ରାଶି,
ପଲ୍ଲବଶଯ୍ୟା ଅତୀବ ମନୋହର, ଯହିଁ ମତ୍ତ ସୁଖେ
ନର୍ମ ନିପୁଣ ଶଙ୍କର ରାତ୍ରି ଯାପି ଶଙ୍କରୀ ସଙ୍ଗତେ,
ଆନନ୍ଦ ମଗନ ରୁଦ୍ର ବନ ଶୋଭା ଦେଖି ଉଚ୍ଛ୍ୱସିତ
ପ୍ରୀତିରେବି ଦେଖେ ଧୀରେ ପଦ୍ମମୁଖୀ ପାର୍ବତୀ ନିରତେ ।୨୨।

ପାର୍ବତୀ-ବଦନ-ଚନ୍ଦ୍ର-ସେବି-ଭୃଙ୍ଗ ସେ ଚନ୍ଦ୍ର-ମଉଳି
ମନ୍ଦର ପର୍ବତ ମଧ୍ୟେ ନାନା ଉପଭୋଗେ ହେଲେ ମତ୍ତ
ପର୍ବତ ନିତମ୍ବ ଶିଳା ଆଜି ସୁଦ୍ଧା ବିଷ୍ଣୁର ବଳୟେ
-ଚିହ୍ନଧରି ବିଦ୍ୟମାନ, ମନ୍ଥନର ଦଣ୍ଡ ଯେ ପର୍ବତ-
ସାଗର ମନ୍ଥନ କାଳେ ଅମୃତର ଶିକର ସଂସ୍ପର୍ଶେ
ଗିରିବର ମଧ୍ୟଭାଗ ସୁଶୀତଳ ହେଲା ରମଣୀୟ
ସେଦିନୁ ରହିଛି ତାହା, ହର ଗୌରୀ ବିହରିଲେ ତହିଁ
ମନସୁଖେ କିଛିକାଳ ମନ୍ଦରର ଶୋଭାରେ ବିସ୍ମୟ ।୨୩।

ଯକ୍ଷପତି କୁବେରର ପୂର୍ଣ୍ଣଶୋଭା, କୈଳାସ ପର୍ବତେ,
ନିର୍ମଳ ଶଶାଙ୍କ ଜ୍ୟୋତ୍ସ୍ନା ପଡୁଥିଲା ଯେତେବେଳେ ଝରି,
ଯେତେବେଳେ ପ୍ରୀତି ବଶେ ମୁଗ୍ଧ ଉମା ଶଙ୍କର ଆଳାପେ-
ସେ ଗିରି କଟକେ ବସି, ସ୍ନାତ ଚନ୍ଦ୍ର କୌମୁଦୀ ପହଁରି ।
ସହସା ଉଠିଲା ଧ୍ୱନି, ପର୍ବତରେ ଦାରୁଣ ଆଘାତେ
ରାବଣର କରାଘାତେ କମ୍ପିଗଲା ଗିରିବନ ଭୂଇଁ
ଭୟଭୀତା ହରିଣୀର ସମ ଉମା ଅସମ୍ଭାଳ ସତେ,
ନୀଳକଣ୍ଠ କଣ୍ଠେ ଭିଡ଼ି ବାହୁଲତା ଲୋଟିଗଲେ ତହିଁ ।
ଉଚ୍ଚାଟ ମନରେ ତିଳେ ଭାଷା ନାହିଁ, ଦଣ୍ଡେ ହେଲେ ତୁନି
ଆବେଗ ଆବୋରି ସ୍ଥିର, ମର୍ମରିତ ବନଗିରି ଲତା
ବିମଳ ଚନ୍ଦ୍ରିକା ହେଲା ଶୁଭ୍ରତମ ସ୍ୱପ୍ନ ବୁଣି ବୁଣି ।୨୪।

ଯେବେଳେ ଶଙ୍କର ମତ୍ତ ଉମା ତୁଲେ ବିବିଧ କୌତୁକେ
ଚନ୍ଦନ ବନ ବିହରି ମତ୍ତ ମୃଦୁ ମଳୟ ପ୍ରସରି,
ପ୍ରିୟ ଚାଟୁକାର ପରି ବହିଆଣେ ଲବଙ୍ଗ କେଶରୁ
ରତିକ୍ଳାନ୍ତା ପ୍ରିୟା ଶ୍ରାନ୍ତି ଦୂରକରି ସୁରଭି ଆହାରି ।୨୫।

ପୂର୍ବପରି ନାହିଁ ଏବେ ପାର୍ବତୀର "ରତୌବାମା" ଭାବ
ମନ୍ଦାକିନୀ ଜଳେ କ୍ରୀଡ଼ାରତ ବେଳେ ସୁବର୍ଣ୍ଣ କମଳେ
ପ୍ରିୟତମେ ମାରେ ଉମା, ପ୍ରୀତିବଶେ ଉତ୍ତେଜିତ ହର
ଜଳଛିଟା ମାରି ମାରି ବିକଳ ଯା' କରନ୍ତି ଉମାରେ
ଜଳେ ଝାମ୍ପ ଦେଇ ପୁଣି ବିହରନ୍ତି ସଚକିତେ ଗୌରୀ
ସହସା ଶଫରୀ ଦଳ ଚଉପାଶେ ଚନ୍ଦ୍ରହାର ସମ
ଛିଞ୍ଚାଡ଼ି ପଡ଼ନ୍ତି ଉମା କଟୀତଟେ, ଦେଖନ୍ତି ପିନାକୀ,
ହାରେ ଆଉ ରସନା ବା ପିନ୍ଧି ଉମା ଦିଶେ ଅନୁପମ ।୨୬।

ପୁଣି ଯେତେବେଳେ ଦେବ, ନନ୍ଦନରୁ ପାରିଜାତ ଆଣି
ପାର୍ବତୀ ଅଳକଦାମ ସଜାଜିଣ ଦିଅନ୍ତି ଯତନେ,
ସୁରବଧୂ କୁଳ ଚାହିଁ ବିଚାରନ୍ତି, ସସ୍ପୃହ ଲୋଚନେ
କେତେ ପୂଣ୍ୟବଳେ ଉମା ଏ ପତିରେ ଲଭିଲେ ଜୀବନେ ।୨୭।

ଏହିପରି କିଛିଦିନ, ଉମା ସାଥେ ଉମାନାଥ ସୁଖେ,
ପାର୍ଥିବ ବା ଅପାର୍ଥିବ, ସୁଖ ଭୋଗି ବୁଲି ବୁଲି ଶେଷେ
ସୂର୍ଯ୍ୟ ଅସ୍ତ ସମୟରେ ଅକସ୍ମାତ ପହଞ୍ଚିଲେ ଦିନେ,
ଗନ୍ଧମାର୍ଦ୍ଦନ  ପର୍ବତ, ବନପୁରେ, ଅତୀବ ପୁଲକେ ।୨୮।

ଅସ୍ତାଚଳେ ଚଳେ ସୂର୍ଯ୍ୟ-ବିଭା କରେ, ଚକ୍ଷୁ ନ ଝଲସେ
ସେ ବନେ ହେମଶିଳାର ଚତ୍ୱରରେ ବସିଲେ ଶଙ୍କର ।
ବାମେ ବସନ୍ତି ଗଉରୀ, ମୌନ ସୂର୍ଯ୍ୟ ସୁଷମା ଦେଖାଇ
କୁହନ୍ତି ପାର୍ବତୀ ବୋଧି ସମୁତ୍ସୁକ ସସ୍ନେହେ ଆଦର ।୨୯।

"ଦେଖ ଗୋ ପାର୍ବତୀ ବାରେ ଅସ୍ତମୁଖ ସୂର୍ଯ୍ୟର କିରଣ
ଧୀରେ ଧୀରେ ମଉଳଇ ତବ ପଦ୍ମ ନୟନ ଆବୋରି
ଅରୁଣାଭ ନୟନେ ତୋ ତୃତୀୟାଂଶ ରକ୍ତିମା ଯେପରି,
ସେ ପାଇଁ ଏ ଦିନପତି ଅଞ୍ଜନେ ତା' ନେଇଯାଏ ଭରି
ଏ ତୋର ନୟନ ତଳେ, ଯେହ୍ନେ ବ୍ରହ୍ମା ପ୍ରଳୟ କାଳରେ
ସଂହାର କରଇ ସୃଷ୍ଟି, ଏହିପରି ଶୁଣ ଗୋ ପ୍ରେୟସୀ
ରାତ୍ରିରେ ଫୁଟେନି ପଦ୍ମ-ସଂଗୋପନେ ସେ ଲାଗି ଦିନେଶ
କମଳ ନୟନେ ତୋର ପଦ୍ମକାନ୍ତି ଭରଇ ଉଚ୍ଛ୍ୱସି ।୩୦ ।

ପତିର ପ୍ରଶଂସା ତଳେ ନତମୁଖୀ ଲଜ୍ଜାରୁଣ ମୁଖୀ
ପାର୍ବତୀ ରୁହନ୍ତି ମୌନ, ଡାକି ପୁଣି କୁହନ୍ତି ଶଙ୍କର
ଅଳସାଙ୍ଗୀ ପ୍ରେୟସୀ ଗୋ, ନିର୍ଝରର ଜଳକଣା ଭରି
ସୌରକର ସ୍ପର୍ଶ ନାହିଁ ଆଗପରି ଦିନାନ୍ତ ସୂର୍ଯ୍ୟର ।

ସେ ଲାଗି ପିତାର ତୋର ଯେତେ ଅଛି ସଲିଳ-ପ୍ରପାତ
ଚଉଦିଗେ ନାହିଁ ତା'ର ମନୋହର ଇନ୍ଦ୍ରଧନୁ ଶୋଭା
କିରଣ ସଂକୋଚ କରି ଯାଏ ଭାନୁ ଅସ୍ତାଚଳେ ନମି
ଶୂନ୍ୟ ପରିବେଶ ତଳେ ନ ଉକୁଟେ ନିଝରର ବିଭା ।୩୧ ।

ଦେଖ ଗୋ ପ୍ରେୟସୀ ମୋର, ଚକ୍ରବାକ ମିଥୁନ ଦୁଃସହ,
ଦୁଃଖର ଦୂରନ୍ତ ବାହି, କାନ୍ଦଣାରେ ବିପରୀତ ଦିଗେ,
ଚାହାଁନ୍ତି ଚକିତ ମନେ, ଯେବେଳେ ପଦ୍ମର କେଶର-
ଖାଉଥିଲେ ପତିପତ୍ନୀ, ଅକସ୍ମାତ ସନ୍ଧ୍ୟା ଦେଖି ଆଗେ,
ଧୀରେ ଧୀରେ ରାତି ଯେତେ ଜମିଆସେ, ଦୂରେ ଅପସରେ
କାନ୍ଦି କାନ୍ଦି ଦୁଇ ପ୍ରାଣୀ ବିଚ୍ଛେଦର ବେଦନା ଆବୋରି
ସନ୍ଧ୍ୟାଗମେ ଥିଲା ଯାହା କ୍ରମେ କ୍ରମେ ଗାଢ଼ ରାତି ମୂଳେ
ପରସ୍ପର କଣ୍ଠ ଶୁଭେ, ଦୂରୁ-ଦୂରୁ ବହୁ ଦୂରେ ଥରି ।୩୨ ।

ଦିବସେ ନିବାରି ତାପ, ଯେତେ ଥିଲେ ବନ୍ୟ ହସ୍ତୀ ଦଳ,
ନିବିଡ଼ ନିରନ୍ଧ୍ର ବନେ, ଭାଙ୍ଗି ତରୁ ଶଲ୍ଲକୀର ଶାଖା
ସେ ଶାଖା ସ୍ରୁତ ନିର୍ଯ୍ୟାସ ସୁରଭିତ ଛାୟମାୟ ସ୍ଥାନୁ
ଅନ୍ତର ହୁଅନ୍ତି ଏବେ ସରିତର ସଂଗ୍ରହଣେ ଏକା।
କାହିଁକି ନା ରାତ୍ରିସାରା ଜଳ ନାହିଁ ତୃଷା ନିବରଣେ
ପ୍ରଭାତ କାଳ ପର୍ଯ୍ୟନ୍ତ ମନଭରି ପିଅନ୍ତି ସକଳ
-ହସ୍ତୀକୁଳ ପାର୍ବତୀ ଗୋ ପୁଣି ଦେଖ ଏପଦ୍ମ କୁସୁମ
ଦରମୁଦା ପାଖୁଡ଼ାରେ ବନ୍ଦୀ କରେ ଦୋସର ଭ୍ରମର।୩୩।

ହେ ମିତଭାଷିଣୀ ଦେବୀ କାହିଁ କିଛି ନଦିଅ ଉତ୍ତର
ଦେଖ ଗୋ ପଶ୍ଚିମ ଦିଗେ ବୁଡ଼େ ରବି ବୁଣି ସ୍ୱର୍ଣ୍ଣ-ରେଣୁ
ଲମ୍ବିତ କିରଣ ଜାଳ ପଡ଼ି ବିଚି-ବିକ୍ଷୋଭିତ ସରେ
ସ୍ୱର୍ଣ୍ଣ-ସେତୁ ବାନ୍ଧେ ସୂର୍ଯ୍ୟ ଅବା ତାର ସୁବର୍ଣ୍ଣ କିରଣୁ।୩୪।

ଶ୍ୱେତଦନ୍ତ ବିସ୍ତାରିଣ ଉଗ୍ର ଯେତେ ବନ୍ୟ ବାର୍‌ହା ଦଳ
ପଲ୍ୱଳେ ଆଲୋଡ଼ି ଅଙ୍ଗ ଭୁଲିଥିଲେ ତାପ ଦିନମାନ,
ସାୟଂକାଳେ ଉଠି ସେ ଯେ, ଦେଖ କେହ୍ନେ ପକାନ୍ତି ବିପିନେ
ଚକ୍ରବନ୍ତ ଦିଶେ ଅବା, ପଦ୍ମ ଦଣ୍ଡ ଧରିଛି ଦଶନ।୩୫।

ପଶ୍ଚିମ ଦିଗନ୍ତେ ଧୀରେ ଦିବାଲୋକ କ୍ରମେ ଲିଭିଆସେ
ସୌରତାପ ଏବେ ପୁଣି ଗୋଧୂଳିର କମନୀୟତାରେ
ମରି ଆସେ ଅତି ଧୀରେ, ବୃକ୍ଷ ଚୂଡ଼େ ବସି ଚାହେଁ କେକୀ
ଅସ୍ତଗାମୀ ସୂର୍ଯ୍ୟ ଆଭା କଳାପ ତା' ରଞ୍ଜିଛି ସ୍ୱର୍ଣ୍ଣରେ
ନିଶବ୍ଦ ମଳିନ ସନ୍ଧ୍ୟା, ମ୍ନଦୁମନ୍ଦ ଗନ୍ଧବହ ତଳେ,
ସେ ମାଧୁରୀ ଉପଭୋଗ କରେ ଧୀରେ ନିଶ୍ଚଳ କଳାପି।୩୬।

ଦିବାନ୍ତେ ଜଳଇ ରବି, ଅସ୍ତାଚଳେ ପଶ୍ଚିମ ଦିଗନ୍ତେ
ଅନ୍ଧକାରେ ପୁଞ୍ଜୁଭୂତ, ପୂର୍ବାଶା ବା ପଙ୍କରେ ଆରୋପି,
ଦେଖ ଗୋ କେଉଁଠି ରହି ଯାଇଛି ବା ଶେଷ ତେଜ ଟିକ
ମନେହୁଏ ଦେଖି ତାରେ ଏ ଆକାଶ ଜଳାଶୟ ସମ
ନିଦାଘର ତପ୍ତ ଶ୍ୱାସେ ଶୁଖି ପୁଣି ରହିଛି କାହିଁବା
ଆଲୋକର ଜଳଧାର, ଶୁଷ୍କ-ହ୍ରଦ ଶାୟିତ ଗଗନ,
ନିରେଖି ଦେଖ ଗୋ ଉମା ଏ ସମୟେ ଆଶ୍ରମର ଶୋଭା
ମୃଗ ଯୂଥ ପ୍ରବେଶନ୍ତି ପର୍ଣ୍ଣଶାଳା ଅଙ୍ଗନେ ନୀରବେ ।୩୭ ।

ଆଶ୍ରମର ତରୁରାଜି ମୂଳେ ମଳା ଜଳେ ଅଛି ଭରି
ହୋମ ଧେନୁ ଫେରିଲେଣି ଗୋଚାରଣ ମାଠରୁ ଯେ ଏବେ ।
ହୋମର ଏ ଅଗ୍ନି ଶିଖା ପ୍ରଜ୍ୱଳିତ ପ୍ରଶାନ୍ତ ମଉନ
ଦିଶଇ ଆଶ୍ରମ ଶୋଭା ଶତଗୁଣେ ମିଶାଇ ସବୁରେ
ସମ୍ପୂର୍ଣ୍ଣ ସମତା ରଖି ହେ ପାର୍ବତୀ ଦେଖ ବାରେ ଚାହିଁ
ଏ ଅପୂର୍ବ ସ୍ୱର୍ଗଶୋଭା ପ୍ରାଣ ମନ ପବିତ୍ର ଯହିଁରେ ।୩୮ ।

ଦେଖ ଗୌରୀ ! ଦିନାନ୍ତର ଅସ୍ତସୂର୍ଯ୍ୟ ସୂର୍ଯ୍ୟତାପେ ଚାହିଁ
ଧୀରେ ଅତି ଧୀରେ ପଦ୍ମ, ମୁଦେ ତାର ଫୁଟନ୍ତ ପାଖୁଡ଼ା
ତଥାପି ମୁଦିନି ସବୁ, ପ୍ରୀତି ଭରେ ଚାହିଁଛି କା' ଆଶେ
ଆଶ୍ରୟ ମାଗିବା ଲାଗି ଆସିବ ତା ଅଳି ଚିତ୍ତ- ଚୋରା ।୩୯ ।

ଅସ୍ତମିତ ସବିତାର ଲୋହିତାଭ ବାରୁଣୀ ଗଗନେ,
ଦେଖ ପ୍ରିୟେ କି ସୁଷମା ସ୍ୱର୍ଗ ଶିରୀ ଦେଖି ମନେ ହୁଏ
ଅରୁଣ କିରଣେ ମଣ୍ଡି ଦୋଦୁଲ୍ୟ ତା କେଶର ସମୂହେ
"ବନ୍ଧୁଜୀବକ କୁସୁମେ ତିଳକେ କେ କନ୍ୟା ଶୋଭାପାଏ ।୪୦ ।

ଅନଳେ ଆରୋପି ତେଜ ନିଶା କାଳେ ସୂର୍ଯ୍ୟ ତେଜହୀନ
ଦେଖ ଗୋ ପାର୍ବତୀ ଦେଖ ନିଶାକାଳେ ସବିତାର ତେଜ,
ଅସ୍ତାଚଳେ ମରେ ଧୀରେ, ଶେଷ ଅଣୁ କିରଣ ମାଧୁରୀ
-ପାନେ ରଚ ବାଲ୍ୟଖିଲ୍ୟା, ଯେ ସକଳ ଋଷିର-ସମାଜ।
ସୌରଲୋକେ ନିବସନ୍ତି, ସୁମଧୁର ସ୍ୱରେ କରି ସ୍ତୁତି-
ସାମଗାନେ, ଶ୍ରବଣେ ଯା ସବିତାର ରଥ ଅଶ୍ୱ ଯେତେ
ବିମୁଗ୍ଧେ ରୁହନ୍ତି ସ୍ଥିର, କାନଡ଼େରି ଉଚ୍ଛନ୍ନ ମରମେ
ଏ ସନ୍ଧ୍ୟାରେ ପ୍ରାଣ ଭରି ଲିଭିଯିବା ଆଗୁଁ ଅସ୍ତପଥେ।୪୧।

ସେ ସୁଦୂର ସୌର ଲୋକୁଁ ସୂର୍ଯ୍ୟ ଅଶ୍ୱ ନିମ୍ନେ ଅବତରି
ନିମ୍ନାବତରଣ କାଳେ, ଅଧୋମୁଖେ ଅଶ୍ୱଚକ୍ଷୁ ଘେରି-
ପଡ଼େ ସ୍କନ୍ଧ ଲୋମରାଜି, ରଥ ଦଣ୍ଡେ କେଶର ଜଡ଼ିତ
ବିପୁଳ ବାରିଧି ବକ୍ଷେ ଲିଭେ ସୂର୍ଯ୍ୟ ବିଭା ଗୋପ୍ୟକରି।୪୨।

ସହସ୍ରରଶ୍ମିର ରେଖା ଅସ୍ତାଚଳେ ଗଲା ଦେଖ ମରି
କରି ନଭ ଅନ୍ଧକାର ଯେଉଁପରି ଦେଖ ଗୋ ପ୍ରେୟସୀ,
ଅତି ତେଜେ ଉପୁଜେ ଯା' ଏ ସଂସାରେ ଗୁଣୀ ଲୋକ ମଣି
ଉଦ୍‌ଭାଷିଣ ଅଭ୍ୟୁଦୟେ, ତିରୋଧାନେ ଲେପି ଘନ-ମସୀ।୪୩।

ଅସ୍ତାଚଳେ ସବିତାର ତିରୋହିତେ ଦେଖ ଗୋ ଗଉରୀ
ସନ୍ଧ୍ୟା ଆସି ହୁଏ ଉଭା ତିଳେ କାଳ ବିଳମ୍ବ ନକରି
ଯୁକ୍ତିଯୁକ୍ତ ଅଟେ ଏହା ଅନୁସରି ଆସିବା ସନ୍ଧ୍ୟାର
ଉଦୟେ ସବିତା, ସନ୍ଧ୍ୟା ପୁରୋଭାଗେ ଥାଏ ଅନୁସରି।୪୪।

ହେ କୁଞ୍ଚିତକେଶୀ ଦେଖ! ରକତ ପୀତ କପିଶ ବର୍ଣ୍ଣରେ
ନାନା ବର୍ଣ୍ଣେ ସୁରଞ୍ଜିତ ଏ ମେଘର ଭରି ପ୍ରାନ୍ତଭାଗେ
ରଜୁ ଓ କୁଟିଳ କୋଣ ଚିତ୍ରିତ ବା ସନ୍ଧ୍ୟା ସ୍ୱହସ୍ତରେ
ବର୍ଣ୍ଣାଢ଼୍ୟ ତୂଳିକା ଧରି ଦେଖିବୁ ତୁ ବୋଲି ଅନୁରାଗେ।୪୫।

ସନ୍ଧ୍ୟାରେ ଅରୁଣ ରାଗେ ଦେଖ ଆଗେ ସବୁ ରକ୍ତିମାରେ
ଭୂଧରେ କେଶରୀ କୁଳ କେଶରରେ, ନବୀନ ପଲ୍ଲବେ !
ଦ୍ରୁମ ଶାଖେ ଆଉ ପୁଣି ନାନା ବର୍ଣ୍ଣ ଧାତବ ଶୃଙ୍ଗରେ
ଗିରି ଶ୍ରେଣୀ ସମୂହରେ ସୂର୍ଯ୍ୟ ରଙ୍ଗ ବୋଳିଛି ସରାଗେ।୪୬।

ହେ ପାର୍ବତୀ, ଦେଖ ପୁଣି ଶାସ୍ତ୍ରଜ୍ଞ ଏ ତାପସ ନିକରେ
ପାଦାଗ୍ରେ ଆବୋରି ଭୂମି ହୋଇ ଉଭା ଭକ୍ତି ସହକାରେ
ପବିତ୍ର ସଲିଳ କରି ଅଞ୍ଜଳିରେ ଅର୍ଘ୍ୟଦାନ କରି
ଗାୟତ୍ରୀ ଉପାଂଶୁ ଜପି ନିମଗନ ଏ ଶୁଭ ସନ୍ଧ୍ୟାରେ।୪୭।

ତେଣୁ ମୋର ଉଚିତ ଗୋ ଆଉ କାଳ ବିଳମ୍ବ ନକରି
ସାରେ ମୋର ସନ୍ଧ୍ୟା ଆଦି ବନ୍ଦନା ଗୋ ଏସନ ସମୟେ
ହେ ମଧୁଭାଷିଣୀ ! ତବ ସୁଚତୁର ସଖୀଗଣ ତୁଲେ
ଚିତ୍ତ କର ବିନୋଦନ, ଯାବତ ମୁଁ ଥିବି ସନ୍ଧ୍ୟାଳୟେ।୪୮।

ସଚକିତେ ସ୍ୱାମୀଠାରୁ ଶୁଣି ଏହା ସେ ଅଭିମାନିନୀ
ନିଜଠାରୁ ଦ୍ୱିତୀୟ କେ ଅଛି ଅବା ପ୍ରାର୍ଥିତ କାନ୍ତର,
କମ୍ପି ଉଠେ ଅଧର ତା’ ବିଜୟା ସଖୀରେ କୁହେ କଥା
ନ ଶୁଣିବା ପରି କାନ୍ତ ବଚନକୁ କରି ଅନ୍ତରାଳ।୪୯।

ଅଭିମାନେ ଦେବୀ ଯହୁଁ ପୃଷ୍ଠ କରି ସଖୀଗଣ ତୁଲେ
ଗଳ୍ପଛଳେ ହେଲେ ରତ, ସେ ସମୟେ ସନ୍ଧ୍ୟା ସାରି ହେବ
ରୋଷାରୁଣ ମୁଖୀ ପୁଣି ବଚନିକା ବିମନା ପ୍ରିୟାର
ପାଶେ ଆସି ହୋଇ ଉଭା ସ୍ମିତ ମୁଖେ କୁହନ୍ତି ଅନଘ-।୫୦।

ଅନମିତ କୋପନେ ଗୋ, ଭୁଲ ରୋଷ, କରିନାହିଁ କିଛି
ଅପରାଧ ପାଶେ ତୋର, କେବଳ ମୁଁ ସନ୍ଧ୍ୟା ଜପି ଅଛି
ଫେରି ଚକ୍ରବାଳ ସମ ଆସିଅଛି ତୋ ଧର୍ମ ଆଚରି
ପରନାରୀ ମୁଖ ଦିନେ ଭାବି ନାହିଁ ମୋ ଜୀବନେ ସତୀ।୫୧।

ଶୋଭନାଙ୍ଗୀ ଜାଣ ତୁମେ, ପୂର୍ବେ ବ୍ରହ୍ମା ପିତୃପୁରୁଷରେ-
ସୃଷ୍ଟିକରି ନିଜର ଯା ସ୍ୱପ୍ରକାଶ ଦେଲେ ସେମାନଙ୍କୁ
ସେ ମୂର୍ତ୍ତି ଉଦୟ କାଳେ, ସନ୍ଧ୍ୟାରୂପେ ଅସ୍ତାଚଳେ ପୁଣି
ସେବିତ ହୁଅଇ ନିତ୍ୟ, ତେଣୁ ପୂଜା କରିଛି ମୁଁ ତାଙ୍କୁ।୫୨।

ପାର୍ବତୀ ଗୋ ଚାହିଁ ଦେଖ ପୂର୍ବ ଦିଗେ ସନ୍ଧ୍ୟାର ମ୍ଳାନିମା
ହୁଅଇ ପ୍ରଗାଢ଼ତର ସନ୍ଧ୍ୟା ଅବା ଲୋଟି ପଡ଼େ ତଳେ,
ଦେଖି ତାର ମନେହୁଏ ଦ୍ରବୀଭୂତ ଗୈରିକ ଧାତୁର
ବହିଯାଏ ନଦୀ ତଟ ତମାଳର ଘନ ଅନ୍ତରାଳେ।୫୩।

ଆସ ଏଇ ପ୍ରତୀଚିର, ଅସ୍ତସୂର୍ଯ୍ୟ ଲାଲ ରଶ୍ମି ରେଖା
ଚନ୍ଦ୍ରଭାବେ ଯାଏ ଦେଖା, ମନେ ହୁଏ ରକ୍ତାକ୍ତ କୃପାଣେ
ଅର୍ଦ୍ଧଚନ୍ଦ୍ରାକୃତି, ହାତେ ଘୂରି ଘୂରି ଅବିରତ ଯାଏ
ନିରୀକ୍ଷଣ କରି ଦେଖ ଯୁଦ୍ଧଭୂମି ମଧ୍ୟେ ସଂଗୋପନେ।୫୪।

ଦେଖ ଗୋ ଦୀର୍ଘ ନୟନେ! ଦିବା ରାତି ସନ୍ଧି ସମୟରେ,
ସମୁଚ୍ଚ ସୁମେରୁ ଗିରି, ରୋକି ନିଏ ସନ୍ଧ୍ୟା ରକ୍ତ ଆଭା,
ଦେଖ ଗୋ ତିମିର ତେଣୁ, ଘନୀଭୂତ ଦଶ ଦିଗ ଭରି,
କ୍ରମେ କ୍ରମେ ଗାଢ଼ ହୁଏ ପ୍ରସରାଇ କୃଷ୍ଣ ବର୍ଣ୍ଣ ବିଭା।୫୫।

ଦେଖ ଏ ବିପୁଳା ପୃଥ୍ୱୀ, ଦେଖୁ ଦେଖୁ ତମେ ଗଲା ବୁଡ଼ି,
ଅଧ, ଉର୍ଦ୍ଧ୍ୱ, ସମ୍ମୁଖ ବା ପାର୍ଶ୍ୱ ପୁଣି ପଶ୍ଚାତ ନ ଦିଶେ
ମନେହୁଏ ବିଶ୍ୱ ଯେହ୍ନେ ବେଷ୍ଟିତ ଏ ତିମିର ଜରାୟୁ
ମଧ୍ୟେ କରେ ଅବସ୍ଥାନ ଦୁଃସହ ଏ ନିଶି ଗର୍ଭବାସେ।୫୬।

ଦେଖ ପ୍ରିୟେ ଅସତର ବୃଦ୍ଧି ଫଳେ ବିଷମୟ ଫଳ
ଏ ଅନ୍ଧାରେ ସମ ସବୁ ଉଚ୍ଚ ନୀଚ ପଙ୍କିଳ ନିର୍ମଳ
ସ୍ଥାବର ଜଙ୍ଗମ ଅବା ବସ୍ତୁଜ୍ଞାନ ସରଳ କୁଟିଳ
ଧିକ ସେ ତାମସ ବୃଦ୍ଧି ସବୁ ଭେଦି କରିଛି ନିଷ୍ଫଳ।୫୭।

ଅୟି କମଳ ବଚନେ ! ଏ ନିଶିଥ ତମ ଦୂର ଲାଗି
ଦଶପୂର୍ଣ୍ଣ ମାସାଦିର ଯଜ୍ଞକାରୀ ମାନଙ୍କର ପ୍ରିୟ,
ଉଦିଲେଣି ନିଶାନାଥ କେତକୀର ପରାଗେ ଆବୋରି
ପ୍ରାଚୀବଧୂ ମୁଖ ଦିଶେ ଦଶ ଦିଗ କରି ଶୋଭନୀୟ ।୫୮ ।

ଦେଖ ଦେଖ ନିଶାପତି ମନୋହର ଶଶାଙ୍କ ମୂରତି
ମହୀଧର ମନ୍ଦରର ଅନ୍ତରାଳେ କି ସୁନ୍ଦର ଦିଶେ
ତାରକା ଖଚିତ ଏଇ ନିଶିଥିନୀ ଅପରୂପେ ଶୋଭେ
ସହଚରୀ ମେଳେ ଅବା ରହିଛୁ ତୁ ମନୋରମ ବେଶେ ।

ପଶ୍ଚାତେ ମୁଁ ଉଭା ଅବା ଗୋପ୍ୟ କଥା ଶ୍ରବଣେ ତୋହରି
ନିଶିଥେ ଏ ମନ୍ଦରର ବଢ଼େ ଶୋଭା ମୌନ ନୀରବତା
ତାରକିତ ଆକାଶରେ ପ୍ରଦକ୍ଷିଣ କରେ ଯେବେ ଶଶୀ
ମନ୍ଦରର ଅନ୍ତରାଳେ ଗୋପ୍ୟକରି କିରଣ ରଜୁତା ।୫୯ ।

ଦେଖ ଗୋ ପାର୍ବତୀ, ଏଇ ଅପ୍ରଗଲ୍‌ଭା କାମିନୀ ଯେପରି
ଦିନମାନ ଅଭିଳାଷ ସଖୀ ପାଶେ ସବୁ କୁହେ ଖୋଲି
ରାତ୍ରି ତଟେ, ସେହିପରି ନିଶି ସଖୀ ସହୃଦୟତାରେ
ପୂର୍ବବଧୂ ନାୟିକା ଏ କହିଯାଏ ସକଳ ବିସ୍ତାରି,
ଅପ୍ରକାଶିତ ଚନ୍ଦ୍ରର ଚନ୍ଦ୍ରିକାକୁ ବିଞ୍ଚି ଚଉଦିଗେ
କ୍ରମେ କ୍ରମେ ଦିଏ ଘାରି ପୂର୍ଣ୍ଣକରି ଆକାଶ ପୃଥିବୀ,
ଇଷତ୍ ଜୋଛନା ତଳେ ଦିଗ୍‌ବଧୂର କ୍ଷୀଣହାସ ସମ,
ଗୋପ୍ୟକଥା କୁହେ ଯେବେ ନିଶିଥରେ ପ୍ରୀତି ଅନୁଭବି ।୬୦ ।

ଦେଖ ପ୍ରିୟେ ଆକାଶର ଊର୍ଦ୍ଧ୍ୱେ ପୁଣି ତଳେ ସରୋବରେ
ଶ୍ୟାମଲତା ପରିପକ୍ୱ ଫଳ ପରି ଈଷତ୍ ତାମ୍ରାର
ନବୋଦିତ ଶଶୀ ଦିଶେ, ଦେଖିଲେ ଯା ମନେହୁଏ ଆପେ
ଚକ୍ରବାକ ମିଥୁନର ବ୍ୟଥାନତ ଦୃଷ୍ଟିର ବିଭାବ
ପଡ଼ଇ ବା ଦୂରୁ ଝରି, ପ୍ରତିବିମ୍ବ ସମାନ ବର୍ଣ୍ଣରେ
ରାତ୍ରିର ଆକାଶେ ଚନ୍ଦ୍ର ପ୍ରତିକୃତି ସରସୀର ଦେହେ।
ପରସ୍ପର ବ୍ୟବଧାନ ବିଡ଼ମ୍ବନା ଦୂରରୁ ଦୂରରୁ
ବିରହୀ ଚକ୍ରବାକର ଦୃଷ୍ଟିଭଙ୍ଗୀ ମନେ ଆଣିଦିଏ।୬୧।

ଦେଖ ଗୋ ପାର୍ବତୀ ଏଇ ଯୁବାଙ୍କର ସମ ସ୍ନିଗ୍ଧ ଘନ-
ନବୋଦିତ ଶଶୀ ଦେଖି, ଛିନ୍ନ କରି ଆଣି ମୁଁ ନିୟତ
କର୍ଣ୍ଣ ଯୁଗଳେ ତୋହର ସଜାଇବା ଲାଗି ସୁଶୋଭନେ
ଅଳ୍ପ କିଛି ତା ମଧ୍ୟରୁ ପୂର୍ଣ୍ଣକରି ତୋର ଅବତଂସ।୬୨।

ପ୍ରଣୟୀ ଚନ୍ଦ୍ରରେ ଦେଖ ରଶ୍ମିଜାଳ-ଅଙ୍ଗୁଳି ଆଲୋଡ଼ି
ତିମିରିତ କେଶପାଶ ରଜନୀର କରି ଆକର୍ଷଣ
ନିକଟକୁ ଦିଏ ଚୁମ୍ବି, ସ୍ପର୍ଶଜାତ ଆନନ୍ଦେ ବିଭୋର
ମର୍ମରିତା ନିଶିଥିନୀ ମୁଦେ ତାର କମଳ ନୟନ।୬୩।

ଦେଖ ଗୋ ପାର୍ବତୀ ପୁଣି ନବୋଦିତ ଚନ୍ଦ୍ରର ଜୋଛନା
ଆଲୋକେ ଭରିଛି ଊର୍ଦ୍ଧ୍ୱ ଅଧେ ଭରି ଗହନ ତିମିରେ
ମାନସରୋବର ହ୍ରଦେ ମନେହୁଏ ମଦସ୍ରାବୀ ନିର୍ମଳେ।୬୪।

ଦେଖ ଗୋ ହିମାଂଶୁ ଦେବୀ, ରକ୍ତବର୍ଣ୍ଣ ପରିହାର କରି
ନିର୍ମଳ କରିଛି ନଭ ନିଜେ ହୋଇ ପରିଧି ବେଷ୍ଟିତ,
ସେ କେଉଁ ରାଜନ ଅବା ରୋଷ ତାର ନିବାରଣ କରି
ପ୍ରସନ୍ନେ ଭରିଛି ମନ ବିଚକ୍ଷଣ ମନ୍ତ୍ରୀର ମନ୍ତ୍ରୀତ୍ୱ।୬୫।

ଦେଖ ଗୋ ପାର୍ବତୀ ଦେଖ ଉର୍ଦ୍ଧ୍ୱନତ ସକଳ ବସ୍ତୁରେ
ଜଡ଼ିତ ଶରୀର ସଯତନେ ସୁଶୋଭନ କରି
ତିମିର ରହିଛି କିନ୍ତୁ ନିମ୍ନତମ ଗୁହା ଓ ଅରଣ୍ୟ
ନିରନ୍ଧ୍ର ବଲ୍ଲରୀ ତଳ ପତ୍ର ପୁଟ ଛାୟାଛନ୍ନ ଭରି ।

ବିଧାତା ଗଢ଼ିଛି ଯାହ ଯେଝା ଗୁଣେ ନିବାସ ଯାହାର
ସଂସାରର ଭଲ ମନ୍ଦ ଉଚ୍ଚ ନୀଚ ସକଳ ବିଚାରେ,
ଉର୍ଦ୍ଧ୍ୱରେ ଉଦିତ ଶଶୀ ନିମ୍ନ ଖୋଜି ବୁଲଇ ତମସା
ନିଜର ଗୁଣ ଓ ବୁଦ୍ଧି ନିଜ ଯୋଗ୍ୟ ଆସନ ଆବୋରେ ।୬୬ ।

ଦେଖ ଉମା ! ହିମାଳୟ ମେଖଳାର ତରୁକାଣ୍ଡେ ବସି
ଚନ୍ଦ୍ରିତ ଏ ଶିଶୀକୁଳ ସ୍ୱପ୍ନ ରଚେ, ଚନ୍ଦ୍ରର ଆଲୋକେ
ଚନ୍ଦ୍ରକାନ୍ତ ଶିଳା ପରେ ଛୁଇଁଲେ ଏ ଜୋଛନା ପରଶ
ଚକିତେ ଚେତନ୍ତି ଶିଖୀ ଅକସ୍ମାତେ ବାରିବିନ୍ଦୁ ପାତେ ।୬୭ ।

ଅନିନ୍ଦ୍ୟ ସୁନ୍ଦରୀ ଦେଖ, କଳ୍ପତରୁ ଶୀର୍ଷଦେଶେ ଶଶୀ-
ରଶ୍ମି ରେଖା ପଡ଼ିବାରୁ ମନେହୁଏ କରି ପ୍ରସାରଣ,
କୁତୁହଳି କରେ ନିଏ ଏ ଚନ୍ଦ୍ରମା ବୃକ୍ଷପାଶୁ ଗଣି
ଅମଳ ଧବଳ ମୁକ୍ତା ହାର ଭରି ବିମଳ କିରଣ ।୬୮ ।

ଦେଖ ଗୋ ପାର୍ବତୀ ଏଇ ଶୁଭ୍ରଜ୍ୟୋସ୍ନା ଗିରି ବା ପ୍ରାନ୍ତର
କାହିଁ କୃଷ୍ଣ କାହିଁ ଶୁକ୍ଳ କାହିଁ ଅବା ପିଙ୍ଗଳାଭ ଦିଶେ
ସମୁଚ୍ଚ ଶିଖର ଶିରେ ବିମଳାଭ ନିମ୍ନେ ଅନ୍ଧକାର
ଗଜରାଜ ଅଙ୍ଗେ ଅବା ଶୃଙ୍ଗାର ସୁରଚନା ପରି ସେ ।୬୯ ।

ଦେଖ ଗୋ କୁମୁଦ କୁଳେ ମଦମତ୍ତ ପ୍ରସ୍ଫୁଟିତ ପିଇ
-ଚନ୍ଦ୍ରର ପୀୟୂଷ ପଣା ପୀତରସ ବୃନ୍ତରୁ ପାଖୁଡ଼ା-
ବନ୍ଧନ ଫିଟାଇ ଯାଏ ଦିନାନ୍ତର ବନ୍ଦୀ ଅଳିକୁଳ
ଗୁଞ୍ଜନ ମୁଖର କରି ପାଣିକୁଳ ପରିସର ସାରା ।୭୦ ।

କଳ୍ପତରୁ ମଧ୍ୟରୁ ଏ ସୂକ୍ଷ୍ମତମ ଲମ୍ବିତ ବସନ,
ଦେଖ ଗୋ ଚଣ୍ଡୀ, ଝୁଲଇ ଜ୍ୟୋତ୍ସ୍ନା ତଳେ ଅମଳ ଧବଳ
ବାରି ତ ନହୁଏ କିଛି, ଏ ଚାନ୍ଦିନୀ ରେଣୁ ଗୋଳିହୋଇ,
ପବନ ଉଡ଼ିଲେ କିନ୍ତୁ ପଡ଼େ ଜଣା ବସନ ବା' କାର।୭୧।

ଅଙ୍ଗୁଳି ଉର୍ଦ୍ଧ୍ୱରେ ଦେଖ ଜ୍ୟୋତ୍ସ୍ନାର ଏ ରାଶି ଫୁଲ
ତରୁ ଓ ବ୍ରତତୀ ଘନ ଯନ୍ତ୍ରାବଳୀ ରନ୍ଧ୍ରେ ପଡ଼େ ଝରି
କୋମଳ ପାଖୁଡ଼ା ଦଳ, ଭରି ଦେଉଁ ତରୁ ଦଳ ମୂଳେ,
ମନେହୁଏ ତୋଳି ତାରେ, ସଜାଡ଼ନ୍ତି ଏ ତୋର କବରୀ।୭୨।

ଚାହାଁ ଗୋ ସୁଚାରୁମୁଖୀ, ତାରାପତି ପାଶେ ଆସି ମିଳେ
ପ୍ରତିଦିନ ଯୋଗ ତାର ପ୍ରଭାରେ ତା' ପରିଧି ବେଢ଼ାଇ,
ଚନ୍ଦ୍ର ଚଉପାଶେ ଦେଖ ନବୋଢ଼ା ବା' ପ୍ରଣୟୀ ନିକଟେ
ସଲ୍ଲଜେ ଯାଏ ବା ଧୀରେ, ଅତିଧୀରେ, ଚରଣ ବଢ଼ାଇ।୭୩।

ଚନ୍ଦ୍ରବିମ୍ବ ନିହିତାକ୍ଷୀ! ଚାହିଁ ଦେଖ ଚନ୍ଦ୍ରର ଆଲୋକେ
ପରିଣତ ଶୁଭ୍ରକାଣ୍ଡ ପରିତବ ଶୁଭ୍ର ଗଣ୍ଡ ପରେ,
ଜ୍ୟୋତ୍ସ୍ନାର ଅମଳ କାନ୍ତି ପ୍ରତିବିମ୍ବ କରେ ଝଲମଲ
ବେଢ଼ାଇ ତୋ ଦେହସାରା ସମୁଜ୍ଜ୍ୱଳ ସୁଠାମ ଏ ଭାଳେ।

ମନେହୁଏ ଜ୍ୟୋତ୍ସ୍ନା ଅବା ଜନ୍ମିନିଏ ଗଣ୍ଡସ୍ଥଳୁ ତୋର
ଅଚେତନେ ପଡ଼େ ଶୋଇ ଗଣ୍ଡୁ ତୋର ହୋଇ ବିଚ୍ଛୁରିତ,
ହେ ଚନ୍ଦ୍ର ଆୟତ ଆଖି, ଉଜ୍ଜ୍ୱଳ ଏ ସ୍ୱଚ୍ଛ ଚନ୍ଦ୍ରିକାରେ
ତନୁ ତୋର ଭରିଦେଇ, ଭରିଦିଏ ଏ ସାରା ଜଗତ।୭୪।

ଚନ୍ଦ୍ରର କିରଣ ଜାଳେ ଜଳ ହୋଇ ନିମ୍ନଭାଗେ ଜମି
ରହିଛି ଯେ ଜଳଟିକ ଚନ୍ଦ୍ରକାନ୍ତ ଶିଳାରୁ ନିଗିଡ଼ି,
ମନେହୁଏ ଚନ୍ଦ୍ରକାନ୍ତ ଶିଳାପାତ୍ରେ କଳ୍ପତରୁ ସୁରା
ଭରି ଏ ଅରଣ୍ୟ ଦେବୀ ଚାହିଁଛି ବା ସେବାକୁ ତୁମରି।୭୫।

ପାର୍ବତୀ ଗୋ କିବା ଫଳ ତହିଁ ଅଛି ମୁଖ ପଦ୍ମ ତୋର
ସରସ କେଶର ପରି ସୁରଭିତ, ଇଷତ୍ ରକ୍ତିମ- (ବକୁଳ ଫୁଲ)
ନୟନ ଯୁଗଳ ତୋର, ପାନୀୟ ବା କି ଅଧିକ ହେବ
ମମତା ମିଶିଲେ ଯହିଁ ଉକୁଟିବ ହୋଇ ଶତେ ଗୁଣ ।୭୬।

ତା ବୋଲିବି ଗୌରୀ ତୁମେ, ରଖିବନି ସଖୀଙ୍କ ସମ୍ମାନ
କହି ପିଅନ୍ତି ପିନାକୀ ପ୍ରିୟାରେ ସେ ପାନୀୟ ନିଗାଡ଼ି,
ପାନୀୟ ପ୍ରଭାବେ ଯେବେ ରୋମାଞ୍ଚିତ ସାରା ଅପଘନ
ରସାଳ ଦ୍ରୁମେ ଲତିକା ସମ ଉମା ଶିବେ ଗଲେ ଜଡ଼ି ।୭୬।

ସୁମୁଖୀ ପାର୍ବତୀ ଶୋଭେ, ଶତଗୁଣେ ସୌନ୍ଦର୍ଯ୍ୟ ଉଚ୍ଛୁଳି,
ବେପଥୁ ମରମ ତଳେ ସଦ୍ୟ ସେବି ପାନୀୟ ପ୍ରଭାବେ ।
ଲଜ୍ଜା ତେଜି ଭୁଲେ ଦେବୀ ଆତ୍ମସତ୍ତା ସ୍ୱାମୀ ସନ୍ନିକଟେ
ବିହ୍ୱଳେ ପିନାକୀ ପୁଣି ମତ୍ତ ଲୋଭୀ ଚାହାନ୍ତି ସରାଗେ ।୭୮-୭୯ ।

ଅବଶାଙ୍ଗୀ ପାର୍ବତୀରେ ଘୂରେ ନେତ୍ର ବିଜଡ଼ିତ କଥା
ମୁକ୍ତାନିଭ ସ୍ୱେଦବିନ୍ଦୁ କଣ୍ଠି ଉଠେ ରୋମାଂଚିତ ଦେହେ
ମୃଦୁ ମୃଦୁ ହସ ତଳେ ବାଚାଳତା ଅନ୍ୟମନସ୍କତା
ଦେଖି ତୃପ୍ତି ବିଶ୍ୱପତି ଘନଘନ ଚୁମ୍ବନ୍ତି ସସ୍ନେହେ ।୮୦ ।

ନିଚେତ ପାର୍ବତୀ ଘେନି ଚଳିଯାନ୍ତି ତ୍ରିଲୋଚନ ବେଗେ
ଲମ୍ବିତ ସ୍ୱର୍ଣ୍ଣ ମେଖଳା କଟୀ ତଟେ ଜଘନର ଭରେ,
ସୁଦୃଢ଼େ ଧରନ୍ତି ତୋଳି ଯାଉଁ ରତି ମନ୍ଦିର ଗହନେ
ସ୍ୱେଚ୍ଛାରେ ଗଠିତ ଯାହା ମଣିମୟ ପୂର୍ଣ୍ଣ ବିଭୂତିରେ ।୮୧ ।

ଧବଳ ଶରତ ନଭେ, ତାରାପତି ରୋହିଣୀ ସମୀପେ
ଶୟନ କରନ୍ତି ଯେହ୍ନେ ମଣିଶିଳା ଗୃହେ ସେହିପରି
ପାର୍ବତୀ ସଙ୍ଗତେ ଦେବ ହଂସସମ ଶୁଭ୍ରଶଯ୍ୟା ପରେ
ଜାହ୍ନବୀ ପୁଳିନ ସମ ମନୋରମ ସେ ଶଯ୍ୟା ଆବୋରି ।୮୨ ।

ସେ ଦମ୍ପତି କ୍ରୀଡ଼ା କାଳେ ପାର୍ବତୀର କେଶ ଆକର୍ଷଣେ,
ସ୍ୱକୀୟ ଲଲାଟ ଚନ୍ଦ୍ର ଦୁର୍ଦ୍ଦଶାରେ ଦିଶିଲା ମଳିନ,
ଚନ୍ଦନ ବିଲୁପ୍ତ ଭାଲେ, ନଖ କ୍ଷତେ, ଲଙ୍ଘି ରତିଶାସ୍ତ୍ର
ମେଖଳା ବସି ତ କଟ ଚନ୍ଦ୍ରହାରେ ହେଲା ଅବସନ୍ନ।
ତଥାପି ତ ବିଦିଶୀକ୍ଷା ପାଇଁ ଦୁହେଁ ଦୁହିଁଙ୍କ ପାଶରେ
ଅତିହିଁ ଦୁର୍ଦ୍ଧର୍ଷ ପୁଣି ଉଚ୍ଛ୍ୱସିତ ପ୍ରବଳ ପିନାକୀ।୮୩।

ତୃପତି ନୁହଁନ୍ତି କେବେ, ପୁଣି ଚାହିଁ ଉମା ଅପଘନେ
କୋମଳାଙ୍ଗେ ପୀଡ଼ା ଜାଣି ଛାତି ପରେ ପ୍ରଣୟିନୀ ଯାକି।
ନିମୀଳିତ ଚକ୍ଷୁ ତୁଲେ, ଭାବାବେଶେ, କ୍ଷଣେ ହେଲେ ମୌନ,
ପ୍ରିୟାରେ ଦୟା ନିର୍ଦ୍ଦେଶି, କ୍ଷଣେ ଅବା ନିଦ୍ରା ମିମୋହିତ।
ନଭପଥୁଁ ବିମୋହିତ, ନଭସ୍ଥିତ ଜ୍ୟୋତିଷ୍କ ମଣ୍ଡଳି,
ସୁଧାପୟ ବୁଣି ବୁଣି ହେଲେ ମୁଗ୍ଧ ସେବା ଅନୁରକ୍ତ।୮୪।

ଦେଖୁ ଦେଖୁ ମିଳନର ରାତ୍ରି ଗଲା ଅପସରି ଦୂରେ
କୌଶିକ ରାଗେ କିନ୍ନରେ, ଗାଇଲେକ ଯହୁଁ ମାଙ୍ଗଳିକ,
ଉଷସୀର ସ୍ୱର୍ଣ୍ଣରାଗେ ସ୍ୱର୍ଣ୍ଣପଦ୍ମ ଫୁଟିଲା ତଡ଼ାଗେ
ବିଦ୍‌ଦୁଗଣ ସ୍ତୁତି ତୁଲେ ତ୍ରିଲୋଚନ ନିଦ୍ରା ତେଜିଲେକ।୮୫।

ମାନସ ହ୍ରଦ ବିହାରୀ ବହି ଆସେ ମନ୍ଦ ଗନ୍ଧବହ,
ଗନ୍ଧମାର୍ଦ୍ଦନ ଅରଣ୍ୟ ଅନ୍ତରାଳେ କରି ଆଲୋଡ଼ିତ,
ଦରଫୁଟା ପଦ୍ମବାସେ ମତ୍ତ ପୁଣି ରସାଳ ବିଭୋର
ସେ ବାୟୁ ପରଶେ ହେଲେ ସେ ଦମ୍ପତି ବନ୍ଧନୁ ବିରତ।୮୬।

ସହସା ଶିଥିଳ ବାସ ପିନ୍ଧେ ଉମା ଅତି ସନ୍ତର୍ପିତେ
ପ୍ରଭାତର ସ୍ୱର୍ଣ୍ଣାଲୋକେ ଦେଖେ ଦେହେ ନଖ କ୍ଷତ ଚିହ୍ନ,
ପରିଧେୟ ବାସ ଢାଙ୍କି ଉରୁମୂଳେ ଉରଜ ଯୁଗଳେ
ସହାସ୍ୟ ନିରେଖି ହର ବିହାରନ୍ତି ବସନ ସଂଯମ।୮୭।

କୁମାର ସମ୍ଭବ | ୧୩୫

ରାତ୍ରି ଉଜାଗରେ, ଉମା ନେତ୍ରପଦ୍ମ ଦିଶଇ ରକ୍ତାଭ,
ଚୁମ୍ବିତ ଦୁର୍ଦ୍ଦଶା ଓଷ୍ଠେ, କେଶରାଶି ହୋଇଛି ବିଚ୍ୟୁଥ,
ଲଲାଟୁ ଲିଭିଛି ବିନ୍ଦୁ ପ୍ରିୟତମା ଶ୍ଳଥ ଦେହଲତା,
ନିଜ କୃତ ମନୋହର ବେଶେ ଲୁବ୍ଧ, ପିନାକୀ ମୋହିତ।୮୮।

ପ୍ରଭାତ ଯଦିଚ ହେଲା, ଦୀପ୍ତ ବିଭା ଭରି ଦଶଦିଗେ,
ସ୍ଖଳିତ ପ୍ରଚ୍ଛଦ ପରେ ମେଖଳାର ଛିନ୍ନ ପରିବେଶେ,
ଚରଣ ଅଲକ୍ତ ରାଗେ ଚିହ୍ନ ରଖି ବିନିଦ୍ର ରଜନୀ-
ଗତାୟୁ ଲଭିଛି ଯହିଁ ସେ ଶଯ୍ୟାରେ ନ ତେଜି ନିମିଷେ।୮୯।

ବସନ୍ତି ହରଷେ ହର, ଆନନ୍ଦ ଓ ଅନୁଭୂତି ଘେନି,
ଏଇ ଭାବେ ବଢ଼େ ପ୍ରୀତି ଦିନୁ ଦିନୁ ଗାଢ଼ ଅନୁରାଗେ,
ପ୍ରିୟମୁଖ ମଧୁପାନେ କ୍ଷଣେ ହେଲେ ନ ହୁଅନ୍ତି ଦୂର,
ବିଜୟାର ଅନୁରୋଧେ ପାର୍ବତୀଙ୍କୁ ସଖୀ ସଙ୍ଗ ଲାଭେ-।୯୦।

ନିଶିଦିନ ଯଥା ତଥା, ସମ୍ଭୋଗିଣ ପାର୍ବତୀ ସହିତେ,
ଦେଖି ଶତ ଋତୁ ଗଲା ଭୋଗ ହୋଇ ଆସଙ୍ଗ ଲୋଲୁପୀ
ତ୍ରିଲୋକେଶ, ସଙ୍ଗ ତୃଷା, ନ ମେଣ୍ଟିଲା ପ୍ରଚ୍ୟୁତ ଯେପରି
ଜଳ ସଙ୍ଗୀତର ଫଳେ, ବାଡ଼ବାଗ୍ନି ଉଠଇ ପ୍ରକୋପୀ।୯୧।

# ନବମ ସର୍ଗ

କର୍ମକ୍ରୀଡ଼ା ପରିରମ୍ଭେ ଯେତେବେଳେ ଦେବ ପଞ୍ଚାନନ
ଉମାମୁଖ ମଧୁପାନେ ଥିଲେ ମତ୍ତ, ବିସ୍ତାରି ନୟନ
ଦେଖନ୍ତି ସହସା ଏକ ପାରାବତ ପ୍ରବେଶିଲା ଆସି
ଗୋପ୍ୟ ରତି ନିକେତନେ, ଧୀରେ, ଅତିଧିରେ ପଶି ।୧ ।

ଏଇ ପାରାବତ ତାର ରତିକାନ୍ତା କୂଜନ ସୁମରି,
ଗଳଦେଶ ସ୍ଫୀତ, ପୁଣି କ୍ଷଣେ ସମୁନ୍ନତ କରି
ଘୂର୍ଣ୍ଣିତ ରକ୍ତିମ ଚକ୍ଷେ, ପୁଚ୍ଛ ତାର କରି ଆଲୋଡ଼ିତ ।୨ ।

ସ୍ଥାନଚ୍ୟୁତ ଯୁଗ୍ମ ପକ୍ଷେ, ତଳେ ଶୁଭ୍ର ଲୋମଶ ଜଡ଼ିତ,
-ପଦେ କରେ ବିଚରଣ, ଇତସ୍ତତ । ପ୍ରେମେ ଅବିରତେ
ଶଙ୍ଖସମ ଶୁଭ୍ରପକ୍ଷୀ, ମୁଣ୍ଡଳିତ ମଦମତ୍ତ ଚିତ୍ତେ ।୩ ।

ରତି ସହଚର କାମ ମଥିତ ଯେ ସୁଧାହ୍ରଦ ତହୁଁ
ନବୋଦିତ ଚନ୍ଦ୍ରସମ ପାରାବତ, ଦେଖି ମହାବାହୁ,
ଆନନ୍ଦେ ହୋଇଲେ ମଗ୍ନ, କ୍ଷଣ କାଳ, ପରକ୍ଷଣେ ଦେବ ।୪ ।

ଅଲୌକିକ କାନ୍ତି ତା'ର ଦେଖି କ୍ଷଣେ ଚିନ୍ତିଲେ ଅନଘ,
ଜାଣିଲେ ଏ ମାୟାମୂର୍ତ୍ତି ବିହଙ୍ଗର ଧରିଛି ଅନଳ
ଗୋପ୍ୟ ରତିଗୃହେ ପଶି, କ୍ରୋଧେ ହେଲେ ଭୀମ ଭୟଙ୍କର ।୫ ।

ତାହା ଦେଖି ଭୟ ତ୍ରାସେ କମ୍ପିଉଠି ନିଜେ ହୁତାଶନ
ସ୍ୱରୂପେ କୁହନ୍ତି ଧୀରେ, କୃତାଞ୍ଜଳି ପୁଟେ ସମ୍ବୋଧିଣ।୬।

"ହେ ପ୍ରଭୋ ଏ ଜଗତର ଅଧୀଶ୍ୱର ଏକମାତ୍ର ତୁହି
ସ୍ୱର୍ଗବାସୀ ଗଣର ଯା' ବିପଦ କି ତୋତେ ଜଣା ନାହିଁ?
ସେ ପାଇଁ ସେ ଦେବତାଏ ଦୈତ୍ୟପତି ତାରକାକୁ ଲକ୍ଷି
କରନ୍ତି ତୋ ଉପାସନା, ପ୍ରପୀଡ଼ିତ ଯାତନା ପାଇଁକି।୭।

ପ୍ରିୟତମା ପ୍ରେମବଶେ, ଦେଢ଼ ଶତ ଋତୁରେ ବ୍ୟତୀତ
ନିର୍ଜନେ ତୁ କରିବାରୁ, ଦେବ ଦେବ ବାସବ ଚିନ୍ତିତ
କାତରେ ଦେବତା ଗଣ ତୁଲେ ଭାବେ ଅତି ଆର୍ତ୍ତ ମନେ
ହେ ପ୍ରଭୁ ତୋ ଅଦର୍ଶନେ ଅତି ଦୁଃଖ ଦେବତା ଗହଣେ।୮।

ହେ ସର୍ବଜ୍ଞ! ତୋ ସେବାର ଅବସର ପ୍ରତୀକ୍ଷାରେ ରହି,
ଅନୁରୋଧ କରି ମୋରେ ଦେବତାଏ ଦେଲେ ଯେ ପଠାଇ,
ସେ ଲାଗି ଆସିଲି ତେଣୁ ଅନ୍ୱେଷିଣ ଉଚିତ ବେଭାର
ପ୍ରେମାବିଷ୍ଟ ପାରାବତ ରୂପେ ଦେବ, ନ ଦୋଷ ମୋହରେ।୯।

ଏଣୁ ଅପରାଧ ମୋର କ୍ଷମାକର କ୍ଷମାଜନୋଚିତ,
ଆମ୍ଭଙ୍କୁ ହେ ପ୍ରଭୁ ତୋର, ଶରଣାର୍ଥୀ ଶତ୍ରୁ ପରାହତ
ଦେବତା ଗଣର ଆଉ ସହ୍ୟ ହୁଏ ନାହିଁ କାଳ କ୍ଷୟ
ସମଭାବେ ଭାଳି ମନେ ଜାଣ ପ୍ରଭୁ ନ୍ୟାୟ ବା ଅନ୍ୟାୟ।୧୦।

ଭୋ ଦେବ ପ୍ରସନ୍ନ ହୋଇ ପୁତ୍ରଦାନ ଦିଅ ଦୟାକରି
- ଯା'ରେ କରି ସେନାପତି, ସୁରରାଜ ସ୍ୱର୍ଗଲକ୍ଷ୍ମୀ ଫେରି
- ପାଇବ ଅଚିରେ, ପୁଣି ତୋ ପ୍ରସାଦେ ତ୍ରିଜଗତ ପୁଣି
ପାଳିବ ସହସ୍ରନେତ୍ର ପୂର୍ବପରି, ଆଖଣ୍ଡଳ ମଣି"।୧୧।

ପବିତ୍ର ପାବନ ବାକ୍ୟ ଶୁଣି ଦେବ ଶଙ୍କର ସନ୍ତୋଷ
ଏପରିସ୍ଥିତିରେ ସିନା କ୍ରୁଦ୍ଧ ପ୍ରଭୁ ସେବଇ ବାଗ୍ମୀଶ।୧୨।

ସେ ମଦନାନ୍ତକାରୀ ଭାବନ୍ତି ଯା' ପ୍ରସନ୍ନ ମାନସେ
ଇନ୍ଦ୍ର ସେନାପତିର ଯା'ଶୌର୍ଯ୍ୟ ବୀର୍ଯ୍ୟ ଦୀପ୍ତ ପ୍ରତାପ, ସେ
ବିଜୟକାରୀର ଚିନ୍ତା କରନ୍ତି ଯେ ଦେବ ଶୂଳପାଣି,
କର୍ତ୍ତବ୍ୟ କରିବାପାଇଁ ମନେ ଭାଲି ଉତ୍‌କଣ୍ଠିତ ପୁଣି।୧୩।

ଏଣୁ ସେହି ଊର୍ଦ୍ଧ୍ୱରେତା ରତି ଭଙ୍ଗେ ସ୍ଖଳିତ ସେ ରେତ
ଯୁଗାନ୍ତ କାଳାଗ୍ନି ପରି ସେ ହିରଣ୍ୟଗର୍ଭେ ଅନଳେ ତ
-ନିକ୍ଷେପନ୍ତି, ସହସା ସେ ସ୍ମରାର ବୀଜକ୍ଷେପ ହେତୁ
ଆଦର୍ଶ ବହ୍ନିର ଦେହ ପଡ଼ିଯାଏ ନୀଳ ଉଷ୍ମ ଶ୍ୱାସୁ-
ଦିଶଇ ଦର୍ପଣ ଯେହ୍ନେ ବିବର୍ଣ୍ଣ ତା' ଦେହେ ଯାଏ ବ୍ୟାପୀ।୧୫।

କିନ୍ତୁ ସ୍ମରତିଜନିତ ଆନନ୍ଦର ବ୍ୟାଘାତେ ପାର୍ବତୀ
ଅତୀବ କୋପିତ ହୋଇ କ୍ରୋଧେ ଶାପ ଦେଲେ ହୁତାଶନେ
ଭୀମକର୍ମା ଧୂମଗର୍ଭ, "ହେ ଅନଳ ଆଜିଠାରୁ ତୁମେ
ହୁଅ କୁଷ୍ଠ ବ୍ୟାଧିଗ୍ରସ୍ତ", ଦକ୍ଷ ଶାପେ ଚନ୍ଦ୍ର କ୍ଷୟକାଶେ
ତେସନେ ଭୋଗିଲେ ବହ୍ନି ଶିଶିରାକ୍ତ ନଷ୍ଟ ପଦ୍ମ କି'ସେ।୧୬।

ବିରୂପ ହୋଇଲେ ତେହ୍ନେ, ବିରୂପାକ୍ଷ ରେତ ଅଙ୍ଗେ ଧରି,
ବିକଳେ ଅନଳ ଗର୍ଭେ, ସେ ସ୍ଥାନରୁ ଅଚିରେ ବାହାରି।୧୭।

ତା'ପରେ ମହେଶ ଦେଖି ଅଗ୍ନି ରୋଷେ ମ୍ଳାନ ପାର୍ବତୀରେ
ରସଭଙ୍ଗେ ଲଜ୍ଜାନତ, ରୁଦ୍ରମୁଖୀ ଉମା ବୋଧି ବଳେ
ବିବିଧ ଶୃଙ୍ଗାର ଗର୍ଭ ମଧୁବାକ୍ୟେ ତୁଷ୍ଟ କରି ଉମା
ବିନୋଦନ କରି ଚିତ୍ତ ପ୍ରବୋଧନ୍ତି ତ୍ରିଜଗତ ଭୂମା।୧୮।

ଦ୍ୱିତୀୟ କୌପୀନ ବସ୍ତ୍ର ଲମ୍ବିତ ଯା ସ୍କନ୍ଧ ଉତ୍ତରୀୟ
-ଅଞ୍ଚଳେ ପୋଛନ୍ତି ଦେବ ପ୍ରିୟା ମୁଖ ଅବସନ୍ନ ଦେହେ
ଅକଳଙ୍କ ଚନ୍ଦ୍ରମୁଖ ଘନଘର୍ମେ ନେତ୍ରାଞ୍ଜନ ଗୋଳି-
ହୋଇଥିଲା ମଳିନ ଯା' ପୋଛି ଶୁଭ୍ର କରିଲେ ତ୍ରିଶୂଳୀ।୧୯।

କରାଙ୍ଗୁଳି ଚାଳି ମନ୍ଦେ ବଳେ ପୁଣି ବି ବଦନୁ
ପୋଛିଲେ ଅଙ୍ଗରୁ ଶ୍ରମଝାଳ ଦେବ ସଯତନେ ତନୁ।୨୦।

ସେହି ସେ ଅମୃତମୌଳି, ଚନ୍ଦ୍ରଚୂଡ଼ ରତିଶ୍ରମେ ଶ୍ଲଥ,
ପାର୍ବତୀ ସ୍କନ୍ଧେ ଶିଥିଳ କବରୀରୁ ତୋଳନ୍ତି ବିଚ୍ୟୁତ-
ପାରିଜାତ, ପୁଷ୍ପଦାମେ ପୁନର୍ବାର ଦିଅନ୍ତି ସଜାଇ
ବ୍ୟଜନ ସଂଚାଳି ଧୀରେ, ଉମାନାଥ ପ୍ରିୟା ସୁଖପାଇଁ।୨୧।

ଆଉ ଥରେ ଇନ୍ଦ୍ରମୁଖ, ଗଣ୍ଡସ୍ଥଳେ ସୁମୁଖୀ ଉମାର,
ମୃଗନାଭି କସ୍ତୁରୀର ପତ୍ରାବଳୀ ଅପୂର୍ବ ସୁନ୍ଦର
ଦିଅନ୍ତି ଆଦରେ ଲେଖି ବିଶ୍ୱ ବିମୋହନ ରତି ପତି
ମନ୍ତ୍ରାକ୍ଷର ଶ୍ରେଣୀ ସମ ଚିତ୍ରିଲେକ ନିଜେ ଭୂତପତି।୨୨।

ଉମାମୁଖ-ରଥ ଅଗ୍ରେ କର୍ଣ୍ଣେ ପୁଣି ମିଣ୍ଡିଲେ ତାଟଙ୍କେ,
ଚକ୍ରାକୃତି କର୍ଣ୍ଣଭୂଷା ବିଶ୍ୱରୂପ ବିରିପାକ୍ଷ ପକ୍ଷେ
ଜୟ ଅଭିଳାଷି ମନେ ମଦନ ବା କଲେ ଅରୋହଣ
ଦ୍ୱିଚକ୍ର ରଥ ଉପରେ ଶଙ୍କରର ଘୋଷି ଜୟଗାନ।୨୩।

ପୁଣି ସେ ପିନାକୀ, ଯେବେ ସ୍ତନ ଦୁଇ କରି ଆଚ୍ଛାଦିତ,
ସୁକଣ୍ଠୀ ପାର୍ବତୀ କଣ୍ଠେ, ମୁକ୍ତାହାର କରି ସୁଶୋଭିତ
ସେ ଦିଶେ ମେରୁ ଶୃଙ୍ଗର, ଦୁଇ ଶୃଙ୍ଗୁ ଝରି ମନ୍ଦାକିନୀ,
ଅପୂର୍ବ ସୁଷମା ବଳେ, ଦିଶେ ଶୁଭ୍ର ତଟ ପ୍ରସାରିଣୀ।୨୪।

ରତିକାଳେ ନଖକ୍ଷତ ସୁଶୋଭିତ ନିତମ୍ବେ ଉମାର,
ଯେତେବେଳେ ବାନ୍ଧିଲେକ କାଞ୍ଚିଦାମ ନିଜେ ମହେଶ୍ୱର,
ଅଥବା ମଦନ ମନ ଚଳ ମୃଗବଦନେ, ରଶନା
ପାଶ ସମ ବାନ୍ଧିଲେକ ଆଶୁତୋଷ ମନର ବାସନା।୨୫।

ବିଦଳିତ କରି ଦେବ ଭାଲ ନେତ୍ର ଶିଖାରେ ଅଞ୍ଜନ
ବିଲେପିତ କଲେ ଦେବ ପଦ୍ମନେତ୍ର ନୟନେ, ରମଣ
ପୁଲକ ପୂରିଲା ଦେହେ ଗୌରୀଗାତ୍ର ପରଶେ ମହେଶ
ସେ ଅଙ୍ଗୁଳି ନୀଳକଣ୍ଠେ ଲେପି ହେଲେ ଅତି ଉଲ୍ଲସିତ।୨୬।

ଚନ୍ଦ୍ରମୌଳି ପୁଣି ସେହି ସରୋଜାକ୍ଷୀ ସରୋରୁହ ପଦେ,
ଅଲକ୍ତ ଆଲେଖି ଧୀରେ ସ୍ୱମସ୍ତକ ଗଙ୍ଗାର ଉଦକେ
ଧୁଅନ୍ତି ଅଲକ୍ତ ରାଗ ହସ୍ତସ୍ଥିତ ବିନ୍ଦୁ ବିଲୋପନେ,
ସପତ୍ନୀର ଶୁଭ୍ର ଧାରେ, ପ୍ରିୟା ପ୍ରୀତି ଅନୁଭବି ପ୍ରାଣେ।୨୭।

ପୁଣି ପ୍ରେମମୟ ଦେବ ସ୍ୱ-ଦେହରୁ ଭସ୍ମ ଅନୁଲେପି,
ମଣି ଦର୍ପଣେ ତା' ମାଜି ପ୍ରିୟାରେ ତା ଦେଖାନ୍ତି ପିନାକୀ
ପାର୍ବତୀର ପରିପାଟୀ ବେଶଭୂଷା ସୁରୁଚି ଶୋଭିତ,
ଦେଖାନ୍ତି ବଲ୍ଲଭୀ ପ୍ରୀତି ଅଧିକରୁ, ଦେବ ବିଶ୍ୱନାଥ।୨୮।

ସେ ପାର୍ବତୀ ପ୍ରିୟ ଦତ୍ତ ମନୋମୟ ମୁକୁର ମଧ୍ୟରେ,
ସ୍ୱଦେହେ ସମ୍ଭୋଗ ଚିହ୍ନ ନିରେଖିଣ ଦେଖି ଲଜ୍ଜାଭରେ,
ମଥାନତ କରି ସତୀ, ରୋମାବଳୀ ଅଙ୍ଗେ ଉଠେ ଫୁଟି,
ଗାଢ଼ ଅଙ୍ଗ ଅନୁରାଗ ପ୍ରିୟ ପାଶେ ଉଚ୍ଛ୍ୱାସେ ପ୍ରକଟି।୨୯।

ପତି ବିରଚିତ ନିଜ ଶୋଭା ଦେଖି ଲଜ୍ଜିତ ହରଷେ
ସୌଭାଗ୍ୟବତୀର ମଧ୍ୟେ ଶ୍ରେଷ୍ଠ ଉମା ନିଜେ ଭାବନ୍ତି ସେ।୩୦।

ସେ ସମୟେ ସଖୀ ଦୁଇ ପାର୍ବତୀର ଜୟା ଓ ବିଜୟା,
ପ୍ରବେଶି ଦେଖିଲେ ସେହି ଶିବ ପ୍ରୀତିଭରେ ଧରି ପ୍ରିୟା
ସହାସ୍ୟ ଦେଖନ୍ତି ରହି-ପ୍ରିୟ ସଖି ଚିତ୍ତ ବିନୋଦନ
କରନ୍ତି ବୟସ୍ୟା ଦୁହେଁ ଦୂରେ ଥାଇଁ ନିର୍ଭୁଲ ବୟାନ ।୩୧ ।

ସେ ସମୟେ ଚାରୁଚିତ୍ର ବେଦୀ ପରେ ବୈତାଳିକ ଗଣ,
ମାଙ୍ଗଳିକ ଗାଇଲେକ ଗନ୍ଧର୍ବେ ଯେ କରି ଶଙ୍ଖ ସ୍ୱନ,
ପ୍ରବୋଧି ପିନାକପାଣି, ଗାଇଲେକ ଉଷାର ସଙ୍କେତ,
ବାହାରେ ସେଦିନ ସେହି ସୁପ୍ରଭାତେ ହୋଇ ଉଲ୍ଲସିତ ।୩୨ ।

ଏ ସମୟେ ନିବେଦନ କରେ ନନ୍ଦୀ କୃତାଞ୍ଜଳି ପୁଟେ
ପ୍ରଣାମାନ୍ତେ ଶମ୍ଭୁ ପଦେ ଦର୍ଶନେଚ୍ଛୁ ଦ୍ୱାର ସନ୍ନିକଟେ ।୩୩ ।

ଉଭାଛନ୍ତି ଦେବତାଏ ଶୁଣି ଦେବ ବିଳାସ ବିନ୍ୟାସେ,
ପ୍ରିୟା କର ଧରି ହାତେ, ରତିପୁର ତେଜିଲେ ନିମିଷେ ।୩୪ ।

ସେ ଭକ୍ତବତ୍ସଳ ଦେବ, ଦେବତାଙ୍କ ସମ୍ମୁଖକୁ ଆସି,
ଦେଖନ୍ତି ସହାସ୍ୟ ଭରେ ଏକେ ଏକେ ଯେତେ ସ୍ୱର୍ଗବାସୀ
ମହେନ୍ଦ୍ର ପ୍ରମୁଖ ଦେବେ କୃତାଞ୍ଜଳି ମାଥେ ପ୍ରଣମିଣ,
କ୍ରମାଗତ ଯାନ୍ତି ସର୍ବେ, ଶୈଳସୁତା ମହେଶ ଚରଣ ।୩୫ ।

ଯଥାଯୋଗ୍ୟ ମାନ ପାଇ ଦେବଗଣ ଗମିଲେ ସ୍ୱସ୍ଥାନେ,
ନନ୍ଦୀ ହସ୍ତ ଅବଲମ୍ବି, ଶଙ୍କର ବି ଉଠିଲେ ବହନେ,
ବୃଷାରୂଢ଼ ହୋଇଗଲେ, ଶୈଳପୁତ୍ରୀ ସହିତେ ଶଙ୍କର
କୈଳାସର ଅଭିମୁଖେ କଲେ ଯାତ୍ରା ହୋଇ ତତ୍‌ପର ।୩୬ ।

ସେ ଗିରୀଶ ମନଠାରୁ ଦ୍ରୁତଗାମୀ ବୃଷପରେ ଥାଇଁ
ଗମନ୍ତି ମଧ୍ୟ ଆକାଶେ ଯେତେବେଳେ ଗଗନେ ଅନାଇଁ.
ଆନନ୍ଦେ ଗଗନଚାରୀ ବୈମାନିକେ କୃତାଞ୍ଜଳି କରେ,
ସ୍ତୁତି କରି ଯାନ୍ତି ରହି, ଦ୍ରୁତଗାମୀ ବୃଷ ଗତି ତଳେ ।୩୭ ।

ମଧ୍ୟାକାଶେ ଯାଉଁ ଉମା ମହେଶ୍ୱର ରତିଶ୍ରାନ୍ତ ଦେହେ
ପ୍ରବାହିତ ମନ୍ଦାକିନୀ ଶାନ୍ତ ସ୍ନିଗ୍ଧ ଶୀକର ପ୍ରବାହେ,
କ୍ଳାନ୍ତି ନାଶ କରେ ବାୟୁ, ସୁରଭିତ ମିଶା ପାରିଜାତ,
ସେ ବାୟୁ ସେବନେ ତୃପ୍ତ, ରତିଶ୍ରାନ୍ତ ଉମା ଉମାନାଥ ।୩୮ ।

କ୍ରମେ ଆସି ହେଲେ ଉଭା ଅଭ୍ରଂକଷ ଗିରିଶିଖ ମଧ୍ୟେ
ବିରାଜିତ ସ୍ଫଟିକର ଗିରି ଯହିଁ କଇଳାସ ବୋଧେ,
ଏ ଗିରି ଶିଖରେ ଦିଶେ ସଉଦିତ ଅର୍ଦ୍ଧଚନ୍ଦ୍ର ନିତି
ବିଚିତ୍ର ବିଭୂତି ଭୋଗେ ଅଦ୍‌ଭୂତ ଏ ଦ୍ୱିତୀୟ ଶିବ କି ? ।୩୯ ।

ଯହିଁ ସିଦ୍ଧ ରମଣୀଏ, ସ୍ଫଟିକର ବାଡ଼ ପ୍ରତିବିମ୍ବେ,
ସ୍ୱରୂପେ ନିରେଖି ଭ୍ରମେ, ଭାବନ୍ତି ଯେ ଅନ୍ୟ ନାରୀ ସଙ୍ଗେ,
ସ୍ୱପତି ନିମଗ୍ନ କିବା, କାମେ ପାଦ ପ୍ରଣତ ସ୍ୱାମୀର
କାତରୋକ୍ତି ଚାଟୁବାକ୍ୟେ ନଶୁଣନ୍ତି ଅଭିମାନ ତା'ର ।୪୦ ।

ଏହାର ସ୍ୱଚ୍ଛ ଫଳକେ ନିପତିତ ଚନ୍ଦ୍ରର କିରଣ,
ସ୍ଫଟିକରେ, କିରଣରେ, କ୍ରମେ ତାହା ପଡ଼ଇ ମଳିନ ।
ପରନ୍ତୁ ଶଶୀର ଯେତେ, କଳଙ୍କର ରେଖା ସ୍ଥାନେ ସ୍ଥାନେ
ଉମା ଦେହୁ ବିସର୍ଜିତ, କସ୍ତୁରିକା ସମ ଲାଗେ ମନେ ।୪୧ ।

ଦର୍ପଣ ସଦୃଶ ତେଜ ସ୍ଫଟିକରେ ଦେଖି ନିଜ ରୂପ
ମଦମତ୍ତ ହସ୍ତୀକୁଳ ଅନ୍ୟ ଗଜ ଭ୍ରମରେ କୋପିତ
ରୋଷଭରେ ଦନ୍ତାଘାତେ ପାଇ ପୀଡ଼ା ଭ୍ରମ ବୁଝି ମନେ
ଅନ୍ୟତ୍ର ଗମନ୍ତି ଯହିଁ ଏସମ ଏ ଗିରି ମୁଖ୍ୟ ପଣେ ।୪୨ ।

ଏ ସ୍ଫଟିକ ଆଳୟରେ ପଡ଼େ ଯଦି ତାରକା ପୁଞ୍ଜର
ପ୍ରତିବିମ୍ବ ରାତ୍ରିକାଳେ, ସିଦ୍ଧ ବଧୂ କୁଳେ ଭ୍ରାନ୍ତି ମନେ
ଚ୍ୟୁତ ମୁକ୍ତାହାର ଅବା, ରତିକାଳେ ଉଚ୍ଛନ୍ନ ପ୍ରୀତିର,
ପଡ଼ିଛି, ଗୋଟାଇ ନେଉଁ ଲଜ୍ଜାବଶେ ରୁହନ୍ତି ମଉନେ ।୪୩।

ଖେଚରୀ ଗଣର ଏଇ, ବିଳାସ ଦର୍ପଣ-ତୁଲ୍ୟ ଚନ୍ଦ୍ର,
ଯେତେବେଳେ ଉଦେ ହୁଏ, ଶିର ଦେଶେ ଏଗିରି ଶିଖରେ,
ମନେହୁଏ ଶ୍ରୀନିବାସ, ନିବାସ ଏ କୈଳାସ ଗିରୀନ୍ଦ୍ର
ଶିର ଦେଶେ ଖଞ୍ଜିଛି ବା ଏ ଅମୂଲ୍ୟ ଚୂଡ଼ାମଣିଟିରେ ।୪୪।

ଯେ କୈଳାସେ ରତିକାମୀ, ବିବୁଧେ ଆସନ୍ତି କୌତୁକେ
ସ୍ୱପ୍ରିୟା ସଙ୍ଗତେ ଧରି ରମିବାକୁ ଆସନ୍ତି ଏକାକୀ
ସେ ସ୍ଫଟିକ ବାଡ଼ପରେ ପ୍ରତିବିମ୍ବ ଦେଖିଲେ ନିର୍ବାକେ
ଭାବନ୍ତି ଭ୍ରାନ୍ତି ମାନସେ, ବହୁଜନ ଗହଳ ବା ଏଥି ।୪୫।

ସେ ଶଶୀ-ଶେଖର ଏଥି ବିହରିଲେ ବହୁକାଳ ପୁଣି,
ଗୌରୀ ସହ ଲୀଳାରସେ ଯହିଁ ଇଚ୍ଛା ତହିଁ ମନ ଜାଣି
ମନୋହର ପ୍ରୀତିକାମୀ ଚନ୍ଦ୍ରମୌଳି କରିଲେ ବାହିତ
ଏସ୍ଥାନେ ଏ ଗିରି ଶିଖେ ବହୁକାଳ ସ୍ୱାମୀ ପଞ୍ଚମାଥ ।୪୬।

ଅତିହିଁ ବିଳାସମୟୀ ହିମାଳୟ ନନ୍ଦିନୀ ଗଉରୀ,
ସ୍ୱାମୀ ହସ୍ତ ଆବୋରିଣ, ବେତ୍ରଧାରୀ ନନ୍ଦୀ ଉପଦେଶେ,
ମଧୁର ବିଭଙ୍ଗ ଭରେ ଯଥା ତଥା ବିଚରନ୍ତି ଢଳି,
ସେ କୈଳାସ ଗିରି ଗୃହେ ପ୍ରେମମୟୀ ପାର୍ବତୀ ଉଲ୍ଲାସେ ।୪୭।

ପ୍ରିୟା ଚିତ୍ତ ବିନୋଦନେ ଦେଲେ ଦେବ ଇଙ୍ଗିତେ ଚକ୍ଷୁର,
ବିକଟ ଶ୍ୱେତବଦନ ଭୃଙ୍ଗୀ ଦନ୍ତ କରିଲା ବିକାଶ
ଭୟଙ୍କର ଦୀର୍ଘଜଟା ଅଙ୍ଗଭଙ୍ଗୀ କରି ଥରଥର,
ଶ୍ୱେତ ତୁଣ୍ଡୀ, ନାଚେ ଭୃଙ୍ଗୀ, ଦମ୍ପତିରେ କରିବାକୁ ତୋଷ ।୪୮।

ଭୃଙ୍ଗୀ ନାଚେ ତୁଷ୍ଟ ତେବ ଚାମୁଣ୍ଡାରେ ପୁଣି ଆଦେଶିଲେ
ପ୍ରଭୁ ପତ୍ନୀ ପ୍ରୀତିପାଇଁ ସେ ଯେ ନାଚେ ନିବିଷ୍ଟ ମନରେ
ଭୀଷଣ ତାଣ୍ଡବ କରି, ଲୋକ ମୁଣ୍ଡ କଣ୍ଠେ ଖେଳେ ଦୋଳି,
କରେ ସେ ଦନ୍ତ କରାଳ ଭୟଙ୍କର ନୃତ୍ୟରେ ଉଛୁଳି ।୪୯।

ଭୟ ବିହ୍ୱଳିତା ଉମା ଉଭୟଙ୍କ ବିକଟ ଦର୍ଶନେ,
ପ୍ରିୟ କୋଳେ ବସିଲେକ, ଅତିଭୟେ ଗାଢ଼ ଆଲିଙ୍ଗନେ
ଚକ୍ଷୁମୁଦି ସହାସ୍ୟରେ, ମୁଗ୍ଧ ହୋନ୍ତି ପ୍ରେମମୟ ଶିବ,
ପ୍ରିୟାର ଆଶ୍ଳେଷ ଲାଭେ, ଛଳନା ବା କରନ୍ତି ଅନଘ।୫୦।

ଏରୂପେ ପ୍ରିୟାର ପ୍ରୀତି ପାଇ ଦେବ ପୀନ ପୟୋଧରେ,
ନିଷ୍ପେଷିତ ଆଲିଙ୍ଗନେ ଅତି ତୁଷ୍ଟ ମଦନ ବିକାରେ,
ହୁଅନ୍ତି ବିଭୋର ଅତି ସେ କୈଳାସ ଶିଖେ ନିରବଧି,
ନିପୁଣ ବିଳାସମୟୀ ଉମା ସାଥେ ଘେନି ଅଷ୍ଟସିଦ୍ଧି।୫୧।

ଏରୂପେ କାଟନ୍ତି କାଳ ଭକ୍ତଗଣ ପ୍ରମଥ ବେଷ୍ଟିତେ,
ଦେବ ଦେବ ପଞ୍ଚମାଥ ପ୍ରିୟତମା ଉମାଙ୍କ ସହିତେ।୫୨।

# ଦଶମ ସର୍ଗ

ତ୍ୟକ୍ତ ମହାତୀବ୍ର ରେତ, ସର୍ବାଙ୍ଗରେ ଭରି ମହାଦୁଃଖେ,
ସୁରଗଣ ପରିବୃତ ସଭା ମଧ୍ୟେ, ଦେବେନ୍ଦ୍ର ପାରୁଶେ
ଉଭା ହେଲେ ବହ୍ନି ଯେବେ, ଆପ୍ୟାୟିତ କରି ସମାଦରେ।୧।

ସହସ୍ର ନୟନେ ଚାହିଁ ସବିସ୍ମୟ ଚକିତ ମନରେ,
ଦେଖନ୍ତି ନୀରବେ ଇନ୍ଦ୍ର ଧୂମ ବର୍ଣ୍ଣ କୁତ୍ସିତ କୁରୂପେ,
ଅତୀବ ବିବର୍ଣ୍ଣ ଅଙ୍ଗେ ଉଭା ଅଗ୍ନି ସଭାର ସମୀପେ।୩।

ସେ ଅବସ୍ଥା ଦେଖି ଇନ୍ଦ୍ର କ୍ଷୁବ୍ଧ ମନେ ବିଚାରନ୍ତି ବସି,
କିପାଇଁ କୋପିଲେ ଦେବ ସ୍ମର ଅରି ଅଗ୍ନିରେ ଉଚ୍ଛ୍ୱସି।୩।

ସଭାସ୍ଥିତ ଦେବଗଣ ଲଜ୍ଜା ଆଉ ବିନମ୍ର ଦୃଷ୍ଟିରେ,
ଚକିତେ ଚପଳେ ଚାହିଁ ଶ୍ରବଣେଚ୍ଛୁ ରୁହନ୍ତି ଗମ୍ଭୀରେ,
ବିସ୍ମିତେ ଅନଳ ମୁଖେ, ଦେବରାଜ ନିର୍ଦ୍ଦିଷ୍ଟ ଆସନେ
ବସିଲେ, ଅନଳ ଯେବେ ପୁଚ୍ଛାକଲେ ସହସ୍ର ନୟନେ।୪।

"କୁହ ହୁତାଶନ କୁହ! କେଉଁଠାରୁ ଏ ଦୁର୍ଦ୍ଦଶା ପାଇ,
ଆସିଲ ବା ଏଥୁ," ଇନ୍ଦ୍ର ଅନୁରୋଧେ ଦୀର୍ଘଶ୍ୱାସ ଫେଇ।୫।

କୁହନ୍ତି ଅନଳ ଇନ୍ଦ୍ରେ, ହେ ସୁରେନ୍ଦ୍ର ତୋହରି ଆଦେଶେ,
କମ୍ପିତ ହୃଦୟେ ଯାଇଁ ପ୍ରବେଶିଲି ଦେବ ସନ୍ନିକଟେ,
ଯେ କାଳେ ଇତି ଆସକ୍ତ, କାଳରୂପୀ ଅନଙ୍ଗଶାସନ,
ଛଦ୍ମ ପାରାବତ ରୂପେ, ସେ ସମୟ କଲି ମୁଁ ଗମନ।୬-୭।

"ହେ ଇନ୍ଦ୍ର, ସେ ସର୍ବଜାଣ, ଜାଣି ମତେ କପଟ ବିହଙ୍ଗ,
କୋପିଲେ ଲଲାଟ ଅଗ୍ନି ତଳେ ମତେ ଦହିବାକୁ ଆଗ।୮।

ସେ ସମୟେ ହେ ଦେବ, ମୁଁ ଅତି ନମ୍ର ବିନୟ ବଚନେ,
କଲି ସ୍ତୁତି ଶୁଣି ତୋଷ ଆଶୁତୋଷ, ସ୍ତୁତିରେ କା' ମନେ।୯।

ନ ହୁଏ ସନ୍ତୋଷ ? ଦେବ ଶରଣାର୍ତ୍ତ ଭକତବତ୍ସଳ
ପ୍ରଜ୍ୱଳିତ କ୍ରୋଧାଗ୍ନିରୁ ଅବ୍ୟାହତି ଦେଲେ ହର।୧୦।

ଲଜ୍ଜାବଶେ ପରିତ୍ୟକ୍ତ, କରି ଉଢ଼ା ଗାଢ଼ ସୁରତିରୁ,
ଦୁର୍ନିବାର କୋପ ଅଗ୍ନି ପ୍ରଶମିତ କରି ସେ ମନରୁ।୧୧।

ସେ ରସ ଭଙ୍ଗେ ବିଚ୍ୟୁତ, ଯେ ଅମୋଘ ଦୁର୍ବହ ଯେ ରେତ,
ଅଧୈର୍ଯ୍ୟ କ୍ଷରଣେ ହେତୁ ଧାରଣେ ଯା' ଅନ୍ୟ ଅସମର୍ଥ।୧୨।

ଦେବ ଦେବ ନିକ୍ଷେପିଲେ ମୋ ଉପରେ ସେହି ଦୁର୍ବିସହ,
ସେ ରେତ ଧାରଣେ ମୁହିଁ ଅକିଞ୍ଚନ ତେଜେ ବହେ ଦେହ।୧୩।

ହେ ବାସବ, ଅତି ଉଗ୍ର ଏ ଦହନ, ଏ ମହତ ବୀର୍ଯ୍ୟ,
ଅଙ୍ଗେ ବହି ଦହିହୁଏ ପ୍ରାଣରକ୍ଷା କରି, କର କାର୍ଯ୍ୟ।୧୪।

ଅତ୍ୟନ୍ତ କାତର ଉକ୍ତି ଅନଳର ଶୁଣି ସୁରରାଜ,
ବିପଦୁ ରକ୍ଷିବାପାଇଁ ଶାନ୍ତି ଚିନ୍ତା କରନ୍ତି ବାସବ।୧୫।

ତଦନ୍ତେ ବହ୍ନିର ସେହି ତେଜ ଦଗ୍ଧ ସାରା ଅଙ୍ଗେ ହସ୍ତ
ପରଶନେ କୁହନ୍ତି ଯେ ହୃଷ୍ଟଚିତ୍ତେ ବାସବ ଉଚିତ।୧୬।

"ହେ ହବ୍ୟବାହନ ତୁମେ ସ୍ୱାହା ସ୍ୱଧା ହନ୍ତକାର ଲାଗି,
ସନ୍ତୁଷ୍ଟ ହୋଇଣ ତୁଷ୍ଟି ହୋନ୍ତି ସର୍ବେ ସୁର ନର ଆଦି,
ପିତୃଗଣେ, କାହିଁକିନା ତର୍ପଣରେ ତୁମେ ସିନା ଏକା
ଅଦ୍ୱିତୀୟ ମୁଖ ତବ ସେମାନଙ୍କ ସୁପରିଚାଳକ।୧୭।

ହୋତୃଗଣେ ତୁମ ମଧ୍ୟେ ହବନୀୟ ଘୃତେ ହୋମକରି,
ନିଷ୍ପାପେ ଭୁଞ୍ଜନ୍ତି ସ୍ୱର୍ଗ ଏକମାତ୍ର କାରଣେ ତୁମରି।୧୮।

ହୁତାଶନ ଶୁଣ ପୁଣି ମନ୍ତ୍ରପୁତ ହବି କରି ହୋମ,
ତାପସେ ଲଭନ୍ତି ସିଦ୍ଧି ତପସ୍ୟାର ପ୍ରଭୁ ତୁମେ ଜାଣ।୧୯।

ତୁମେ ଦିଅ ହୂତ ଦ୍ରବ୍ୟ, ଘେନି ଉର୍ଦ୍ଧ୍ୱେ ଆକାଶ ମଣ୍ଡଳେ,
ସୂର୍ଯ୍ୟ ଯାରେ ମେଘ ରୂପେ, ପରିପାଳେ ବାରିପାତ ଫଳେ,
ସେ ଜଳେ ଜଗତେ ଅନ୍ନ ଉପଜଇ ପାଳନେ ଜଗତ,
ଜୀବନ ଧାରରେ ସିନା ତୁମେ ଅଗ୍ନି ଜଗତ ଜନକ।୨୦।

ଭୂତିଗଣ ଅନ୍ତଶ୍ଚର ତୁମେ କି ତ ଉତ୍ପତ୍ତି କାରଣ
ଜୀବନ ସ୍ୱରୂପ ତୁମେ ଜଗତର ଅଟ ମହାପ୍ରାଣ।୨୧।

ଏ ସମସ୍ତ ଜଗତର ଏକମାତ୍ର ଉପକାରୀ ତୁହି,
ତୋ ବିନା ଏ ସଂସାରରେ କେ ସମର୍ଥ କାର୍ଯ୍ୟ କରିଥାଇ।୨୨।

ହେ ଅନଳ! ତୁମେ ତେଣୁ ସୁରଗଣ କାର୍ଯ୍ୟ ସମ୍ପାଦନେ-
-ସମର୍ଥ ପରୋପକାରେ ଅନୁରତ, ସର୍ବଥା ଜୀବନେ-
ଯେ ଜନ ଅଟନ୍ତି, ତାଙ୍କ ବିପତ୍ତି କି ସୁପ୍ରଶଂସନୀୟ
ଜଗତେ ବିଦିତ ଏହା ଲୋକମୁଖେ ନୁହେଁ ଲଂଘନୀୟ।୨୩।

ଶୁଣ ଏବେ ପୂର୍ବେ ଦେବୀ ଭାଗିରଥୀ ହୋଇଛନ୍ତି ତୁଷ୍ଟ,
ଆମ୍ଭର ଭକ୍ତିରେ ବହ୍ନି, ତୁମ୍ଭେ ସେହି ସଲିଳେ ଉଦ୍ଦିଷ୍ଟ
-କର ଏ ଉତ୍କଟ ରେତ, ନିର୍ବାପିତ କରି ପରିତାପ,
ସେ ସଲିଳ ବିନୁ କିଏ ସମ୍ଭାଳିବ ଏ ମହତ କଷ୍ଟ ।୨୪।

ହେ ହବ୍ୟବାହନ, ତୁମେ ଶୀଘ୍ର ଏବେ ଯାଅ ଗଙ୍ଗାକୂଳ,
ଏକାନ୍ତ କାର୍ଯ୍ୟର ଲାଗି ସତ୍ୱରତା ସିଦ୍ଧି ଅନୁକୂଳ ।୨୫।

ସୁର ତରଙ୍ଗିଣୀ ଦେବୀ ସେହି ଶମ୍ଭୁ ଜଳମୟୀ ମୂର୍ତ୍ତି,
ଏ ଦୁର୍ଦ୍ଦଶା ଶମ୍ଭୁବୀଜ ଧାରଣେ ସେ ବହନ୍ତି ଶକତି ।୨୬।

ଏତେ କହି ହେଲେ ମୌନ ସୁନାଶିର, ଅନଳ ତତ୍‌କ୍ଷଣାତ୍,
ଆମନ୍ତ୍ରଣ ଦେଇ ଇନ୍ଦ୍ରେ, ବିଦାହୋଇ କଲେ ଗଙ୍ଗା ଗତି ।୨୭।

ଅନନ୍ତର କିଛି ପଥ ବାହି ଗଲେ ହିରଣ୍ୟ ରେତର,
ନିଃଶେଷ କ୍ଲେଶନାଶିନୀ, ଗଙ୍ଗାତଟେ ମିଳିଲେ ସତ୍ୱର ।୨୮।

ସେହି ସୁରନଦୀ ସ୍ୱର୍ଗ ଆରୋହଣେ ସୋପାନର ସମ,
ମୋକ୍ଷ ମାର୍ଗ ଅଧିଦେବୀ ପାପରାଶି ବିନାଶନେ କ୍ଷମ,
ଏ ସଂସାର ଦୁଃଖ କ୍ଲେଶ ବିନାଶିନୀ ପରିତ୍ରାଣ ଦାତ୍ରୀ
ସର୍ବାର୍ଥ ସାଧିକେ ଦେବୀ ଭବ-ଦୁର୍ଗ ତାରିଣୀ ଅଟନ୍ତି ।୨୯।

ମହେଶ ଜଟା-ବାସିନୀ ଅଖିଳର ପାପନାଶୀ ସତୀ,
ସଗର ବଂଶ ମୁକତି ବିଧାୟିନୀ ଧର୍ମ କାରୟିତ୍ରୀ ।୩୦।

ସେ ବିଷ୍ଣୁ ପାଦସମ୍ଭୂତା, ବ୍ରହ୍ମଲୋକୁ ଉପଗତା ମହୀ,
ତିନି ସ୍ରୋତ ତ୍ରିଭୁବନ ପାପରାଶି ପବିତ୍ର କରଇ ।୩୧।

ସୁପ୍ରସନ୍ନ ସମ ଦେବୀ ଭାଗୀରଥୀ ଊର୍ମି ହସ୍ତ ତୋଳି
ଅଗ୍ନିରେ ନିରେଖି ଦେବୀ ଆହ୍ୱାନନ୍ତି କାର୍ଯ୍ୟ ସିଦ୍ଧିକାରୀ ।୩୨ ।

ସେ ସମୟେ କଳନାଦେ ଉନ୍ମାଦିତ ମରାଳର ପଂକ୍ତି
ମିଳିତ ହୁଅନ୍ତେ ଆସି, ମନେହୁଏ ସତେ ବା ବହ୍ନିଙ୍କି
ସମ୍ବୋଧି କୁହନ୍ତି ଦେବୀ "ମୁହିଁ ତବ ଦୁଃଖ ଅପହରି
କଲ୍ୟାଣ କରିବି ନିଶ୍ଚେ, ହେ ଅନଳ ଆସ ତ୍ୱରା କରି ।୩୩।

ତଟ ଅଭିମୁଖଗାମୀ ଉଚ୍ଛ୍ୱସିତ କଲ୍ଲୋଳ ସହାୟେ
ବହ୍ନି ଅନୁଗାମୀ ଗଙ୍ଗା ଆସନ୍ତି ବା ପ୍ରୀତି ଭରି ଛାଏଁ ।୩୪ ।

ଗଙ୍ଗା ଦେଖି ନିମଜ୍ଜିତ ତଦନ୍ତରେ ତାପିତ ଅନଳ
ବିପଦ ପଡ଼ିଲେ କେବା ସହିପାରେ ବିଳମ୍ବ ଏହାର ।୩୫ ।

କଲ୍ୟାଣ-କାରିଣୀ ଦେବୀ, ଶ୍ରମହାରୀ ପୁଣ୍ୟଭାରଶାଳୀ,
ତାରିଣୀ ଗଙ୍ଗା ବାରିଣୀ ପରିତ୍ରାଣ-କାରିଣୀ ଉଚ୍ଛୁଳି
ଆସନ୍ତେ ନିମଗ୍ନ ଅଗ୍ନି, ତାପହାରୀ ନିବୃତ୍ତି ପରମ
ତୃପ୍ତି ପାଇ ହେଲେ ଶାନ୍ତି, ନିଜ ତହୁଁ ସେହି ହୁତାଶନ ।୩୬ ।

ଶିବ ପରିତ୍ୟକ୍ତ ରେତ, ତହୁଁ ଦେହୁ କରିଲେ ନିବୃତ୍ତ,
ଉତ୍ତାଳ ତରଙ୍ଗମୟୀ ଗଙ୍ଗାଜଳେ ହୋଇ ସୁପବିତ୍ର ।୩୭ ।

ସେ ସରିତେ ସମାଦରେ ଗଙ୍ଗା ତହୁଁ ନେଲେ ଶମ୍ଭୁବୀଜ
ତଦନ୍ତେ ଅନଳ ତହୁଁ ପ୍ରକାଶିଲେ ଧରି ପୂର୍ବ ତେଜ ।୩୮ ।

ସୁଧାସାର ସୁପବିତ୍ର ସେହି ଜଳେ ହୋଇ ଅଭିଷିକ୍ତ,
ପରମ ନିବୃତ୍ତି ଲଭି ଗଲେ ବହ୍ନି ସ୍ୱସ୍ଥାନେ ନିଶ୍ଚିନ୍ତ ।୩୯ ।

ସେ ବ୍ୟୋମବାହିନୀ ଗଙ୍ଗା ଧରି ଅଙ୍ଗେ କାମଜିତ ରେତ,
ଦୁର୍ବିସହ ପରିତାପେ ପରିତପ୍ତ ହେଲେ ଅଣାୟତ୍ତ।୪୦।

ସେ ସଲିଳୁ ସତେ ଅବା ପ୍ରଳୟର ଅନଳ ସତତ
ଉତ୍ତପ୍ତ ହୋଇଣ ଶିଖା ଚହଲାଏ ଉଚ୍ଚାଟ ଚକିତ,
ଜଳଜନ୍ତୁ ଦଳେ ସର୍ବେ ଭୀତତ୍ରସ୍ତ ହୋଇଣ କାତର,
ପରିତ୍ୟାଗ କରି ସର୍ବେ ବହିର୍ଗତ ହେଲେ ଏକାକାର।୪୧।

ସେ ସୁରାଧୁନୀ ସଲିଳ ସେ ଉଷ୍ମ ଊର୍ଦ୍ଧ୍ୱେ ଉତ୍‌କ୍ଷିପ୍ତ ପ୍ରଚଣ୍ଡ
ଭାରଯୁକ୍ତ ଦୁର୍ବିସହ ହେଲେ ବି ସେ ରୁଦ୍ରତେଜ ଖଣ୍ଡ
ବହିଲେ ସଲିଳେ ତାହା, ମାଘ ମାସେ ଜଗତର ଚକ୍ଷୁ
ସ୍ୱରୂପ ସୂର୍ଯ୍ୟର ଉଷ୍ମ ରଶ୍ମି ଯେବେ ଉଦୟନେ ଇଚ୍ଛୁ
ସେ ସମୟେ ସ୍ୱର୍ଗୁ ନମି ଷଟ୍‌କୃତ୍ତିକା ଆସିଲେ ସରାଗେ
ଗଙ୍ଗାଜଳେ ସ୍ନାନ ଆସେ ଷଡ଼ତାରା ବିଖ୍ୟାତ ଯେ ସ୍ୱର୍ଗେ।୪୨,୪୩।

ନଭଶ୍ଚୁମ୍ବୀ ଗଙ୍ଗାର ସେ ତରଙ୍ଗରେ ମନେହୁଏ ସତେ,
ଶୁଭ୍ରହସ୍ତ ଟେକି ଊର୍ଦ୍ଧ୍ୱେ ସ୍ୱର୍ଗଲୋକେ ଆହ୍ୱାନେ ସତତେ
କରିବାକୁ ସ୍ନାନ ଆଦି ଆଚମନ ଦର୍ଶନର ବିଧି,
-ସକଳ ସମାପିବାକୁ ଆହ୍ୱାନନ୍ତି ସର୍ବେ ସୁରନଦୀ।୪୪।

ସୁସ୍ନାତ ମୁନିଏଁ ଯହିଁ ସାରି ପୂଜା ଉପଚାର ଯେତେ
ପୁଷ୍ପ ଦୁର୍ବାକ୍ଷତ ଆଦି ପୂଜା ଦ୍ରବ୍ୟ ଭରିଛି ନିରତେ
ଯାଇ ତଟ ସମାଚ୍ଛନ୍ନେ, ବ୍ରହ୍ମଜ୍ଞାନେ ନିମଗ୍ନ ଯୋଗୀଏ
-ରହିଛନ୍ତି ପୂର୍ବାପର ବୀରାସନେ, ଯୋଗ ନିଦ୍ରା କିଏ
ଯୋଗ ପଟ୍ଟବନ୍ଧ ବ୍ୟକ୍ତି ରହିଛନ୍ତି, ସେ ତଟ ଆଶ୍ରୟେ।୪୫।

ଦର୍ଶନେ ବିମୁଗ୍ଧ ହେବେ ଦୁର୍ଲ୍ଲଭ ସେ ବ୍ରହ୍ମ କରି ଲୟେ,
ପାଦାଙ୍ଗୁଷ୍ଟେ ଭରା ଦେଇ ଊର୍ଦ୍ଧ୍ୱେ ଦୃଷ୍ଟି ସୂର୍ଯ୍ୟ ମଣ୍ଡଳରେ।
ନିରେଖି ବ୍ରହ୍ମର୍ଷି ସର୍ବେ ଧ୍ୟାନରତ ବ୍ରହ୍ମ ପରମରେ
ଅହୋରାତ୍ର ପରଂବ୍ରହ୍ମ ସେବାରତ ସେ ତୀରେ ବ୍ୟାପୃତ
ଯହିଁ ଛନ୍ତି ନିରବଧି, ତହିଁ ଷଡ଼ ତାରା ଉପଗତ।୪୬,୪୭।

ନିରେଖି ସେ ଦିବ୍ୟନଦୀ, ଷଟ୍‌କୃତ୍ତିକା, ଅତି ଆନନ୍ଦିତେ,
ପୀୟୂଷ ବାହିନୀ ଏହି ସ୍ୱର୍ଗ ଗଙ୍ଗା, ଉତ୍ତାଳ ସରିତେ।୪୮।

କରନ୍ତି ଅଭିନନ୍ଦିତ, କେଉଁ ଜନ ନକରେ ପ୍ରଣତି
ଚନ୍ଦ୍ରଚୂଡ଼ ଶିରଭୂଷା, ଯେ ଦର୍ଶନେ ପୁଣ୍ୟ ଓ ସୁକୃତି।
କୃତ୍ତିକାଏ ଶ୍ରଦ୍ଧାକରେ ପ୍ରଣମନ୍ତି, ଦେବୀ ସ୍ୱରୂପିଣୀ।୪୯।

ନିର୍ବାଣ-ଦାୟିନୀ ଦେବୀ ଧୌତ ପାପ ବିଷ୍ଣୁପଦୀ ନମି,
ବନ୍ଦନା କରନ୍ତି ତହିଁ ଶ୍ରଦ୍ଧାଭରେ, ବହୁ ସୌଭାଗ୍ୟରେ,
ଯେ ହୁଏ ପ୍ରାପତ ପୁଣି, ମୋକ୍ଷଦାତ୍ରୀ ସେ ସତୀ ଗଙ୍ଗାରେ।୫୦।

ବିନମ୍ରେ କରନ୍ତୁ ସ୍ତୁତି, ଯେ ଗଙ୍ଗାର ବିମଳ ଉଦକ,
ସ୍ତ୍ରୀ ସଙ୍ଗ ମୁକ୍ତିଦାୟିନୀ ମୋକ୍ଷରୂପା ମୁକ୍ତି ସହାୟକ।୫୧।

ସେ ଜଳେ ନମିଲେ ସର୍ବେ ତପରତା ସତୀ କୃତ୍ତିକାଏ,
ପ୍ରକ୍ଷ୍ୟାଳି କଲୁଷ ଦେହୁ ସ୍ନାନେ ରତ ହୋଇଲେ ସଭିଏଁ।୫୨।

ଆଶୁଭାଗ୍ୟ ଫଳଲାଭେ କୃତ୍ତିକାଏ ନଜାଣନ୍ତି କିଛି
ସୁଲଭ୍ୟା ସୁରଧୂନୀରେ ସ୍ନାନ ଅନ୍ତେ କୃତାର୍ଥ ମଣନ୍ତି
ଆନନ୍ଦେ କରନ୍ତି ସର୍ବେ ନିଜପାଇଁ ବହୁ ମାନ୍ୟ ବୋଧେ
ଚରିତାର୍ଥ ମଣିଲେକ ସୁଖ ଆଉ ସଉଭାଗ୍ୟ ଲାଭେ।୫୩।

ଅବଗାହନେ ସେ ଜଳେ ଅନନ୍ତର କୃତ୍ତିକାଙ୍କ ଦେହେ
ସଞ୍ଚରିଲା ସେ ଅମୋଘ ଶମ୍ଭୁବୀଜ ଯେ ଥିଲା ସେ ପୟେ।୫୪।

ଦୁର୍ବହ ଦହନାତ୍ମକ ରୁଦ୍ରତେଜ ଗର୍ଭେ ଗଲା ଯହୁଁ,
ବିଷ ସମୁଦ୍ରେ ବୁଡ଼ି ବା ସନ୍ତାପିତ ହେଲେ ସର୍ବେ ତହୁଁ।୫୫।

ସେହି ସେ ଦୁଃସହ ତେଜ ଅସମର୍ଥ ବହନେ ଆତୁର,
ଜ୍ୱଳନ୍ତ ଅଗ୍ନି ବା' ଗର୍ଭେ ଭରି ଜଳୁ ହୋଇଲେ ବାହାର।୫୬।

ସୁଜାତା କୃତ୍ତିକା ସର୍ବେ ଜାଣିଲେକ ଗର୍ଭେ ପରିଣତ
ହୋଇଛି ସେ ଶିବ ବୀଜ ବହି ଅଙ୍ଗେ ନିଜେ ଅସକତ।୫୮।

ସ୍ୱାମୀ ଭୟେ ଲଜ୍ଜାତୁରା ଅତିରିକ୍ତ ବିଷର୍ଣ୍ଣ ପରାଣ
ବିସର୍ଜିଣ ସର୍ବେ ଗର୍ଭ ଶରବଣେ ଚଳିଲେ ବହନ।୫୯।

ସ୍ୱଗୃହ ଅଭିଗମନେ। ସେହି ଦିନୁ ବିସର୍ଜିତ ବୀଜ
ଶଶୀକଳା ଖଣ୍ଡପରି, ଅତି ମୃଦୁ, ଶତ ସୂର୍ଯ୍ୟତେଜ,
ପରିହାସ କରି ଅବା ସ୍ପର୍ଦ୍ଧାକରେ ସେ ଅପରିମେୟ
ତେଜ କରି ଭାସମାନ ଷଡ଼ମୁଖେ ଜନ୍ମିତ ତନୟ,
ସ୍ମରହର ଗୁରୁ ବ୍ରହ୍ମା ମସ୍ତକର ସ୍ପର୍ଦ୍ଧାକରି ଅତି,
ସ୍ୱକୀୟ ଛଅଟି ମୁଖେ ଜନ୍ମ ନେଲା ସେ ବାଳ-ବିଭୂତି।୬୦।

# ଏକାଦଶ ସର୍ଗ

ଇନ୍ଦ୍ରାଦି ସକଳ ଦେବ ସୁବିନୟ ସ୍ତୁତି ଶୁଣି ତୋଷେ,
ଆଶୁ ମୂର୍ତ୍ତିମତୀ ଦେବୀ ସୁରଧୂନୀ କରି ଆଗମନ,
କୋଳକରି ଶିଶୁଟିରେ, ମୁଖ ଭରି ଦେଲେ ସୁଧାପୂର୍ଣ୍ଣ,
ପୟୋଧରୁ ପୂର୍ଣ୍ଣ କରି ପ୍ରଫୁଲ୍ଲିତ ଶିଶୁର ଆନନ।୧।

ସେ ସମ ବାଲୁତ, ଯଦି ପିଇଲେକ ସୁଧାମୟ ପୟ
ଷଟ୍‌କୃତ୍ତିକା ସଯତ୍ନରେ ପୁଣି ସେହୁ ଲଭିଲେ କ୍ରମଶଃ
ସୁନ୍ଦର ସୁଠାମ ଶୁଭ୍ର, ନବନୀତ ଅଦ୍ଭୁତ ସୁନ୍ଦର,
ତ୍ରିଲୋକେ ନଥିବା କାହିଁ, ସେ ରୂପର ଉପମାଏ ଲେଶ।୨।

ତଦନ୍ତେ ସେ ପୁତ୍ର ଲଭି, ଭାଗୀରଥୀ, ଅନଳ, କୃତ୍ତିକା,
ସକଳେ ଆନନ୍ଦେ ମଗ୍ନ ବାଷ୍ପାକୁଳ ଲୋଚନେ ଅନାଇଁ,
ତା'ଲାଗି ନିଜ ମଧ୍ୟରେ କ୍ରମାଗତ ଉପୁଜାନ୍ତି କଳି
ସେ ଦିବ୍ୟକୁମାର କା'ର, ଉପସ୍ଥିତ ବିବାଦ ତୁଟାଇ।୩।

ଏହି ଅବସରେ, କାହୁଁ ସ୍ୱଇଚ୍ଛାରେ ବିହରିବା ପାଇଁ
ମନପୋଷା ବେଗଗାମୀ ବିମାନରେ ମିଳିଲେ ସେ ସ୍ଥାନେ,
ଶଙ୍କର, ପାର୍ବତୀ ସହ ନଭ ମାର୍ଗେ ଆରୋହଣ କରି,
ଅବତରି ବିମାନରୁ, ଅକସ୍ମାତ ମିଳିଲେ ତକ୍ଷଣେ।୪।

ଷଷ୍ଠଦିନ ମାତ୍ର ପୁତ୍ର, ଜାତ ଦେଖି ଗିରୀଶ ଗିରିଜା
ସ୍ୱାଭାବିକ ବାତ୍ସଲ୍ୟତା, ଯୋଗୁଁ ବଢ଼େ ଆନନ୍ଦ ଅପାର,
ଆନନ୍ଦ ବଢ଼ିଲା ଯହୁଁ, ନୟନରୁ ଗଳି ଲୋକ ଅଶ୍ରୁ
ବିଚଳିତ କଲା ମନ ଦୁହିଙ୍କର ସେହି ଅବସର ।୫ ।

ଅନନ୍ତର ଦେବୀ ଗୌରୀ, ପୁଚ୍ଛାକଲେ ସ୍ୱାମୀଦିଗେ ଚାହିଁ
"ସମ୍ମୁଖେ ଏ ଦିବ୍ୟାକୃତି ପୁତ୍ର କା'ର କେ ପୁରୁଷ ଧନ୍ୟ
ଏହାର ପିତା ଓ ପୁଣି ଭାଗ୍ୟବତୀ ମଧ୍ୟେ ଅଗ୍ରଗଣ୍ୟା
କେ ନାରୀ ଏହାର ମାତା ଧନ୍ୟ ତାର ସଂସାରେ ଜୀବନ ।୬ ।

ସୁରଧୂନୀ, ଅନଳ, ଆଉ ପୁଣି ଏ ଷଟ୍‌କୃତ୍ତିକା,
ନିଜ ମଧ୍ୟେ କରି କଳି ଲଜ୍ଜାଶୂନ୍ୟ ମୁଖରେ ସବୁରି,
ମୋ ପୁତ୍ର, ମୋ ପୁତ୍ର, ବୋଲି କୁହାଟିଣ ସର୍ବେ କଳହନ୍ତି,
କିପାଇଁ କୁହ ହେ ନାଥ ମନୁ ମୋର ସନ୍ଦେହ ନିବାରି ।୭ ।

ଅଖିଳ ତ୍ରିଲୋକ ଶିର-ତିଳକ ଏ ଅନୁପମ ଶିଶୁ
ଏମାନଙ୍କ ମଧ୍ୟେ କା'ର ହେ ପ୍ରାଣେଶ କୁହ ଦୟାକରି
ଅଥବା ଦେବତା, ଦୈତ୍ୟ ଗନ୍ଧର୍ବ ବା ଯକ୍ଷ ରାକ୍ଷସର,
ଉରଗ କି ସିଦ୍ଧ କା'ର ଏ ସନ୍ତାନ କୁହ ତ୍ରିପୁରାରୀ" ।୮ ।

କୌତୂହଳ ପରବଶା ପ୍ରେୟସୀର ଏ ବାକ୍ୟ ଶ୍ରବଣେ
ବିମଳ ଈଷତ୍ ହାସ୍ୟ ସହକାରେ ନିବିଡ଼ ଆନନ୍ଦେ
କୁହନ୍ତି ପ୍ରମୋଦ ବାକ୍ୟେ "ହେ କଲ୍ୟାଣୀ ତ୍ରିଲୋକ ନନ୍ଦନ
ଏ ବୀରର ଜନନୀ ତୁ ଦେବଙ୍କର କଲ୍ୟାଣ ବିନୋଦେ ।୯, ୧୦ ।

ତୋ ବ୍ୟତୀତ ଏ ସୃଜନ ସମ୍ଭବିବ ଆଉ ବା' କାହାର
ହେ ଦେବୀ, ଜଗତ ଶୁଭକାମୀ ଶିଶୁ ତୋହରି କନ୍ଦନ ।
ରତ୍ନାକର ରତ୍ନୋତ୍ପତ୍ତି ଏତ ଅଟେ ସୁବିଦିତ ବିଶ୍ୱେ,
ଅବଧାରି ଚିତ୍ତେ ଏହା ଯଥାର୍ଥରେ କର ଗୋ ଧାରଣ ।୧୧ ।

ଏ କାରଣୁ ଘଟିଛି ଯା ଅବହିତ ଚିତ୍ତେ ଶୁଣ ତାହା,
ଯେ ବୀଜ ଅଗ୍ନିରେ ମୁହିଁ ନିକ୍ଷେପିଲି, ସୁରଧୂନୀ ସ୍ରୋତେ
ଅସହ୍ୟେ ଅନଳ ତାରେ ବିସର୍ଜିଲେ ସେହି ପୁତ ଜଳେ,
କୃତ୍ତିକାଙ୍କ ଗର୍ଭେ ତାହା ସଞ୍ଚରିଲା ପ୍ରଭାତ ସ୍ନାନାନ୍ତେ।୧୨।

ଅତି ଲଜ୍ଜାଭରେ ତହୁଁ ସ୍ୱାମୀ ଭୟେ, ଷଟ୍‌କୃତ୍ତିକାଏ
ଶରବଣେ ତେଜି ତାହା ଚଳିଲେକ ଗଗନ ମାର୍ଗରେ,
ପଡ଼ି ଶରବଣେ ଗର୍ଭ, ଜଗତର ମହୋତ୍ସବ ସମ
ଅଦ୍ଭୁତ ସନ୍ତାନ ଏ ଯେ ଷଡ଼ମୁଖେ ଜନ୍ମିଲା ମହୀରେ।୧୩।

ହେ ଅଚଳ ରାଜପୁତ୍ରୀ ଅଖିଳର ଏ ପ୍ରିୟ ଦର୍ଶନ
ପୁତ୍ରଦ୍ୱାରା ତୁମେ ଅଟ ସଉଭାଗୀ ସୁପୁତ୍ରବତୀରେ,
ତେଣୁ କହେ ସୁହାସିନୀ, ଆଉ କାଳ ବିଳମ୍ବ ନକରି,
ନିଜ ପୁତ୍ର କୋଳେ ଧର ମନଭରି ପରମ ତୃପ୍ତିରେ।୧୪।

ଚନ୍ଦ୍ରଚୂଡ଼ ମହାଦେବ ଏ ବୟାନ କରିଲେକ ଯହୁଁ,
ସମସ୍ତ ସଂସାର କର୍ତ୍ତ୍ରୀ ତୃପ୍ତିଭରେ ପ୍ରଫୁଲ୍ଲ ବଦନା,
ଉପଗତ ହୋଇ ତ୍ୱରା ବିମାନରୁ ଶୈଳେନ୍ଦ୍ର ଦୁହିତା
ତଲୁ ଶିଶୁ ନେଲେ କୋଳେ ସୁସଜ୍ଜିତେ ଉତ୍‌କଣ୍ଠିତମନା;
ସେ ବେଳେ ଅମରବୃନ୍ଦ ତ୍ୱରା ଯୁକ୍ତ ଅଞ୍ଜଳି କପୋଳେ
ଲଗାଇ ବନ୍ଦିଲେ ସର୍ବେ ସହର୍ଷିତେ ଜଗତ୍‌ମାତା ପଦେ,
ଶିଶୁ ଦେଖି ନ ଚାହାଁନ୍ତି ଉଚ୍ଛ୍ୱସିତ ଶୈଳରାଜ କନ୍ୟା,
ଆନନ୍ଦ ରଭସେ ମଗ୍ନ ଦେଖି ପୁତ୍ର, ଶିବର ଆତ୍ମଜେ।୧୫,୧୬।

ସେଇ ସୁରଧୂନୀ ଆଉ, ପାବକ ଓ ଷଟ୍‌କୃତ୍ତିକାଏ,
କୃତାଞ୍ଜଳି ପୁଟେ ଯେବେ ପ୍ରଣିପାତ କଲେ ପାର୍ବତୀରେ,
ନ ଚାହାଁନ୍ତି କା'ରେ ଦେବୀ ତହିଁ କୋଳ ଶିଶୁ କୌତୁକରେ
ଆନନ୍ଦ ମଗନ ଉମା, ପୁତ୍ର ସୁଖେ କେ' ନାରୀ, ନ ଭୁଲେ।୧୭।

ହର୍ଷାକୁଳ ସେ ପାର୍ବତୀ, ଲୋଳଚକ୍ଷେ ନପାରନ୍ତି ଦେଖି,
ଯଦିଚ କୁମାର ଅଛି ପୁରୋଭାଗେ, ତଥାପି ଆକୁଳେ।
ଆଲୋଡ଼ିଣ କର ସ୍ପର୍ଶେ, ସେ ଅମୃତ କି ଅପୂର୍ବ ସୁଖ,
ଅନୁଭବ କରିଲେକ ସେ ଶିଶୁରେ ପରଶିବା ଛଳେ।୧୮।

ସବିସ୍ମୟ ହରଷରେ ପୁଲକିତା ପାର୍ବତୀ ଯେ ବେଳେ
ଆନନ୍ଦାଶ୍ରୁ ବିଗଳିଲେ, ବାଷ୍ପରୁଦ୍ଧ ନୟନ ଯୁଗଳୁ
ପରିଷ୍କାର ହେଲା ଯହୁଁ ବାତ୍ସଲ୍ୟତା ବଢ଼ିଲା ଦ୍ୱିଗୁଣେ,
ଶିଶୁରେ ଦେଖିଲେ ଉମା ସେତେବେଳେ ପାର୍ଶ୍ୱ ପରିସରୁ।୧୯।

ସେ ଶିଶୁରେ ଦେଖି ଉମା କ୍ଷଣଲାଗି ଅନିମେଷ ନେତ୍ରେ
ସହସ୍ର ନୟନ ହେଉ ଇଚ୍ଛା ଜାଗେ ମନର ଗହନେ
ଯେହେତୁ ପୁତ୍ର ଦର୍ଶନ ସମ ଏହି ସମଙ୍ଗଳ କାମେ,
ପ୍ରତିକ୍ଷଣ ଦେଖିଲେବି ପୁଣି ଇଚ୍ଛା ଜାଗେନା କା' ମର୍ମେ ?।୨୦।

ଯେ ହାତ ଶୈଳପୁତ୍ରୀର ବିନୟାବନତ ଦେବାସୁର
ପୃଷ୍ଠରୁ ଏଁ ବରାଭୟେ। ସେହି ଶୁଭ ନବନୀତ କରେ
କୁମାରେ ଧରନ୍ତି ତୋଳି, ପୂର୍ଣ୍ଣଚନ୍ଦ୍ର ସମ ଯେ ପ୍ରତୀତ
ଉଚ୍ଛ୍ୱସିତ ମରମରେ ତୋଳି ତାରେ ନିଅନ୍ତି କୋଳରେ।୨୧।

ସେହି ସେ ଚନ୍ଦ୍ରବଦନା ପାର୍ବତୀର ସୁଧାର ଆଧାର-
ସ୍ୱରୂପ ଶିଶୁରେ ଘେନି, କୋଳେ ରଖି ନିଜର ନନ୍ଦନ
ଅପରରେ ପାନ୍ତି ଶୋଭା। ଆଉ ପୁଣି ପୁତ୍ରବତୀ ଗଣେ,
ଅଗ୍ରେ ପୂଜ୍ୟା ହୋଇଲେକ, ଧନ୍ୟ କରି ଜଗତ ଲୋଚନ।୨୨।

ନିଃସର୍ଗ ବାତ୍ସଲ୍ୟ ଭରେ, ପୁଣି ଏତେ ପ୍ରଗାଢ଼ ସରାଗେ,
ଜଗତର ଏକମାତ୍ର, ମାତୃରୂପା ପାର୍ବତୀ ସମ୍ମୁଖେ,
ପୁତ୍ର ଯହୁଁ କୋଳେ ନେଲେ ସେ କୁମାରେ ସସ୍ନେହେ ଆବୋରି,
ପୟୋଧରୁ କ୍ଷୀର କ୍ଷରେ ସୁଧାସମ ପାର୍ବତୀର ବକ୍ଷେ।୨୩।

ସୁରଧୂନୀ କୃତ୍ତିକାଏ, ବାରମ୍ବାର ସସ୍ନେହ ଲୋଚନେ
ଦେଖିଲେବି ଷଡ଼ାନନ, ସେ ଅଖିଳ ଲୋକମାତା ଦେହୁ
ସୁଧାସମ ସ୍ତନ୍ୟପାନ କରିଲେକ ମୃଗାଙ୍କ ମଉଳି
ସୀମନ୍ତିନୀ ପାର୍ବତୀ ବି ଅବଲୋକି କୁମାରକୁ ତହୁଁ
ପୁଣି ପୁଣି ଦ୍ୟନ୍ତି ଚୁମ୍ବା, ବିକାଶଇ ଯାହା ଏକଖଣ୍ଡ
ମୃଣାଳ ଦଣ୍ଡ ଉପରେ, ଶୋଭେ ଷଡ଼ ପଦ୍ମର ପ୍ରତିମା,
ସୁଖାଶ୍ରୁ ପୂରିତ ମୁଖେ ସୁଶ୍ରୀ ଉମା ଏକ ଏକ କରି
ଶୋଭମାନ ଷଡ଼ ମୁଖେ ରହି ଦେଉଥାନ୍ତି ଚୁମ୍ବା।୨୪।

ସୁମେରୁର ହେମଲତା, ହେମଫଳେ ନାକନଦୀ ପଦ୍ମେ,
ନବୋଦିତ ଚନ୍ଦ୍ରମାରେ, ପୂର୍ବଦିଗ ଶୋଭେ ଯେଉଁପରି,
ପାର୍ବତୀ ଶୋଭନ୍ତି ତେହ୍ନେ, କୁମାରକୁ ଧରି କ୍ରୋଡ଼ପରେ।
ପ୍ରୀତମନେ ବୃଷନାଥ, ନଭମାଗୁଁ ହସ୍ତ ଦେଲେ ବାଢ଼ି।୨୬,୨୭।

ସେ ହସ୍ତକୁ ଅବଲମ୍ବି, ଧରି କୋଳେ କୁମାରକୁ ଉମା
ଉଠିଲେ ଗଗନ ସ୍ପର୍ଶୀ, ବିମାନକୁ କରି ଆରୋହଣ,
ରୋମାଂଚିତେ ଶମ୍ଭୁ ନେଲେ, ଅଦ୍ରିସୁତା କୋଳୁ ନନ୍ଦନକୁ
ପ୍ରଗାଢ଼ ବାତ୍ସଲ୍ୟ ଭରେ, ବେଳେ ଉମା ବେଳେ ପଞ୍ଚାନନ।୨୮।

ପରେ ପୁଣି ଅଦ୍ରିସୁତା ନୟନର ସୁଧାପାତ୍ର ସମ
ପବିତ୍ର ପୁତ୍ରରେ ପତି କୋଳେ ନେଇ କଲେ ଆଲିଙ୍ଗନ,
ତଦନ୍ତେ ସୁବେଗେ ଚାଳି ବିମାନକୁ ଶଶୀଖଣ୍ଡଧାରୀ
ନଭମାଗୁଁ ବିମାନରେ ଗୃହେ କଲେ ସେ ପ୍ରତ୍ୟାବର୍ତ୍ତନ।୨୯।

ଅତ୍ୟୁଚ୍ଚ ସ୍ଫଟିକ ଶୈଳ ଶିରସ୍ଥିତ ସୁନ୍ଦର ସ୍ୱଧାମେ,
ଅଧିଷ୍ଠିତ ହୋଇ ଦେବ, ଅନନ୍ତର ଦେଲେକ ଆଦେଶ
ବିପୁଳ ପ୍ରମଥ ଗଣ ସକଳକୁ ମହୋତ୍ସବ ପାଇଁ,
ଯେ ଯେତେ ଥିଲେ ଯେଉଁଠି ସେ ପ୍ରମଥ ଶମ୍ଭୁର ନିର୍ଦ୍ଦେଶ।୩୦।

ପାଇ ଅନନ୍ତର ସର୍ବେ, ନୃତ୍ୟ ଗୀତ ନିପୁଣ ପ୍ରମଥେ,
ଅଶେଷ ଆନନ୍ଦେ ମଗ୍ନ, ପରିପୂର୍ଣ୍ଣେ କରନ୍ତି ପାଳନ
ହିମାଦ୍ରି ତନୟା ପୁତ୍ର ଜନ୍ମତିଥି, ଶୁଭ ମହୋତ୍ସବ
ପାଳିବାକୁ ମତ୍ତ ସର୍ବେ ସମବେତ ହେଲେ ତତ୍‌କ୍ଷଣ ।୩୧ ।

ସ୍ଫଟିକ ନିର୍ମିତ ବାସେ ସେ ପ୍ରମଥେ ସ୍ୱର୍ଣ୍ଣାଭ ତୋରଣେ
ସୁଶୋଭିତ କଲେ ସର୍ବେ, ପ୍ରଭାରେ ତା ନଭ ଉଦ୍‌ଭାସିତ ।
ହେଲେ ପୁଣି ସେ ତୋରଣେ, ସନ୍ତାନକ ଶାଖୁ ପୁଷ୍ପମାଳା,
ସକଳ ଶ୍ରେଷ୍ଠ ତୋରଣେ କଲେ ପୁଣି ତହିଁ ସୁଶୋଭିତ ।୩୨ ।

ଅନନ୍ତର ଦିଗେ ଦିଗେ, ଦିଗେଶ୍ୱର ଅମର ବାଦକେ
ପଟହ ନିନାଦେ, ଗୁରୁ ଧୀର ଧ୍ୱନି କରିଲେ ଆହୂତ ।
ସେ ଧ୍ୱନି ଶ୍ରବଣେ ମନେ ହେଲା ଅବା କିରଣ ଘୋଷଣା
ପୃଥିବୀକୁ ଜଣାଇବା ଲାଗି ବାଜେ ଏ ବାଦ୍ୟ ବସ୍ତୁତଃ ।୩୩ ।

ସେହି ମହୋତ୍ସବ ଦେଖି ଆସିଲେକ ଗନ୍ଧର୍ବ ରମଣୀ,
ବିଦ୍ୟାଧର ରମଣୀଏ ପାର୍ବତୀର ପ୍ରାଙ୍ଗଣେ ମିଳନେ,
ସମାଦୃତ ହୋଇ ସର୍ବେ, ପାର୍ବତୀର ସମ ବ୍ୟବହାରେ,
ଉଚ୍ଛ୍ୱସିତ ଗାଇଲେକ ଜନ୍ମୋତ୍ସବ ମାଙ୍ଗଳିକ ଗାନେ ।୩୪ ।

ସୁମଙ୍ଗଳ ଉପାୟନ ପାତ୍ର ହସ୍ତେ ମାତୃକା ସକଳ,
ଶୈଳରାଜ ନନ୍ଦିନୀର ଗୃହେ ଆସି ହେଲେ ଉପନୀତ,
ଗିରିଜା ତନୁଜ ମାଥେ ଦେଉଁ ଭରି ଶୁଭ ଦୂର୍ବାକ୍ଷତ
ମାତା ସମ ଏକେ ଏକେ ନେଲେ କୋଳେ, କୁମାର ବାଳୁତ ।୩୫ ।

କୌତୁକ ରଭସେ ମଗ୍ନ, ଅପ୍ସରାଏ ନଭଚାରୀ ଯେତେ
ଅଙ୍କନାମେ ବିଶେଷ୍ୟରେ, ବାଦ୍ୟ ଯଦି ହେଲା ନିନାଦିତ ।
ବୀଣାଧ୍ୱନି କରି ଭାବେ, ରସ ଭରି ସ୍ୱର ସଂଯୋଗାଦି
ସଂଯୁକ୍ତ ସୁସ୍ୱରେ ଗାଇ ଆରମ୍ଭିଲେ ତହିଁ ନୃତ୍ୟ ଗୀତ ।୩୬ ।

ସୁଖକର ବାୟୁ ହେଲା ପ୍ରବାହିତ ସେ ଉତ୍ସବେ ସତେ।
ଦିଗ୍ ସକଳ ସୁପ୍ରସନ୍ନ ବହ୍ନି ହେଲା ଧୂମ ଶୂନ୍ୟ ପୁଣି
ଦୀପ୍ତିବାନ, ଜଳରାଶି ସୁନିର୍ମଳ ଅନ୍ତରୀକ୍ଷ ହେଲା-
ପ୍ରଶାନ୍ତ ପ୍ରସନ୍ନ ପୁଣି ତତ୍କ୍ଷଣାତ୍ ନିରୁଦ୍ବେଗ ମଣି।୩୭।

ସେତେବେଳେ ଧନୀଗୃହେ ଶଙ୍ଖନାଦେ ମିଶିଲା ଦୁନ୍ଦୁଭି
ଉଚ୍ଚସ୍ୱରେ କରି ଧ୍ୱନି ଅହରହ ଉଠିଲା ଗଗନେ,
ନଭଦେଶୁ କଲେ ପୁଣି ବ୍ୟୋମଚାରୀ ବିବୁଧ ଯେତେକ
ବିଞ୍ଚି ବିଞ୍ଚି ପୁଷ୍ପରାଶି ଘୂରିଲେକ ଆରୋହୀ ବିମାନେ।୩୮।

ଏହିପରି ମହେଶ ଓ ଅଦ୍ରିସୁତା, ସୁତ ମହୋତ୍ସବ
ଚରାଚର ଜଗତକୁ କଲା ମଗ୍ନ ଉନ୍ମତ୍ତ ସହଜେ,
ପରନ୍ତୁ ଐଶ୍ୱର୍ଯ୍ୟଲକ୍ଷ୍ମୀ ପ୍ରକମ୍ପିତ ତାରକାସୁରର,
ଅକସ୍ମାତେ ରହି ରହି କମ୍ପୁଥିଲା କେବଳ ନୀରବେ।୩୯।

ତଦନ୍ତରେ କରେ ପୁତ୍ର, ସମୁଦିତ ସୁଖେ ଉମା ଶିବ,
ପିତା ମାତା ହୃଦୟକୁ ବାଳୋଚିତ କ୍ରୀଡ଼ା କଉତୁକେ,
ବିଚିତ୍ର ବାଳୁତ କ୍ରୀଡ଼ା, ମନ କା'ର ନନିଏ ବା ହରି!
ବସ୍ତୁତଃ ଜଗତେ ଏହା ଅଟେ ସୁଖ ଅତୀବ ଅଧିକେ।୪୦।

ଆନନ୍ଦ ମଗନ ଉମା ମହେଶ୍ୱର ଏକ ଏକ ମୁଖେ
ଅଜାତ ଦନ୍ତ ପୁତ୍ରର ମନୋହର ଛଅଟି ମୁଖରେ,
ହର୍ଷଭରେ ଦ୍ୟନ୍ତି ଚୁମା ଗାଢ଼କରି ଅନୁରାଗ ଭରେ
କ୍ରମନ୍ୱୟେ ଅନୁସରି ଗୋଟି ଗୋଟି ତାପରେ ତାପରେ।୪୧।

ସେ ଶିଶୁ ଦିଅଇ ସୁଖ, ପିତା ମାତା ହୃଦୟ ଆବୋରି
କମ୍ପିତେ ଓ ଅକମ୍ପିତେ ଢଳି ଢଳି ହାତପାଦ ଚାଳି
ପଡ଼ି ଉଠି ପଡ଼େ ପୁଣି, ଉଠି କରେ ଲୀଳାୟିତ ଗତି,
ଉମାଶିବ ପ୍ରାଣଭରି ପଡ଼େ ତହୁଁ ଆନନ୍ଦ ଉଚ୍ଛୁଳି।୪୨।

ଗୃହାଙ୍ଗନେ କରେ କ୍ରୀଡ଼ା, ଧୂଳି ଧୂସରିତ ଶିଶୁ,
ଅହେତୁକୀ ହସ ହସି, ପରିବ୍ୟାପ୍ତ କରି ନିଜ ମୁଖ,
ଅଳ୍ପ ଅଳ୍ପ କହେ କଥା, ଅର୍ଥହୀନ ଅବୁଝା ବଚନ,
ମାତା ପିତା କୋଳେ ବସେ, କରି ତାଙ୍କ ହୃଦୟ ଉନ୍ମୁଖ ।୪୩।

କେବେ ପୁଣି ସେ ବାଳକ ଧରେ ଶୃଙ୍ଗ, ହର ବାହନର
ଗିରିଜାଙ୍କ ସିଂହ ଧରେ ଅନାୟାସେ, ଭୃଙ୍ଗୀ ସୂକ୍ଷ୍ମତମ
ଶିଖାଗ୍ର ଆକର୍ଷି କରେ ବିତାଡ଼ିତ ମନ ସୁଖେ ଅତି,
ପିତାମାତା ମନେ ଭରି ଆନନ୍ଦର ଅପୂର୍ବ ପ୍ଳାବନ ।୪୪।

କେତେବେଳେ ସେ କାର୍ତ୍ତିକ ଉପସ୍ଥିତ ପିତାର କୋଳରେ
ବାଳ ସୁଲଭ ସୌନ୍ଦର୍ଯ୍ୟ ସ୍ୱଭାବରେ ହୋଇ ପୂର୍ଣ୍ଣତର।
ପିତା କଣ୍ଠସ୍ଥିତ ସର୍ପ ପଂକ୍ତିଗଣ ଦନ୍ତ କରେ ଗଣା,
ଏକ, ନଅ, ଦୁଇ, ଦଶ, ପାଞ୍ଚ ସାତ ଗଣି ବହୁବାର ।୪୫।

ଦେଖେ ପୁଣି ସେ କୁମାର, ପିତା କଣ୍ଠ ନୃମୁଣ୍ଡ ସକଳ;
କୋଟର ଭିତରେ ହାତ ପରଶିଣ ଗଣେ ଯେତେ ଦନ୍ତ,
ଗ୍ରହଣ କରିବା ପାଇଁ ଇଚ୍ଛା କରେ, ମୁକ୍ତାଫଳ ଭ୍ରମେ,
ଅଙ୍ଗୁଳି ପରଶି ଛୁଇଁ, ଆକର୍ଷଇ ନେବାକୁ ତୁରନ୍ତ ।୪୬।

କେବେ ବା ସେ ଶିଶୁ ପୁଣି ପିତା ଶିର ତରଙ୍ଗିଣୀ ଜଳେ,
ନିଜ ଅଙ୍ଗ ମଗ୍ନ କରେ, ଗାଢ଼ ଭରେ କରି ଶୀତଳତା,
କର ଯୁଗେ ଜଡ଼େ ଯଦି, ହିମମୟ ସଲିଳ ଆର୍ଦ୍ରତା,
ପିତା ଲଲାଟ ଲୋଚନ ବହ୍ନି ପରେ ଉଷ୍ମ କରଇ ତା ।୪୭।

କଉତୁକେ କେବେ ପୁଣି ସେ କୁମାର ଜଟାଜୁଟ ଧାରୀ
ଶମ୍ଭୁର ମୁକୁଟସ୍ଥିତ, ବାଙ୍କଠାଣି ସମ ଶଶୀ ଖଣ୍ଡେ,
ବକ୍ରକରି କଣ୍ଠ ତାର ସେ ପ୍ରଲମ୍ବମାନ ଶଶୀ ଧରି

ଚୁଚୁ କାର ଧ୍ୱନି ସାଥେ ଅବିରତ ଧରି ଗାଢ଼େ ଚୁମ୍ବେ।୪୮।
ଏହିରୂପେ ବାଳୁତର ମନୋହର ବାଲ୍ୟକ୍ରୀଡ଼ା ଦେଖି
ଗିରୀଶ ଗିରିଜା ଦୁହେଁ, ହେଲେ ମୁଗ୍ଧ ହେଲେ ଅଭିଷିକ୍ତ-
ବିପୁଳ ଆନନ୍ଦ ରସେ। ଦିବା ନିଶି ନ ଜାଣିଲେ କିଛି
ଦିବସ ଆସେ ବା କାହୁଁ? ରାତ୍ରି ପୁଣି ହୁଏ ତିରୋହିତ!।୪୯।

ଏହିରୂପେ ବହୁବିଧ ଲୀଳାୟିତ, ପ୍ରଗାଢ଼ ଆନନ୍ଦେ
ମନୋହର ବାଲ୍ୟକ୍ରୀଡ଼ା ଆଚରିଲେ ସେ ଈଶ୍ୱର ସୁତ,
ଷଷ୍ଠଦିନେ ପରାବୁଦ୍ଧି, ପାଇ ପୁଣି ନବ ଯଉବନ,
ବୁଦ୍ଧିବଳେ ହୋଇଲେ ସେ, ସବୁ ଶାସ୍ତ୍ରେ ଶସ୍ତ୍ରେ ସୁପଣ୍ଡିତ।୫୦।

# ଦ୍ୱାଦଶ ସର୍ଗ

ଏଥୁଅନ୍ତେ ଉପଦ୍ରୁତ ହୋଇ କ୍ରୁର କୌଣପ ପାରୁଶେ
ଅତିଶୟ ଦୁଃଖ ମନେ, ଶଚୀପତି, ସର୍ବ ଦେବ ସାଥେ
ତୃଷିତ ଚାତକ ଯେହ୍ନେ, ପୟୋଧରୁ ଜଳପାଇଁ ଧାଏଁ
ସେରୂପେ ଚଳିଲେ ଇନ୍ଦ୍ର, ଅନ୍ଧକାରୀ ଭବନେ ତୁରିତେ।୧।

ଅତିଶୟ ଗର୍ବୀ କ୍ରୁର ଅସୁରର ତ୍ରାସେ ଅବରୁଦ୍ଧ
ଯଦିଚ ଗଗନ-ମାର୍ଗ, ତଥାପି ତ ଇନ୍ଦ୍ର ଅଲକ୍ଷିତେ
ସେ ପଥେ ଗମିଲେ ଘେନି ସୁରକୁଳ ହରଗୌରୀ ପଦ
ବିନ୍ୟାସେ ପବିତ୍ର ସେହି କଇଳାସେ, ଅବତରି ସୁଖେ।୨।

ମେଘାସନ ବିମାନରୁ, ଇନ୍ଦ୍ର ତହୁଁ ମାତଳିର ହସ୍ତ,
ଅବଲମ୍ବି ଅବତୀର୍ଣ୍ଣ ହେଲେ ତହୁଁ, ଗ୍ରୀଷମେ ଯେସନ,
ତୃଷାତୁର ବ୍ୟକ୍ତି ଯାଏ ସଲିଳର ପ୍ରବାହ ସଙ୍କଟେ,
ତେସନ ପିନାକପାଣି ଗୃହେ ଇନ୍ଦ୍ର କରିଲେ ଗମନ।୩।

ଏକାକୀ ବାସବ ପଥେ, ଗମିଲେ ବି ସ୍ଫଟିକ ଭିତରେ,
ବହୁଧା ସ୍ୱକୀୟ ରୂପ ନିରେଖୁଣୁ ଇତସ୍ତତଃ କରି
ପ୍ରତିବିମ୍ବ ଆଲେଖ୍ୟରେ, କ୍ରମେ ତହୁଁ ହେଲେ ଉପନୀତ,
ବିଭୁର ଆସ୍ପଦ ଶେଷେ ଲଭିଲେକ ବହୁପଥ ଘୂରି।୪।

ବିଚିତ୍ର ମଣି ସମୂହ, ବିରଚିତ ଶିବ ସୌଧ ଦ୍ୱାରେ,
ପରିଶେଷେ ଉପସ୍ଥିତ ସୁରପତି, ଯହିଁ ଦ୍ୱାର ଦେଶେ
ଉଭା ଥିଲେ ଚଣ୍ଡ ନନ୍ଦୀ, ଧରି ହସ୍ତେ ସୁବର୍ଣ୍ଣର ଦଣ୍ଡ
ଅନଙ୍ଗ ଶତ୍ରୁ ଶମ୍ଭୁର ନିରନ୍ତର ପ୍ରହରୀ ପଣେ ସେ।୫।

ସେ ସ୍ଥାନେ ନିରେଖି ନନ୍ଦୀ ସୁରପତି ପରମ ଗୌରବେ
ପରିତୁଷ୍ଟ କରି ଇନ୍ଦ୍ରେ, ରଖି କକ୍ଷେ ସ୍ୱର୍ଣ୍ଣ ଚାରୁ ଦଣ୍ଡ,
ଏହାପରେ ନିଜେ ଯାଇ ପ୍ରବେଶିଲେ ଶିବ ସନ୍ନିକଟେ
ସୁରପତି ଆଗମନ ନିବେଦିଣ କୁହନ୍ତି ସଂବାଦ।୬।

ଅନନ୍ତର ଜଗଦୀଶ ଅନୁମତି ନେଇଁ ଭୃଭଙ୍ଗୀକୁ
ସ୍ୱୟଂ ନନ୍ଦୀ ଅଗ୍ରେ ଯାଇଁ ସୁରରାଜ ସହିତେ ସକଳ
ସୁରବୃନ୍ଦ ପାଛୋଟିଣ, ଛାଡ଼ିଲେକ ଶୋଭନ ସଦନେ
ତ୍ରିଲୋଚନ ଭବନରେ ଗଉରବ କରି ସୁରକୁଳ।୭।

ସହସ୍ର ଲୋଚନ ତହିଁ ଦେଖିଲେକ ଚଣ୍ଡୀ ସହ ଶିବ
ଭୃଙ୍ଗୀ ଓ ଅନେକ ଗଣ ପ୍ରଧାନତ୍ୱ ରହିଛି ଯାହାର
ବିବିଧ ସ୍ୱରୂପ ଗଣେ ବେଢ଼ିଛନ୍ତି ପାରୁଶେ ପାରୁଶେ
ମଣିମୟ ସଭା ମଧ୍ୟେ ବିଜେଛନ୍ତି ଶିବ ଲୋକେଶ୍ୱର।୮।

ମହେଶ୍ୱର ବହିଛନ୍ତି ଯେଉଁ ଜଟା ସେ ଜଟା ବନ୍ଧନ,
ସର୍ପ ରଜ୍ଜୁଦ୍ୱାରା ବଦ୍ଧ, ଉର୍ଦ୍ଧ୍ୱଶିର ଚୂଡ଼ାକୃତି ପାଶେ,
ବାସୁକୀ ପ୍ରମୁଖ ଯେତେ ସର୍ପରାଜ ମସ୍ତକସ୍ଥ ମଣି,
ଉଜ୍ଜଳଇ କିରଣେ ଯା ସୁମେରୁର ଶିଖର କି ସତେ?।୯।

ପ୍ରଭୁ କୋଳେ ବିରାଜିତ ଗିରିରାଜ ତନୁଜା ପାର୍ବତୀ,
ଜଟା ତଟୁ ଦେଖି ଉର୍ଦ୍ଧ୍ୱେ, ଉତରଳ ତରଙ୍ଗେ ଜାହ୍ନବୀ
ଶାରଦ ମେଘର ସମ, ଶୁକ୍ଳବର୍ଣ୍ଣ ଫେନପୁଞ୍ଜ ତଳେ,
କୌତୁକେ ହସନ୍ତି ଅବା, ସପତ୍ନୀରେ ନିମ୍ନେ ଅନୁଭବି।୧୦।

ମହେଶ ମଉଳି ମଣ୍ଡି ବିରାଜିତ ଯେଉଁ ଅର୍ଦ୍ଧଚନ୍ଦ୍ର,
ସୁରଧ୍ୱନୀ ତରଙ୍ଗେ ତା ପ୍ରତିବିମ୍ବ ଦିଶଇ ଶତଧା,
ସତେକି ତୁଷାର ସମ ଶୁଭ୍ରବର୍ଣ୍ଣ କିରଣେ ବିରାଜି,
ହିମାନୀ ପୁଞ୍ଜିତ ସମ ଦିଶେ ଚନ୍ଦ୍ର ମନେ ହୁଏ ଅବା ।୧୧।

ଲଲାଟେ ଯେ ନେତ୍ର ଅଛି, ଶିବ ଶିରେ ସେ ନେତ୍ର ଭାସ୍ୱରେ,
ଚନ୍ଦ୍ରସୂର୍ଯ୍ୟ ପରାଭୂତ, ତେଜେ ତାର ଯୁଗାନ୍ତ ବାହି ଯେ,
ସେ ଚକ୍ଷୁ ମଧ୍ୟରୁ ଉଠେ, ଚିର ଦୀପ୍ତ ଭୀମ ବହ୍ନି ପୁଣି,
ଯହିଁରେ ମଦନ ଦଗ୍ଧ ହୋଇଥିଲା, ସେହି ଚକ୍ଷୁ ସେ ଯେ ।୧୨।

କଉତୁକେ ଗୌରୀ ଅବା ବାନ୍ଧିଛନ୍ତି କଣ୍ଠେ ନୀଳମଣି,
ଶଙ୍କର ଶୋଭନ କଣ୍ଠ ଦେଖି ମନେ ଆସଇ ଏକଥା
ନୀଳବର୍ଣ୍ଣ ସୁମହତ, କାନ୍ତି ଯାର କଣ୍ଠୁ ଉଠେ ଫୁଟି,
ବିଷକଣ୍ଠ କଣ୍ଠତଟେ ମନୋହର ଶୋଭଇ ସର୍ବଦା ।୧୩।

ବହୁମୂଲ୍ୟ ରତ୍ନେ ଜଡ଼ି, ଦୋଳାୟିତ କୁଣ୍ଡଳ ଯେ ଦୁଇ
ମହେଶ୍ୱର କର୍ଣ୍ଣ ଯୁଗେ, ପ୍ରଭାରେ ତା ଭରଇ ଚୌଦିଗେ ।
ଚନ୍ଦ୍ର ସୂର୍ଯ୍ୟ ଛଳି ଅବା ବିରାଜନ୍ତି କର୍ଣ୍ଣ ଅବତଂସେ,
ପଶୁପତି ସେବା ଲାଗି ଉପସ୍ଥିତ ହୋଇ ଅବା ନିଜେ ।୧୪।

ପ୍ରଳୟାନ୍ତେ କାଳ ଗ୍ରାସେ ନିପତିତ ଯେତେ ଦେବାସୁର
ସେ ସମସ୍ତ ଚିତାଭସ୍ମ, ବିଲେପନେ ପାଣ୍ଡୁରିତ ଶିବ,
କଟୀତଟେ ପିନ୍ଧି ବାସ, ମହାମାତାଙ୍କର ଚର୍ମଖଣ୍ଡ,
ମେଘ ବିମଣ୍ଡିତ ହେମ ଗିରିସମ ବିଜେ ମହାଦେବ ।୧୫।

ପୁଣି ପାଣିତଳେ ଧରି ଚତୁର୍ମୁଖ ବ୍ରହ୍ମାର କପାଳ,
ବୈକୁଣ୍ଠବିହାରୀ ହରି ସେବାରତ ଯା'ର ସନ୍ନିଧାନ,
ମଣିଷର ଅସ୍ଥିଖଣ୍ଡ ଆଭରଣ ଶୋଭିତ ଯା'ଦେହେ,
ରଣାନ୍ତସୂଚକ ଶୂଳ ଝଣତ୍କାରେ ସେହି ବିଦ୍ୟମାନ ।୧୬।

କଣ୍ଠଦେଶେ ଶୋଭେ ଯା'ର ପୁରାତନୀ ବ୍ରହ୍ମାମୌଳି ମାଳା,
ତଦୀୟ ମସ୍ତକ ଶଶୀ ସୁଧାକ୍ଷରି ଉଜ୍ଜିବୀତ ପୁଣି
ହୁଏ ସେ କପାଳ ମାଳା-କଣ୍ଠତଟୁ କରି ବେଦ ପାଠ
ଶିବ ତୋଷେ ରତ ସର୍ବେ, ନିମଜ୍ଜିତ ହୋଇ ସଂଜୀବନୀ।୧୭।

ବିସ୍ତାରିତ ବିଦ୍ୟୁଲ୍ଲତା ଚତୁର୍ଦ୍ଦିଗେ ଶୋଭାପାଏ ଯେହ୍ନେ,
ସଲିଳ ବଉଦ ଭରା ଶାରଦୀୟ ମେଘଖଣ୍ଡ ପରେ,
ତେସନ କନକ ଅଙ୍ଗୀ ସ୍ୱର୍ଣ୍ଣଲତା ଗିରିରାଜ କନ୍ୟା-
କ୍ରୋଡ଼େ ଧରି ଶୋଭାପାନ୍ତି ମହେଶ୍ୱର ଅନୁରାଗ ଭରେ।୧୮।

ଶରାସନ ପିନାକ ଯା' କରେ ଶୋଭେ ଅନ୍ଧକାସୁରର
ପ୍ରାଣପାତ କରିଥିଲା ମହାସୁର ବନିତା ଗଣରେ
ବୈଧବ ନିଦାନ ରୂପ, ଅସମର୍ଥ ଅନ୍ୟ ଯା' ଧାରଣେ,
ପୂର୍ବେ ଯେ ଦହିଲା କାମେ, ଶୋଭିତ ସେ ଧନୁ ଶମ୍ଭୁ କରେ।୧୯।

ଅମୂଲ୍ୟ ମଣି ମାଣିକ୍ୟ ଖଚିତ ସେ ବିଚିତ୍ର ସ୍ୱର୍ଣ୍ଣାଭ
ସୁଷମ ଭଦ୍ର ଆସନେ ସମାସୀନ ଶିବ ସଗୌରବେ,
ଦୁଇ ପାର୍ଶ୍ୱେ ଧରି ଉଭା ଦୁଇଜଣ ପ୍ରମଥ ସେବକ,
ଚନ୍ଦ୍ର ଶକ୍ଳ ଚାମରର ବ୍ୟଜନରେ ସେବନ୍ତି ନୀରବେ।୨୦।

ପ୍ରଫୁଲ୍ଲିତ ଦୃଷ୍ଟିପାତ କରୁଛନ୍ତି ହର ପୁତ୍ର ପରେ,
ଆଶୁ ଶସ୍ତ୍ର ଅଭ୍ୟାସରେ ଅନୁରକ୍ତ ସେହି କଉତୁକେ,
ଚକିତେ ଦେଖନ୍ତି ଗଣେ ସବିସ୍ମୟେ ଅପଲକ ନେତ୍ରେ
ସ୍ଫଟିକ ଅଚଳ କରେ, ନୀରାଜନା ପ୍ରଦୀପ ଆଲୋକେ।୨୧।

ନିରେଖି ପାର୍ବତୀ ପତି ସେ ରୂପରେ ଅତିହିଁ ବିସ୍ମିତ,
ରହିଲେ ବିକ୍ଷୁବ୍ଧ ହୋଇ ଶଚୀନାଥେ କ୍ଷଣେ ମରମେରେ,
ଅଦ୍‌ଭୂତ ତେଜ ସମଷ୍ଟି, ଆଧାରରେ କରି ସନ୍ଦର୍ଶନ
ହତବାକ ନ ହେବ କେ ? ବିମୂଢ଼ତା ବିନ୍ୟାସି ମନରେ।୨୨।

ପ୍ରଫୁଲ୍ଲ ପଙ୍କଜ କାନ୍ତି ବିକଶିତ ମନା ମହେଶ୍ୱରେ,
ନିରେଖି ସହସ୍ରଚକ୍ଷୁ, ପୁଲକିତ କଣ୍ଟକିତ ଦେହ-
ଶୋଭିଲା ପୁଷ୍ପ ବକୁଳ, ସମାକୁଳ ଆମ୍ରଶାଖା ପରି,
ସୁଷମିତ କରି ମନ ଶଚୀନାଥେ କରିଲେ ତନ୍ମୟ ।୨୩।

ସହସ୍ର ଲୋଚନ ଦେଖି ତ୍ରିଲୋଚନେ ସେ ତ୍ରିଦିବପତି,
କୃତାର୍ଥ ହୋଇଲେ ଅତି । ରୋମାଂଚିତ ସର୍ବାଙ୍ଗ ବିକୃତି-
ଅତି ଦିଶେ, ସତେ ଅବା ପ୍ରିୟା କୋପେ ଅସହ୍ୟ ସୁରେନ୍ଦ୍ର
ଅଙ୍ଗ ଅବୟବେ ଘାରେ ବିରୂପତା ହୋଇ କଣ୍ଟକିତ ।୨୪।

ସେ ବେଳେ ରୁଦ୍ର ପାରୁଶେ ଅବସ୍ଥିତ ଅସ୍ତ୍ରଶସ୍ତ୍ର ଧରି,
ସୁମେରୁ ସମାନ ସେହି ବଳୀୟାନ କୁମାରେ ନିରେଖି,
ମନେ ମନେ ଶତ୍ରୁଜୟ ଆଶା ଆସେ ଶଚୀପତି ମନେ,
ଥିଲା ଯାହା ମରମରେ ଆଶାରୂପେ ଆଛନ୍ନ ଅଦ୍ୟାପି ।୨୫।

ସ୍ୱର୍ଣ୍ଣ ବେଢ଼ି ରଖି କକ୍ଷେ କର ଯୋଡ଼ି  ସମ୍ମୁର ସମୀପେ,
ଉପସ୍ଥିତ ନନ୍ଦୀ କରେ ପ୍ରଣିପାତ ଅତି ବିନୟରେ
ହେ ତ୍ରିନେତ୍ର, ହେ ମହେଶ, ନୀଳକଣ୍ଠ ସହସ୍ର ଲୋଚନ
ପୁରଦ୍ୱାରେ ଉଭାଛନ୍ତି ଦର୍ଶନେଚ୍ଛୁ ପ୍ରଭୁଙ୍କା ନିର୍ଭରେ ।୨୬।

ତଦନ୍ତେ ତ୍ରୈଲୋକ୍ୟ ପୂଜ୍ୟ ତ୍ରିପୁରା ମୁରାରି ସଦାଶିବ
ପ୍ରୀତିପୂର୍ଣ୍ଣ ସହାସ୍ୟରେ ଅମୃତ ବା କ୍ଷରେ ଦୃଷ୍ଟିକୋଣୁ ।୨୭।

ସେ ଦୃଷ୍ଟି ନିବଦ୍ଧ କରି ଅନୁଗ୍ରହି ଦେବେନ୍ଦ୍ର ଇନ୍ଦ୍ରରେ
ସମ୍ଭାଷଣ କଲେ କିବା ସଙ୍କର୍ଷଣ, କ୍ଷଣେ ବିଲୋକକୁ ।୨୮।

ସେ ସ୍ଥାନେ ସୁରେନ୍ଦ୍ର ପୁରୀ ଅର୍ଚ୍ଚନୀୟ ଦେବ ଦେବଇନ୍ଦ୍ର
ଆନତ ମସ୍ତକେ କଲେ ପ୍ରଣିପାତ, ଦେବ ବିଶ୍ୱପତି
ମସ୍ତକ କିରୀଟୁ ତହିଁ, ପଡ଼ିଲାକ ବିଭୂଷିତ ପୁଷ୍ପ
ନନ୍ଦନର ପାରିଜାତ, ମହେଶ୍ୱର ପଦ୍ମପାଦେ ଖସି ।୨୯।

ତ୍ରିଦଶେଶ୍ୱର ଦେବେନ୍ଦ୍ର ସର୍ବଜନ ପ୍ରଣମ୍ୟ ପ୍ରଧାନ,
ଦେବ ଦେବ ମହେଶ୍ୱରେ ଭକ୍ତିଭରେ କରି ପ୍ରଣିପାତ,
ପରମ କୃତାର୍ଥ ଭରେ, ସୁପବିତ୍ର ପାତ୍ର ସମ ହେଲେ,
ମନବୋଧି ସୁରପତି ପ୍ରଫୁଲ୍ଲିତ ବଦନ ଆନତ ।୩୦ ।

ତଦନ୍ତେ ପରମ ଭକ୍ତି ପରାୟଣ ଅପରାପର ସେ
ସୁରଗଣ, ପ୍ରମଥଙ୍କ ଅଗ୍ରଭାଗେ ପ୍ରଭୁ ପାଦ ଅଗ୍ରେ
ନମନ୍ତି ନତ ମସ୍ତକେ, ଯଥାକ୍ରମେ ପିନାକ ପାଣିରେ
କ୍ରମେ କ୍ରମେ ଅନୁସରି, ଦେବଗଣ ଯଥାରୀତି ବୋଧେ ।୩୧ ।

ତଦନ୍ତେ ପ୍ରଭୁ ସମୀପୁ ଅନୁମତି ପାଇ ପାର୍ଶ୍ୱଗଣେ,
ହେମମୟ ଶୁଭାସନ ଆଣି ଦ୍ୟନ୍ତେ ସମାସୀନ ଇନ୍ଦ୍ର
ପରମ ଆନନ୍ଦ ହେଲେ ଖ୍ୟାତ ଏହା ଭୁବନେ ବସ୍ତୁତଃ
ଲଭିଲେ ପ୍ରଭୁପ୍ରସାଦ କାହାର ବା ନ ହୁଏ ଆନନ୍ଦ ? ।୩୨ ।

ତାପରେ ସସ୍ମିତ ଦୃଷ୍ଟି ବିଲୋକନେ ତହିଁ ସଦାଶିବ,
ସମଗ୍ର ସୁର ସମାଜେ ସମ୍ମାନିତ କରିଲେକ ଯହୁଁ,
ଯେତେ ଥିଲେ ଦୃଷ୍ଟିପଥେ ସେ ସରବେ ପରମ ପୁଲକେ,
ପ୍ରଭୁର ସମକ୍ଷେ ହେଲେ ଉପବିଷ୍ଟ କ୍ରମାନ୍ୱୟେ ତହୁଁ ।୩୩ ।

ନିରେଖି ଦୁଃଖିତ ଈକ୍ଷ, ବଳାସୁର ବୈରୀ ଦେବଗଣେ,
ବାସବ ସହିତେ ସୁରେ ଅସୁରର ବଳେ ପରାଜିତ
ଶ୍ରୀହୀନ କ୍ଲିଷ୍ଟ ବଦନ, କରପୁଟ କୃତାଞ୍ଜଳି ବଦ୍ଧ,
କୁହନ୍ତି ବଚନ ବୋଧି କରୁଣାକ୍ଷ ହୋଇ ବିଗଳିତ ।୩୪ ।

ବିସ୍ମିତେ ବିସ୍ତାରି ଖେଦେ, "ଅହୋ ପ୍ରିୟ ହେ ଅମର ବୃନ୍ଦ,
ଅଖଣ୍ଡ ବୀର ପ୍ରତାପେ, ସୀମାହୀନ ଯଶ ଯା'ତୁମରି
ତୁମେ କିପାଁ ବସ ଆସି ଅତି ଦୀନ ଦରିଦ୍ରର ବେଶେ,
ଶିଶିର ବର୍ଷଣ ଘାତେ, ଦଗ୍ଧୀଭୂତ ପଦ୍ମପୁଷ୍ପ ପରି ।୩୫ ।

ହେ ଅମର ବୃନ୍ଦ ତବ, ନିଜ ନିଜ ମହାପୁଣ୍ୟରାଶି
ବିଚ୍ୟୁତ ନହେବା ସତ୍ତ୍ୱେ ସ୍ୱର୍ଗପୁର ପରିଭ୍ରଷ୍ଟ ହୋଇ
ରହିଛ କି ? କିନ୍ତୁ ତବ, ପୁରାତନ ଆଧିପତ୍ୟ ଚିହ୍ନ,
ସବୁତ ରଖିଛ ପାଖେ ତୁମ ସାଥେ ଆଣିଛ ଯା ବହି ।୩୬ ।

ହେ ସୁର ସମାଜ ତୁମେ ସୁପ୍ରଧାନ ସମ୍ମାନିତ ଯୋଗ୍ୟ,
ତଥାପି କରିଛ ତୁମେ ପରିତ୍ୟାଗ ସ୍ୱର୍ଗଲୋକ ତବ ।
ସାଧାରଣ ନର ସମ ବିଚରଣ କରି ଏ ଭୂତଳେ,
କିପାଇଁ କୁହ ହେ ସତ, ମନ ଖୋଲି, କୁହ ହେ ଅନଘ ।୩୭ ।

ପରିଭ୍ରଷ୍ଟ ହୁଏ ଯେହ୍ନେ ଫଳେ ମନୁଷ୍ୟ ତାହାର,
ଚିରକାଳ ସୁସଞ୍ଚିତ, ପୁଣ୍ୟରାଶି କ୍ରମେ ହେଲେ ଊଣା,
ଅସାଧାରଣ ଦେବ ତୁମେ, ଭୁଲି ଯେହ୍ନେ ଏ ପରମ ସ୍ୱର୍ଗ,
ସୁଖ ଓ ସ୍ୱାଚ୍ଛନ୍ଦ୍ୟ ଭୁଲି ଅବହେଳେ ହେଇ ପଥବଣା ।୩୮ ।

ସମ୍ମାନିତ ଦେବତାଏ, ନିଦାଘର ପ୍ରଚଣ୍ଡ ଆକ୍ରୋଶେ
ଶୁଷ୍କ ଯେହ୍ନେ ଜଳାଶୟ ଜଳରାଶି, ସେପରି ତୁମରି,
ଅନିର୍ବଚନୀୟ ଧୈର୍ଯ୍ୟ, ତୁମର ବା ହେଲା ନଷ୍ଟ କେଣେ ।
କି କାରଣ କହ ଖୋଲି ଧୈର୍ଯ୍ୟହୀନ ହେଲେ ବା କିପରି ? ।୩୯ ।

ଶୁଣ ସର୍ବ ଦେବତାଏ, ଏ ସ୍ଥାନରେ ଇନ୍ଦ୍ରାଦି ସକଳେ
ଯୁଗପତ ହୋଇଅଛ, ସମବେତ କାତର ମାନସେ
କୁହ ଦେଖି ତ୍ରିଭୁବନ ବିଜୟୀ ସେ ତାରକାସୁରର
ସାଥେ ବିବାଦିଣ ଅବା ମିଳିଅଛ ଏଠାରେ ବିରସେ ।୪୦ ।

ସେହି ମହାଦୈତ୍ୟର ଯା' ପରାଭବ ଉପସମକାରୀ
କେବଳ ମୁଁ, ଏକମାତ୍ର ସମର୍ଥ ବା ଶତ୍ରୁନାଶକାରୀ,
ଅରଣ୍ୟ ଦହିଲେ ଯେହ୍ନେ ଦାବାଗ୍ନିରେ କରେ ପ୍ରଶମିତ,
ଏକମାତ୍ର ମହାମେଘ ବିନା ଆଉ ପାରେ କେ' ନିବାରି ।୪୧ ।

ମହେଶ ମନ୍ମଥ ଅରି କହିଲେକ ଏ କଥାକୁ ଯହୁଁ,
ହସ ଅଶ୍ରୁ ରସାପ୍ଲୁତ କରି ମୁଖ ଆଶ୍ୱସ୍ତ ସକଳେ
ଦେବତାଏ ଶୋଭିଲେକ ଅପରୂପ, ପୁଲକିତ ମନେ,
ଅତି ସତ୍ୱରେ ସକଳ ମୁଖଶିରୀ ଉଦ୍‌ଭାସିତ ବଳେ ।୪୨ ।

ସମାପ୍ତ ହେବାରୁ ଉକ୍ତି ପ୍ରଭୁଙ୍କର ଉପଯୁକ୍ତ ଦେଖି,
ସୁସମୟେ ଦେବରାଜ ଆରମ୍ଭିଲେ କହିବାକୁ ଏହା
ଯେ ବାକ୍ୟ ପ୍ରଯୁକ୍ତ ହୁଏ ଉପଯୁକ୍ତ ବୁଝି ଅବସର,
ଫଳୋଦୟ ହେତୁ ସେହି ବୁଧେ ସିନା ଜାଣିଛନ୍ତି ତାହା ।୪୩ ।

ଦେବରାଜ କହିଲେକ 'ହେ ସର୍ବଜ୍ଞ ମୋହାନ୍ଧ ନିବାରି
ଅବିନାଶୀ ଅସ୍ଖଳିତ, ପ୍ରଭାବଳେ ଜ୍ଞାନ ପ୍ରଦୀପରେ ।
ଅବଗତ କରିଅଛ, ବର୍ତ୍ତମାନ ଭୂତ ଭବିଷ୍ୟତ
ଯେତେ ଯାହା ବିରାଜିତ ସୃଜିତ ବା ବ୍ୟାପ୍ତ ତ୍ରିପୁରରେ ।୪୪ ।

ଦୂର୍ଦ୍ଧର୍ଷ ତାରକ ବଳେ ତ୍ରିଲୋକରେ ଅଧିକାର କରି ।
ଅନିର୍ବାର୍ଯ୍ୟ ଭୁଜବଳେ, ସୁର ଧ୍ୱଂସି କରେ ବିତାଡ଼ିତ
ସ୍ୱର୍ଗପୁରୁ ଦେବତାଙ୍କୁ, ସ୍ୱାମୀ ତବ ଅଗୋଚର କିବା
ନପୁଣ ଜାଣ କି ପ୍ରଭୁ ନିରାଶ୍ରିତ ଅମର ଆରତ ।୪୫ ।

ପ୍ରଜାପତି ପାଶୁଁ ମାଗି ସେ କୌଣପ ଅମୋଘ ବରକୁ,
ଯା ପ୍ରସାଦେ କରେ ସାଧ ଅସାଧ ଯା' ପ୍ରଚଣ୍ଡ ବିକ୍ରମେ,
ତ୍ରିଲୋକ ଜଗତ ଜିଣି ସେ ବୋଲାଏ ଦୁର୍ବିନୀତ ବୀର,
ମତେ ଓ ଅପର ସୁରେ, ତୃଣସମ ମନେ ଯେ ନ ଆଣେ ।୪୬ ।

ପୂର୍ବେ ଯହୁଁ ଆମ୍ଭେମାନେ ସ୍ତୁତି କରି ତୋଷିଲୁ ବିରଞ୍ଚି,
ଦୟାକରି ନିର୍ଦ୍ଦେଶିଲେ ଏହିରୂପେ ଶୁଣ ସୁର କୁଳେ,
ସ୍ମରନିସୂଦନ ପୁତ୍ର, ସେନାପତ୍ୟ କରିଲେ ତୁମର,
ସେ କରିବ ଏ ଦୈତ୍ୟର ଗର୍ବ ଚୁର ପେଷି ଯମପୁରେ ।୪୭ ।

ଅହୋ ପ୍ରଭୁ ! ଅଦ୍ୟାବଧି ସେ ସମୟୁ ତ୍ରିଦିବ ନିବାସୀ
ସହିଅଛୁ ସୁରବୃନ୍ଦ, ତାରକାର ଦୁଃସହ ଯାତନା
ହୃଦେ ଫୁଟି ରହିଅଛି ବିଷତୁଲ୍ୟ ପରାଭବ ତାର,
ଅନୁଜ୍ଞା ସହିଛୁ ତାର ଖେଦ ମନେ ନ କରିଛୁ ଊଣା ।୪୮ ।

ଔଷଧି ଯେପରି ଚାହେଁ ନିଦାଘର ତପେ କ୍ଲିଷ୍ଟ ହୋଇ
ଶୁଷ୍କ ହୋଇ ଜୀର୍ଣ୍ଣସାର ଆଷାଢ଼ର ନବଘନ ପାନେ,
ଆମ୍ଭେ ତେହ୍ନେ ପୁରୋଭାଗେ ଏ କୁମାରେ କରିଛୁ ପ୍ରତୀକ୍ଷା
ସେନାପତି ପଣେ କରି ଅଭିଷିକ୍ତ ଦିଅନ୍ତୁ ଆପଣେ ।୪୯ ।

ଏ କୁମାର ସୁରକୁଳ, ଅଗ୍ରେ ରହି ସମର ଅଙ୍ଗନେ,
ତ୍ରିଭୁବନ ଲକ୍ଷ୍ମୀର ଯେ ହୃଦ ଶଲ୍ୟ, ସେ ମହା ଅସୁରେ
ସମୂଳେ ନିପାତ କରି ବିଦୂରିତ କରିବେ କଷଣୁ
ନିରୁପାୟ ସୁରକୁଳେ, ଆଶ୍ରାଦେବେ ବର ବାହୁତଳେ ।୫୦ ।

ହେ ନାଥ ସନ୍ତାନ ତବ ଏ ସଂଗ୍ରାମେ ହେଉ ଅଗ୍ରବର୍ତ୍ତୀ,
ତୀକ୍ଷ୍ଣ ଶର ସଂପାତରେ ମହାସୁରେ କରୁ ଶିରଚ୍ଛେଦ ।
ପତି ବିୟୋଗ ବିଧୁରା ମହାସୁର ସୀମନ୍ତିନୀ ଗଣ,
ବିଳାପରେ ଭରି ଉଠୁ ମୁଖରିତ ହୋଇ ଦଶଦିଗ ।୫୧ ।

ତବ ଆତ୍ମଜର ବାଣେ, ହେଉ ହତ ହେଉ ବଳିପ୍ରଦ
ସମୂହ ପଶୁ ଉଦ୍ଦେଶ୍ୟ, ସେ ତାରକ ସମର ଅଙ୍ଗନେ,
ମୋର ଏଇ ସୁରଗଣେ, ହର୍ଷଭରେ କରି ଅଗ୍ରଗତି
ଉଦ୍ଧାରିବେ ସୁରନାରୀ, ବନ୍ଦିନୀର ବେଣୀ ବିମୋକ୍ଷରେ ।୫୨ ।

ଇତିକଲେ ଇନ୍ଦ୍ର ଯହୁଁ ଏହି କଥା ଶୁଣି ଜାତ କ୍ରୋଧ
ହେଲେ ସ୍ମରନିସୂଦନ, ତାରକାସୁର ସଂହାରଣ ଲାଗି ।
ପୁଣି କ୍ଷଣେ କ୍ଷୋଭନାଶୀ କୃପାଚକ୍ଷେ ଚାହିଁ ଦେବତାଙ୍କୁ
ଭୂତ ଭୂତ ଅଧିପତି ସୁରେନ୍ଦ୍ରଙ୍କୁ କୁହନ୍ତି ସମ୍ବୋଧି ।୫୩ ।

ଶୁଣ ଅହୋ ! ହେ ବାସବ ସହ ସୁର ସକଳେ ହେ ଶୁଣ,
ମୋର ବାକ୍ୟେ କର୍ଣ୍ଣପାତ କର ତୁମ୍ଭେ, ବିସ୍ମିତ ମହେଶ
ସମ୍ବୋଧିଲେ ପୁନର୍ବାର, ପୂର୍ଣ୍ଣ ତବ ଅଭିଳାଷ ପାଇଁ
ସନ୍ତାନ ସଙ୍ଗତେ ମୁହିଁ ସର୍ବଦା ଯେ ଅଛି ସୁସଜ୍ଜିତ ।୫୪ ।

ଯଦିଚ ମୁଁ ଜିତେନ୍ଦ୍ରିୟ ଇତିପୂର୍ବେ କରିଅଛି ମୁହିଁ,
ଗିରିରାଜ ତନୁଜାର ପାଣି ପରିଗ୍ରହଣ ସମାପି,
ହେତୁ ତାର ଅଟେ ସତ ତା ଗର୍ଭରୁ ଜନ୍ମିବେ ଯେ ସୁତ,
ଅରାତି ଧ୍ୱଂସ ସାଧନେ ଆଗୁସାର ହେବ ସୁତ ଇଚ୍ଛି ।୫୫ ।

ତେଣୁ ତୁମେମାନେ ସର୍ବେ ତାରକାର ନିପାତେ ସମର୍ଥ
କୁମାରକୁ କରି ଅଗ୍ରେ ସେନାପତି ଅରାତି ସଂହାରି
ବାରେ ହୁଅ ଅଗ୍ରସର, ଘେନି ସୁର ସମାଜ ସହିତ,
ପୁନର୍ବାର କର ଭୋଗ ସ୍ୱର୍ଗପୁର ଭୟଭ୍ରାନ୍ତି ଭୁଲି ।୫୬ ।

ଏଇ କଥା କହି ହର ଘୋର ଯୁଦ୍ଧ ଉତ୍ସବେ ଉତ୍ସୁକ
ଆତ୍ମଜ ଷଡ଼ାନନକୁ କହିଲେକ ହୁଅ ଯୁଦ୍ଧ ଜୟୀ
ସଂଗ୍ରାମେ ହେ ବତ୍ସ ମୋର, ସୁରଶତ୍ରୁ ବିନାଶନେ ହୁଅ
ସମର୍ଥ, ତବ କୌଶଳେ ଦୈତ୍ୟ ମାର ତତ୍‌ପରକା ବହି ।୫୭ ।

ଆନତ ମସ୍ତକେ ଆଜ୍ଞା ପାଳନକୁ କଲେ ସ୍ୱୀକାରୋକ୍ତି
କୁମାର ନୀରବେ ରହି, ପିତୃଭକ୍ତି ପାଳନକାରୀର
ସର୍ବଥା ସର୍ବପ୍ରକାରେ ଅଟେ ଏହି ପରମ ଧର୍ମତଃ,
ପିତାର ଆଦେଶ କେବେ ଲଙ୍ଘନୀୟ ନୁହିଁଇ ପୁତ୍ରର ।୫୮ ।

ବିବୁଧେର ଈଶ୍ୱର, ଶୂଳପାଣି ଯହୁଁ ଆଜ୍ଞା ଦେଲେ,
ଅସୁର ଯୁଦ୍ଧ ସମ୍ବନ୍ଧେ ଆତ୍ମଜରେ ଶ୍ରଦ୍ଧା ସହିତରେ,
ଗିରିରାଜ ତନୁଜା ତା' ଶୁଣି ହେଲେ ପରମ ଆନନ୍ଦ,
ବୀରମାତା ହେବ ନିଶ୍ଚେ ପ୍ରମୋଦିତ ସୁତ ବିକ୍ରମରେ ।୫୯ ।

ସୁରଗଣ ଶାସନେଶ ବୀର ଇନ୍ଦ୍ର ଅସୁର ଲଳନା
ନୟନ ଅଞ୍ଜନ ନାଶ, ତ୍ରିପୁରର ପାଳକ ଈଶ୍ୱର-
ଈଶ୍ୱର ନନ୍ଦନେ ଲଭି, ହେଲେ ତୁଷ୍ଟ ପୁଲକେ ପୂରିତ,
ବସ୍ତୁତଃ ମରମାଭୀଷ୍ଟ ହେଲେ ସିଦ୍ଧି ନୁହେଁ କେ' ଉତ୍‌ଫୁଲ୍ଲ? ।୬୦।

# ତ୍ରୟୋଦଶ ସର୍ଗ

ତଦନନ୍ତର କୁମାର, ଯୁଦ୍ଧ କାଳୋଚିତ ପ୍ରହରଣେ
ସୁସଜ୍ଜିତ ହୋଇ ସ୍ୱୟଂ ସୁରଗଣ ଅନୁଗାମୀ ହୋଇ,
ଆନତ ମସ୍ତକେ ଧୀରେ ତ୍ରିଭୁବନ ପାଳକ ଶ୍ରୀପଦେ,
ପୁତ୍ର ପାଇଁ ପ୍ରଣମିଲେ, ପ୍ରଫୁଲ୍ଲିତ, କୃତକୃତ୍ୟ ହୋଇ ।୧ ।

ହେ ବୀର, ହେ ବତ୍ସ ମୋର, ସମ୍ବୋଧିଣ କହନ୍ତି ମହେଶ,
ଇନ୍ଦ୍ର ଶତ୍ରୁ କରି ଜୟ ଅମରେଶ ପଦ କର ସ୍ଥିର ।
ଶୁଭାଶୀଷ କରି ତା'ରେ ବକ୍ଷେ ଚାପି ପ୍ରଣତ କୁମାରେ,
କରିଲେ ଅଭିନନ୍ଦନ ଆଘ୍ରାଣିଣ ମସ୍ତକ ତାହାର ।୨ ।

ତତ୍‌ପରେ ଆନତ ଶିରେ ସେ କୁମାର ମାତୃପଦେ ଯାଇଁ,
ଭକ୍ତିଭରେ କରିଲେକ ପ୍ରଣିପାତ, ପାର୍ବତୀନନ୍ଦନ,
ଆନନ୍ଦେ କ୍ଷରିତ ହେଲା ମାତୃ ସ୍ତନୁ ବୀରର ମସ୍ତକେ,
ଅଭିଷେକ କରି ପୁତ୍ରେ, ଯୁଦ୍ଧେ ଜୟ ଶୁଭ ମନାସିଣ ।୩।

ସୁତ ସୁବତ୍ସଳା ମାତା ହିମାଚଳ ଦୁହିତା ପୁତ୍ରକୁ,
ଅଙ୍କେ ରଖି ଗାଢ଼ କରି ଆଲିଙ୍ଗନେ ଆଘ୍ରାଣି କପୋଳ,
ସୁଆଶୀଷେ ଭାଷନ୍ତି ସେ 'ଶତ୍ରୁ ଜୟୀ ହୁଅରେ କୁମର,
ବୀପ୍ରସୁ ବୋଲାଇବା, ପଦ ମୋର ଚରିତାର୍ଥ କର ।୪ ।

ଯୁଦ୍ଧୋତ୍ସବେ ଶ୍ରଦ୍ଧାନ୍ୱିତ ଷଡ଼ାନନ ଶିବ ପାର୍ବତୀଙ୍କୁ,
ଆମନ୍ତ୍ରଣ କରି ଭକ୍ତି ସହକାରେ ଚଳିଲେ ସେଠାରୁ
ସ୍ୱର୍ଗଧାମେ, ସେ ଉଦ୍ଦାମ ଦୈତ୍ୟପତି ବିପତ୍ତିର ହେତୁ
ସମରେ ଗମିଲେ ତ୍ୱରା ସେ ଦୁର୍ଜୟ ଶିଶୁ ନୋହି ଭୀରୁ ।୫ ।

ତଦନ୍ତେ ଇନ୍ଦ୍ରପ୍ରମୁଖ ସୁରଗଣେ ପ୍ରଣିପାତ କଲେ,
ମହେଶ ପାର୍ବତୀ ପଦେ ଭକ୍ତି ଭରେ କରି ପ୍ରଦକ୍ଷିଣ
ଚଳିଲେ କୁମାରେ ଘେନି ସୁବିସ୍ତୃତ ବିହାୟସେ ପଥେ
ସକଳ ଦେବତା ଯେତେ କୁମାରର ହୋଇ ଅନୁଗମ୍ୟ ।୬ ।

ସୁରଗଣ ଆକୃତି ଦୀପ୍ୟମାନ ସେ ପ୍ରଭାର ଆଭା,
ଗଗନେ କରିଲେ ଗତି ଦିବସେ ବା ନକ୍ଷତ୍ରର ପରି,
ଦିବ୍ୟ ପ୍ରଭା ହେଲା ମଣ୍ଡି ପୂର୍ଣ୍ଣ କରି ସମ୍ପୂର୍ଣ୍ଣ ଗଗନ,
ଦେବତାଙ୍କ ଦିବ୍ୟ ପ୍ରଭା ସମାକୀର୍ଣ୍ଣ, ନଭ ଗଲା ଭରି ।୭ ।

ତହୁଁ ବଳି କାନ୍ତିମାନ ସେ କାର୍ତ୍ତିକ ଶୋଭନ୍ତି ଗଗନେ
ଧାମନ୍ତେ ଅମର ମଧ୍ୟେ, ତାରା ଗ୍ରହ ନକ୍ଷତ୍ର ମଧ୍ୟରେ ।
ବିରାଜିତ ସାଜେ ଯେହ୍ନେ ତ୍ରିଯାମାର ରମଣ ଶଶାଙ୍କ,
କୁମାର ଶୋଭନ୍ତି ତେହ୍ନେ ରମଣୀୟ ଦେବତା ମଣ୍ଡଳେ ।୮ ।

ପୁଲମ ପୁତ୍ରୀ ଦୟିତ, ସୁରେନ୍ଦ୍ର ଓ ଅପର ଅମରେ,
ଗୌରୀଶ ଗୌରୀତନୟ, ସହଯାତ୍ରୀ କଲେ ଅତିକ୍ରମ
ବହୁ ନକ୍ଷତ୍ର ଗ୍ରହରେ, ଉଦ୍‌ଭାସିତ ଯେ ଆକାଶ ମାର୍ଗ,
କ୍ଷଣ କାଳେ ଅତିକ୍ରମି ପ୍ରବେଶିଲେ ଯାଇଁ ସ୍ୱର୍ଗଧାମ ।୯ ।

ସେ ସକଳ ସୁରଗଣେ ବହୁକାଳେ ସ୍ୱରଗ ନିରେଖି,
ମହାସୁର ଭୟ ପାଇଁ ସଦ୍ୟ ତହିଁ, ନ ଯାନ୍ତି ଭରସି,
ସେ ନିମନ୍ତେ କିଛି କାଳ କଲେ ତହିଁ ବିଳମ୍ବ ଅଧିକ,
ନପୁଣ ସାହସ ହୁଏ ଆଗଭରି କେ ପାରେ ପ୍ରବେଶି ! ।୧୦ ।

ଅକସ୍ମାତ୍ ସୁରଦଳ ଭୟତ୍ରାସେ କେ କହେ କାହାକୁ
ତୁମେ ଯାଅ ଆଗେ ପୁଣି କଦାପି ମୁଁ ନଯିବି ପ୍ରଥମେ,
ଆଗେ କାହିଁ ନଯିବ ହେ, ମୁଁ ନହେବି ଅଗ୍ରବର୍ତ୍ତୀ କେବେ
ପ୍ରବେଶିକା ପାଇଁ ତହିଁ କଳହନ୍ତି ଏହିପରି କ୍ଷଣେ ।୧୧।

ଅବଲୋକିତ ଅମରେ ସେ ଅମରପୁର ହର୍ଷଭରେ,
ପୁଲକିତ ହେଉଁ ସର୍ବେ ନୟନରେ, ଉତ୍‌ଫୁଲ୍ଲ ମାନସେ
ଫୁଟିଉଠେ ସେ ଆନନ୍ଦ, କିନ୍ତୁ ପାର୍ଶ୍ୱେ କୁମାର ଶ୍ରୀମୁଖେ
ଶତ୍ରୁଭୀତିପୂର୍ଣ୍ଣ ଦୃଷ୍ଟି ହାଣି ପୁଣି ଚାହାଁନ୍ତି ବିରସେ ।୧୨।

ପ୍ରବେଶିଣ ତହିଁ ରଣ ପ୍ରବୀର ସେ, କୁମାର କାର୍ତ୍ତିକ,
ତାରକା ବିନାଶ ଇଚ୍ଛା, କରି ମନେ, କରନ୍ତି ପ୍ରତୀକ୍ଷା
ମୁଖ ଚନ୍ଦ୍ର ସୁବିମଳ ହାସ ରସେ ସତତ ଶାଣିତ,
ସମବେତ ସୁରଗଣେ ସମ୍ବୋଧିଣ କୁହନ୍ତି ସ୍ୱଇଚ୍ଛା ।୧୩।

"ହେ ତ୍ରିଦିବବାସୀଗଣ, ନିଃସଙ୍କୋଚେ କର ହେ ପ୍ରବେଶ,
ସ୍ୱର୍ଗରାଜ୍ୟେ, ଆଦ୍ୟେ ତୁମ୍ଭେ ସର୍ବେ ମିଳି ହୁଅ ଏକତ୍ରିତ ।
ମହାଦୈତ୍ୟ ତୁମର ଯେ ଥିଲା ଶତ୍ରୁ ପ୍ରତ୍ୟକ୍ଷ ତାହାରେ,
ପୂର୍ବେ ଯା'ରେ ଦେଖିଅଛ ତାରେ ହେଉ ମୋ ଦୃଷ୍ଟି ପତିତ ।୧୪।

ସେ ମହାଦୈତ୍ୟର ଯେଉଁ ଚଣ୍ଡ ଭୁଜ କଲା ଆକର୍ଷଣ,
ସ୍ୱର୍ଗଲକ୍ଷ୍ମୀ କେଶରାଶି ସେ ବାହୁକୁ ମୋର ଶରରାଶି,
ମୁହୂର୍ତ୍ତକ ମଧ୍ୟେ କରୁ ଲୀଳାଛଳେ ତା ଶୋଣିତ ପାନେ,
ଉଚ୍ଛ୍ୱସିତ ହୋଇ ଉଠୁ ବାହୁତଳୁ ରୁଧିର ନିଃଶ୍ୱେଷି ।୧୫।

ଅହତ ପ୍ରସାର ଗତି, ମୋ ଅସ୍ତ୍ରର ପ୍ରଭା ଭୟଙ୍କର
ପୁଣି ହିଁ ଏହାର ତେଜ ସୁବିକୀର୍ଣ୍ଣ ବ୍ୟାପେ ଚରାଚରେ,
ସୁରଲୋକ ଲକ୍ଷ୍ମୀର ଯେ ବିପଦନାଶକ ସହାୟକ,
ଶତ୍ରୁର ମସ୍ତକ ଛେଦି ତବ ସୁଖ ବର୍ଦ୍ଧିତ ଛଳରେ ।୧୬।

ସର୍ବ ସୁରଗଣ ମୁଖପଦ୍ମ ହେଲା ପ୍ରଫୁଲ୍ଲ କମଳ
ପୁଲକିତ ପ୍ରାଣେ ସର୍ବେ ଷଡ଼ାନନେ କରିଲେ ବନ୍ଦିତ।
ଅନ୍ଧକବିନାଶୀ ସୁତ ମୁଖୁଁ ଶୁଣି ଏ ଉତ୍ସୁକ ବାଣୀ,
ଅସୁର ନିପାତ ବାର୍ତ୍ତା, ଦେବତାଏ ହେଲେ କୃତ କୃତ୍ୟ।୧୭।

ସହସ୍ର ନେତ୍ର ସର୍ବାଙ୍ଗ ପ୍ରଫୁଲ୍ଲିତ ଗୋପନ ପୁଲକେ,
ଘନ ପ୍ରମୋଦ ଆମୋଦେ ଉତ୍ତରୀୟ ନିଜର ବିସ୍ତାରି
ଷଡ଼ାନନ ଉତ୍ତରୀଏ ବିନିମୟ କଲେ, ବିସ୍ତାରିତେ
ସହସ୍ର ନୟନେ ଦେଖି ଏ ଦୃଶ୍ୟ ଯେ ଚିତ୍ତ ନେଲା ହରି।୧୮।

ଘନ ପ୍ରମୋଦାଶ୍ରୁ ନେତ୍ରେ ଏଥୁଅନ୍ତେ ଆଦିକୃତ ବିଧି
ତରଙ୍ଗାୟିତ କଟାକ୍ଷେ, ତୋଳି ଚକ୍ଷୁ ଚତୁର୍ଥ ମୁଖରେ
ଚୁମ୍ବନ ଦିଅନ୍ତି ଗାଢ଼େ, ପୁଲକିତ ଆତ୍ମପ୍ରସାଦରେ,
ଷଡ଼ାନନ ଷଡ଼ଶିରେ ଅନୁକ୍ରମି ଗୋଟି ଗୋଟିକରେ।୧୯।

ଗନ୍ଧର୍ବ ଯକ୍ଷ କିନ୍ନରେ ସିଦ୍ଧ ବୃନ୍ଦ ସକଳ ଆନନ୍ଦେ,
ସେତେବେଳେ ସାଧୁବାଦ କରି, ଧନ୍ୟ କରିଲେ କୁମାରେ,
ଚତୁର୍ଦ୍ଦିଗେ ଉଠିଲାକ ଭରି ଧ୍ୱନି ବିମଳ ଆନନ୍ଦେ
କାର୍ତ୍ତିକର ଜୟକାର ମୁଖରିତ କରି ସ୍ୱର୍ଗପୁରେ।୨୦।

ନାରଦାଦି ଦେବର୍ଷିଏ ଭାବୀଜୟୀ ତାରକଶତ୍ରୁରେ,
ଅଭିନନ୍ଦିତ କରନ୍ତି ଧରି ହାତେ କନକ ଖଚିତ
କୁମାରର ଉତ୍ତରୀୟ, ସାଥେ ପୁଣି ସ୍ୱକୀୟ ବଲ୍କଳ-
ଜୀର୍ଣ୍ଣ ଚୀର ପରିଧାନ, ବିନିମୟେ ହୋଇ ପୁଲକିତ।୨୧।

ଅନନ୍ତ ଶକ୍ତିସମ୍ପନ୍ନ ଶକ୍ତିଧାରୀ ଶିବର ଆତ୍ମଜେ,
ଅନୁସରି ତହିଁ, ସ୍ୱର୍ଗେ ଯା'ନ୍ତି ସୁରେ ଦ୍ୱିଗୁଣ ଉତ୍ସାହ,
ଯୂଥପତି ସଙ୍ଗେ ଯେହ୍ନେ ପ୍ରବେଶନ୍ତି ଗହନ ଅରଣ୍ୟେ,
ଦନ୍ତାବଳ ପଶ୍ଚାତରେ, ଅନୁଗାମୀ ଅନ୍ୟ ହସ୍ତିନୀଏ।୨୨।

ତହିଁ ସୁରଗଣେ ଯା'ନ୍ତି ପୁରନ୍ଦର ଶତ୍ରୁ ବିନାଶନେ,
ଉଚ୍ଛୁକ-ଈଶ୍ୱର ସୁତ ପଶ୍ଚାତରେ ଦିଶନ୍ତି ଯେପରି
ତ୍ରିପୁର ବହନ ଇଚ୍ଛୁ, ସ୍ମରାରିର ପଶ୍ଚାତେ ପଶ୍ଚାତେ,
ଅନୁଗମନ୍ତି ପ୍ରମଥ ଗଣେ ଯେହ୍ନେ ପ୍ରଭୁ ଅନୁସରି।୨୩।

ସ୍ୱର୍ଗବାସୀ ସୁରଗଣେ, ଉପସ୍ଥିତ ସରବେ ପ୍ରଥମେ
ସୁରନଦୀ ତଟଦେଶେ, ମନ୍ଦାକିନୀ ନାମେ ଯା' ବିଦିତ
ଜଳକେଳି ରତି ବେଳେ, ସୁରଙ୍ଗନା ଅଙ୍ଗରାଗ ଧୋଇ,
ଯା ସଲିଳ ପୀତ ଆଭା ଦିଶେ, ଜଳ ପ୍ରବାହେ ସତତ।୨୪।

ଜଳକେଳି ପରାୟଣ, ଦିଗ୍‌ରାଜର ଶୁଣ୍ଢ ଦନ୍ତାଘାତେ
ଆହତ ତରଙ୍ଗ ରାଜି ଉଚ୍ଛ୍ୱସିତେ ଉଠାଇ ଭୀଷଣ,
ଏଇ ସୁରନଦୀ ତାର ତୀରେ ଜାତ ବୃକ୍ଷ ସମୂହର,
ଆଳବାଳ ଶ୍ରେଣୀ ପୁଞ୍ଜେ ଆପ୍ଳାବିତ କରେ ପୁଣ ପୁଣ।୨୫।

କ୍ରୀଡ଼ାରସ ଅନୁରାଗୀ ଅମରୀଏ ମାଣିକ୍ୟ ଗର୍ଭର,
ସ୍ୱର୍ଣ୍ଣାଭ ବାଲୁକା ଧରି, ତୋଳି ବେଦୀ ବାଲୁକା ମନ୍ଦିର,
ସମାକୀର୍ଣ୍ଣ କରିଛନ୍ତି ତୀରଭୂମି, ନଦୀର ସିକତା,
ଆବୋରି ରହିଛି ଚିହ୍ନ ଏବେ ସୁଦ୍ଧା ଏ ବାଲି ଚତ୍ୱର।୨୬।

ଏ ନଦୀର ଜଳେ ଯେତେ ଫୁଟେ ପଦ୍ମ କନକ ଆଭାରେ
ସୌରଭ ରଭସେ ମୁଗ୍ଧ ଅଳିକୁଳ, ଗୀତେ ମୁଖରିତ,
ସ୍ୱର୍ଣ୍ଣହଂସ ଖେଳେ ଯହିଁ ଏ ଚପଳ ତରଙ୍ଗ ଆଲୋଡ଼ି,
ଝରା ପଦ୍ମ ପରାଗରେ, ପୀତାଭ ଯା' ଦିଶଇ ସରିତ।୨୭।

ଯେ ସକଳ ସୁରବାଳା କଉତୁକେ ଦେଖିବା ଲାଳସେ
ସେ ନଦୀର ତୀରେ ଆସି ଆନମନେ କରେ ଅବସ୍ଥିତି,
ତରଙ୍ଗେ ତା' ନଦୀ ତୋଳି ପ୍ରତିବିମ୍ବ ରମଣୀ ଗଣର,
ସେ ପଥର ପଥିକୀ ମନେ ଭରି ଦିଏ ଆନନ୍ଦ ପୀରତି।୨୮।

ସେ ସୁର ଦୀର୍ଘିକା ଦେଖି ବହୁଦିନ ପରେ ଦେବେନ୍ଦ୍ରରେ,
ଅତ୍ୟନ୍ତ ଆହ୍ଲାଦି ହୁଏ, ଭରି ତୃପ୍ତି ହରଇ ବିଷାଦ,
ସମ୍ମୁଖୀନ ତହିଁ ହୋଇ ଦେଖାନ୍ତି ତା' ଅଙ୍ଗୁଳି ଇଙ୍ଗିତେ,
ପାର୍ବତୀ ମହେଶ ପୁତ୍ର, କାର୍ତ୍ତିକରେ ହୋଇ ଗଦଗଦ ।୨୯ ।

ସେତେବେଳେ ପୁରୋଭାଗେ ଘେରି ଯହୁଁ ସକଳ ଅମରେ
ଚଉଦିଗେ ଉଭାହୋଇ, ମଧ୍ୟେ ରଖି ଶଙ୍କର ସୁତରେ,
ଦେଖି ସେ ଅଦୃଷ୍ଟପୂର୍ବ ସୁରନଦୀ ସବିସ୍ମୟେ ଅତି,
ଉତ୍‌ଫୁଲ୍ଲେ ବିସ୍ତାରି ଚକ୍ଷୁ ଷଡ଼ାନନ ଦେଖନ୍ତି ବ୍ୟଗ୍ରରେ ।୩୦ ।

ତାପରେ କୁମାର ସେହି ସୁରଗଣ ସ୍ତବନୀୟ ନଦୀ,
ସୁରଧୂନୀ ଭୂମିପରେ, ହସ୍ତପୁଟେ ନମିତ କିରୀଟେ,
ନମି ଭକ୍ତି ସହକାରେ ପ୍ରୀତିଭରେ କରନ୍ତି ବନ୍ଦନା,
ସୁରମ୍ୟ ସ୍ତୁତିର ତୁଲେ ନିବୟରେ ସୁରନଦୀ ତଟେ ।୩୧ ।

ସଦ୍ୟସ୍ଫୁଟ ପଦ୍ମରାଜି ପ୍ରକମ୍ପିତ କରି ଆହ୍ଲାଦରେ,
ଆଶ୍ଳେଷକା ଛଳେ ମିଳି ତରଙ୍ଗରେ, ଶ୍ରମ ସ୍ୱେଦ ବିନ୍ଦୁ,
ଗଣ୍ଡତଳୁ ନିଏ ହରି, ସୁରଧୂନୀ ସଲିଳ ସମୀର,
ଶ୍ରମହାରି କୁମରର କରେ ସେବା, ପୋଛି ମୁଖୁ ଇନ୍ଦୁ ।୩୨ ।

ତାପରେ ମହେଶ ସୁତ ଯାଉଁ ଯାଉଁ ଦେଖନ୍ତ ପଥରେ,
ଦନ୍ତ ବିଜୟୀ ଦେବେନ୍ଦ୍ର କ୍ରୀଡ଼ା ଉପବନ ସମ୍ମୁଖରେ,
ନନ୍ଦନ ନାମେ ରହିଛି, ଅଗ୍ରେ ଉଭା ଉଦ୍ୟାନସ୍ଥ ଶାଳତରୁ ଯେତେ
ସବୁ ଲଗ୍ନ ଉତ୍ପାଟିତ ବହୁ ଖଣ୍ଡେ ପତିତ ଭୂମିରେ ।୩୩ ।

ସେହି ବନରିପୁ ଇନ୍ଦ୍ର, ଦେବେନ୍ଦ୍ରର ନନ୍ଦନ କାନନ,
ଦେବଶତ୍ରୁ ଦୌରାତ୍ମ୍ୟରେ ଭଗ୍ନ ହୋଇ, ଅଛି ଶିରୀ ତୁଟି,
ଭାବି ଦେବ କାର୍ତ୍ତିକେୟ, ଜାତ କ୍ରୋଧ ହେଲେ ଅରୁଣାକ୍ଷ,
କ୍ରୋଧେ ଦୁର୍ନିରୀକ୍ଷ୍ୟ ଅଙ୍ଗେ, ମୁଖ ପଦ୍ମେ ମିଶିଲା ଭ୍ରୂକୁଟି ।୩୪ ।

ଯାଉଁ ଯାଉଁ ବିଲୋକନ୍ତି ଷଡ଼ାନନ ଅମରାବତୀକୁ,
ଥିଲା ଯେ ଅଖିଳେ ସାର, ଶୂନ୍ୟ ତା'ର ବିଳାସ ଉଦ୍ୟାନ
ଗତଶ୍ରୀ ନିଶ୍ଚିହ୍ନ ଅଛି, ବ୍ୟୋମପଥେ ଚଳେ ନାହିଁ ଯାନ,
ନଭଶ୍ଚୁମ୍ବ ଅଟ୍ଟାଳିକା ଧୂଳି ତଳେ ହୋଇଛି ବିଲୀନ ।୩୫ ।

ଏହିପରି ପରାଭବ ପାଇ ଗଣ ଅରାତି କବଳେ,
ଗତଶ୍ରୀ ଅମରାବତୀ ଦୀନ ଦଶା ଭଜିଛି ସହେଜେ
ପତିପୁତ୍ରହୀନା ନାରୀସମ ଦିଶେ ଦୟନୀୟ ଅତି,
ଦେଖି ଦେବ କାର୍ତ୍ତିକେୟ କରଣାର୍ଦ୍ର ଅତିଶୟ ନିଜେ ।୩୬ ।

ଏଥୁଅନ୍ତେ ଦୁଃଶ୍ଚେଷ୍ଟିତ ଦେବଶତ୍ରୁ ଉପରେ କମାର,
କ୍ରୋଧେ ହେଲେ ଭୟଙ୍କର, ପୁଣିହେଲେ ସମୟେ ଉତ୍ସୁକ ।
ଦେବେନ୍ଦ୍ର ସହିତେ ମିଶି ଭୟ ଭୁଲି ପ୍ରବେଶନ୍ତି ପୁରୀ,
ସୁରଗଣ ରାଜଧାନୀ ପଶ୍ଚାତରେ ଯାନ୍ତି ଦେବ ଲୋକ ।୩୭ ।

ଅସୁରମାନଙ୍କ ହସ୍ତୀ ଦନ୍ତାଘାତେ ସ୍ଫଟିକ ସଉଧ,
ଅଭ୍ୟନ୍ତର ହୋଇଅଛି ଖଣ୍ଡୀକୃତ ଗବାକ୍ଷର ଜାଲ,
ମହାସର୍ପ ନିର୍ମୋକରେ ଅବରୁଦ୍ଧ, ମୌନ ଷଡ଼ାନନ,
ବିଷର୍ଣ୍ଣ ହୋଇଲେ ଅତି ନିରେଖିଣ ଏଦଶା ପୁରୀର ।୩୮ ।

ଲୀଳା ସରୋବରେ ତହିଁ ଫୁଟିଥିଲା ଯେତେ ସ୍ୱର୍ଣ୍ଣ ପଦ୍ମ,
ସେ ସମୂଳେ ଉତ୍ପାଟିତ ଦିଗହସ୍ତୀର ମଦରେ ସରିତ,
ଅତୀବ ଦୂଷିତ ଦିଶେ, ସ୍ୱର୍ଣ୍ଣ ହଂସ ନଖେଳନ୍ତି ତହିଁ,
ବିଦୀର୍ଣ୍ଣ ବୈଦୁର୍ଯ୍ୟ ଶିଳା ନବ ତୃଣେ ହୋଇ ଆଚ୍ଛାଦିତ ।୩୯ ।

ବିରୋଧି ଶତ୍ରୁର କୃତ୍ୟ, ଦେଖି ଦେବ ଦୁଃଖିତ ଅତୀବ,
ବିଷର୍ଣ୍ଣ ଲଜ୍ଜିତ ହୋନ୍ତି ବାରେ ବାରେ ନିରେଖି ତାହାରେ;
ତଦନ୍ତେ ସୁରେନ୍ଦ୍ର ହୋଇ ପୁରବର୍ତ୍ତୀ ଦେଖାନ୍ତି କାର୍ତ୍ତିକେ,
"ବୈଜୟନ୍ତୀ" ତାଙ୍କ ସୌଧ ଶତ୍ରୁବଳେ ଲୋଟେ ଯା' ଭୂତଳେ ।୪୦ ।

ତାରକାସୁରର ଗଜଦନ୍ତ ଉଗ୍ର ସେ ସୁରମ୍ୟ ଭିତ୍ତି,
ତହିଁର ଗବାକ୍ଷ ରାଜି ଉର୍ଣ୍ଣନାଭ ଜାଲେ ଅବରୁଦ୍ଧ।
ଦେଖି ଦେଖି ଯାନ୍ତି ଦେବ, ଷଡ଼ାନନ ବିଷର୍ଣ୍ଣ ଅସ୍ଥିର
ନାନାବିଧ ମଣିମୟ ରଶ୍ମି ଜାଲେ ଯେ ପଥ ନିର୍ମିତ।୪୧।

ସେ ପଥେ ନିଅନ୍ତି ଇନ୍ଦ୍ର ଷଡ଼ାନନେ ସୋପାନୁ ସୋପାନେ
ପ୍ରବେଶନ୍ତି ଅଟ୍ଟାଳିକା, ଅନୁଗାମୀ ଦେବଗଣ ସହ,
ନିର୍ଦ୍ଦିଷ୍ଟ ପଥରେ ତହିଁ ଅମରେନ୍ଦ୍ର ଯାଆନ୍ତି ମଉନେ,
ପୁର ପଲ୍ଲୀ ପଥେ ପଥେ, ଅସରନ୍ତି ଘେନି ମର୍ମଦାହ।୪୨।

କଳ୍ପତରୁ ସମୂହରେ ନୈସର୍ଗିକ ତୋରଣ ଏହାର,
ଚାରିଦିଗେ ପାରିଜାତ କୁସୁମର ମାଳେ ବିମଣ୍ଡିତ,
ନାରଦ ପ୍ରମୁଖ ଯହିଁ, ଦେବର୍ଷିଏ ସ୍ୱସ୍ତି ପାଠେ ରତ,
କୁମାର ଦର୍ଶନ ପାଇଁ, ଦେବନାରୀ ଗଣେ ଯା ପୂରିତ।୪୩।

ସେ ସ୍ଥାନେ ପ୍ରବେଶି ଦେବ, ଆଦିସ୍ରଷ୍ଟା ଦେବତା ଦୈତ୍ୟର
ମହର୍ଷି କଶ୍ୟପେ କରି ପ୍ରଦକ୍ଷିଣ କଲେ ପ୍ରଣିପାତ,
କୃତାଞ୍ଜଳି ବଦ୍ଧପୁଟେ, ନତ କରି ଛଅଟି ମସ୍ତକେ,
ଅତୀବ ବିନୟେ ପୁଣି ଭକ୍ତିଭରେ ହୋଇଲେ ଭୂମିଷ୍ଠ।୪୪।

ପୁଣି ସେ ଶୈଳଜା ସୁତ ଭକ୍ତିଭରେ ହୋଇ ଅବନତ
ନିରତିଶୟ ଆନନ୍ଦେ କଶ୍ୟପର ପତ୍ନୀ ଅଦିତିରେ
ବିଶ୍ୱବନ୍ଦ୍ୟ ଦେବମାତା, ପାଦଦ୍ୱୟେ ବନ୍ଦିଲେ କାର୍ତ୍ତିକ
ଯଥୋଚିତ କୁଳମାନ୍ୟ କରି ନେବ ପୁଣି ପ୍ରଣମିଲେ।୪୫।

ସେ ସୁରଜନନୀ ପୁଣି କଶ୍ୟପ ସେ ଉଭୟେ ଆନନ୍ଦେ,
ଯା'ବଳେ ଅଖିଳ ଜୟ, ଇଚ୍ଛୁକ ସେ ଉଗ୍ରବୀର୍ଯ୍ୟ ଦୈତ୍ୟ
ତାରକ ଜିଣିବା ପାଇଁ ସମକକ୍ଷ ହୋଇବେ କୁମାର,
ଉଭୟେ ଆଶୀଷ କଲେ, ସୁଆଶୀଷେ କରି ଅଭିଷିକ୍ତ।୪୬।

କୁମାର ଦର୍ଶନ ଆଶେ ଅଦିତିର ଅନୁଗତା ଯେତେ,
ସେ ସ୍ଥାନେ ଥିଲେକ ଯେତେ, ସମବେତ ସମସ୍ତ ଚରଣେ,
ପ୍ରଣମିଲେ ଷଡ଼ାନନ ସର୍ବେ ତହିଁ ସସ୍ନେହ ବଚନେ,
ଆଶୀର୍ବାଦ କଲେ ପୁତ୍ରେ, ଅଭିଳକ୍ଷି ମଙ୍ଗଳ ମରମେ।୪୭।

ତଦନ୍ତେ ସ୍ମରାରି ସୁନୁ, ଯେତେବେଳେ ଅମରେନ୍ଦ୍ର ପତ୍ନୀ
ପୁଲମ-ନନ୍ଦିନୀ ଶଚୀ ପଦପ୍ରାନ୍ତେ କରିଲେ ପ୍ରଣାମ,
ପରମ ଗୌରବେ ଦେବୀ ଆଶୀର୍ବାଦ କରିଲେକ ତହିଁ,
ଯୁଦ୍ଧଜୟୀ କୁମାରରେ, ସମ୍ବର୍ଦ୍ଧନା କରି ପ୍ରାଣ ମନ।୪୮।

ପୁଣିହିଁ ସେ ସ୍ଥାନେ ଥିଲେ କଶ୍ୟପଙ୍କ ଅନ୍ୟ ରମଣୀଏ,
ଦିତି ପ୍ରଭୃତି ଯେତେକ, ଥିଲେ ତହିଁ ସପ୍ତମାତୃକାଏ,
ସମବେତ ନାରୀଗଣେ ଭକ୍ତି ଭରେ ପ୍ରଣମିଲେ ଯହୁଁ
ସର୍ବାଗ୍ରେ ସେ ଆଶୀର୍ବାଦ କଲେ ସର୍ବେ ଭାବି ଶତ୍ରୁଜୟେ।୪୯।

ସେ ବେଳେ ଇନ୍ଦ୍ରାଦି ମିଳି ହର୍ଷଭରେ ସକଳ ଦେବତା,
ଆନନ୍ଦ କଳମୁଖରେ ଷଡ଼ାନନେ କଲେ ଅଭିଷିକ୍ତ
ଅସୁମାରି ସୁରସେନା ମଣ୍ଡଳିର ସେନାନୀ ପଦରେ,
ସମଗ୍ର ସୁରସମାଜ ଅନୁମୋଦି, ହେଲେ କୃତକୃତ୍ୟ।୫୦।

ଅନନ୍ତ ବିକ୍ରମ ସେହି ଶମ୍ଭୁ ସୁତ, ସମଗ୍ର ସୁରର
ସେନାନୀ ପଦେ ବସନ୍ତେ, ପୂର୍ଣ୍ଣ ଶିରୀ ଲଭିଲା ମାତ୍ରକେ,
ସୁରମଣ୍ଡଳୀ ମରମୁଁ ତୁଟିଗଲା ଶୋକ ଓ ଶୋଚନା,
ତାରକ ଜିଣିବା ଆଶା ଉପୁଜିଲା ମରମେ କ୍ଷଣକେ।୫୧।

# ଚତୁର୍ଦ୍ଦଶ ସର୍ଗ

ସମର ଉତ୍ସୁକ ସେହି ଅନ୍ଧକାରୀ ଶତ୍ରୁ ସୁତ ତହୁଁ
ଯୁଦ୍ଧ ଲାଗି ସଜ୍ଜୀଭୂତ, ମହାପରାକ୍ରମଶାଳୀ ମହାଦୈତ୍ୟେ
ବଧିବା ପାଇଁ ସକଳେ, ସୁରସେନା ସଙ୍ଗତେ ତକ୍ଷଣେ
ସୁସଜ୍ଜିତ ଯୁଦ୍ଧ ସାଜେ ଶକ୍ତିଧର ଅମର ଗହଣେ ।୧ ।

ଯେ ରଥ ଅପ୍ରତିହତ ଧରେ ଗତି ଜୟଶ୍ରୀ ମଣ୍ଡିତ,
ମନପେକ୍ଷା ବେଗଗାମୀ ସୁଦୁଃସହ, ଅତିଶୟ ସତ,
"ବିଜିତ" ନାମେଣ ଚାରୁ ମହାରଥେ ଆରୋହିଣ ବେଗେ,
ପାର୍ବତୀ ନନ୍ଦନ ଦେବ ଷଡ଼ାନନ ଗମନ୍ତି ସରାଗେ ।୨ ।

ସେତେବେଳେ କିଏ ପୁଣି ଷଡ଼ାନନ ମସ୍ତକ ଉପରେ,
ଆତପ ବାରଣ କରି ସ୍ୱର୍ଣ୍ଣ ଛତ୍ର ତୋଳିଲେକ ହର୍ଷେ,
ଏ ଛତ୍ର ସୁରଲକ୍ଷ୍ମୀର ଭୟ ନାଶେ, ବିପଦ ବିନାଶେ,
ସୁରଶତ୍ରୁ ଶିରୀ ନାଶେ, ଶତ୍ରୁନାଶେ ମନୋରମ ଅତିହିଁ ଶୁଭ ସେ ।୩।

ପାଣ୍ଡୁର ଶରତ ଚନ୍ଦ୍ର, ରଶ୍ମି ଶୁଭ୍ର, ଶ୍ରେଷ୍ଠ ଚାମରରେ,
ବିଦ୍ୟମାନ ହୋନ୍ତି ଦେବ, ସେତେବେଳେ ସିଦ୍ଧି ଚାରଣୟେ
କିନ୍ନର ଗନ୍ଧର୍ବ ଯେତେ ସମ୍ମୁଖରେ ଗାଆନ୍ତି ଉଚ୍ଚରେ,
ନିର୍ଭୟେ କାର୍ତ୍ତିକ ଅଗ୍ରେ ସ୍ତୁତି ଯେତେ, ବିଲୋକି କୁମାରେ ।୪ ।

ସେ ବେଳେ ଦ୍ୟୁପତି ଇନ୍ଦ୍ର, ଯାତ୍ରାକାଳୋଚିତ ଚାରୁବେଶେ,
ପର୍ବତ ପକ୍ଷ ବିଦାରିଧରି ବଜ୍ର ଅଚଳ-ସ୍ଫଟିକ
ସମ ଶୁଭ୍ର ଐରାବତେ ଆରୋହିଣ ଚଳିଲେ ସୁରେଶ,
ଷଡ଼ାନନ ପଶ୍ଚାତରେ ଅନୁଗାମୀ ହୋଇ ସମୁତ୍ସୁକ।୫।

ଗିରିଶୃଙ୍ଗ ତୁଲ୍ୟ ବହ୍ନି ସମୁଳ ସେ ମେଷ ବାହନରେ,
ବିରୋଧୀ ବିଦ୍ୱେଷ ରୋଷେ ପ୍ରଜ୍ୱଳିତ ବହ୍ନି, ସୁମହତ।
ଆଗ୍ନେୟାସ୍ତ୍ର ଧରି ହାତେ ଅନୁସରି ଚଳନ୍ତି ପଶ୍ଚାତେ,
ମହାମହିମ କାର୍ତ୍ତିକ ବରାଭୟେ, ଅନଳ ନିଶ୍ଚିନ୍ତେ।୬।

ପୁଣି ତହିଁ ପ୍ରେତରାଜ, ଇନ୍ଦ୍ରନୀଳ ଅଚଳ ସତେ କି,
ଭୀମ ମୂର୍ତ୍ତି ଶୃଙ୍ଗ ଦ୍ୱାରା ଖଣ୍ଡ ଖଣ୍ଡ କରେ ଯେ ଜଳଦ,
ମଦୋନ୍ମତ୍ତ ସେ ମହିଷ ବାହନରେ ଚଢ଼ି, ହସ୍ତେ ଧରି,
ନ୍ୟାୟଦଣ୍ଡ ଶତ୍ରୁଲାଗି, କୁମାରଙ୍କ ପରେ ଯାନ୍ତି ଚଳି।୭।

ମହାଶତ୍ରୁ ବିଦ୍ୱେଷରେ, ବିଶେଷରେ ଭୀଷଣ ନୈଋତ,
ମହାରୁଷ୍ଟ ମଦମତ୍ତ ପ୍ରେତ ପୃଷ୍ଠେ ହୋଇ ଅଧିରୂଢ଼,
ଭୀଷଣ ସେ ରଣ ଭୂମେ, ଚଣ୍ଡସମ ଚଳନ୍ତି ବହନେ,
ଅନ୍ଧକ ଶତ୍ରୁ ଶିବ ଆତ୍ମଜର ଅନୁଗାମୀ ପଣେ।୮।

ଦୁର୍ବାର ପାଶ ବରୁଣ, ରଣ ରଙ୍ଗ, ନବୋଦିତ ମେଘ
ସମ ସୁବୃହତ ଭୀମ, ଭୟଙ୍କର ମକର ପୃଷ୍ଠରେ,
ଅଧିଷ୍ଠିତ ହୋଇ ଯୁଦ୍ଧେ ଅନୁସରି ତ୍ରିପୁରାନ୍ତକାରୀ
ଶିବ ଆତ୍ମଜର ପାଶେ ଚଳିଯାନ୍ତି ପାଶ ଅସ୍ତ୍ର କରେ।୯।

ପୂର୍ବଦଗ ସମୂହସ୍ଥ ନଉଦେଶ ଯା ବିକ୍ରମେ ବ୍ୟାପ୍ତ
ଉତ୍‌କଟ ଦେଖନ୍ତେ ଯାରେ ଅବ୍ୟାହତ ଦୁର୍ନିବାର ବଳୀ,
ତାଦୃଶ ମୃଗବାହନେ ଅଧିଷ୍ଠିତ ହୋଇଣ ମରତ,
ସମର କେଳି ମାନସେ ଅନୁସରି ଗଲେ ଶିବସୁତ।୧୦।

ନରବାହନେ କୁବେର ଧରି ହାତେ ଗଦା, ଯେ ଅରାତି
ଶୋଣିତ ପାନେ ସର୍ବଦା, ଇଚ୍ଛାକରେ ସେଇ ଗଦାଅସୀ
ଧରି ଯୁଦ୍ଧ ସମୁଦ୍ରରେ, ନିମଜ୍ଜିବା ପାଇଁ ଆଗ୍ରହରେ,
ସମୁଦ୍ୟତ ହୋଇ ଗଲେ ଅନୁସରି କାର୍ତ୍ତିକ ପଛରେ ।୧୧ ।

ଜଟା କଳାପେ ଛନ୍ଦିତ, ପିନାକାକ୍ଷି ଶରାସନଧାରୀ,
ଏକାଦଶ ରୁଦ୍ର ଧରି ଭୟାବହ ଜ୍ୱଳନ୍ତ ତ୍ରିଶୂଳ,
ହିମଗିରି ତୁଲ୍ୟ ଶୁଭ୍ର ସୁବୃହତ ବୃଷଭ ଆରୋହି,
ଷଡ଼ାନନ ପଶ୍ଚାତରେ ଚଳିଯାନ୍ତି ଅନୁଗାମୀ ହୋଇ ।୧୨ ।

ମହାରଣ ମହୋତ୍ସବେ, ଅନୁରାଗୀ ଯେତେ ସୁରଗଣେ,
ପ୍ରବଳ ବିକ୍ରମଶାଳୀ ସ୍ୱବାହନେ ଗଲେ ସର୍ବେ ଚଳି ।
ସେ ବେଳେ ଭାବୀ ସମର, କଳ୍ପନାରେ ବଦନ କମଳ
ଅପୂର୍ବଶ୍ରୀ ଧରିଥିଲା ସେନାପତି ପାଶେ ସୁରଙ୍କର ।୧୩ ।

ଏ ସୁରବାହିନୀ ସ୍ୱର୍ଣ୍ଣ ଧ୍ୱଜ ଦଣ୍ଡେ ହୋଇ ପରିବ୍ୟାପ୍ତ,
ବିଚିତ୍ର ଛତ୍ର ଚାମରେ ଉଦ୍‌ଭାସିତ ସଚଳ-ଜଳଦ
ସମ ଗମ୍ଭୀର ନିନାଦେ, ରଥ ଶବ୍ଦେ, ଗଜ ଘଣ୍ଟା ନାଦେ
ମୁଖର ସୈନ୍ୟ ବାହିନୀ ଧରି ସର୍ବେ ଚଳନ୍ତି ସରାଗେ ।୧୪ ।

ଏ ସୈନ୍ୟ ବାହିନୀ ହସ୍ତେ ଧରିଥିଲେ ଯେତେ ଦିବ୍ୟ ଅସ୍ତ୍ର,
ସେ ସକଳ ଦୀପ୍ତି ଭରି ଦଶଦିଗ ହେଲ ଉଦ୍‌ଭାସିତ ।୧୫ ।

ମହା କୋଳାହଳ ରବେ ସୁର ସୈନ୍ୟ ଗତି କଲା ବେଳେ,
ମହାରଥ ଘନ ଧ୍ୱଜେ, ଦିଗ୍‌ବଳୟ ପୁଣିହିଁ ଆକାଶ
ଜଳ ସ୍ଥଳ ଗଲା ବ୍ୟାପୀ, କ୍ରମେ କ୍ରମେ ନିରୁତ୍ସାହ ପରି,
ଲାଗିଲେ ସକଳ ଦିଗ, ଦିଗ୍‌ବଳୟ ଭୁବନ ଆବୋରି ।୧୬ ।

ନିନାଦ ମନା ପଟହେ, ଦେବଗଣ ହୁଙ୍କାର ଶବଦେ,
ପ୍ରକମ୍ପିତ ହୋଇ ଉଠେ, ସୁର ଅରି ଐଶ୍ୱର୍ଯ୍ୟର ଲକ୍ଷ୍ମୀ
ଏ ଧ୍ୱନି ଉଠିଲା ପୁରି ଦିଗ୍‌ବଳୟେ ପ୍ରତିଧ୍ୱନି ଛଳେ,
ବୈମାନିକ ଗଣ ବାଦ୍ୟେ ଉଚ୍ଛୁଳିଣ ଗଗନ ଊର୍ଦ୍ଧ୍ୱରେ
ବ୍ୟାପୀ ଯାଉ ଘନ ଘୋର, ସେ ନିନାଦେ ଭରିଗଲା ବିଶ୍ୱ
ସୁବିପୁଳ ବିସ୍ତାରିତ ଧ୍ୱନି ଶୁଣି ସକଳେ ଚକିତ।୨୭।

ସୈନ୍ୟ ପାଦ ଧୂଳିଜାଲେ ଆକୁଳିତ ଆକାଶ ପଟଳ,
ପଟହ ବାଦ୍ୟ ଚଳନ୍ତେ ମନେହେଲା ସମୁଦ୍ର ଗର୍ଜ୍ଜନୁ,
ବଳିଗଲା ସେହି ଧ୍ୱନି ଶ୍ରବଣେ ଯା ରାକ୍ଷସ ନାରୀର
ଗର୍ଭପାତ ହୋଇଲା ବା, ବାରମ୍ବାର ଆକୁଳିତ ତନୁ।୧୮।

ସ୍ୱର୍ଣ୍ଣାଚଳ ସୁମେରୁର, ସଂଜାତ ଯା ଧୂଳିରାଶି ଚୂରି,
ଅଶ୍ୱଗଣ ଖୁରାହତ, ଗଜକର୍ଣ୍ଣ ଚାଳନେ ବିସ୍ତୃତ,
କମ୍ପିତ ପତାକା ପଂକ୍ତି ସମୀରଣ ସଂଘାତରେ ଉଡ଼ି,
କ୍ରମେ କ୍ରମେ ଘନୀଭୂତ ହେଲା ଦୂର ଗଗନ ଆବୋରି।୧୯।

ତହିଁ ରଥ ଅଶ୍ୱଖୁରେ ବିଦଳିତ ହୋଇଗଲା ଯେତେ,
ସ୍ୱର୍ଣ୍ଣାଭ ଉପତ୍ୟକାର ଥିଲା ଯେତେ ହାଟକ ମେଦିନୀ,
ମୁଖର ପବନ ଭରେ ସ୍ୱର୍ଣ୍ଣରଜ ଗଲା ତାର ବ୍ୟାପୀ
ଦିଗଭ୍ରାନ୍ତି ଉପୁଜାଇ ଅତିଶୟ ଦିଗମାନ ଭ୍ରମି।୨୦।

ସ୍ୱର୍ଣ୍ଣରେଣୁ ପରମାଣୁ ତଡ଼ି ହୋଇ ସମୀରଣ ବଳେ,
ସୁର ସେନା ବାହିନୀର ଅଧଃ, ଊର୍ଦ୍ଧ୍ୱ, ନିମ୍ନ ବା ପଶ୍ଚାତେ,
ସର୍ବତ୍ର ପ୍ରସରି ଯାଏ, ନବୋଦିତ ଭାସ୍କରର ସମ,
ଅପରୂପ ଶୋଭା ଭରି ମନୋରମ ହେଲା ଅତି ସତେ।୨୧।

ସ୍ୱର୍ଣ୍ଣ ଭୂମି ଧୂଳିଜାଲ ସୈନ୍ୟବଳୁଁ ଉଡ଼ି ନଭରାଗେ
ପ୍ରାନ୍ତ ନଭ ଉପକଣ୍ଠେ ହେଲା ଘନ, ହେଲା ପୁଞ୍ଜୀଭୂତ।
ଦେଖି ତାରେ ହେଲା ମନେ, ରାଗ ରଞ୍ଜି ଘନ ପିଙ୍ଗଳାଭ,
ଉଠିଛି ଘନ ଜଳଦ ସନ୍ଧ୍ୟା ଅଗ୍ରେ ହୋଇ ସୁଶୋଭିତ।୨୨।

ସେ ସୁବର୍ଣ୍ଣ ଭୂମି ପ୍ରାନ୍ତେ ସ୍ୱରୂପର ପ୍ରତିବିମ୍ବ ଦେଖି
ଗଜ ଯୂଥପତିଗଣ ଭୀମନାଦେ ତାଡ଼ନ୍ତି ଦଶନେ,
ପାତାଳୁ ଉଠିଲା ଭାବି, ଅନ୍ୟ ହସ୍ତୀ ଭ୍ରମେ କୋପ ମନେ,
ବଜ୍ରଦନ୍ତ ପ୍ରହାରିଣ ବାରମ୍ବାର କୋପେ ଚତୁର୍ଗୁଣେ।୨୩।

ରଞ୍ଜିତ ସିନ୍ଦୁର ରାଗେ ଗଜସେନା ଥିଲେକ ଯେତେକ,
ମନୋରମ ରମଣୀୟ, ମନ୍ଥରିତେ କରୁ ଗଜ ଗତି,
ସମ୍ମୁଖେ ସୁମେରୁ ମଧ୍ୟେ ନ ଦେଖନ୍ତି ଆତ୍ମ ପ୍ରତିକୃତି
ଧୂସରିତ ସ୍ୱର୍ଣ୍ଣଭୂମି ଧୂଳିଜାଲେ ଘନୀଭୂତ ଅତି।୨୪।

ସମୁଦ୍ୟତ ହୋଇ ରଣେ ଯାଆନ୍ତି ସେ କରି କଳରବ,
ଇନ୍ଦ୍ରସେନା ବାହିନୀଏ, ଏହିରୂପେ ଗୁହା ଓ ଅରଣ୍ୟ,
ପଥ କରି ମୁଖରିତ, ବିକମ୍ପିତ ତ୍ୱରିତ ଗତିରେ,
ସୁମେରୁ ଉଚ୍ଚକୁ ଉଠି ଅବତରି ଆସନ୍ତି ଅଚିରେ।୨୫।

ସେ ଶୈଳେନ୍ଦ୍ର ମହାଗୁହା ନ ତେଜିଲେ ନିଦ୍ରିତ କେଶରୀ,
ଯଦିଓ ମହାବଳିଷ୍ଠ ସୁରସେନା ରଥ ବାଜୀ ସହ,
ଉତ୍‌କଟ ଚିତ୍କାର ମଧ୍ୟେ, ଐରାବତ ଗଳଘଣ୍ଟ ଧ୍ୱନି
ହସ୍ତୀର ଗର୍ଜନ ଶବ୍ଦେ ଥରୁଥିଲା ସମଗ୍ର ବନାନୀ।୨୬।

ଘର୍ଘରିତ ମହାରଥ ଧ୍ୱନି ପୁଣି ଭେରୀ ଧ୍ୱନି ସହ,
ମୁଖରିତ ବିସ୍ତାରିତ ହେଲା ଯଦି ପ୍ରତିନାଦ ତୋଳି,
ଭୀଷଣ କର୍କଶ ରବେ, ସେ ଶବଦେ ନ ଦେଖିଲେ ଫେରି
ନିଦ୍ରିତ କେଶରୀକୁଳ, ପରିତ୍ୟକ୍ତ କରି ଗିରି ଦରୀ।୨୭।

ଗିରିତଟ ବିଦାରିଣ ସମୁତ୍‌ଥିତ କଳଧ୍ୱନି ଛଳେ,
ମହତୀ ସୁରବାହିନୀ ବାହିଯାନ୍ତେ ପର୍ବତ କନ୍ଦରେ,
ଥିଲେ ଯେତେ ସେ ପର୍ବତେ ମୃଗରାଜ ବନ ଅଧିପତି,
ସେ ଧ୍ୱନି ଶ୍ରବଣେ ସ୍ମରି ସ୍ୱବିକ୍ରମ ହେଲେ ପ୍ରୀତ ଅତି ।୨୮ ।

ସୁରସୈନ୍ୟ ସଂଘର୍ଷରେ ଭୟ ଭୀତ ତ୍ରସ୍ତ ମୃଗକୁଳ,
ଅରଣ୍ୟେ ଲୁଚିଲେ କାହିଁ, କିନ୍ତୁ ଯେତେ କେଶରୀ ବିବରୁ,
ବହିର୍ଭାଗେ ଦେଖୁଥିଲେ ନିଃଶଙ୍କିତେ, ରହି ଯଥା ତଥା,
ଘନ ଘୋର ଭୟଙ୍କର ସୁର ସେନାନୀର ତତ୍‌ପରତା ।୨୯ ।

ଦୂରୁଁ ଥାଇଁ ଦେଖୁଥିଲେ ସେ ଶୋଭନ ସୁରସୈନ୍ୟ ଗଣେ,
ଅମରାବତୀ ବାସୀଏ ସକୌତୁକେ ସମ୍ମିଳିତ ହୋଇ,
ଦେଖୁ ଦେଖୁ ସୈନ୍ୟପଲେ ଜମି କୋଳାହଳ ଗହଣରେ
ସ୍ୱର୍ଣ୍ଣଭୂମି ସୁମେରୁର, ସୁବିସ୍ତୃତ ପ୍ରାନ୍ତର ଭୂମିରେ ।୩୦ ।

ସେ ସମୟେ ଆଲୋହିତ, ଶୁଭ୍ରବର୍ଣ୍ଣ ପୀତ ଓ କୃଷ୍ଣାଭ,
ସ୍ୱର୍ଣ୍ଣ ଭୂମି ପରୁ ଖସି ପଡ଼େ ଉଡ଼ି ଗୈରିକ ଧାତୁର,
ସେ ଗିରି ଉପାନ୍ତୁ ଯେତେ ରେଣୁ ଅଣୁ ସନ୍ନିବେଶି ସବୁ,
ବର୍ଣ୍ଣିଳ ଆକାଶେ ଦେଖି, ଲାଗେ ଅବା ଗନ୍ଧର୍ବ ନଗର ।୩୧ ।

ସୈନ୍ୟ ସଂଘର୍ଷରେ ଯେତେ ଉଠିଲାକ ସୁବିପୁଳା ଧ୍ୱନି,
ମଥିତ ସମୁଦ୍ରବଳି, ବଳିଗଲା ସେ ମହାଗର୍ଜନ
ବିଦାରି ଶ୍ରୁତିବିବର, ସେ ଧ୍ୱନିରେ ଭୂଗର୍ଭ ପୂରିତ,
ଉଠିଲା ଦ୍ୱିଗୁଣ ହୋଇ ଭୟଙ୍କର କମ୍ପାଇ ମେଦିନୀ ।୩୨ ।

ଘନଘୋର ହ୍ରେଷାରବ, ରଥ ବାଜୀ ଗମ୍ଭୀର ନିନାଦେ,
ଯୂଥପତି ଐରାବତ ପ୍ରଭୃତିଙ୍କ ବିପୁଳ ଗର୍ଜନ,
ଶବ୍ଦେ ହୁଏ ପ୍ରତିହତ ପଟ୍ଟହର ନିନାଦିତ ଘୋଷ,
ସମ୍ମିଳିତ ସେନାଧ୍ୱନି ସଞ୍ଚରିତ ଦିଗରୁ ଦିଗନ୍ତ ।୩୩ ।

ସୁରସୈନ୍ୟ ପଦରଜ ବାୟୁଭରେ ଦୈତ୍ୟ ଅନ୍ତଃପୁରେ,
ଦାନବ ଲଲନାକୂଳ, ନେତ୍ର ପକ୍ଷ୍ମେ, କେଶ, ସ୍ତନ, ମୁଖେ,
ଆବୋରିଣ ପଡ଼େ ଭରି, ଧ୍ୱଜ, ହସ୍ତୀ, ରଥ, ତୁରଙ୍ଗମ,
ଆକୁଳିତ କରି ଘାରେ ମୁହୂର୍ତ୍ତକେ ସକଳ ସମ୍ମୁଖେ ।୩୪ ।

ସୈନଗଣ ଧୂଳିଜାଲ ବିସ୍ତାରିତ ଘନ ମେଦୁରିତ,
ଆକାଶ ପଟଳ ବ୍ୟାପୀ, ପରିବ୍ୟାପ୍ତ ଆଦିତ୍ୟ ମଣ୍ଡଳ,
ମେଘ ଭ୍ରାନ୍ତି ମନେ ଆଣେ, ବଳାକାଏ ମାନସରୋବରେ,
ଗତିକଲେ, ମୟୂରୀଏ ଉଲ୍ଲସିତ ହେଲେ ନୃତ୍ୟଛଳେ ।୩୫ ।

ଦେବସେନା ଗଣ ମଧ୍ଧୁ ଧୂଳିଜାଲ କ୍ରମଶଃ ନିବିଡ଼,
ଉଠନ୍ତେ ଉର୍ଦ୍ଧ୍ୱ ଆକାଶେ, ଘନୀଭୂତ ନବମେଘ ସମ
ହେଉଁ ତଥିପରେ ଶୋଭେ ସ୍ୱର୍ଣ୍ଣନିଭ ବୈଜୟନ୍ତୀ ବାନା
ବାୟୁଭରେ ଝିଲିମିଲି ବିଜୁଳି କି ଦିଶେ ଅନୁପମ ।୩୬ ।

ଏଇ ଧୂଳି ପଟଳରେ ଗଗନ ଓ ପୃଥିବୀର ଦେହ,
ହେଲା ଗାଢ଼ ସମାବୃତ, ଲୋକେ ଦେଖି ଆରମ୍ଭିଲେ ତର୍କ
ଆସେ ଉର୍ଦ୍ଧ୍ୱଦେଶୁ ଅବା, ନିମ୍ନଭାଗୁ ଉଠେ ଏହି ଧୂଳି,
ନିଶ୍ଚୟ ନିର୍ଭୁଲ କରି କେହି କାଟି ନପାରେ ସନ୍ଦେହ ।୩୭ ।

ରନ୍ଧ୍ରହୀନ ସୁନିବିଡ଼ ସୈନ୍ୟପଦ ରେଣୁ ସୁଆବୃତ,
ଉର୍ଦ୍ଧ୍ୱ ନିମ୍ନ ମଧ୍ୟଭାଗ, ସମ୍ମୁଖ ଓ ପଶ୍ଚାତ ପାର୍ଶ୍ୱରେ,
କେଉଁ ଦିଗେ ନହୋଇଲା ଦୃଷ୍ଟିପାତ ଜୀବ ଜଗତର,
ଘନାୟିତ ଧୂଳିଜାଲେ ସକଳର ନେତ୍ର ଅବରୁଦ୍ଧ ।୩୮ ।

ବାଜଇ ଅନବରତ ନାନାବାଦ୍ୟ, କମ୍ପେ ନଭ ସ୍ଥଳ,
ଶ୍ରବଣେ ଦିଗହସ୍ତୀର ଶୁଖିଯାଏ ମଦଜଳ ଦେହୁ,
ସୁର ବିମାନର ରନ୍ଧ୍ରେ, ପ୍ରତିଧ୍ୱନି ଛନ୍ଦିତ ନିନାଦେ,
ମନେହୁଏ ଆକାଶ ବା, ମୁହୁର୍ମୁହୁଃ ଗର୍ଜେ ଅନର୍ଗଳ ।୩୯ ।

ସେ ମହତ ସୈନ୍ୟଦଳ, ସମାକୀର୍ଣ୍ଣ କରି ପୃଥିବୀକୁ
ଅଗଣିତ ସଂହତି ସେ ଅକଳିତ ଅଟେ ସଂଖ୍ୟାତୀତ,
ସୁର ପୁରେ ଯାଇଁ ମିଳି, ଦେଖି ସ୍ଥାନ ତହିଁ ସମାକୀର୍ଣ୍ଣ,
ଚକିତ ବିସ୍ମିତ ସର୍ବେ ଭୟ ମନେ ଚାହିଁ ଚୌଦିଗକୁ।୪୦।

ଉନ୍ମତ୍ତ ହସ୍ତୀ ଗର୍ଜନେ, ଅତିଉଚ୍ଚ ତୁରଙ୍ଗ ଶବଦେ,
ଚଳମାନ ଜଳଦର ନ୍ୟାୟ ଶୁଭେ ରଥର ଘର୍ଘର।
ଉତ୍କଟ ଭୀଷଣ ରବେ, ଉଦ୍‌ବେଳିତ ଚାରି ପାରୁଶରେ
ସମଗ୍ର ପୃଥିବୀ ହୁଏ ବ୍ୟାକୁଳିତ ଶ୍ୱାସ ଅବରୁଦ୍ଧେ।୪୧।

ସକଳ ଦିଗ ପୂରିଲା, ମହାଗଜ ଉଚ୍ଚତର ନାଦେ,
ଦୋଦୁଲ୍ୟ ଘଣ୍ଟାର ଧ୍ୱନି, ବୀରଗଣ ସଂଗ୍ରାମ ଉତ୍କଟ
ଅରାତି-ନାଶକ ଧ୍ୱନି, ମୁଖରିତ କରି ସମସ୍ୱରେ,
ବିଚଳିତ କରି ଦିଗ ଦିଗନ୍ତକୁ ବିପୁଳ ଉନ୍ମାଦେ।୪୨।

ମଦକ୍ଷରି ହେଲା ସଦ୍ୟ, ପ୍ରଭାବିତ ବହୁଧା ତଟିନୀ
ଗଜରାଜ ସମୂହରୁ ଯେତେ ଥିଲେ ତହିଁ ତୁରଙ୍ଗମ,
ସେ ସବୁର ଖୁର ଧୂଳି ତହିଁ ପଡ଼ି ହେଲା ଯା ପଙ୍କିଳ
ସଂଖ୍ୟାତୀତ ରଥଚକ୍ର ତାରେ ପେଷି ଗଢ଼ିଲା ମେଦିନୀ।୪୩।

ଧାବମାନ ଘୋଟକର ଖୁରାଗ୍ରରେ ହୋଇ ଚୂର୍ଣ୍ଣୀଭୂତ,
ଯେତେ ପରିମାଣ ଭୂମି, ତଥିପରେ ରଥଗଜ ବାଜୀ,
ସମସ୍ତେ ଚାଲନ୍ତି ଘୋରେ, ନିମ୍ନ ଭୂମି କରି ସମୁନ୍ନତ,
ଉନ୍ନତ ଯା ନିମ୍ନ ହୁଏ, କାହିଁ ସମେ ହୋଇ ସମୀକୃତ।୪୪।

ଦିଗନ୍ତ ଗଗନ ତଳେ, ମଧ୍ୟଭାଗେ ଭରି ପ୍ରତିନାଦ,
କି ଭୀଷଣ ଭୟାବହ, ଯେ ଶବଦେ ବିଦୀର୍ଣ୍ଣ ଶିଖରୀ।
ତଟଭୂମି ସମେତ ଯା, ସମୁଦ୍ର ବି ଉଠେ ପ୍ରକମ୍ପିତ
ସେ ସମ ଧ୍ୱନିତ ଭେରୀ ବ୍ୟାପିଯାଏ ଭୂତଳେ ବିଚରି।୪୫।

ବାୟୁ ବିଧୁନିତ କରେ ବିକମ୍ପିତ, ଚପଳ ନିବିଡ଼େ
ସଂଚରିତ ସବୁଦିଗେ, ସ୍ୱର୍ଣ୍ଣଘଣ୍ଟି ସୁଶୋଭିତ ଯେତେ,
ଲକ୍ଷ ଲକ୍ଷ ଧ୍ୱଜ ବସ୍ତ୍ର, କ୍ଷଣୁଁ କ୍ଷଣେ ହୋଇ ଜର୍ଜରିତ,
ଗଗନପଟସ୍ଥ ଧୂଳି ସମୁଦ୍ରରେ ହେଲେ ନିମଜ୍ଜିତ ।୪୬ ।

ସୈନ୍ୟବାହିନୀର ଯେତେ, କମ୍ପୁଥିଲେ ପଟ୍ଟହ ନିଃସ୍ୱନ,
ସେ ସବୁ ଅଶ୍ରୁତ ରହେ, ମଦୋନ୍ମତ୍ତ ହସ୍ତୀକୁଳ ଗଳେ
ଲମ୍ବିତ ଘଣ୍ଟା ଶବଦେ, ମହାଭୀମ ଗର୍ଜନ ଧ୍ୱନିରେ,
ହଜିଗଲା ପଟ୍ଟହର ଧ୍ୱନି ଯେତେ, ନଶୁଭି ଶ୍ରବଣ ।୪୭ ।

ଦିନପତି ସୂର୍ଯ୍ୟ ଦେଖି ଦିକ୍‌ସମୂହେ ବାଚାଳ ନିନାଦେ,
ଚମୂଗଣେ ମୁଖରିତ, ରଜସ୍ୱଳା ଧ୍ୱଜାମ୍ବର ଦେଖି,
ଦିଗନ୍ତେ ଉଭାଇ ଗଲେ, ଗାଢ଼ ରଜ ଅନ୍ଧକାରେ ମିଶି,
ନିଶ୍ଚିନ୍ତେ ବିଳୟ ଭଜି ସୁବିସ୍ତୃତ ସିକତା ସମୁଦ୍ରେ ।୪୮ ।

ବିପୁଳ ସେନା ବିକ୍ରମେ ପୂର୍ଣ୍ଣତର, ପୁଣି ଧୂଳି ରାଶି
ଆଚ୍ଛନ୍ନ ଦୂଷିତ ନଭେ କରି ସ୍ପର୍ଶ ଦିଗଙ୍ଗନା ଯେତେ,
କ୍ରୋଧବଶେ ପ୍ରତିବାଦ କଲେ ଅବା ନାଦିତ ଭେରୀର,
ପ୍ରତିଧ୍ୱନି ଛଳେ କରି ବାରମ୍ବାର ତହିଁ ଦିବା ନିଶି ।୪୯ ।

ପ୍ରବଳ ମରୁତ ବେଗେ, ପଡ଼ି ଉଠି ଶୂନ୍ୟେ ହସ୍ତୀଗଣେ
ଅବଗାହନ୍ତି ସେ ସ୍ଥାନେ, ସତେ ଅବା ଅମୁଚ୍ଚ ଶିଖରୀ,
ରଥରାଜି ଭୂଲୁଣ୍ଠିତ, ଜଳଭରା ବର୍ଷୁକ ମେଘ ବା
ପଡ଼ଇ ଭୂତଳେ ଖସି ସେ ପ୍ରଳୟ ଆବର୍ତ୍ତନେ ଘୂରି ।୫୦ ।

ମହା ବଳିଷ୍ଠ ଅସୁର ଗଣଙ୍କର ସଂହାରେ ଭୀଷଣ,
ସେ ମହାନ୍ ସୁରସେନା, ଘୋର ଘୋଷା ସମୁଦ୍ର ସମୂହ,
ପୂର୍ଣ୍ଣ ଜଳରାଶି ତୁଲ୍ୟ ଆଚ୍ଛାଦିତ ଗିରି ସମୂହକୁ,
ଭୂତଳ ଆକାଶ ମଧ୍ୟେ ବଢୁଥିଲେ ହୋଇ ବିଲକ୍ଷଣ ।୫୧ ।

# ପଞ୍ଚଦଶ ସର୍ଗ

ଏହିପରି ଅନ୍ଧକାରି ସୁତେ ବରି ସେନାପତି ପଣେ,
ବଳ ନିସୂଦନ ଇନ୍ଦ୍ର ସୈନ୍ୟଗଣ ସହ ସଂଗ୍ରାମରେ,
ଉପସ୍ଥିତ ହେଲେ ଯହୁଁ ସୁର ଶତ୍ରୁ ଅସୁରଙ୍କ ମଧ୍ୟେ
ଏଇ ଜନରବ ହେଲା, ଉଦ୍‌ଘୋଷିତ ମଥି ହୃଦକଣେ ।୧ ।

"ବିଜୟଶ୍ରୀ ସୁମଣ୍ଡିତ, ସ୍ମର-ନନ୍ଦନ କାର୍ତ୍ତିକ,
ସେନାପତି ଆସିଛନ୍ତି ଜୟଶୀଳ ସୁରସେନା ପକ୍ଷେ
ସମାଗତ ଯୁଦ୍ଧ ସ୍ଥଳେ", ଶୁଣି ତାହା ଦାନବ ମଣ୍ଡଳୀ
ବହୁ କ୍ଷଣ ସ୍ତବ୍ଧ ଚିତ୍ତେ ବସିଥିଲେ ହରାଇ ବିବେକ ।୨ ।

ତହୁଁ ସର୍ବ ଦୈତ୍ୟ କଲେ ଦୈତ୍ୟନାଥ ଭବନକୁ ଗତି
ପାଶେ ମିଳି ତାରକର ପ୍ରଣିପାତେ ବଦ୍ଧାଞ୍ଜଳି କରି,
ନିବେଦି କୁହନ୍ତି ତହିଁ, ସ୍ମର-ଅରି ମହେଶ ନନ୍ଦନ,
ଦନ୍ତଜେତା ଦେବେନ୍ଦ୍ରର ସେନାପତି ହେଲେଣି ସଂପ୍ରତି ।୩ ।

ଶୁଣି ସେ ବୃତ୍ତାନ୍ତ ହସେ କୁଟିଳତା କରି ଦୈତ୍ୟରାଜ
ତ୍ରୈଲୋକ୍ୟେ କେ ଜିଣେ ମୋରେ, ଯା'ରେ ଦାସ ଇନ୍ଦ୍ରର ସମାଜ,
ବାରମ୍ବାର ରଣ ତେଜି, ଯାଇଛି ଯେ; ଆଜି ଶିବପୁତ୍ରେ
ପାଇ ପରାଜିତ ରଣେ କରିବାକୁ ଭାବିଛି ସହଜ ।୪ ।

ପୁଣି ତ୍ରୈଲୋକ୍ୟ ବିଜୟୀ, କହେ ଦୈତ୍ୟ କମ୍ପାଇ ଅଧର,
ବିସ୍ତାରିତ କରି କ୍ରୋଧେ ଦର୍ପଭରେ ଭୁଜବଳୋଦ୍ୟତ,
ସେନାପତି ଗଣେ ଡାକି, କହିଲାରେ ସଂଗ୍ରାମେ ଉଦ୍‌ଯୋଗ
ସାଜ ସାଜ ସର୍ବେ ଶୀଘ୍ର ଅନୁମତି ଦେଉଛି ତତ୍‌ପର।୫।

ପାଇଣ ନିର୍ଦ୍ଦେଶ ସର୍ବେ, ଶ୍ରେଷ୍ଠ ସେନାପତିଏ ନିମିଷେ,
ତକ୍ଷଣେ ମିଳିତ ହୋଇ ଅସ୍ତ୍ର କରେ ହେଲେ ଆସି ଉଭା,
ରାଜ ଅଙ୍ଗନ ପ୍ରକୋଷ୍ଠ, କ୍ଷିତିପାଳ ସଙ୍କୁଳ ଚତ୍ୱରେ
ଦରବାରେ ହେଲେ ଉଭା ସୁସଜ୍ଜିତେ ଶୋଭି ରଣ ବେଶେ।୬।

ସମ୍ମୁଖରେ ଉଭା ରକ୍ଷୀ, ସର୍ବ ବୀର ପରିଚୟ ବାନେ,
ଦେଖାନ୍ତି ଦାନବ ରାଜେ, କୁତୁହଳେ ଦେଖଇ ଦାନବ,
ବହୁତର ଯୁଦ୍ଧ ସିନ୍ଧୁ ମନ୍ଥି ଏହି ସେନାପତି ବୃନ୍ଦ,
ଉଦ୍ଧତେ ରୁହନ୍ତି ସର୍ବେ ଗର୍ବ ଭରେ, ମୋର ଏ ସଦନେ।୭।

ତଦନ୍ତେ ସେ ମହାବଳୀ ଦୈତ୍ୟରାଜ ଚଢ଼ି ଭୀମରଥ,
ହେଲା ଯୁଦ୍ଧେ ଆଗୁସାର, ଯେ ରଥ ଇନ୍ଦ୍ରର ନାଶେ ବଳ,
ଭୀଷଣ ଯା' ଶବ୍ଦ ଶୁଣି ଦିଗ୍‌ହସ୍ତୀଏ ନୁହଁନ୍ତି ସମର୍ଥ,
ଶରୀରୁ ମଦ କ୍ଷରଣେ ଭୁଲି ନିଜ ଗର୍ଜନ ଶବଦ।୮।

ଦେଖି ଯୁଦ୍ଧେ ଆଗୁସାର ସୁପ୍ରଭୁରେ ଅସୁର ସେନାନୀ,
ପ୍ରଳୟ କାଳ ସାଗର ସମ ଗର୍ଜି ଗଲେ ଅନୁଗାମୀ
ସେ ଦୈତ୍ୟପତି ପଶ୍ଚାତେ; ସେନାକର ଉଜ୍ଜ୍ୱଳ ପତାକା
ଆଦିତ୍ୟେ ଆଚ୍ଛନ୍ନ କଲା, ପଦରଜେ ଦିଗନ୍ତ ଧରଣୀ।୯।

ସୁରଗଣ ଅଭିମୁଖେ, ଯାଉଥିବା ଅସୁର ସେନାଙ୍କ
ପଦଧୂଳି ଉଡ଼ି ଉର୍ଦ୍ଧ୍ୱେ, ଶୁଭ୍ର ଦନ୍ତେ ପଡ଼ି ଦିଗଗଜର
ହୋଇଲା ଅତ୍ୟନ୍ତ ଶୁଭ୍ରେ, ମଦବାରି ପୂର୍ଣ୍ଣ କୁମ୍ଭଦେଶେ,
ସେ ଧୂଳି ପାଲଟେ ପଙ୍କ, କ୍ରମାଗତ ପୃଷ୍ଠରେ ପଡ଼ି ସେ।୧୦।

ଦାନବେନ୍ଦ୍ର ସୈନ୍ୟ ବାଦ୍ୟ, ଶ୍ରୁତିକଟୁ ଗମ୍ଭୀର ଶବଦ,
ପଟହ ନିନାଦ ତାର ଉଦ୍‌ବେଳିତ କରେ ସାଗରରେ,
ଗିରିଗୁହା ବିଦାରିତ ଶୂନ୍ୟ ରହି ଗଙ୍ଗା ସୁରଧ୍ୱନୀ,
ଶ୍ରବଣେ ଯା' ଅକସ୍ମାତ, ସ୍ରୋତ ତଳୁ ସ୍ଫୀତ ହୋନ୍ତି ପୁଣି ।୧୧।

ସେ ସ୍ୱର୍ଗବାହିନୀ ଗଙ୍ଗା, ଦୈତ୍ୟସେନା ରୋଳେ ଅତର୍କିତେ,
ଚପଳ ପଦ୍ମ ସଂଯୁକ୍ତେ ଉଚ୍ଛେ କରି ତରଙ୍ଗ ଉତ୍‌କ୍ଷିପ୍ତ,
ସୁର ପୁରୀ ଭବନର ଗୃହରାଜି କଲେ ଅଭିଷିକ୍ତ,
ବହିଯାଉଁ ଅକସ୍ମାତ ସ୍ଫୀତ ହୋଇ ତରଙ୍ଗେ ନିରତେ ।୧୨।

ଏ ପାଖେ ଏ ଦୈତ୍ୟପୁରେ, ଦେବଶତ୍ରୁ ତାରକ ନଗରେ,
ଅମଙ୍ଗଳ ଶକୁନ ଯା' ବାରମ୍ବାର ପ୍ରକଟିଲା ଯେତେ,
ଏ ଉତ୍‌ପାତେ ନାନାବିଧ, ସେ ଭବନେ ଭବିଷ୍ୟତ ଲାଗି
ନିମଜ୍ଜିତ ହେବାପାଇଁ ଏ ଅଗାଧ ଦୁଃଖ ପାରାବାରେ ।୧୩।

ସେବେଳେ ଅଶୁଭ ପକ୍ଷୀ, ଘନୀଭୂତ ମଣ୍ଡଳିତ ନଭେ
ଦୈତ୍ୟସେନା ମଥା ପରେ, ଆଚ୍ଛାଦିଣ ଭାସ୍କର କିରଣ,
ଶୂନ୍ୟପଥେ ଘୂରି ଘୂରି ଖୋଜନ୍ତି ବା ଆହାର ନିଜର,
ଦୈତ୍ୟସେନା ମାଂସାଭକ୍ଷି କ୍ରୀଡ଼ିବାକୁ ଉତ୍ସୁକ ସରବେ ।୧୪।

ସେ କାଳେ ସମୀର ବେଳେ ମୁହୂର୍ମୁହୁଃ ଅବିରତ ବହେ,
ଛିଣ୍ଡାଇ ଛତ୍ର ସମୂହ, ଧ୍ୱଜା ଆଉ ପତାକା ଚିରାଳ,
ଉଡ଼ି ଧୂଳି ଧରାତଳୁ ସକଳକୁ କରେ ଆକୁଳିତ,
ରଥ, ହସ୍ତୀ, ତୁରଙ୍ଗମ ବିକମ୍ପିତେ ଅଦୃଶ୍ୟ ବି ହୁଏ ।୧୫।

ମହାସର୍ପ କୂଳ ସର୍ବେ, ବିଷୋଦ୍‌ଗାରୀ ମୁଖ ବିବରରୁ
ଅତିକ୍ରମି ଯାନ୍ତି ଦୂରେ, ତ୍ୱରିତ ଗତିରେ ପୁରଭାଗୁଁ,
ସଦ୍ୟଦଳା ଅଞ୍ଜନର ପ୍ରାୟ କଳା ଭୀମ କଳେବର,
ପୁରୁ ପଥ ଯାଉଥାନ୍ତି ସର୍ବେ ଅବଲୀଳାକ୍ରମେ ସେ ରାଜ୍ୟରୁ ।୧୬।

ପୁଣି ସେ ଭାସ୍କରର ଦେବ, ଦିନମଣି କୁଣ୍ଡଳୀ ବୁଲାଇ,
ସର୍ପସମ ଗୋଲାକୃତି, ପରିବେଶ ଧରନ୍ତି ମାର୍ତ୍ତଣ୍ଡ।
ଦେଖିଲେ ତା ମନେ ହୁଏ, ମହାଶତ୍ରୁ ବିନାଶେ ଇଚ୍ଛୁକ,
କ୍ରୋଧବଶେ ତାରକର ସଂହାରଣେ ସୂଚନା ବା ଦେଇ।୧୭।

ତେଜରାଶି ଅଧୀଶ୍ୱର ସୂର୍ଯ୍ୟ ମୁଖେ ଉର୍ଦ୍ଧ୍ୱମୁଖୀ ହୋଇ,
ରୋଦନ୍ତି ଶୃଗାଳ ସର୍ବେ ମଣ୍ଡଳିତ ସମବେତ ଥାଇଁ
ଶ୍ରୁତିକଟୁ କଣ୍ଠ ରବେ, ମୁରାରି'ର ରଣାନ୍ତ ଶୋଷିତ,
ପାନ ଲାଗି ସମୁତ୍ସୁକ ରୋଦନ୍ତି ବା ଦିବସେ ଅନାଇଁ।୧୮।

ସେତେବେଳେ ତାରାକୁଳ, ଦିବାଭାଗେ ଆକାଶ ଅୟନୁ,
ଖସନ୍ତି ଭୂତଳ ଛୁଇଁ ଦୈତ୍ୟ ସେନା ଚତୁର୍ଦ୍ଦିଗ ଘେରି,
ଉତ୍ପାତେ ପଡ଼ଇ ଖସି, ଘନୀଭୂତ ବେଗବାନ ଉଲ୍କା,
ଜନେ ଦେଖି ଭାବନ୍ତି ଏ ଦୈତ୍ୟରାଜ ମରଣ କାରଣ।୧୯।

ମେଘଶୂନ୍ୟ ନଭମାର୍ଗୁ ଅକସ୍ମାତ ଘନଘୋର ରବେ,
ପ୍ରଜ୍ୱଳିତ ତେଜପୁଞ୍ଜେ, ସମୁଦ୍‌ଭାସି ଆକାଶ ମଣ୍ଡଳ,
ଚକିତ ବିସ୍ମିତ ଲୋକେ ହତଭମ୍ବ କରି ନିମିଷକେ,
ହୃଦୟ ବିଦାରି ଭବେ ପଡ଼େ ବଜ୍ର ଶୂନ୍ୟରୁ କଟକେ।୨୦।

ଆକାଶ ମଣ୍ଡଳୁ ଖସି, ରୁଧିରାସ୍ଥି ଜ୍ୱଳନ୍ତ ଅଙ୍ଗାରେ
ଦୀପ୍ୟମାନ ଦିଗମୁଖୁ ଧୂମ୍ରରାଶି ହୋଇ ସମୁତ୍‌ଥିତ,
ସଞ୍ଚରଇ ଦଶ ଦିଗେ, ରାସଭ କଣ୍ଠର ବର୍ଣ୍ଣେ ତାର
ଧୂସରିତ ଧୂଳିପୂର୍ଣ୍ଣ ପରିବ୍ୟାପୀ ଦିଗ ଦିଗନ୍ତରେ।୨୧।

ବିଦାରି ପର୍ବତ ଶିଖ ଘନୀଭୂତ ମେଘ ଆସେ ଘୋଟି,
ବଜ୍ର ଧ୍ୱନି ଗର୍ଜ୍ଜନରେ, ନଭାମାର୍ଗୁ ଦିଗନ୍ତ ଅୟନେ
ଦିଗରନ୍ଧ୍ର ହୁଅଇ ପୂର୍ଣ୍ଣ ଘନରବେ ବିଦାରି ବିବର,
କର୍ଣ୍ଣମୂଳେ, ଧ୍ୱନି ବାଜେ ଯମରାଜ ଗର୍ଜ୍ଜନୁ ବଳିଟି।୨୨।

ଏ ସମୟେ ଭୂମିକମ୍ପେ, ଜୀର୍ଣ୍ଣଭୂମି ସମୁଦ୍ର ତରଙ୍ଗ,
ଉତ୍ତୁଙ୍ଗେ ଉଠଇ ନଭେ ଗିରି ବକ୍ଷ କରି ବିଦାରିତ,
ସୁରଶତ୍ରୁ ତାରକର, ହସ୍ତୀ ଅଶ୍ୱ ସେନା ମଣ୍ଡଳିସ୍ଥ,
ପଡ଼ନ୍ତି ଭୂତଳେ ସର୍ବେ ପଦାତିକ ଧରି ପରସ୍ପରେ।୨୩।

ସାରମେୟ ମଣ୍ଡଳିଏ କରି ଉର୍ଦ୍ଧ୍ୱେ ଦୃଷ୍ଟି ବିନିମୟ,
ପ୍ରଖର ଭାସ୍କର ତାପେ, ଶ୍ରୁତିକଟୁ କରୁଣ ବିଳାପେ,
କ୍ରନ୍ଦନେ ଚଳନ୍ତି ଦୂରେ ତାରକର ପୁରୋଭାଗେ ଚାହିଁ
ଗମନ୍ତି ସୁଦୂରେ କାହିଁ ଭୟ ତ୍ରାତେ ମଗ୍ନ ପରିତାପେ।୨୪।

ଏହିପରି ପରିଣାମ ଦାରୁଣ ଯା' ସଙ୍କେତ ସମେତ
ଅତ୍ୟନ୍ତ ଭୀଷଣ ଭୟ ଦେଖିଲେବି ଯାଏ ଦୈତ୍ୟ ରଣେ
କ୍ରୋଧବଶେ ଦୁର୍ଦ୍ଦୈବୀ ପରିପାକେ ପଡ଼ି ବା ହଜାଏ,
ବୁଦ୍ଧି ବୃତ୍ତି ଆପଣାର, ସଂଗ୍ରାମରୁ ନହୋଇ ବିରତ।୨୫।

ଏରୂପେ ଭୀଷଣ ଫଳ, ପରିଣାମେ ଅନିଷ୍ଟ ଦର୍ଶନେ,
ସୁବିଜ୍ଞ ଅମାତ୍ୟ ଆଦି ନିବାରନ୍ତି ରଣ ଯାତ୍ରା ଲାଗି,
ତଥାପି ନ ଶୁଣେ ଦୈତ୍ୟ, ଅଗ୍ରଗାମୀ ଗମନେ ତତ୍‌ପର,
କୁଗ୍ରହେ ପୀଡ଼ିତ ଲୋକେ ନମାନନ୍ତି ଉପଦେଶ କା'ର।୨୬।

ଦୈତ୍ୟରାଜ ଯିବାବେଳେ ପ୍ରତିକୂଳ ବାୟୁଚାପ ଭରେ,
ମସ୍ତକୁ ସୁବର୍ଣ୍ଣ ଛତ୍ର ପଡ଼େ ତଳେ, ସହସା ବିଲୋକି
ଭାବନା ଆସଇ ମନେ, ପ୍ରେତରାଜ ଆହାର ପାଇଁକି,
ପ୍ରସାରିତ ସ୍ୱର୍ଣ୍ଣପାତ୍ର ରଖେ ଦୈତ୍ୟ ମରଣ ଆଶାରେ।୨୭।

ଶୀର୍ଷଦେଶୁ ତାରକର ପଡ଼େ ଖସି ମୁକ୍ତାଫଳ ରାଜି,
ବାରମ୍ବାର ଭୂତଳରେ, ସ୍ୱତଃ ତାରେ ଦେଖି ହୁଏ ମନେ,
ପରିଣାମେ ତାରକର, ଛିନ୍ନମଥା ହେବ ସୁନିଶ୍ଚିତ,
ସେ ଲାଗି ଉଦ୍‌ବିଗ୍ନ ଶୋକେ, ବିଜ୍ଞବର କାନ୍ଦଇ ସତତ।୨୮।

ଆକୁଳେ ନିବାରନ୍ତି ଯା' ପରିଚାର ଯେତେକ ଦୈତ୍ୟର,
ସେତିକି ଆସନ୍ତି ମାନି, ଶକୁନିଏ ସଂଚାଳି ଡେଣାକୁ,
ଶୀର୍ଷ ଦେଶେ ତାରକର ନିପତିତ ହୁଅନ୍ତି ସୁମରି,
ଦୈତ୍ୟର ମୃତ୍ୟୁ ଇଶାରା ବା ଭବିଷ୍ୟତ ନିରୀକ୍ଷଣ କରି ।୨୯ ।

ସକଳେ ଦେଖନ୍ତି ତହିଁ ଅକସ୍ମାତ ପତାକା ଉପରେ,
ବିରାଜିତ ମହାସର୍ପ, ଭୟଙ୍କର ବର୍ଣ୍ଣ ଗାଢ଼ କଳା,
ସଦ୍ୟଦଳା ଅଞ୍ଜନ କି ଜଳେ ମଣି ପ୍ରଜ୍ୱଳିତ ମୁଣ୍ଡେ
ଫୁତ୍‌କାରେ ତା' ଉଲ୍‌କାମିଳି ବିଷପୂର୍ଣ୍ଣ ଗାଢ଼େ ଝରି ପଡ଼େ ।୩୦ ।

ସହସା ଏ ବିପର୍ଯ୍ୟୟେ, ଅସୁରର ସୁବୃହତ ରଥ,
ଅଗ୍ରଦେଶୁ ବାହି କାହୁଁ ପ୍ରଜ୍ୱଳିତ ଉଠିଲା ଅନଳ,
ଅକାଳେ ରଥ ଅଶ୍ୱର ଦଗ୍ଧରୋମ କର୍ଣ୍ଣ ଚାମର ବା,
ଧନୁର୍ବାଣ ତୁରୀର ଯା' ନିମିଷକେ ହେଲା ଭସ୍ମୀଭୂତ ।୩୧ ।

ଏହି ପ୍ରକାର ଅନେକ ବିତ୍‌ପାତେ ବି ନହୋଇ ଶଙ୍କିତ,
ସେ ଦାନବ ମଦ ଅନ୍ଧ, ନୁହେଁ କ୍ଷାନ୍ତ ସଂଗ୍ରାମ ଗମନୁ
ପୁନଃପୁନଃ ଅନୁସରି ଯାଏ ଯୁଦ୍ଧେ ନ ହୋଇ ନିବୃତ୍ତ,
ତହୁଁ ଶୁଭେ ଦୈବବାଣୀ ନଭମାର୍ଗୁ ହୋଇ ଉଚ୍ଚାରିତ ।୩୨ ।

"ରେ ମଦାନ୍ଧ ! ଭୂଜଦଣ୍ଡ ବଳବାନ ପ୍ରଚଣ୍ଡ ଗରବେ,
ହୋଇ ତୃପ୍ତ, ଜୟଶୀଳ ପୁରନ୍ଦର ସହ ସୁରଗଣେ,
ମିଳିତ ସ୍ମରାରି ସୂତ, ଷଡ଼ାନନ ସହିତ ସଂଗ୍ରାମେ,
ନକର ଗମନ ଆରେ, ବୃଥା ଆଶା ଘେନି ଯୁଦ୍ଧ ସ୍ଥାନେ ।୩୩।

ନିଶିଥ ତମସା ରାତ୍ରି, ଘନୀଭୂତ ନିରନ୍ଧ୍ର ଜଡ଼ିତ,
ହେଲେବି ନକରେ ଯେହ୍ନେ, ପରାଜିତ ତରୁଣ ଅରୁଣେ
ସେପରି ଛ'ଦିନ ମାତ୍ର, ଜାତ ଶିଶୁ ରଣମୁଖଗାମୀ
ମହେଶ ନନ୍ଦନେ କାହୁଁ ପରାଭୂତ କରିପାରୁ ଦୈତ୍ୟ ।୩୪ ।

ଗୋଟିଏ ମାତ୍ର ଯାହାର ଶରାଘାତେ ଶତ ଶୃଙ୍ଗବାନ
ଦିଗ୍ ଚକ୍ରବାଳେ ବେଷ୍ଟିତ, କ୍ରୌଞ୍ଚ ଶୈଳେ ରନ୍ଧ୍ର ଥିଲେ କରି
ସେହି ସେ କୁମାର ସାଥେ, ଯୁଦ୍ଧ ଘୋର ଅତି ଅସମ୍ଭବ,
ଅସମ୍ଭବ ଜୟ ତୋର ଏ ଯୁଦ୍ଧର ଭାବୀ ପରିଣାମ ।୩୫ ।

କାମ-ଅରି ମହେଶର, ପାଶୁ ଲଭି ଧର୍ନୁବିଦ୍ୟା ଘୋର,
ସେ କଲା ନିକ୍ଷେତ୍ରୀ ପୃଥ୍ୱୀ କ୍ରୋଧ ବଶେ ଏକବିଂଶ ବାର,
ସେ ଘନ ଶୋଣିତ ତୁଲେ ପିତୃକୁଳେ କରିଲା ତର୍ପଣ,
ସେ ଭୃଗୁ-ରାମ ସଂଗ୍ରାମ ଯା' ପାରୁଶେରେ ନୁହଁଇ ସମାନ,
ସେହି ସେ ସଂଗ୍ରାମ ଜୟୀ ଷଡ଼ାନନ ପାଶେ ଯୁଝିବାକୁ
ସମୁଦ୍ୟତ ହୁଅ କିମ୍ପା, ସାଥେ ତାର ବରି ମରଣକୁ ।୩୬,୩୭ ।

ରେ ମଦାନ୍ଧ ! ଗର୍ବତେଜି ସ୍ମର-ଅରି ପୁତ୍ର ସନ୍ନିକଟେ,
ଯାଇଁ ଶରଣ ମାଗି ତୁ, ନିର୍ଭୟରେ ବଞ୍ଚ ଚିରକାଳ ।
ମାତ୍ର ତୁ ନ ଯା' ତହିଁକି କାମାରି ତନୟ ତୁଲେ ଯୁଦ୍ଧେ,
ମହାଶତ୍ରୁ ବିନାଶନେ ଶକ୍ତି ଅସ୍ତ୍ର ଶୋଭେ ଯା'ର ହସ୍ତେ" ।୩୮ ।

ବଳି ଶ୍ରେଷ୍ଠ ମହାସୁର, ଆକାଶର ଗରିୟସୀ ବାଣୀ
ଶ୍ରବଣେ କ୍ରୋଧେ ଉନ୍ମତ୍ତ, ଭୟଙ୍କର ତ୍ରୈଲୋକ୍ୟ କିମ୍ପାଇ
କୁହଇ ସେ ଦୈତ୍ୟପତି ପ୍ରକମ୍ପିତ ବଦନେ, ସମ୍ବୋଧି,
ନଭ ମାର୍ଗସ୍ଥ ସକଳ ଦେବତାଙ୍କୁ ବାକ୍ୟବାଣ ହାଣି ।୩୯ ।

"ହେ ଗଗନଚାରୀ, ସୁରେ, କାମାରି କୁମାରେ ପକ୍ଷପାତି,
ହୋଇଛ କି ଆଜି ସର୍ବେ, ସେ ଲାଗି ଏ ବାକ୍ୟ କୁହ ବଢ଼ି;
ଅଦ୍ୟାବଧି ମୋ ବାଣର, ବାଣପ୍ରାସ ଅଙ୍ଗୁ ଗଲ ଭୁଲି,
କେଉଁପରି ଭୁଲିଲ ବା ତାରକାର ଦୁର୍ଦ୍ଧାନ୍ତ ଶକତି ? ।୪୦ ।

ତୁମପାଇଁ ତୁମ ସାଥେ, ସଙ୍ଗନେତା ହୋଇବ ବିନଷ୍ଟ,
ବିନା ଅପରାଧେ ଯେହ୍ନେ ଦଣ୍ଡପାଏ, ସାଧୁ ଚୋର ସାଥେ,
ସର୍ବାଗ୍ରେ ସଂହାରି ସୁରେ, ପରେ ତାରେ କରିବି ବିନାଶ,
ଏ ଗର୍ଭ ତପସ୍ୱୀ ଶିବ କୁମାରକୁ କରି ଆତ୍ମତୋଷ" ।୪୨।

ଏହିପରି କହି ବଳି ଶ୍ରେଷ୍ଠ, ଦୈତ୍ୟ ତାରକ ଭୀଷଣ,
ମହାକୃପାଣାସ୍ତ୍ର ଧରି, ଝନତ୍‌କାରେ, କରି ସଗର୍ବୀରେ।
ଶୁଣନ୍ତେ ଅମର ଗଣେ, ପରସ୍ପରେ ଭୀତ ସଂଘର୍ଷଣେ,
କ୍ଷଣେ ତହିଁ ନରହିଣ ଦୂରେ ସର୍ବେ କଲେ ପଳାୟନ।୪୩।

ତଦନ୍ତେ ତାରକ ହସେ, ବିକଟାଳ ଅତି ଅହଂକାରେ,
ଧରେ ସେହି ଉତ୍ତମାସ୍ତ୍ର, କୋଶ ମୁକ୍ତକରି ଦୁଇ ହାତେ,
ସାରଥିରେ କୁହେ ଡାକି, ଦ୍ରୁତ ରଥ ବାହରେ ବାସବ
ଅଛିରେ ଯେ ସ୍ଥାନେ ରହି, ସେହି ସ୍ଥାନେ ରଥ ନିଅ ଖରେ।୪୪।

ତାପରେ ମହା ଅସୁର, ମନୁ ବଳି ବେଗଶାଳୀ ରଥେ
ସାରଥି ପରିଚାଳିତ, ରଥପରେ ହୋଇ ସମାରୂଢ଼
ଉପନୀତ ଆସିହେଲା, ସୁର ସୈନ୍ୟକୁଳ ଭୟଙ୍କର
ଅପାର ଦୁଷ୍କର ଚଣ୍ଡ ସିନ୍ଧୁ ତଟେ-ରଣ ରଙ୍ଗ ବୀର।୪୫।

ଅନନ୍ତର ଦେଖି ଅଗ୍ରେ ବୀରବର ପ୍ରବୀଣ ତାରକ
ସମ୍ମୁଖେ ସୁବିସ୍ତାରିତ ଦେବସୈନ୍ୟ ଦେଖି କୁତୁହଳୀ
ସଂଗ୍ରାମେ କୌଶଳୀ ବୀର, ଭୁଜଦଣ୍ଡ ହୁଏ ରୋମାଂଚିତ,
ପ୍ରଚଣ୍ଡ ପୁଲକ ଭରେ ନିରେଖିଣ ସୈନ୍ୟ ସମୁତ୍ସୁକ।୪୬।

ତହୁଁ ମହେଶ୍ୱର ସୈନ୍ୟ, ଚର ଯେତେ ଯୁଦ୍ଧାଙ୍ଗନେ ପ୍ରାନ୍ତେ
ଚଳିଲେ କୌତୁକ ଭରେ, ମନପେକ୍ଷା ପବନହୁଁ ଖରେ
ରଣ କେଳି ଦେବତାଙ୍କୁ ସମୁତ୍ସୁକ ମରମେ ମରମେ,
ଯୁଦ୍ଧ ବିଶାରଦ ବ୍ୟକ୍ତି, ବିଳମ୍ବ କି ସହି କେବେ ଜାଣେ ?।୪୭।

ଏ ସମୟେ ତାରକର ସୈନ୍ୟ ସ୍ଥିତ ଚରଗଣ ଧାଇଁ,
ପ୍ରବେଶ ହୋଇଲେ ଆସି, ଦେବ ସେନା-ସମୁଦ୍ର ସମୀପେ,
ପ୍ରବଳ ବେଗରେ ଧାଇଁ ବାହୁଦଣ୍ଡ କରେ ସମୁଦ୍ୟତ,
ବିପକ୍ଷ ଗଣରେ ବୋଧି ଉଚ୍ଚସ୍ୱରେ କୁହନ୍ତି ନିଜତ୍ୱ ।୪୮ ।

ଶ୍ରେଷ୍ଠ ଦେବଗଣେ ଦେଖି ପୁରୋଭାଗେ ସୈନ୍ୟ-ସାଗରର,
ବିସ୍ତୃତ ମହାଦୈତ୍ୟର ସଂଗ୍ରାମେଚ୍ଛୁ ଅଗଣିତ ଚମୂ,
କ୍ଷୁବ୍ଧ ହେଲେ ମାନସରେ, କିନ୍ତୁ ଅବଜ୍ଞାରେ ଶିବସୁତ,
ତାଙ୍କ ଚକ୍ଷୁ କୋଣେ କ୍ଷଣେ ଦେଖୁଥିଲେ ସେ ସୈନ୍ୟ ସମସ୍ତ ।୪୯ ।

ଅନ୍ଧକ ଶତ୍ରୁ ନନ୍ଦନ, ସେତେବେଳେ ପ୍ରଚଣ୍ଡ ସମରେ,
ଆନନ୍ଦ ପାଇବାପାଇଁ ଲୀଳାଭରେ, ଶତ୍ରୁସୈନ୍ୟ ଦେଖି,
ଭୟତ୍ରାସେ ମ୍ରିୟମାଣ, ସୁରଗଣେ ଅମୃତ ଲୋଚନେ,
ଅଭୟ ପ୍ରସାଦ ପୂର୍ଣ୍ଣ ଦୃଷ୍ଟିପାତେ ଚାହିଁଲେ ନିରେଖି ।୫୦ ।

ଶକ୍ତିଧର କୁମାରର ଦୃଷ୍ଟିପାତେ ଯଜ୍ଞଭୁକ୍ ସର୍ବ ଦେବତାଏ
ଉତ୍ସାହିତ ହୋଇ ହେଲେ, ଅଗ୍ରଗାମୀ ଭାବି ମନେ ମନେ,
“ସଂଗ୍ରାମେ ହେବି ମୁଁ ଜୟୀ, ମୋ ସମ କେ ନାହିଁ ଅନ୍ୟଜଣେ”
ବୀରଶ୍ରେଷ୍ଠ ସଙ୍ଗ ଲାଭେ, ବଳୀୟାନ ନୁହେଁ କେ ନିର୍ଭୟେ ? ।୫୧ ।

ଚକ୍ରଧର ସେନା ପୁଣି ଦୈତ୍ୟ ସେନା ସକଳେ ସ୍ୱକୀୟ
ଆୟୁଧ ଆବୋରି ହସ୍ତେ ରଣମୁଖା ହେଲେ ପରସ୍ପରେ ।
ସେତେବେଳେ ସମ୍ମିଳିତ, ବୈତାଳିକେ ଶୌର୍ଯ୍ୟ ସ୍ତୁତିକଣ୍ଠେ,
ସକଳେ ଶୁଣାନ୍ତି ଉଚ୍ଚେ ସେନାନୀଙ୍କ ଗୁଣାବଳୀ ଖରେ ।୫୨ ।

ପ୍ରଳୟ ପାଇଁକି କ୍ରମେ ସମ୍ପାତ ରଣାଙ୍ଗନ ଆଗତ,
ବେଳା ବ୍ୟାପୀ ଅତିକ୍ରମି, ପରିକ୍ରମି ଅଶେଷ ଦିଗନ୍ତ,
କାଳର ଆତିଥ୍ୟ ଭୋଜୀ, ଦେବାସୁର ସୈନ୍ୟ ସମୁଦ୍ରର
କ୍ରମେ କୋଳାହଳ ଧ୍ୱନି ସମୁଦ୍‌ଗତ ହୋଇଲା ଯା ଜାତ,
ବିଦାରି ସମୁଚ୍ଚଗିରି, ତଟ ଭୂମି ପୂରିତ ଏ ଧ୍ୱନି,
ବିପୁଳ ବ୍ରହ୍ମାଣ୍ଡୋଦର ପୂର୍ଣ୍ଣକରି ପ୍ରସରିଲା ପୁଣି ।୫୩।

# ଷୋଡ଼ଶ ସର୍ଗ

ଏହିପରି ସମବେତ ସୈନ୍ୟଗଣ ଦେବତା ଅସୁର
ହୋଇବାରୁ ପରସ୍ପର କ୍ଷିପ୍ର ଶସ୍ତ୍ର ମହାଭୟଙ୍କର
ଅସ୍ତ୍ରଶସ୍ତ୍ର ସମୂହରେ, ଦୈବଦୈତ୍ୟ ଆରମ୍ଭିଲେ ରଣ,
ମହାଯୁଦ୍ଧ ମହୋତ୍ସବେ ଏକତ୍ରିତ ଯୁଝି ପରସ୍ପର ।୧ ।

ରଥୀର ଅଗ୍ରତେ ରଥୀ, ପଦାତିର ସମ୍ମୁଖେ ପଦାତି,
ଅଶ୍ୱରୋହୀ ସଙ୍ଗେ ଅନ୍ୟ ଅଶ୍ୱାରୋହୀ, ହସ୍ତୀରେ ଆରୋହି
ହସ୍ତାରୋହୀ ଅଗ୍ରତରେ, ଯଥାକ୍ରମେ ମଣ୍ଡିଲେ ଧରିତ୍ରୀ,
ଯେ ଯାର ବାହନେ ରହି ଆରୋହୀ ବା ଅନ୍ୟ ଗଜପତି ।୨ ।

ସେତେବେଳେ ସ୍ତିତିରତ, କୁଳପତି ସ୍ତିତିପାଠକାରୀ,
ଘୋର ଯୁଦ୍ଧେ ଧାବମାନ, ଯୋଦ୍ଧାଗଣ ନାମ ଉଚ୍ଚାରିବା,
ଆରମ୍ଭିଲେ ଡାକି ଡାକି ଏକୁ ଏକ ବିକ୍ରମ ବିଶେଷି,
ପୁରୋଭାଗେ କ୍ଷଣେ ରହି, ଗଲେ ଯୁଦ୍ଧ ଚିତ୍ତ ବିନିବେଶି ।୩,୪ ।

ଏକେ ଏକେ ବୀରବୃନ୍ଦ ପରସ୍ପର ହେବାରୁ ମିଳିତ,
ସଂଗ୍ରାମ ଜନିତ ହର୍ଷେ, ହେଲେ ସ୍ଫୀତ, ହେଲେ ରୋମାଚିଂତ ।
ଅପଘନୁ କ୍ରମେ କ୍ରମେ ଛିନ୍ନ ହୁଏ ସମୂହ କବଚ
ଯୁଦ୍ଧ କାମୀ ବୀରଗଣେ, ଘନରଣେ ହେଉଁ ଉତ୍ସାହିତ ।୫ ।

ବାର୍ଦ୍ଧକ୍ୟ ଫଳିତ ଦେହ ମନୁଷ୍ୟର ଦିଶଇ ଯେପରି,
ପାଣ୍ଡୁର ଧୂସର ଛନ୍ନ ଖଡ୍‌ଗ ଛିନ୍ନ କବଚୁ ସେପରି,
ଛେଦିତ ବିଚ୍ଛିନ୍ନ ତୁଳା ଯାଏ ଉଡ଼ି ବ୍ୟାପୀ ବ୍ୟୋମଦେଶ,
ଦିଗନ୍ତ ନଭ ମଣ୍ଡଳେ ଛାୟା ମ୍ଳାନ ଧୂସରତା ଭରି।୬।

ବୀରଗଣ ଶୋଣିତାକ୍ତ, ଖଡ୍ଗ ଯେତେ ହେଉଁ ସଂଚାଳିତ,
ଇତସ୍ତତଃ ଭାସ୍କରର, ଜ୍ୟୋତି ଜାଳେ ଦିଶଇ ସତତ
ତଡ଼ିତ୍‌ଲତାର ସମ, ଝିକିମିକି ଦିଶଇ ଝଲକି,
ଉଲଗ୍ନ ଖଡ଼ଗ ଯେତେ ବିଜୁଳି କି ଯାଏ ପରିବ୍ୟାପୀ।୭।

ଯେ ସକଳ ବାଣ କଲେ ବିସର୍ଜନ, ବୀର ଯୋଦ୍ଧାଗଣ,
ସେଇ ଯେ ଭୀଷଣ ଶର, ଦୁର୍ବିନୀତ ଚଳିଲା ଆକାଶେ
ଭୀମରୂପ ଭୂଜଙ୍ଗ କି ମୁଖୁଁ କରେ ଉଦ୍‌ଗୀରଣ ବହ୍ନି,
ଘନଘୋର ଚର୍ତୁପାର୍ଶ୍ୱ ଆକାଶକୁ ଘୋଟିଲା ନିମିଷେ।୮।

ସେ ସକଳ ଧନୁର୍ଦ୍ଧାରୀ, ପରସ୍ପରେ ପ୍ରହାରିଲେ ଶର,
ସେ ସମସ୍ତ ଶର ଭେଦି, ଅପଘନେ ଅତିହିଁ ସୁଦୃଢ଼େ
ପୁଣି ଭେଦି ପୃଷ୍ଠ ପଟୁ, ବାହାରିଲା ରକ୍ତହୀନ ମୁଖେ,
ବିଦାରି ଭୂମି ବିବର, ଅକସ୍ମାତ ହଜିଯାଏ ଶେଷେ।୯।

ସଂଗ୍ରାମ ଉତ୍ସୁକ ଲୁବ୍ଧ ଆନନ୍ଦିତ ମହାବୀରଙ୍କର,
ଯେତେ ଯେତେ ଶରରାଜି ଉଠେ ଉର୍ଦ୍ଧ୍ୱେ, ପ୍ରଥମେ ଶରବ୍ୟ
ଗଜ ଯୂଥ ଅଙ୍ଗ ଭେଦି, ଏକେ ଏକେ ସେ ସମସ୍ତ ବାଣ,
ଦନ୍ତୀରେ ପକାଇ ତଳେ, ନିଜେ ଭୂମି ଛୁଅନ୍ତି ତକ୍ଷଣ।୧୦।

ଇତସ୍ତତଃ ପଡ଼େ ବାଣ, ଜ୍ୱଳିତାଗ୍ର ପରସ୍ପର ଜଡ଼ି,
ରନ୍ଧ୍ରହୀନ ନଭପଥେ ପଡ଼ିବ୍ୟାପ୍ତି ରୁହନ୍ତି ନିବିଡ଼େ,
ଆକାଶବିହାରୀ ସୁରେ ତ୍ରାସେ ଭୟେ ଲୋଡ଼ି ଦୂର ସ୍ଥାନେ
ଅପସରି ଯାନ୍ତି ଦୂରେ ନଭ ପ୍ରାନ୍ତୁ ସୁଦୂର ଗହନେ।୧୧।

ବିଭିନ୍ନ ଶରସଂପାତେ ଧନୁର୍ଦ୍ଧାରୀମାନଙ୍କର ବାଣେ,
ପ୍ରପୀଡ଼ିତ ବିଦୀର୍ଣ୍ଣିତ, ବ୍ୟଥା ଆର୍ତ୍ତ ବିହ୍ୱଳ ଆକାଶ,
ଶ୍ୱେନ ପକ୍ଷୀ ରବ ଛଳେ କାନ୍ଦିଲା ବା ଅତି ରୂଢ଼ଛଳେ,
ଦିଗ କରି ପରିବ୍ୟାପ୍ତ, ଶୁଣାଇଁ ତା' କ୍ରନ୍ଦନ ଆକୁଳେ ।୧୨।

ଆକର୍ଣ୍ଣ ଆକର୍ଷି ଚାପୁଁ, ନିକ୍ଷିପ୍ତ ଏ ଶର ସମୁଦାୟ,
ପ୍ରଧାବିତ ହେଉଁ ଦୂରେ, ଅନୁମିତ ହୁଏ ଯେହ୍ନେ ସତେ
ରଣ ଅଭିଳାଷୀ ବୀର, ରକ୍ତ ଲୁବ୍ଧ ଆସ୍ୱାଦ ପାଇଁକି,
ପ୍ରଲୁବ୍‌ଧେ ଛୁଟିଛି ତେଣୁ ଅତିରିକ୍ତ ହୋଇଛି ନିର୍ଦ୍ଦୟ ।୧୩।

ଯେ ବେଳେ ସଂଗ୍ରାମେ ବୀରେ, ମୁକ୍ତକୋଷ କଲେ କରବାଳ,
ହାତେ ଥାଇଁ, ସେତେବେଳେ ସେ ସମୂହ ଅସ୍ତ୍ର ଦୀପ୍ତଛଟା
ଦେଖିଲେ ଆସଇ ମନେ ବୀରଗଣ ହୋଇ ସହାୟକ,
ମୁକ୍ତକୋଷ ଖଡ୍ଗ ଅବା ହାସ ରସେ ହୋଇଛି ପ୍ରବୃତ୍ତ ।୧୪।

ସନ୍ଦିଗ୍ଧ ଶୋଣିତପାୟୀ କରବାଳେ ବୀର ବାହୁବଳେ,
ନାଚି ନାଚି ଉଲ୍ଲସିତ, ସେଇ ଧୂଳି ଘନୀଭୂତ ରଣେ,
ଅନନ୍ତ ସଂଗ୍ରାମେ ଥାଇଁ, କ୍ଷଣେ କ୍ଷଣେ ନିରଦ ସ୍ଫୁରିତେ,
ବିଦ୍ୟୁସମ ବିକଶିତ, ରକ୍ତଲିପ୍ତ ବୀର ବାହୁତଳେ ।୧୫।

ସଂଗ୍ରାମେ ଯୋଦ୍ଧାର ଯେବେ, ପାଶ ଅସ୍ତ୍ର ହୁଏ ଉଲ୍ଲସିତ,
ଲେଲିହାନ ରଣାଙ୍ଗନେ, ଜିହ୍ୱା ଯନ୍ତ୍ର କୃତାନ୍ତର ଅବା,
ଦେଖିଲେ ହୁଅଇ ମନେ, ଭୟଙ୍କର ସେ ପାଶ ଅସ୍ତ୍ରରେ
ରଣାର୍ଥୀର ବାହୁ ଫାଶୁ ଅଚିରାତ୍ ଯାଏ ବିକ୍ରମରେ ।୧୬।

ଚକ୍ରଶ୍ରେଷ୍ଠ ବୀରଙ୍କର, ତୀକ୍ଷ୍ଣ କାନ୍ତି ଶୋଭନ ଚକ୍ରର,
ତୀକ୍ଷ୍ଣାଂଶୁ ଭାସ୍କର ଦେବ କିରଣର ପରି ସମ ଦୃଶ୍ୟ,
ରଣାଙ୍ଗନେ ବୁଲୁ ବୁଲୁ, ଚତୁର୍ଦ୍ଦିଗେ ସେ ଚକ୍ରାସ୍ତ୍ର ଯେତେ,
ପରିଭ୍ରମେ ସୂର୍ଯ୍ୟ ନ୍ୟାୟେ ଶୋଭମାନ ସେ ସଂଗ୍ରାମ ପୀଠେ ।୧୭।

ଯୋଦ୍ଧା କିଏ ପଡ଼େ ଖସି, କ୍ଷୁବ୍ଧ ହୋଇ ନିଜ ଅଶ୍ୱ ଦେହୁ,
ଅଭିମୁଖୀ ଗତ କେଉଁ ବୀରଙ୍କର ଶୁଣି ଘୋରନାଦ,
କେ ପୁଣି ପଡ଼ଇ ଖସି, ଖର୍ବ ମନେ ହୋଇ ଅଚେତନ,
ମୁହୁର୍ମୁହୁଃ ପଡ଼ି ତହିଁ ଅସମ୍ଭାଳ ହୋନ୍ତି ବୀରଗଣ।୧୮।

ବଧୋଦ୍ୟୋତ ବୀର କିଏ ସମ୍ମୁଖରେ ଆସି ମିଳୁଁ ପାଶେ,
ଯୁଦ୍ଧ ଅନୁରକ୍ତ କେଉଁ ଯୋଦ୍ଧା ତାରେ ଦେଖି ଆନନ୍ଦିତ,
କିନ୍ତୁ ଶତ୍ରୁବାଣେ ଯଦି ପ୍ରାସ ପାଏ, ଜର୍ଜ୍ଜରିତ ହୁଏ,
ସେ ପୁଣି ଫେରଇ ଯୁଦ୍ଧୁ, ପ୍ରତ୍ୟାବୃତ୍ତ ହୋଇ ବିଷାଦିତ।୧୯।

କେଉଁ ବୀର ଯୋଦ୍ଧା କରି ବହୁବାର ସଂଗ୍ରାମ କା' ସାଥେ
ଭ୍ରମି ଭ୍ରମି ବାରମ୍ବାର, ପୁଣି ଅଗ୍ରେ ଯୁଝିବାକୁ ଯା'ରେ
ଥିଲା ତାର ଉପଲକ୍ଷ, ତାହା ପାଇଁ କରେ ସେ ସନ୍ଧାନ
ସଂଗ୍ରାମ ଭୂମି ମଧ୍ୟକୁ ପୁଣି କରି ସେ ପ୍ରତ୍ୟାବର୍ତ୍ତନ।୨୧।

ପୁଣି କତିପୟ ଯୋଦ୍ଧା ଭୂଜଦଣ୍ଡ କରି ରୋମାଂଚିତ,
ଯୁଦ୍ଧକାମୀ ଆଗନ୍ତୁକେ, ରଣ ମୋଦେ ପୁଲକ ମାନସେ
ସେ କରେ ଅଭିନନ୍ଦିତ, ସମ୍ମୁଖେ ତା' ଆସଇ ଯେ ବୀର,
ନିଜ ମଧ୍ୟେ ଜଣାନ୍ତି ସେ, ଯୁଦ୍ଧ ଆଗୁଁ ହେଉଁ ଏକତ୍ରିତ।୨୧।

ଗଜଙ୍କର କୁମ୍ଭଦେଶୁ, ପଡ଼େ ଝରି ମୁକ୍ତା ପଂକ୍ତି ଯେତେ
ଶସ୍ତ୍ରାଘାତେ ରଣାଙ୍ଗନେ ଦେଖିହୁଏ ମନେ ସେ ସବୁକୁ
ଦୁର୍ଦ୍ଧର୍ଷ ଯୋଦ୍ଧା ଗଣର କୀର୍ତ୍ତି ବୀଜ ଅଙ୍କୁର କି ଏହା,
ଶୋଭିତ ହେଉଛି ବନେ, ବାରମ୍ବାର ଭୂମି ଛୁଇଁ ତାହା।୨୨।

ଭୟାବହ ହୁଙ୍କାରରେ, ଭୟ ପାଇ ଯେ ହସ୍ତୀ ସକଳ
ସମରାଙ୍ଗନ ବରଜି ସମରରୁ କଲେ ପଳାୟନ,
ଯେ ଗଲେ ନକଲେ ଭୟ, ତାଙ୍କ ପୃଷ୍ଠେ ଅଙ୍କୁଶ ଆଘାତ,
ପଳାୟନ ରତ ସେ ଯେ, ଇତସ୍ତତଃ ହୋଇ ଭୟଭୀତ।୨୩।

ମହାବଳିଷ୍ଠ ହସ୍ତୀଏ, ଛିନ୍ନଭିନ୍ନ କ୍ଷତ ଓ ବିକ୍ଷତ
ଶସ୍ତ୍ରାଘାତେ, ପୃଷ୍ଠଦେଶେ ବହିନେଇଁ ଯୋଦ୍ଧାଗଣେ ପୁଣି
ଚତୁର୍ଦ୍ଦିଗେ ପରିଭ୍ରମି, ଅକସ୍ମାତ ରୁଧିର ନଦୀରେ,
ନିମଜ୍ଜିତ ହେଲେ ଭ୍ରମେ ଯୋଦ୍ଧା ସହ ହସ୍ତୀଏ ବିକଳେ।୨୪।

ସମୂଚ୍ଚ ରଥ ସମୂହ ଦେଖୁ ଦେଖୁ ଅଗାଧ ଶୋଣିତେ,
ପଡ଼ି ଖର ସ୍ରୋତେ ଗଡ଼ି, ମଗ୍ନ ହେଉଁ ବିଲୋକି ରଥୀଏ,
ବିପକ୍ଷରେ, କରି ଲକ୍ଷ୍ୟ, ହୁଙ୍କାରି କେ ପେଷିଲେ ନାରାଚ,
ନିଶ୍ଚିନ୍ତେ ନିମଗ୍ନ ଆଗୁଁ ରଥୀ ସବୁ ହୋଇ ଉତ୍ତେଜିତ।୨୫।

ଘୋଟକ ସମୂହ ଶିର ଛେଦିତ ବି ହୋଇଲେ ଖଡ଼୍ଗେ,
ଭୂମିରେ ପଡ଼ିବା ଆଗୁଁ, ସେ ପକାଏ ଅରାତି ଗଣରେ
କରବାଳେ, ବିଦାରିତ ଶତ୍ରୁକୁଳେ, ପକାଇ ଭୂତଳେ,
ସଶବ୍ଦେ ଶରୀର ସବୁ, ଲୋଟିପଡ଼େ ସମର ଭୂମିରେ।୨୬।

ଯେ ସକଳ ବୀରଙ୍କର, ବିପକ୍ଷର ଶସ୍ତ୍ରାଘାତ ଲାଗି,
ମସ୍ତକ ଶରୀରୁ ଚ୍ୟୁତ, ସେ ସକଳେ ଦନ୍ତେ ଓଷ୍ଠ ଚାପି,
କ୍ରୋଧଭରେ ତୀବ୍ରତର, ଧାଆଁନ୍ତି ସେ ଅରାତି ସମ୍ମୁଖେ,
ଯଦିଚ ସେ ସ୍କନ୍ଧଚ୍ୟୁତ ପ୍ରଧାବିତ ହୁଅନ୍ତି ତଥାପି।୨୭।

ଅର୍ଦ୍ଧଚନ୍ଦ୍ର ନାରାଚରେ ମହା ମହା ଯୋଦ୍ଧାଙ୍କର ଶିର,
ଭୂତଳେ ପଡ଼ିବା ଆଗୁଁ ନଖଅଗ୍ର ଚରଣେ ଆବୋରି,
ଝାମ୍ପି ଉଡ଼ନ୍ତି ଶକୁନି, ଉଡ଼ି ଉଡ଼ି ବ୍ୟୋମତଳ ଭରି;
ସେ ସମସ୍ତ ଶିରେ ନଭ ବରିବ୍ୟାପ୍ତ ହେଲା ଦିଗ ପୁରୀ।୨୮।

ପୁଣି ତହିଁ ପଦାତିକ ଓ ଅଶ୍ୱାରୋହୀ ସମ୍ମୁଖେ ଆଗତ,
ହସ୍ତୀ ସମୂହର ଦନ୍ତେ, ଆରୋହଣ କରି ବଳାତ୍କାରେ
କ୍ରୋଧଭରେ ଆରୋହୀର, ପ୍ରାଣନାଶେ ହୁଅନ୍ତି ପ୍ରବୃତ୍ତ,
ପାଶ ଅସ୍ତ୍ରେ କରେ ଧରି, କ୍ରୋଧଭରେ ହୋଇଲେ ଉନ୍ମତ୍ତ।୨୯।

ଶସ୍ତ୍ରଛିନ୍ନ ଗଜାରୋହୀ, ଆରୋହୀ ବିହୀନ ଗଜ ଗଣେ,
ପରିଭ୍ରମନ୍ତି ସମର ପ୍ରାଙ୍ଗଣରେ ଚତୁର୍ଦ୍ଦିଗ ଘେରି,
ଦେଖି ତା ଆସଇ ମନେ, ପ୍ରଳୟାନ୍ତ ବାତ୍ୟା ବିଚଳିତ,
ଗିରିରାଜ ସମଦିଶେ ଶୋଭନୀୟ ସେ ସମସ୍ତ କରୀ ।୩୦ ।

ପରସ୍ପର ଯୁଦ୍ଧ ଲାଗି, ଗଜରାଜି ହେଲେ ଏକତ୍ରିତ,
ଯେ ସକଳ ଥିଲେ ଯୋଦ୍ଧା, ସମାବିଷ୍ଟ ହସ୍ତୀ ସମୂହରେ
ସେ ସକଳେ ହେଲେ ରତ ପରସ୍ପରେ ମହାବଳାକ୍ରାରେ,
ଅରିକୁଳ ପ୍ରାଣପାତ, କରିବାରେ ହୋଇଲେ ପ୍ରବୃତ୍ତ ।୩୧ ।

ଉନ୍ମତ୍ତ ସେ ଦନ୍ତୀ ସର୍ବେ, କ୍ରୋଧ ଭରେ ହେଉଁ ସମବେତ,
ପରସ୍ପର ଦନ୍ତ ବାଜି, ସଙ୍ଘର୍ଷଣେ ଉଠିଲା ଯେ ବହ୍ନି,
ସେ ବହ୍ନି ବହିଲା ପୁଣି ନିମିଷକେ ଅସ୍ତ୍ର ପ୍ରହାରିତ
ଗତାୟୁ ବୀରବୃନ୍ଦରେ ଅଙ୍ଗରାଜି କରି ଭସ୍ମୀଭୂତ ।୩୨ ।

ଗର୍ଜିତ ଗଜ ସମୂହେ ଆକ୍ରମଣ କରନ୍ତେ ପଦାତି,
ସମ୍ମିଳିତ ବୀରଗଣେ, ହସ୍ତ୍ୟାରୋହୀଗଣ ଦେଖି ତାହା
ସମ୍ମୁଖାଗତ ହସ୍ତୀରେ, ଅସୀ ହାତେ ପ୍ରଗାଢ଼େ ପ୍ରହରି,
ମିଳିତ ଗଜରାଜିର ପ୍ରାଣଘାତେ ଧାମନ୍ତି ତଡ଼ତି ।୩୩।

ଶୁଣ୍ଢେଧରି ଗଜ ଯୂଥେ, ଫିଙ୍ଗି ଉର୍ଦ୍ଧ୍ୱେ ନିଅନ୍ତି ସଂହାରି,
ମହା ମହା ବୀରଗଣେ, ସେ  ସକଳ ଗତାୟୁ ବୀରେନ୍ଦ୍ର
ଲଭନ୍ତି ଦିବ୍ୟଗତିକି, ସ୍ୱର୍ଗ ଲଭି, ବୀରଙ୍କ ଜୀବାତ୍ମା,
ଦେହ ମାତ୍ର ପଡ଼େ ତାଙ୍କ ପ୍ରାଣ ହାରି ଧରିତ୍ରୀ ଆବୋରି ।୩୪ ।

ସୁତୀକ୍ଷ୍ଣ ଧାର ଯେ ଅସୀ, ହସ୍ତେ ଧରି କେଉଁ ବୀରଗଣ,
ପ୍ରହାରନ୍ତି କ୍ରୋଧେ ଅତି, ଶୁଣ୍ଢ ଅଗ୍ରେ ମହା ମହାଗଜେ;
ପ୍ରଚଣ୍ଡ ପ୍ରହାରେ, ପୋତି, ପଡ଼େ ଅଗ୍ରେ, ଶୁଣ୍ଢ ଦଣ୍ଡ ଯେତେ,
ତଥାପି ନ ପାନ୍ତି ତୃପ୍ତି ସେ ସକଳ ବୀର ମନ ମଧ୍ୟେ ।୩୫ ।

କ୍ରୋଧାନ୍ବିତ ହସ୍ତୀଗଣ ଶୁଣ୍ଢ ଅଗ୍ରେ, ଯେ ସକଳ ବୀରେ,
ଉତ୍‌କ୍ଷିପ୍ତ ହୋଇଲା କ୍ଷଣେ, ଉର୍ଦ୍ଧ୍ୱେ ଉଠି ଭଜିଲେ ଗତାୟୁ,
ଅନୁରାଗମୟୀ ଯେତେ, ଥିଲେ ସୁର ଲଳନା ଉପରେ,
ପୁଲକିତ ମନେ ସର୍ବେ ବରିନେଲେ ସେ ବୀର ସକଳେ ।୩୬ ।

ଯଦିଓ ନାରାଚବିଦ୍ଧ, ଗଜାରୋହୀ କ୍ଷତବିକ୍ଷତାଙ୍ଗେ,
ମୂର୍ଚ୍ଛିତେ ପଡ଼ନ୍ତି ତଳେ, ସେ ସକଳ ଅଶ୍ୱରୋହୀ ଯେତେ,
ଧନୁହାତେ ଧରି ସର୍ବେ ପ୍ରତୀକ୍ଷାରେ ରହନ୍ତି ତା ପାର୍ଶ୍ୱେ,
ବହୁକ୍ଷଣ ଆଶା ମନେ, ଚେତିଲେ ସେ ରତହେବେ ଯୁଦ୍ଧେ ।୩୭ ।

କେଉଁ ପଦାତିକ ବୀର ଖଡ୍ଗାଘାତେ କର୍ତ୍ତଇ ଗରିଷ୍ଠେ,
ମହାକ୍ରୋଧେ ଜୟକାମୀ, ହସ୍ତୀଶୁଣ୍ଢ, ମୂଷଳ ଆକୃତି ।
ସେ ଶୁଣ୍ଢ ଧାରଣେ ହର୍ଷେ, ହରିବାକୁ ହୁଅଇ ତତ୍‌ପର
ନକରି ବିଳମ୍ବ କ୍ଷଣେ, ବୀରମନେ ଉଠେ ହସ୍ତୀ ପୃଷ୍ଠେ ।୩୮ ।

ବିପକ୍ଷ ସୈନ୍ୟ ମଧ୍ୟରେ, ପୁଣି କାହିଁ ପଦାତି ନିମିଷେ,
ପ୍ରବିଷ୍ଟ ହୋଇ ଖଡ଼ଗେ, ପ୍ରତିପକ୍ଷ ହସ୍ତୀ ଦନ୍ତୁଯଗ୍ମ
ଆମୂଳ ଛେଦନ କରେ, ସେହି ହସ୍ତୀ ନପଡୁ ଭୂତଳେ,
ବିପୁଳ ତା ଗଜକାୟ ତ୍ୱରିତେ ସେ ତହୁଁ ଫେରି ଆସେ ।୩୯ ।

କେଉଁ ହସ୍ତୀ କ୍ରୋଧଭରେ ବିପକ୍ଷରେ କେଉଁ ବୀରବରେ,
ଶୁଣ୍ଢ ଅଗ୍ରେ ବିଦାରିଣ, ଆକ୍ରମଣ କରନ୍ତେ ସେ ବୀର
ତକ୍ଷଣେ ହାଣି ଖଡ଼ଗେ ସଂହାରଇ ସେ ହସ୍ତୀ ଜୀବନ,
ଅକ୍ଷତେ ରୁହଇ ନିଜେ, ନିବର୍ତ୍ତିଣ ନିପୁଣ ସମରେ ।୪୦ ।

କେଉଁଠି ତୁରଙ୍ଗାରୂଢ଼, ଅନ୍ୟ କେଉଁ ଅଶ୍ୱାରୋହୀ ବୁକେ
ବିପକ୍ଷରେ ବିନ୍ଧିଅଛି ପାଶ ଅସ୍ତ୍ରେ, ଆହତ ସୈନିକ,
ଭୂତଳେ ପଡ଼ନ୍ତେ କିଛି, ନଜାଣଇ ବିନ୍ଧିଛି ବା' କିଏ
ବିକଟ ପାଶବ ଅସ୍ତ୍ର, ବୁକେ ତା'ର ଥାଇଁ ଅଲକ୍ଷିତେ ।୪୧ ।

ବାଜୀ ପୃଷ୍ଠେ ଦୃଢ଼ଭାବେ ଯୋଦ୍ଧା କିଏ ହୋଇ ଉପବିଷ୍ଟ,
ଅରାତି ପାଶବ ଅସ୍ତ୍ରେ, ଜୀବ ତାର ହୋଇଛି ବିଲୟ,
ତଥାପି ସୁତୀକ୍ଷ୍ଣ ଅସ୍ତ୍ର କରେ ଧରି, ସମର ଅଙ୍ଗନେ,
ବିଚରଇ ଇତସ୍ତତଃ ସତେ ଅବା ସେ ଅଛି ଜୀବିତ ।୪୨ ।

ପୁଣି କେହି ଅଶ୍ୱାରୋହୀ, ଶସ୍ତ୍ରଘାତେ ପ୍ରାଣବିସର୍ଜିଣ,
ପଡ଼ନ୍ତେ ଭୂତଳେ ଖସି, ଶୃଙ୍ଖଳିତ ବିହୀନ ତା ଅଶ୍ୱ
ପ୍ରଭୁରେ ନକରି ତ୍ୟାଗ, ପଳାୟନ କରେ ନାହିଁ କାହିଁ,
ଅଶ୍ରୁଳ ନୟନେ ଚାହିଁ ରହେ ଉଭା ନତେଜି ସେ ସ୍ଥାନ ।୪୩ ।

ଭଲ୍ଲଘାତେ ବିଦାରିତ ଅଶ୍ୱାରୋହୀ କେ ଶତ୍ରୁ ଆଘାତେ,
ହୋଇଲେ ବା ଭୂପତିତ, ମୂର୍ଚ୍ଛା ନୋହି ଉଠେ କ୍ରୋଧବଶେ
ଅରାତି ସଂହାର ଲାଗି ପ୍ରତିହିଂସା ଜଡ଼ିତ ମାନସେ
ପଡ଼ି ପୁଣି ବସେ ଉଠି, ରିପୁ ନାଶେ ଚେତିତ ଉଚ୍ଛ୍ୱାସେ ।୪୪ ।

ଯୁଗଳ କେ ଅଶ୍ୱାରୋହୀ ପରସ୍ପର ଅସ୍ତ୍ରାଘାତେ ରତ,
ଆହତ ହୋଇ ବା ତଳେ ନିପତିତ, ନଛାଡ଼େ କେ କାରେ
କ୍ରୋଧେ ବଳ କଷାକଷି ପୁଣି ହାତାହାତି
ବିପୁଳ ସଂଗ୍ରାମେ ମାତି ଦୁହେଁ ତହିଁ ହୁଅନ୍ତି ପ୍ରମତ୍ତ ।୪୫ ।

ରଥୀଙ୍କର ବାଣେ ରଥୀ, ହତ ପ୍ରାଣ ହେଲେ ବି ସମରେ,
ବରଧୃତ କୋଦଣ୍ଡ ତ ଖସିଗଲା ଭୂତଳେ ପଡ଼ିଲା,
ତଥାପି ସେମାନେ ସ୍ଥିର, ଉପବିଷ୍ଟ ରଥେ ସନ୍ନିବିଷ୍ଟ
ଦେଖିଲେ ଆସଇ ମନେ, ସତେ ଅବା ସେମାନେ ଜୀବିତ ।୪୬ ।

କେଉଁ ରଥୀ ଶାସ୍ତ୍ରାଘାତେ, ମୂର୍ଚ୍ଛା ହେଲେ ବିପକ୍ଷର ରଥୀ
ପ୍ରତି ଆଶା କରି ତାରେ ରହେ ସ୍ଥିର, ଲୋଭେ ଅସଂଯତ
ସଂଗ୍ରାମ ଜନିତ, ତେଣୁ ପ୍ରତୀକ୍ଷା ସେ କରଇ ତା ପାଶେ
ଚେତନା ତା' ଫେରିବାକୁ ପୁନର୍ବାର ଯୁଦ୍ଧେ ହେବ ରତ ।୪୭ ।

ଶ୍ରେଷ୍ଠ ଅସ୍ତ୍ରଧାରୀ ରଥୀ, ଯୁଗଳ କେ 'ପରସ୍ପର ଜାତ',
ସଂଗ୍ରାମେ ଜୀବନ ତେଜି, ଚଳି ଯାନ୍ତେ ଅମର ପୁରୀକୁ
ତହିଁ ପୁଣି ଆଚମ୍ବିତେ ରଥୀ କିଏ, ପାଇ ଅପ୍ସରାଏ,
ପୁନରାୟ ସଂଗ୍ରାମରେ ଦୁହେଁ ତହିଁ ହୁଅନ୍ତି ପ୍ରମତ୍ତ ।୪୮ ।

କାହିଁବା ସୁମନୋହର କାନ୍ତିଭରା ଯୁଗଳ ରଥୀଏ,
ଅର୍ଦ୍ଧଚନ୍ଦ୍ର ନାରାଚରେ ପରସ୍ପରେ ହଣାହଣି ହୋଇ;
ଯୁଗଳ ମସ୍ତକ ତହିଁ ଉଠି ଉର୍ଦ୍ଧ୍ୱେ ଖେଚରେ ବିହରି
ସ୍ୱକୀୟ କବନ୍ଧରାଜି, ଦେଖୁଥିଲେ ଗଗନୁ ଅନାଇଁ ।୪୯ ।

ପିଚ୍ଛିଳ ହୋଇଲା ପଙ୍କେ, ରକ୍ତଭରା ସମର ଅଙ୍ଗନ,
ତୂର୍ଯ୍ୟଧ୍ୱନି ନିନାଦିତେ, ପ୍ରେତନାରୀ ଆରମ୍ଭିଲେ ଗୀତ ।
ସେ ଗୀତେ ନାଚିଲେ ତ୍ୱରା, ସେ ସକଳ କବନ୍ଧ ବିଗ୍ରହ
ବହୁ କଷ୍ଟେ ଅସ୍ତ୍ରହାତେ, ହୋଇ ଛିଡ଼ା ନୃତ୍ୟେ କଲେ ଭୟ ।୫୦ ।

ଏହି ରୂପେ ଦେବ ଦୈତ୍ୟ ରଣେ ଯହୁଁ ହେଲା ପ୍ରବାହିତ,
ଭୀଷଣ ଶୋଣିତ ନଦୀ, ମଧ୍ୟେ ଯାର ନିମଜ୍ଜିଲେ କେତେ
ମହା ମହା ଗଜଯୂଥେ; ଅରୁଣାକ୍ଷ ଭ୍ରୂକୁଟୀ କୁଟିଳେ
ଚାହିଁ ଦୈତ୍ୟ ଧାଏଁ ଯୁଦ୍ଧେ, ଭୀମ ରୂପେ ଇନ୍ଦ୍ରାଦି ପାରୁଶେ ।୫୧ ।

# ସପ୍ତଦଶ ସର୍ଗ

ଇନ୍ଦ୍ର ଆଦି ଦିଗପାଳେ ଦେଖନ୍ତି ଯେ ଆସେ ପୁରୋଭାଗେ,
ଦୈତ୍ୟରାଜ ମହାହର୍ଷେ, ଯୁଦ୍ଧ କେଳି ପ୍ରମୋଦ କୌତୁକେ
ବାଣେ କରି ଅନ୍ଧକାର, ଦିଗ୍‌ବଳୟ ପ୍ରାନ୍ତ ନଭତଟ,
ଦିଗ୍‌ପତି ଗହଳେ ସର୍ବେ ଇନ୍ଦ୍ର ତହୁଁ ହେଲେ ସମବେତ।୧।

ସାନ୍ଦ୍ର ଘନ ଜଳଦର ମହାମେଘ ଯେହ୍ନେ ଅତ୍ୟୁଚ୍ଚରେ,
ଗିରିରାଜ ସମୂହକୁ ଆଚ୍ଛାଦଇ ବିପୁଳ ବର୍ଷଣେ,
ସେପରି ଅସୁରରାଜ ଅବିରତ ବିନ୍ଧଇ ନାରାଚ,
ମହାବିକ୍ରମେ ଆଚ୍ଛାଦି ଦେବଗଣେ ହସେ ବିକଟରେ।୨।

ଦୈତ୍ୟରିପୁ ଦିଗ୍‌ପତିଏ ଇନ୍ଦ୍ରାଦିଙ୍କ ଚାପମୁକ୍ତ ଶରେ,
ତାରକାର ବାଣରାଶି କ୍ଷୁଦ୍ର କରେ, ଯେପରି ଗରୁଡ଼
ଭୁଜଙ୍ଗ କୁଳରେ ନାଶି, କରେ କ୍ଷୁଦ୍ର, କରେ ଖଣ୍ଡିକୃତ,
ସେପରି ଦେବଙ୍କ ଶିର କାଟେ ଦେଖ, ଶର ସେ ସମରେ।୩।

ବହ୍ନି ଯେଉଁପରି ଚରେ ତୃଣପୁଞ୍ଜ ସେ ଦୈତ୍ୟ ଅଧୀପ,
ସ୍ୱୀୟ ନାମାଙ୍କିତ ଶରେ ନିକ୍ଷେପଇ ଜ୍ୱଳିତ ନାରାଚ
ଦିଗ୍‌ବିଦିଗ ନଭତଳ ଆବୋରିତ କରି, ଘନ କରି,
ଇନ୍ଦ୍ରାଦି ଦେବ ସକଳ ଶରେ ଛେଦି ଲାଗିଲା କୌଣପ।୪।

ସେ ଦାନବ କୁଳରାଜ, କ୍ରୋଧଭରେ ହୋଇ ଜରଜର,
ଭୀମରୂପ ହୋଇ ପେଷେ ଚାପମୁକ୍ତ ସମସ୍ତ ନାରାଚ,
ଅକସ୍ମାତ ସେ ସମସ୍ତ ପାଲଟଇ ଭୀଷଣ ଭୁଜଙ୍ଗ,
ଇନ୍ଦ୍ର ସହ ଦେବଗଣେ ନାଗ ଫାଶେ ବାନ୍ଧି ଦ୍ରୁତତର।୫।

ସେତେବେଳେ ଦୈତ୍ୟ ପାଶୁ, ନାଗ ଫାଶ ବନ୍ଧନ ବିକଳେ,
ଇନ୍ଦ୍ରାଦି ସୁର ସମୂହେ, ଶ୍ୱାସ ରୋଧେ ହେଲେ ଆକୁଳିତ
ଏ ବିପଦୁଁ ତରିବାକୁ ତେଜି ଯୁଦ୍ଧ ପ୍ରବେଶିଲେ ଶେଷେ,
ସକଳେ ଶିବନନ୍ଦନ ଷଡ଼ାନନ ପଦ ସମୀପରେ।୬।

ଶଙ୍କର ନନ୍ଦନ ଦୃଷ୍ଟି ପଡ଼ି ଲବେ, ସୁରଗଣ ହେଲେ,
ବନ୍ଧନୁ ଲଭିଲେ ମୁକ୍ତି ଉଚ୍ଛ୍ୱସିତ ହୋଇ ସମବେତ,
ସକଳେ ଆଶ୍ୱସ୍ତ ଲଭି ବିଶ୍ୱଜେତା କୁମାର ନିକଟେ,
ଅତି ମୃଦୁ ସ୍ତୁତିଗାନେ ବନ୍ଦିବାକୁ ହୋଇଲେ ପ୍ରବୃତ୍ତ।୭।

ତା ଦେଖି ପ୍ରଚଣ୍ଡ ବାହୁ ସୁର ଶତ୍ରୁ, ଗଲା ରୋଷେ ଜଳି,
ସାରଥୀକୁ କହେ ବୋଧି "ସାଥେ ମୋର ଯୁଦ୍ଧ କରି ସୁରେ
ନାଗଫାଶୁ ଉତ୍ତରିଲେ, କାର୍ତ୍ତିକର କ୍ଷଣିକ ଲକ୍ଷଣେ,
ତା ପାଶେ ମୋ ରଥ ନିଅ, ମାରି ତାରେ ଦେବି ପଶୁବଳି"।୮।
କେତେହେଁ ଧରିଛି ବଳ, ସମ୍ଭୁସୁତ ଦେଖିବି ମୁଁ ଆଜି
ହେ ସାରଥି ବାହ ରଥ, ସେ ସ୍ଥାନକୁ କ୍ଷଣେ ନ ବରଜି।୯।

ସାରଥି ଚଳାଏ ତହୁଁ ରଥ ତାର ପ୍ରଚଣ୍ଡ ଗଭୀର,
ପ୍ରଳୟକାଳୀନ କ୍ଷୁବ୍ଧ ମେଘ ସମ ହୁଅଇ ଧ୍ୱନିତ।।
ଷଡ଼ାନନ ପାଶେ ଯାଉଁ ପଥେ ପଥେ ଅରାତି ସୈନ୍ୟର
ରକ୍ତ, ମାଂସ, ଚର୍ମ ଅସ୍ଥି-ପଙ୍କ ତଳେ ଚକ୍ରକରି ଲିପ୍ତ।୧୦।

ପ୍ରଳୟ-କାଳୀନ, ବାତ୍ୟା ବିଚଳିତ ଗିରିରାଜି ସମ,
ସୈନ୍ୟଗଣେ ପେଷି ତଳେ ନିଷ୍ପେସିତ ସୈନ୍ୟ ଆର୍ତ୍ତ ସ୍ୱରେ
ଭୀଷଣ ସେ ପଥ ଆସେ, ଦୂରୁ ଦେଖି ସୁର ସୈନ୍ୟ ସ୍ଥିତ,
ସକଳେ ବିସ୍ମିତ ହେଲେ, କ୍ଷୁବ୍ଧ ମନେ ସଭୟ ଅନ୍ତରେ ।୧୧।

ସମସ୍ତ ଦିଗ୍‌ପାଳ ସୈନ୍ୟ କରି କ୍ଷୁବ୍ଧ, କରି ଆଚମ୍ବିତ,
ରଣକ୍ରୀଡ଼ା କଉତୁକେ ଦେଖି ମତ୍ତ ଦେବ ଷଡ଼ାନନେ,
ଅତୀବ କ୍ରୋଧେ ଉନ୍ମତ୍ତ ସେ କୌଣପ ଧରି ଚଣ୍ଡଭୂଜେ,
ପ୍ରଚଣ୍ଡ କୋଦଣ୍ଡ ଦଣ୍ଡ- କୁହେ ବୋଧି କୁମାର ସନ୍ନିଧେ ।୧୨।

"ରେ ଶମ୍ଭୁ ତାପସ ପୁତ୍ର ! ମୋ ପ୍ରତି ତୋ ଭୁଜବଳ ଗର୍ବ,
ନଦେଖା; ସମର ତେଜି ଯାଅ ଦୂରେ ଇନ୍ଦ୍ର କାର୍ଯ୍ୟ ତେଜି
ତୁହି ତ ଅତୀବ ଶିଶୁ, ତୋ ବାହୁରେ ନାହିଁ ଏତେ ବଳ
ବହୁ ଭାର ବହିବାକୁ, ଅନୁଚିତ ଯୁଦ୍ଧ ତୋର ମୋର ।୧୩।

ତୁହି ତ ସ୍ୱଭାବେ ଶିଶୁ, ପୁତ୍ର ଏକ ଗୌରୀ ଗିରୀଶର,
ବୃଥାରେ ମୋ ଶରେ କିମ୍ବା, ସ୍ୱର୍ଗ ପୁରେ ଯିବୁରେ କୁମାର ।
ପ୍ରାଣ ଘେନି ଅପସରି, ପିତା ମାତା ବରଣୀୟ କୋଳେ
ଆଶ୍ରୟ ନିଅରେ ବାଳ, ଆପାତତଃ ମୋର ଏହି ବୋଲେ ।୧୪।

ଆରେ ଗିରୀଶ ବାଳୁତଃ କର ତୁହି ବିବେଚନା ନିଜେ,
ବୃତ୍ର ନିସୂଦନ ଇନ୍ଦ୍ର ପକ୍ଷ ତେଜି ଯାଅରେ ନୀରବେ,
ପାଷାଣ-ତରଣୀ ସମ, ସ୍ୱୟଂ ଇନ୍ଦ୍ର ଅଗାଧ ଜଳରେ
ନିମଜ୍ଜିବା ଆଗୁଁ ଆଜି, ତୋତେ ମଗ୍ନ କରିବ ସେ ହେଳେ ।"୧୫।

ତ୍ରିନେତ୍ର ନନ୍ଦନ ଶୁଣି ତାରକର ଏ ସମ ବଚନ
କ୍ଷୋଭେ କମ୍ପିତ ଅଧର, ରକ୍ତ ପଦ୍ମ ଲୋହିତ ଲୋଚନେ,
ଧନୁରେ ନିବେଶି କ୍ଷଣେ, ଶକ୍ତି ଅସ୍ତ୍ର ସ୍ପର୍ଶ କରି କରେ
ଉଚିତ ଯା' ବିଚାରିଣ ପ୍ରତିବୋଧି କୁହନ୍ତି ତାହାରେ ।୧୬।

"ହେ ଦୈତ୍ୟ ଅଧୀପ ଏବେ କହିଲ ଯା' ଉଚିତ ସେ କଥା
ଏହା ତ ପାଶେ ତୁମର, ସମ୍ଭାବିତ ତେଣୁ ଯୁଦ୍ଧ ଠାବେ,
ତବ ବାହୁବର ଶ୍ରେଷ୍ଠ, ଚଣ୍ଡବଳ ପରଖିବା ଲାଗି,
ମୁଁ ଇଚ୍ଛୁକ। ଧର ଶସ୍ତ୍ର, କାର୍ମୁକରେ ସଂଯୋଗାଅ ଏବେ।"।୧୭।

ତ୍ରିପୁରାରି ପୁତ୍ର ପାଶୁ, ଏ ନିର୍ଭୟ ଉତ୍ତର ଶ୍ରବଣେ,
କମ୍ପଇ ଦୈତ୍ୟ, ଓଷ୍ଠ ଚାପି, ଡାକି କହେ ପୁଣି,
"ଯେ ଉଦ୍‌ଭଟ ବାହୁବଳ, ବୃଥା ତୋର ରଟୁଅଛି ଦର୍ପ,
ସେଥିରେ ସମ୍ଭାଳ ବାଳ! ଶତ୍ରୁପୃଷ୍ଠ ବିଦାରିତ ଅସ୍ତ୍ର।୧୮।

ତା ଶୁଣି କାର୍ତ୍ତିକ କ୍ରୋଧେ ଭୀମ ମୂର୍ତ୍ତି ସର୍ପରାଜ ସମ,
ଜୈତ୍ର ଶର ଶରାସନେ ପ୍ରଯୋଜିଲେ ଅତି ସୁନିପୁଣେ,
ଦେଖି ତକ୍ଷଣେ ବିପକ୍ଷ, ବାଣ ସବୁ ସୁଶ୍ରେଷ୍ଠ ଧନୁରେ,
ବିଶାଳ ଶର-ସମୂହ, ଖଞ୍ଜେ ଦୈତ୍ୟ ଅତିହିଁ ସତ୍ୱରେ।୧୯।

ଛାଡ଼ନ୍ତେ ଆକର୍ଷି ଧନୁ, ଦିତିସୁତ ଆକର୍ଣ୍ଣ ବିସ୍ତାରି,
କୋଟି କୋଟି ଶର ଛୁଟେ, ଭରି ଉର୍ଦ୍ଧ୍ୱ ଗଗନ ପ୍ରାଙ୍ଗଣେ।
କିରଣ ସମୂହେ ଲେଖି ଚିତ୍ରପଟ ଦିଗ୍ ରମଣୀର,
ଅକାଳ ବାର୍ଦ୍ଧକ୍ୟ ରଚେ ଘନୀଭୂତ ତେଜସ୍କର ଶର।୨୦।

ନାରାଚ ନିର୍ଘୋଷେ ଭୀତ, ତ୍ରସ୍ତ ଅନ୍ଧ ଇନ୍ଦ୍ରର ସୈନିକେ,
ସୁର ଶତ୍ରୁ ତାରକର, ଦୃପ୍ତବାଣ ଜ୍ୟୋତି ଚର୍ତୁପାଶେ
ଘନୀଭୂତ ହେଲା କ୍ରମେ, ସଂଖ୍ୟାତୀତ ବାଣେ ଷଡ଼ାନନ,
ନ ଦିଶିଲେ ନେତ୍ରପଥେ, ବିଷାଦିତ ସୈନ୍ୟଙ୍କ ଅଗ୍ରତେ।୨୧।

ନିଖିଳ ଖେଚର ଖେଦ ହେତୁ, ସେହି ସୁରରିପୁ ଶର,
ସଂହାରି ସ୍ୱୟଂ ନାରାଚେ, ସମ୍ଭୁସୁତ କ୍ଷଣ ମାତ୍ରକରେ
ସୂର୍ଯ୍ୟସମ ଦୀପ୍ତିବାନ, ଦୁର୍ନିବାର ସମସ୍ତ ତେଜରେ,
ଆଧାର ସ୍ୱରୂପ ହୋଇ ବିରାଜିଲେ ସମର ଭୂମିରେ।୨୩।

ତାପରେ ଯୁଦ୍ଧରେ ତହିଁ, ଅତିହିଁ ଦୁସ୍ତର ବଳତ୍ତର
ଧରନ୍ତେ କୁମାର ତେଜ ମାୟାଚାରୀ ପ୍ରଚାରେ ଚତୁର
ବଳିଷ୍ଠ ତାରକାସୁର ଆଶୁମାୟା କଲା ସୁମୋହିନୀ
ଯୁଦ୍ଧର ଅବତାରଣା ଆରମ୍ଭିଲା ତତ୍‌କ୍ଷଣାତ୍ ବୀର । ୨୪ ।

ଅସୁର ମାୟା ନିବାରି ଦେଲେ ଯହୁଁ କୁମାର ସହସା
ବର ଅସ୍ତ୍ର ଯୁଦ୍ଧ ତାର କରି ବ୍ୟର୍ଥ, ମାୟା କରି ବ୍ୟର୍ଥ,
ବିକଟ ରହସ୍ୟେ ଦୈତ୍ୟ, ତାସ୍ଥଲ୍ୟରେ ଧନୁରେ ସଂଯୋଗେ,
ଜୋରତର ବାୟବାସ୍ତ୍ର ଚାହେଁ ନେତ୍ର କରି କଲୁଷିତ । ୨୫ ।

ଯାହାର ସନ୍ଧାନ ମାତ୍ରେ ତୀବ୍ରତର ଗମ୍ଭୀର ଶବଦେ,
ବହେ ବାୟୁ ଖରତରେ, ଧୂଳିଜାଲେ ପିହିତ ଅମ୍ବର
ଦିଗନ୍ତ ରହିଲା ଛପି, ଚଣ୍ଡସୂର୍ଯ୍ୟ ଖଣି ଆଚ୍ଛାଦିତ,
ଯୁଗାନ୍ତକାଳୀନ ଭ୍ରାନ୍ତି ମନେ ଆଣି ବହିଲା ମରୁତ । ୨୬ ।

କୁନ୍ଦ କୁସୁମ ସଦୃଶ, ଦେବ ସୈନ୍ୟ ଛତ୍ରରାଜି ତହିଁ
ସେ ବାୟୁ ଆହତ ବଳେ ଉଠେ ନଭେ ବ୍ୟାପୀ ଏ ଦିଗନ୍ତ
ସୁଦୃଶ୍ୟ ବଳାକା ସମ, ଉଡ଼ି ଧୂଳି କଲୁଷ ବିସ୍ମୃତି
ଜଳଦ ସମ ଦିଶିଲା ବ୍ୟାପୀ ସାରା ଗଗନେ ସତତ । ୨୭ ।

ପୁଣିହିଁ ଏ ବାତ୍ୟା ବେଗେ, ଦେବସୈନ୍ୟ ମଣ୍ଡିଳି ପତାକା
ନବମଲ୍ଲୀ ପୁଷ୍ପ ସମ, ସୁଦୃଶ୍ୟ ଯା ସେହୁ ଖଣ୍ଡିକୃତ
ହୋଇ ଉର୍ଦ୍ଧ୍ୱକୁ ଉଡ଼ନ୍ତେ, ଦିଶେ ଯେହ୍ନେ ସୁରତରଙ୍ଗିଣୀ
ସହସ୍ର ଲୀଳା ପ୍ରକାଶେ, ଛିନ୍ନ ବସ୍ତ୍ରେ କରି ପ୍ରବାହିତ । ୨୮ ।

ସେ ପ୍ରବଳ ବାତ୍ୟାଘାତେ, ସୁରସୈନ୍ୟ ମଧ୍ୟ ଗଜଯୂଥ
ହେଲେ ଆର୍ତ୍ତ ବିଚଳିତ, ରଣଭୂମେ ପଡ଼ନ୍ତେ ସମସ୍ତ,
ପୃଷ୍ଠଦେଶେ ଥିଲା ଯେତେ, ଆସ୍ତରଣ ହେଲା ସେ ବିଚ୍ଛିନ୍ନ,
ଇନ୍ଦ୍ର ବଜ୍ରେ ପକ୍ଷନାଶୀ, ପର୍ବତ ବା ସେହି କରୀଯୂଥ । ୨୯ ।

ପ୍ରଖର ସେ ମରୁତରେ, ମୁହୁର୍ମୁହୁଃ କମ୍ପିଲେ ଘୋଟକେ,
ଶ୍ରେଷ୍ଠ ସାରଥିଏ ତହିଁ, ହେଲେ ଭୀତ, ହେଲେ ବୁଦ୍ଧିହତ ।
ସୁରସୈନ୍ୟ ବାହିନୀର ରଥରାଜି ଏ ସମ ସଙ୍କଟେ
ଘୂରି ଚତୁର୍ଦ୍ଦିଗେ ପଡ଼େ ରଣାଙ୍ଗନେ ହୋଇ କ୍ରମାଗତ ।୩୦ ।

ଆହତ ସେ ବାୟୁ ବଳେ, ଦେବସେନା ମଧ୍ୟଗତ ଯେତେ,
ଅଶ୍ୱାରୋହୀ କଲେ ତ୍ୟାଗ, ଅସ୍ତ୍ରଶସ୍ତ୍ର ସ୍ୱସୈନ୍ୟ ସମୂହେ ।
ଅସ୍ତ୍ର ପ୍ରହାରେ ବ୍ୟଥିତ, ନହେଲେ ବି ତୁରଗ ସମସ୍ତ-
ଭୂମିରେ ପଡ଼ନ୍ତେ ସୈନ୍ୟ, ସର୍ବେ ତହିଁ ହେଲେ ଭୂପତିତ ।୩୧ ।

ଦେବଗଣ ପଦାତିକ ସୈନ୍ୟ ଯେତେ, ଶ୍ରେଷ୍ଠ ବୀର ଯେତେ,
ସେ ବାତ୍ୟା ଘୂର୍ଣ୍ଣରେ ପଡ଼ି ହେଲେ ଭୀତ କାତରେ ସ୍ଖଳିତ
ହେଲେ ତାଙ୍କ ହସ୍ତୁ ଅସ୍ତ୍ର, କର୍କଶ ଓ କରୁଣ ଚିତ୍କାରେ,
ପତ୍ର ସମ ଉର୍ଦ୍ଧ୍ୱେ ଉଡ଼ି, ଭୂପତିତ ସେ ସୈନ୍ୟ ସମସ୍ତ ।୩୨ ।

ଅସୁରପତି ତାରକ କୃତ ଏହି ଅସ୍ତ୍ରଯୋଗ ଦେଖି,
ପ୍ରପୀଡ଼ିତ ନିକ୍ଷେଷିତ, ଆକୁଳିତ ଅମର ସୈନିକେ
ବିଚକ୍ଷଣ ଷଡ଼ାନନ ବିସ୍ତାରିତ କରିଲେ ପ୍ରଭାବ,
ସେ ଦିବ୍ୟ ପ୍ରଭାବ ହେତୁ, ସ୍ୱର୍ଗଲକ୍ଷ୍ମୀ ଫେରିବେ ସ୍ୱଲୋକେ ।୩୩ ।

ତହିଁ ଉଜ୍ଜୀବିତ ଦେଖି, ସକଳଙ୍କୁ ସୁରେନ୍ଦ୍ର ସୈନ୍ୟଙ୍କୁ
ସୁସ୍ଥେ ପୁଣି ଶସ୍ତ୍ର ହାତେ, ସଂଗ୍ରାମେ ବି ଦେଖନ୍ତେ ପ୍ରବୃତ୍ତ,
ଉଦ୍ଦୀପ୍ତ କୋପେ କୁହୁଳି, ସୁର ଅରି ହୋଇ ପ୍ରଜ୍ୱଳିତ
ଦହନଶୀଳ ଅନଳ, ଅସ୍ତ୍ରଘେନି ଆକ୍ରମିଲା ତାଙ୍କୁ ।୩୪ ।

ବର୍ଷାକାଳେ ମେଘ ଯେହ୍ନେ, ନୀଳଘନ ଅସିତବରଣ,
ନୀଳୋତ୍ପଳ ସମ ଦୀପ୍ତ, ଘନୀଭୂତ, ଧୂମ୍ରାଭ ଅନଳ
ଦୃଷ୍ଟି ଅପସାରି ନେତ୍ରୁ, ଦିଗ୍‌ବଳୟ ଆକାଶ ଉପାନ୍ତ,
ପ୍ରସାରିତ ହେଲା କ୍ରମେ, ଧୂମପୁଞ୍ଜ ଘେରି ନଭସ୍ଥଳ ।୩୫ ।

ଦିଗ ଚକ୍ରବାଳ ଘେରି, ମଳିନ ଏ ସାନ୍ଦ୍ର ଘନମେଘ,
ନଭସ୍ଥଳ କଲା ଭୀମ, ତମଲିପ୍ତ, ରାଜହଂସ ଦଳ,
ମୁଦିତ ନୟନେ ଦେଖି, ଘନଘୋର ଗମ୍ଭୀର ଗଗନ,
ମାନସରୋବରେ ସର୍ବେ କଲେ ଗତି ହୋଇ ଉର୍ଦ୍ଧ୍ୱତନ ।୩୬ ।

କଳ୍ପାନ୍ତ କାଳାଗ୍ନି ସମ ଅତୁଳ ସେ ଭୀଷଣ ଅନଳ
ଶିଖା ତୋଳି ଉଠେ ଊର୍ଦ୍ଧ୍ୱେ, ସୁବିମଳ ସମସ୍ତ ଦିଗନ୍ତ
ବ୍ୟାପୀଗଲା ଚତୁର୍ଦ୍ଦିଗେ, ଘନତର ନିବିଡ଼ କାଳିମା
ବର୍ଣ୍ଣେ କରି ବଳୟିତ ଦୀପ୍ତ ତେଜେ ଘେରି ସୈନ୍ୟକୁଳ ।୩୭ ।

ସେ ବହ୍ନି ଅତୁଳନୀୟ, ଦୀପ୍ତିବାନ ପ୍ରତିବନ୍ଧହୀନ,
ଅବିରତ ଟେକି ଶିଖା, ଘନୀଭୂତ ଜଳଦ ସନ୍ନିଭ
ଧୂମ୍ର ପୁଞ୍ଜେ ସୁବେଷ୍ଟିତ ନଭସ୍ଥଳ, ଦେଖି ଅନୁମିତ,
ହେଲା ମନେ ଅବା ସତେ ! ବିଦ୍ୟୁତ୍ ସମୂହେ ନଭପୂର୍ଣ୍ଣ ।୩୮ ।

ଏ ଭୟେ ସେ ଭୀତତ୍ରସ୍ତ, ବିଷର୍ଣ୍ଣ ଯେତେକ ଶୂନ୍ୟଚାରୀ
ପଳାୟନପର ହେଲେ, ଦୁର୍ବିସହ ଦହନେ ଦଳିତ,
ଅତିଶୟ ବ୍ୟାକୁଳିତ ଥିଲେ ଯେତେ ସୁରରାଜ ସୈନ୍ୟ,
ତ୍ୱରିତେ ସେ ହେଲେ ସର୍ବେ ଶିବ ସୁନୁ ପାଶେ ଉପନୀତ ।୩୯ ।

ଏହିରୂପେ ଘନତମ ଦେଖି ଅଗ୍ନି, ଅଭିଭୂତ ତହିଁ,
ସମସ୍ତ ଅଖିଳ ଆଉ ସୁରଲୋକ, ବିକଳ ବିଲୋକି,
ଅନ୍ଧକାରି ଶତ୍ରୁ ସୁନୁ, ହସି ହସି କ୍ଷଣେ କମଳ ବଦନେ,
କୋଦଣ୍ଡ ଉଠାଇ ଉର୍ଦ୍ଧ୍ୱେ ବାରୁଣାସ୍ତ୍ର ଯୋଖିଲେ ନିରେଖି ।୪୦ ।

ଧନୁମୁନେ ବାରୁଣାସ୍ତ୍ର ଯୋଜନାନ୍ତେ ପ୍ରଳୟକାଳୀନ,
ପ୍ରଚଣ୍ଡ ଧୂମ୍ର ସମୂହ, ଘନ ଘୋର ତିମିରିତ ପୁଞ୍ଜ
ମେଘମାଳା ନଭ ଘେରି, ଉଠେ ଘନ ଗର୍ଜନ ସହିତେ,
ଗିରି ଶୃଙ୍ଗ କରି ଦୀର୍ଣ୍ଣ, ଆବୋରିଲା ସମ୍ପୂର୍ଣ୍ଣ ଗଗନ ।୪୧ ।

ତଦନ୍ତେ ବାରିଦ ମଧ୍ୟେ, ଦିଗ୍‌ବଳୟ କପିଶାଭ କରେ,
ଭୀଷଣ ଗମ୍ଭୀର ରୋଳେ, ଘୋର କାୟା ତଡ଼ିତ୍ ଲତିକା
ଯୁଗାନ୍ତକାଳୀନ ଯମ ସମ କରି ଲୋଳିତ ରସନା,
ଚକିତେ ଚମକି ଯାଏ ଭୟଙ୍କର ଜଳଦେ ସଂଚରି ।୪୨।

କାଳ ରାତ୍ରି ଅମାସ୍ୟା କି ? ଗାଢ଼ତମ ଅସିତ ବରଣେ
ଜଳପୂର୍ଣ୍ଣ ମେଘମାଳା ସହ ଆସେ ଗର୍ଜ୍ଜି ଚମକାଇ ।
କାଦମ୍ବିନୀ ବିରାଜଇ, ଉର୍ଦ୍ଧ୍ୱେ ନଭେ ତଡ଼ିତ୍ ଉଦ୍‌ଭାସ
ସକଳର ଦୃଷ୍ଟିଶକ୍ତି, ଅବ୍ୟାହତ ରଖିଲା ବିଳସି ।୪୩।

କ୍ରମେ ଭରି ନଭତଳ ଆବୋରିଣ ସକଳ ଦିଗ୍‌ମୁଖ
ଗରଜି ଅନବରତ ସର୍ବଜନ ମନେ ଆଣି ତ୍ରାସ,
ପଡ଼େ ପୟୋଧର ରାଜି, ସୁବିପୁଳା ଧାରା ଛନ୍ଦ୍ର ପାତେ
ଛୁଟାଇ ସଲିଳ ଧାରା, ଚତୁର୍ଦ୍ଦିଗେ ବର୍ଷଣେ ଉନ୍ମୁଖ ।୪୪।

ତହିଁ ବାରୁଣାସ୍ତ୍ର ପାଶୁ ଉତ୍ପନ୍ନ ଯା' ଜଳଦ ସମ୍ଭାର
ନଭ କରି ଆଚ୍ଛାଦିତ, ଗର୍ଜ୍ଜି ନାଦେ ଦୈତ୍ୟ କରି ଭୀତ
ବର୍ଷୁକ ଜଳଦ ଯହୁଁ, ଅବିରାମ ବରଷିଲା ବାରି,
ସେ ବିଶ୍ୱ ବ୍ୟାପକ ଅଗ୍ନି, ଅବିଳମ୍ବେ ହେଲା ନିର୍ବାପିତ ।୪୫।

ତା ଦେଖି ଉଦ୍‌କ୍ଷିପ୍ତ ଦୈତ୍ୟ କ୍ରୋଧେ କରି ଚକ୍ଷୁ କଳୁଷିତ,
କ୍ଷୁରପାସ୍ତ୍ର ପ୍ରଯୋଜିତ, କରେ ଧନୁ ଆକର୍ଣ୍ଣ ବିସ୍ତାରି ।
ସୁତୀକ୍ଷ୍ଣ ସେ ଅସ୍ତ୍ର ଧରି, ପ୍ରହାରିଲା ସ୍ମରାରି କୁମାରେ,
ତା ଦେଖି ସୁର ସୈନିକେ ପଳାୟନେ ହୋଇଲେ ପ୍ରବୃତ୍ତ ।୪୬।

ରଣ କେଳି ନିପୁଣକ, ସେହି ଦେବ ଯୋଗାଭ୍ୟାସ ବଳେ
ଛେଦଇ ଯେସନେ ଯୋଗୀ, ସାଂସାରିକ ବିଷୟ ସମୂହ,
ତଦ୍ରୂପ ଛେଦିଲେ ଶରେ ଷଡ଼ାନନ ଅସୁର ରାଜର,
ଉତ୍‌କ୍ଷିପ୍ତ ସମସ୍ତ ଶର, ଶରାସର୍ବେ କରି କ୍ଷୁଦ୍ରତର ।୪୭।

ଚକ୍ରବର୍ତ୍ତୀ ଦୈତ୍ୟ ତହିଁ, ଅତିଶୟ ରୋଷେ ପ୍ରଜ୍ୱଳିତ,
ଭ୍ରୂକୁଟି କୁଟିଳ କିର ଧାଏଁ ଅତି ବିକଟ ବଦନେ।
ଆବୋରି ଦକ୍ଷିଣ କରେ କରବାଳ, କରି ରଥ ତ୍ୟାଗ,
ମହେଶ ତନୟ ପାଶେ ଧାଇଁଲାକ ବିକଟ କୌଶପ।୪୮।

ଦେଖି ତାରେ ଈଶପୁତ୍ର, ଯା ଦୁର୍ବାର ବାହୁବଳ ପାଶେ,
ଅସମର୍ଥ ସୁରସୈନ୍ୟ, ସେ ତାରକ ନିକଟେ ଆଗତ।।
ଦେଖି ମହା ହର୍ଷଭରେ, ବିକଷିତ ବଦନ କମଳେ,
ପ୍ରଳୟକାଳୀନ ବହ୍ନି ସମ ଶକ୍ତି ଅସ୍ତ୍ର ପେଶିଲେ ସେ।୪୯।

ସେହି ଶକ୍ତି ପ୍ରଭାଜାଳେ, ଉଦ୍‌ଭାସିଣ ଦିଗନ୍ତ ଅମ୍ବର,
ଧାଏଁ ମହାସୁର ବକ୍ଷେ, ଯାହା ସର୍ବ ଦିଗ ଈଶ୍ୱରର
ହସ ଅଶ୍ରୁ ଭରିଯାଏ ଦୈତ୍ୟକୁଳ, ଶୋକାଗ୍ର ସଲିଳେ
ବିଦାରିତ କରି ପଶେ ଭେଦି ବକ୍ଷ ତାରକ ଦୈତ୍ୟର।୫୦।

ଶକ୍ତି ଅସ୍ତ୍ର ପ୍ରହାରିତ, ବାତ୍ୟାହତ ଗିରିଶୃଙ୍ଗ ତୁଲ୍ୟ,
ସମୀପାଗତ ଅସୁରେ ବିଦୀର୍ଣ୍ଣିତ ଗତାୟୁ ସହିତ।
ନିରେଖି ଇନ୍ଦ୍ର ପ୍ରମୁଖ ଦେବତାଏ ହେଲେ ପୁଲକିତ,
ମହାହର୍ଷେ ଚାରୁ ଦେହ, ରୋମାଂଚିତ ସର୍ବାଙ୍ଗ ସହିତ।୫୧।

ପ୍ରଳୟେ ଯେପରି ପଡ଼େ ନଗରାଜ, ସେହି ଦୈତ୍ୟପତି,
ଭୂତଳଶାୟୀ ହେବାରୁ, ତା ଅଙ୍ଗର ଲାଗି ଗୁରୁଭାର
ହେଲା ନିମ୍ନମୁଖୀ ଧରା, ବହୁକଷ୍ଟେ ଊର୍ଦ୍ଧ୍ୱେ ଥିଲେ ଟେକି,
ଫଣାତୋଳି ଫଣୀପତି ଅନନ୍ତ ରାଜନ, ଧରିତ୍ରୀକି।୫୨।

ସେତେବେଳେ ନଭମାର୍ଗୁ ହେଲା ଦୃଷ୍ଟି ଘେରି ଚତୁର୍ଦ୍ଦିଗ,
କଳ୍ପବୃକ୍ଷ ପୁଷ୍ପ ଯେତେ, ସ୍ୱର୍ଗଗଙ୍ଗା ସଲିଳ ଶୀକରେ,
ଆର୍ଦ୍ର ସ୍ନିଗ୍ଧ, ସୁବାସିତ, ଲୁବ୍ଧ ଅଳି ସମୂହେ ବେଷ୍ଟିତ,
ସେ ଚାରୁ କୁସୁମାରାଜି, ସ୍କନ୍ଦ ମାଥେ ଢାଳି ଅବିରତ।୫୩।

ସେ ସମୟେ ଇନ୍ଦ୍ର ଆଦି ଦେବଗଣ ପୁଲକ ରୋମାଂଚ,
ବର୍ମଭେଦ କରି ଦିଶେ, ମୁଖଶିରୀ ଅତି ସମୁଜ୍ଜ୍ୱଳ,
ସରବେ ସସ୍ମିତ ଦୃଷ୍ଟି କରି ନତ, ସମ୍ମିଳିତ ସୁରେ
କରନ୍ତି ତାରକ ଜୟୀ ବାହୁବଳ ପ୍ରଶଂସା ବିପୁଳ ।୫୪ ।

ବିଷ୍ଣୁ ସ୍କନ୍ଦ ଈଶ ସୁନୁ, ତ୍ରିଲୋକର ବରଶଲ୍ୟ ଦୈତ୍ୟ,
ନିହତ କରନ୍ତେ ଯୁଦ୍ଧେ ବଳନିସୂଦନ, ସୁରପତି
ଲଭି ସ୍ୱର୍ଗ ଆଧିପତ୍ୟ, ଜୟ ଶିରୀ, ସର୍ବ ସୁରସହ
ଚୂଡ଼ାମଣି ସ୍ପର୍ଶେ ସର୍ବେ କଲେ ସ୍କନ୍ଦେ, ବିନୟେ ପ୍ରଣତି ।୫୫ ।

ଏହିପରି କୁମାରଙ୍କ ଲୀଳାଛଳେ
ଈଶ୍ୱରଙ୍କ ମହିମା ପ୍ରକାଶି ।
ଆପଣାରେ ବ୍ୟକ୍ତ କଲେ ମହାକବି କାଳିଦାସ ।
ଆନନ୍ଦିତ କରି ବିଶ୍ୱବାସୀ ।

# ଅଭିମତ...

କୁମାର ସମ୍ଭବ (ପଦାନୁବାଦ) ଉପରେ ନିଜର ଅଭିମତ ପ୍ରଦାନ କରିବା ପୂର୍ବରୁ କାଳିଦାସ ଓ ତାଙ୍କ କାବ୍ୟ କୃତି ଉପରେ ସମ୍ୟକ୍ ଆଲୋକପାତ କରିବାର ପ୍ରାସଙ୍ଗିକତାକୁ ମୁଁ ଉଚିତ୍ ମନେ କରୁଅଛି।

ସମଗ୍ର ପୃଥିବୀର କାବ୍ୟ ଜଗତରେ କାଳିଦାସଙ୍କ କବିତ୍ୱର ପଟାନ୍ତର ନାହିଁ। କି ବିଷୟ ଉପସ୍ଥାପନ, କି ଶବ୍ଦ ଯୋଜନା, କି ଛନ୍ଦ ପ୍ରୟୋଗ, କି ରସବତ୍ତା, କି ଭାଷା ପ୍ରୟୋଗ ଓ କି ଭାଗ ଚମତ୍କାରିତା ଆଦିରେ ବେଶ୍ ବୈଶିଷ୍ଟ୍ୟ ରହିଛି। ତାଙ୍କ କୃତ କାବ୍ୟ କବିତା କବି ଚେତନାକୁ ଅନାଘାତ-ଶୁଦ୍ଧ-ଚିତ୍ତ-ସହୃଦୟ ପାଠକ କାଳିଦାସଙ୍କ କୃତିକୁ ଅନୁଶୀଳନ କଲାବେଳେ ଅପୂର୍ବ-ଅନିର୍ବଚନୀୟ ଆନନ୍ଦରେ ଉଲ୍ଲସିତ ହୋଇ ଉଠେ। ତା'ର ହୃଦୟରେ ସୂକ୍ଷ୍ମ ଓ ଅବ୍ୟକ୍ତ ଅନୁଭୂତି ଜାଗ୍ରତ ହୋଇଥାଏ। ସ୍ନେହ, କ୍ଷମା, ଧୈର୍ଯ୍ୟ, ପ୍ରୀତି, ତ୍ୟାଗ ଓ କରୁଣା ପ୍ରଭୃତି ମାନସିକ ଚିତ୍ତବୃତ୍ତିଗୁଡ଼ିକ ଉଜ୍ଜୀବିତ ହୁଏ। ମନ ଓ ହୃଦୟ ଅବ୍ୟକ୍ତ ଭାବାମୃତରେ ପରିପୂର୍ଣ୍ଣ ହୋଇଯାଏ। ସବୁକିଛି ଜୀବନରେ ପାଇଗଲା ପରି ମନେ ହୁଏ। ତାଙ୍କର ରସୋତ୍ତୀର୍ଣ୍ଣ କାବ୍ୟ ଆତ୍ମାକୁ ବାରମ୍ବାର ରସାଣିତ କରେ, ତୃପ୍ତ କରେ; କିନ୍ତୁ ଅବସନ୍ନ କରେ ନାହିଁ। "ନବ ନବ ଶାଳୀନମ୍ ପ୍ରଭା" ଜ୍ୟୋତିରେ ପାଠକର ଆତ୍ମାକୁ ଜ୍ୟୋତିର୍ମୟ କରିଦିଏ। ଯାହା କହନ୍ତି, "ସୁନ୍ଦର ତୃପ୍ତିରେ ଅବସାଦ ନାହିଁ, ଯେତେ ଦେଖୁଥିଲେ ନୂଆ ଦିଶୁଥାଇ।" ସେହି ମହାକବିଙ୍କର କାବ୍ୟକବିତା ପାଠକଙ୍କୁ ଅଧିକ ଜିଜ୍ଞାସୁ କରାଏ। ବାରମ୍ବାର ପଢ଼ଇଲେ ମଧ୍ୟ ନୂତନ ଭାବର ଉଦ୍ରେକ ହୋଇଥାଏ। ତେଣୁ ତାଙ୍କର କବିତା କାମିନୀ, ପୁରାଣୀ ଯୁବତୀ ପରି ରସମୟୀ, ହାସ୍ୟ-ଲାସ୍ୟମୟୀ ଓ ବିଳାସମୟୀ। ସେଥିପାଇଁ କୌଣସି ସହୃଦୟ ପାଠକ ଇଚ୍ଛା ପ୍ରକାଶ କରିଛନ୍ତ. "ମୁଁ ନୂତନ ବୟସ ଓ କାଳିଦାସଙ୍କ କବିତା ଜନ୍ମଜନ୍ମାନ୍ତରରେ ଲାଭ କରେ।"- "କାଳିଦାସ କବିତା ନବଂ ବୟଃ, ସମ୍ଭବତୁ ମମ ଜନ୍ମଜନ୍ମନି।"

କାବ୍ୟ କବିତା ବଞ୍ଚିରହେ ନାହିଁ ସହସ୍ର ଗ୍ରନ୍ଥର ସହସ୍ର ପୃଷ୍ଠାରାଜିରେ; ବଞ୍ଚିରହେ ସହସ୍ର ପାଠକଙ୍କର ଅନ୍ତଃପୁର ରାଜ୍ୟରେ। କାଳିଦାସ ଆଦି ତାଙ୍କ କୃତ ସାହିତ୍ୟରେ କେବଳ ନୁହେଁ ବରଂ ତାଙ୍କ ସାହିତ୍ୟର ସହସ୍ର ସହସ୍ର ଶ୍ରଦ୍ଧାଳୁ ପାଠକମାନଙ୍କର ଅନ୍ତଃପୁର ରାଜ୍ୟରେ ନିଜର ଆସନ ଦୃଢ଼ ଭାବରେ ପାତି ପାରିଛନ୍ତି।

ଏହିଭଳି କାଳିଦାସଙ୍କ କବି ପ୍ରଶସ୍ତି ଅନନ୍ୟ ସାଧାରଣ। ତାଙ୍କ ସମକକ୍ଷ କବି ଏ ପର୍ଯ୍ୟନ୍ତ ଜନ୍ମ ହୋଇନାହାନ୍ତି। ତାଙ୍କର କବିପ୍ରତିଭା ଦେଶ ଓ ସମୟ ସୀମାକୁ ଅତିକ୍ରମ କରିଯାଇଛି। ସେଥିପାଇଁ ଯଥାର୍ଥରେ କୁହାଯାଇଛି, "ପୁରାକବୀନାଂ ଗଣନା ପ୍ରସଙ୍ଗେ, କନିଷ୍ଠିକାଧିଷ୍ଠିତା କାଳିଦାସଃ, ଅଦ୍ୟାପି ତତ୍ତୁଲ୍ୟ କବେର ଭବାତ୍, ଅନାମିକା ସାର୍ଥବତୀ ବଭୁବ।" - "ଅର୍ଥାତ୍ ପୁରାକାଳରେ ପ୍ରତିଭାବାନ୍ କବିଙ୍କୁ ଗଣନା କରିବାକୁ ହେଲେ ପ୍ରଥମେ କାଳିଦାସଙ୍କୁ ଗଣା ହୋଇଥିଲା। ଆଜି ମଧ୍ୟ ତାଙ୍କ ସଦୃଶ କବି ବିରଳ। ପ୍ରଥମ ଗଣନା କନିଷ୍ଠ ଆଙ୍ଗୁଳିରୁ ଆରମ୍ଭ ହୁଏ; ସଦୃଶ ଦ୍ୱିତୀୟ କବି ନମିଳିବାରୁ ଅନାମିକା ଅଙ୍ଗୁଷ୍ଠିର ନାମ ସାର୍ଥକ ହୋଇଛି। ମହାକବି ବାଣଭଟ୍ଟ ମଧ୍ୟ କାଳିଦାସଙ୍କ କବିତାକୁ ପ୍ରୀତି-ଦାୟକ-ମଧୁର-ସାନ୍ଦ୍ର-ମଞ୍ଜରୀ କହି ସମୁଚିତ ପ୍ରଶଂସା କରିଛନ୍ତି। "ନିର୍ଗତାସୁ ନବାକସ୍ୟ କାଳିଦାସ୍ୟ ସୂକ୍ତିଷୁ, ପ୍ରୀତିର୍ମଧୁରସାନ୍ଦ୍ରାସୁ ମଞ୍ଜରୀଷ୍ୱିବ ଜାୟତେ"- ଅର୍ଥାତ୍, "ମଧୁର ରସସିକ୍ତ ମଞ୍ଜରୀ ଭଳି କାଳିଦାସଙ୍କ କବିତାରେ କାହାର ବା ପ୍ରୀତି ଉଦ୍ରେକ ନହେବ? ଜର୍ମାନ୍ କବି ଗେଟ୍ କାଳିଦାସଙ୍କ ରଚିତ 'ଅଭିଜ୍ଞାନଶକୁନ୍ତଳମ୍' ନାଟକ ପାଠକରି ଆତ୍ମବିଭୋର ହୋ ପଡ଼ିଛନ୍ତି ଏବଂ ଦ୍ୱିଧାହୀନ ଭାବରେ ମହାକବିଙ୍କୁ ପ୍ରଶଂସା କରି ଇଂରେଜୀ ଭାଷାରେ ଗାଇଛନ୍ତି,

> "Whouldest thou the young years,
> blossoms and fruits of its decline
> And all by which the soul is charmed,
> enroptured, thou the earth and
> heven itoelf in one,
> sole name combine?
> I name thee o, Sakuntala
> and all at once is said."

ମୋଟରେ କହିବା ବାହୁଲ୍ୟ ନୁହେଁ ଯେ କବି ଜଗତରେ କାଳିଦାସଙ୍କର ସ୍ଥିତି ସମଗ୍ର ବିଶ୍ୱରେ ଅପୂର୍ବ। ତାଙ୍କର ରସସ୍ନିଗ୍ଧ କାବ୍ୟକବିତା ବିଶେଷତଃ ଶୃଙ୍ଗାରାଶ୍ରୟୀ, ସମ୍ବେଦନଶୀଳ ଓ କଲ୍ୟାଣପ୍ରଦ। ତାଙ୍କ ସୃଷ୍ଟି ଚରିତ୍ରରେ ମନସ୍ତାତ୍ତ୍ୱିକ ଭିତ୍ତି ସହିତ ଦୃଶ୍ୟମାନ ପ୍ରକୃତିର ସମନ୍ୱୟ ଘଟିଛି। ମାନବର ଅନ୍ତଃପ୍ରକୃତି ଓ ବାହ୍ୟପ୍ରକୃତି ପରସ୍ପର ପରିପୋଷକ ହୋଇଛନ୍ତି।

ଏ ପର୍ଯ୍ୟନ୍ତ ସାହିତ୍ୟିକ, ଗବେଷକ ଓ ଐତିହାସିକମାନେ କାଳିଦାସଙ୍କ ସମୟ ନିରୂପଣ କରିପାରି ନାହାନ୍ତି। ତାଙ୍କ ଜନ୍ମଦିନ ଶହଶହ ବର୍ଷ ଅତୀତ ହୋଇଗଲାଣି। କେତେ ସାମ୍ରାଜ୍ୟ ଭାଙ୍ଗି ନୂଆ ସାମ୍ରାଜ୍ୟ ଗଢ଼ି ଉଠିଲାଣି। କିନ୍ତୁ ତାଙ୍କ କାବ୍ୟ କବିତାର ସାମ୍ରାଜ୍ୟ ଅକ୍ଷୁର୍ଣ୍ଣ ରହିଛି। ତାଙ୍କ ଜନ୍ମ କିମ୍ବା ସ୍ଥାନ କାହାକୁ ଜଣା ନାହିଁ। ଜାଣିବାର ଆବଶ୍ୟକତା ମଧ୍ୟ ନାହିଁ। ବର୍ତ୍ତମାନ ସେ ସମସ୍ତ ମନୁଷ୍ୟ ଜାତିର କବି ଏବଂ ସବୁ ସମୟର ଅଟନ୍ତି। କାବ୍ୟ କବିତାର ଅମୃତ ରାଜ୍ୟରେ କବି ଚିର ଅମର। ଏ ଦେଶର ମହାକବିମାନଙ୍କୁ ସ୍ମରଣ କଲାବେଳେ, ଲୋକେ ବ୍ୟାସ ଓ ବାଲ୍ମୀକିଙ୍କ ସହିତ କାଳିଦାସଙ୍କୁ ହିଁ ସ୍ମରଣ କରିଥାନ୍ତି। ସେଇ ସ୍ମୃତିକୁ ଚିରସ୍ଥାୟୀ କରିବା ପାଇଁ ଭାରତ ସରକାର ଉଜ୍ଜୟିନୀଠାରେ ଏକ ବିଶାଳ ସ୍ମୃତି ମନ୍ଦିର ନିର୍ମାଣ କରିଛନ୍ତି ଏବଂ ତାଙ୍କ ପରି ଭାରତର ଶ୍ରେଷ୍ଠ କବିମାନଙ୍କୁ ସମ୍ମାନିତ କରିବା ପାଇଁ କାଳିଦାସି ପୁରସ୍କାର ନାମରେ ଶ୍ରେଷ୍ଠ ସାହିତ୍ୟ ପୁରସ୍କାର ବ୍ୟବସ୍ଥା ମଧ୍ୟ କରିଛନ୍ତି। ଆହୁରି ତାଙ୍କ ନାମରେ ଭାରତସରକାର ଡାକଟିକଟ ଚଳାଇଛନ୍ତି। କବି ଡକ୍ଟର ମାୟାଧରମାନସିଂହ ସେକ୍‌ସପିଅର ଓ କାଳିଦାସଙ୍କ ସାହିତ୍ୟକୃତି ଉପରେ ଇଂରେଜୀରେ ସନ୍ଦର୍ଭ ଲେଖି ପି.ଏଚ.ଡ଼ି ପ୍ରାପ୍ତ ହୋଇଛନ୍ତି।

ମହାକବି କାଳିଦାସ ବହୁ କାବ୍ୟ, କବିତା ଓ ନାଟକ ଲେଖି ଯାଇଛନ୍ତି। 'ରଘୁବଂଶ' ଓ 'କୁମାର ସମ୍ଭବ' ଦୁଇଟି ମହାକାବ୍ୟ। 'ମେଘଦୂତ' ଓ 'ଋତୁସଂହାର' ଦୁଇଟି ଖଣ୍ଡକାବ୍ୟ। 'ଅଭିଜ୍ଞାନ ଶାକୁନ୍ତଳମ୍', 'ମାଳବିକାଗ୍ନିମିତ୍ର' ଓ 'ବିକ୍ରମୋର୍ବଂଶୀୟ' ପ୍ରଭୃତି ନାଟକ ତାଙ୍କର ବିଶିଷ୍ଟ କୃତି। ସମଗ୍ର ପାଠକ ଓ ସମାଲୋଚକମାନଙ୍କ ମତରେ କବିତା ମଧ୍ୟରେ 'ମେଘଦୂତ' ଓ ନାଟକମାନଙ୍କ ମଧ୍ୟରେ 'ଅଭିଜ୍ଞାନଶାକୁନ୍ତଳମ' ସର୍ବଶ୍ରେଷ୍ଠ। ସେଥିପାଇଁ ପ୍ରଶସ୍ତି ଅଛି, "କାବ୍ୟଷୁ ନାଟକଂ ରମ୍ୟଂ, ତତ୍ରରମ୍ୟା ଶକୁନ୍ତଳ।" ସଂସ୍କୃତ ସାହିତ୍ୟର ଜନପ୍ରିୟ ପଞ୍ଚ ମହାକାବ୍ୟ ମଧ୍ୟରେ 'କୁମାର ସମ୍ଭବ' ଅନ୍ୟତମ। ଅନ୍ୟ ଚାରିଗୋଟି ମହାକାବ୍ୟ ହେଲା- ଭରବୀଙ୍କ 'କୀରାତାର୍ଜ୍ଜୁନୀୟ', ମହାକବି ମାଘଙ୍କ 'ଶିଶୁପାଳବଧ' ଓ ଶ୍ରୀହର୍ଷଙ୍କ 'ନୈଷଧ' ମହାକାବ୍ୟ। ଓଡ଼ିଆ ମଧ୍ୟଯୁଗୀୟ କାବ୍ୟ ସାହିତ୍ୟରେ କବି 'ଦୀନକୃଷ୍ଣ ଦାସ', 'କବିସମ୍ରାଟ ଉପେନ୍ଦ୍ରଭଞ୍ଜ' କବିତିଳକ ବିଦଗ୍ଧ କବି 'ଅଭିମନ୍ୟୁ ସାମନ୍ତ ସିଂହାର' ଭକ୍ତକବି ଭକ୍ତଚରଣ ଦାସ' ଓ 'କବିସୂର୍ଯ୍ୟ ବଳଦେବ ରଥ'ଙ୍କ ସହିତ ଆଧୁନିକ ଯୁଗର ସ୍ୱଭାବକବି 'ଗଙ୍ଗାଧର ମେହେର' ଓ କବି ଗୋଲୋକଚନ୍ଦ୍ର ପ୍ରଧାନ- ଆଦି କବିମାନେ କାଳିଦାସଙ୍କ କାବ୍ୟକୃତି ତଥା ପଞ୍ଚ ମହାକାବ୍ୟଦ୍ୱାରା ବିଶେଷ ଭାବରେ ପ୍ରଭାବିତ ହୋଇଛନ୍ତି। 'କୁମାରସମ୍ଭବ' ନିବଦ୍ଧ ପ୍ରକୃତି ସୌନ୍ଦର୍ଯ୍ୟ, ଭାରତୀୟ ତପଃସିଦ୍ଧ ସଂସ୍କୃତି, ଶିବପାର୍ବତୀଙ୍କ ଆଦର୍ଶଗାର୍ହସ୍ଥ୍ୟ ଜୀବନ

ଓ ତଥା ଦାମ୍ପତ୍ୟପ୍ରେମ ଓ ବିବିଧ ସୁଭଷିତ ପଦାବଳୀ ଏହାକୁ ଅତି ଲୋକପ୍ରିୟ କରିଛି। କାଳିଦାସଙ୍କ ସମସ୍ତ ଗ୍ରନ୍ଥ ମଧ୍ୟରେ ଏହିଗ୍ରନ୍ଥରୁ ପଣ୍ଡିତ ଓ ଆଳଙ୍କାରିକମାନେ ଅଧିକାଂଶ ଉଦ୍ଧୃତ କରିବାର ଜଣାପଡ଼େ। ମହାତ୍ମାଗାନ୍ଧି କହିଲାପରି ଭାରତର ସମସ୍ତ ଶାସ୍ତ୍ର ଭସ୍ମୀଭୂତ ହୋଇ ଯଦି କେବଳ ଗୀତା ଖଣ୍ଡିକ ରହନ୍ତା ତେବେ ବି ଭାରତର ସବୁ ଅଛି ବୋଲି ସେ କହନ୍ତେ। ସେହିପରି କାଳିଦାସ ଯଦି ତାଙ୍କ କାବ୍ୟକବିତା ମଧ୍ୟରୁ କେବଳ ଯେକୌଣସି ଖଣ୍ଡିଏ ଲେଖିଥାନ୍ତେ, ତେବେ ବି ମହାକବି ସମ୍ମାନ ତାଙ୍କଠାରୁ କେହି ଛଡ଼ାଇ ନିଅନ୍ତା ନାହିଁ କିମ୍ବା ସେ ଯଦି କେବଳ ନାଟକଟି ଲେଖିଥାନ୍ତେ, ତେବେ ବି ଲୋକେ ତାଙ୍କୁ ଭାରତର ସେକ୍‌ସେପିୟର ବୋଲି କହୁଥାନ୍ତେ। ସମସ୍ତ ଭାରତର ସାହିତ୍ୟଜଗତରେ ଆରମ୍ଭରୁ ଆଜିଯାଏ କାଳିଦାସଙ୍କ ଉପମା। ଅତି ଚମତ୍କାର ବୋଲି ଖ୍ୟାତି ରହିଛି। ସେଥିପାଇଁ ସଂସ୍କୃତରେ 'ଉପମା କାଳିଦାସ୍ୟ' ବୋଲି ପ୍ରସିଦ୍ଧି ରହିଛି।

ଉତ୍ତମ କାବ୍ୟରଚନା, ପଠନ କରିବା ଫଳରେ ଧର୍ମ, ଅର୍ଥ, କାମ ଓ ମୋକ୍ଷ ଆଦି ଚତୁର୍ବର୍ଗ ଫଳ ଲାଭ ହୋଇଥାଏ। ଅଧିକାନ୍ତୁ କୀର୍ତ୍ତି ସଂସ୍ଥାପନ ଓ ପ୍ରୀତି ଲାଭ ମଧ୍ୟ କଳାର ଅନ୍ୟତମ ଉଦ୍ଦେଶ୍ୟ। ଚିରନ୍ତନ ହୃଦୟାନୁଭୂତିକୁ କାବ୍ୟରେ ପରଷି ଯାଇଛନ୍ତି କାଳିଦାସ। ଏହା କାହାକୁ ଅଭିଭୂତ ନକରିବ? କସ୍ମିନ୍‌କାଳେ ଏହି ଅନୁଭୂତି ନିଶ୍ଚୟ ବଦଳେ ନାହିଁ ସହଜରେ। ଉତ୍ତମ କାର୍ଯ୍ୟ ଯଶ, ଅଥ, ଲୋକ ବ୍ୟବହାର, ପରିଜ୍ଞାନ, ଅମଙ୍ଗଳ ବିନାଶ, ପରମ ଅନଳ ଲାଭ ତଥା କାନ୍ତା-ସମ୍ମିତ ଉପଦେଶର ଉପଯୋଗ୍ୟ। ସେଥିପାଇଁ 'କାବ୍ୟ ପ୍ରକାଶ'ରେ କୁହାଯାଇଛି, "କାବ୍ୟଂ ଯଶସେଽର୍ଥକୃତେ, ବ୍ୟବହାର ବିଦେ, ଶିବେତରକ୍ଷତୟେ, ସଦ୍ୟ ପରିନିବୃତୟେ, କାନ୍ତା ସମ୍ମିତ ଉପଦେଶ ଯୁଜେ।" ପୁଣି- "ଗଭୀର ସାଂସାରିକ ଚିନ୍ତାରେ ମନୁଷ୍ୟର ମନ ଯେତେବେଳେ ଆକ୍ରାନ୍ତ ଥାଏ ସେତେବେଳେ ସଦ୍‌କାବ୍ୟରୂପ ଅମୃତରସ ତାହାର ମନର ପ୍ରଫୁଲ୍ଲତା ସଂପାଦନ ବିଷୟରେ ସମର୍ଥ ହୁଏ।" କାଳିଦାସଙ୍କ କାବ୍ୟକୃତିରେ ଏହି ସତ୍ୟ ଅକ୍ଷରେ ଅକ୍ଷରେ ପ୍ରତିଫଳିତ। ତାଙ୍କ ରଚନାରେ ଭାରତୀୟ ଚରିତ୍ର ସଙ୍ଗେ ଭାରତୀୟ ନଦନଦୀ, ନିଃସର୍ଗ ପ୍ରକୃତି, କାନନ କାନ୍ତର, ଆର୍ଷଜୀବନ ଓ ସାମଗ୍ରୀକ ଭାବେ କହିବାକୁ ଗଲେ ତତ୍‌କାଳୀନ ଭାରତୀୟ ଜୀବନର ଉନ୍ନତ ଉଚ୍ଚାଙ୍ଗ ପ୍ରତିଫଳନ ହୋଇଛି। ଆତ୍ମ ସଂଯମର ସଫଳ ଅଭ୍ୟାସହିଁ ଆମର ସଂସ୍କୃତି। କାୟ, ମନ, ବାକ୍ୟ ସର୍ବତ୍ର ସଂଯମ ହିଁ ତପସ୍ୟାର ଫଳ। ଏହି ତପସ୍ୟା ମନୁଷ୍ୟର ଅନ୍ତର୍ନିହିତ ସତ୍ୟ, ସଂଯମ ଓ ସାଧୁତା ଆଦି ଗୁଣ ଗୁଡ଼ିକର ସୌନ୍ଦର୍ଯ୍ୟ, ଶକ୍ତି ଓ ସାର୍ଥକତାକୁ ବୃଦ୍ଧି କରିଥାଏ। ମନ ଓ ଶରୀରର ସାଧାରଣ କ୍ଷୁଧା ମେଣ୍ଟିଲାପରେ ମନୁଷ୍ୟ ଲୋଡ଼େ ସଂସ୍କୃତି ଓ ସେହି ସଂସ୍କୃତି ହିଁ ଆଣେ ମନୁଷ୍ୟର ବ୍ୟକ୍ତିତ୍ୱର ଗଭୀରତା। କାଳିଦାସଙ୍କ କୃତି 'କୁମାର ସମ୍ଭବ'ରେ କେବଳ ନୁହେଁ ତାଙ୍କର

କୃତିରେ ସଂସ୍କୃତିର ଏହି ମହାନତାର ଅଭାବ ନାହିଁ। ମଣିଷ ଜୀବନକୁ ସର୍ବାଙ୍ଗସୁନ୍ଦର କରି ଗଢ଼ି ତୋଳିବାକୁ କାଳିଦାସଙ୍କ ସାହିତ୍ୟ ଏକ ଚିର-ସବୁଜ-ପ୍ରାଣ-ପ୍ରାଚୁର୍ଯ୍ୟମୟ ଜୀବନ-ବିଦ୍ୟାଳୟ। ଜୀବନ ପରି ଜୀବନ ଟିଏ ବଞ୍ଚିବା ପାଇଁ ପାଠକକୁ ଏହା ଶିକ୍ଷା ପ୍ରଦାନ କରେ। 'କୁମାର ସମ୍ଭବ'ରେ ପାର୍ବତୀ ଏ ପୃଥିବୀର ପୁଣ୍ୟଶକ୍ତି। ସୌନ୍ଦର୍ଯ୍ୟ ଶକ୍ତି, ସତ୍ୟଶକ୍ତି, ପ୍ରେମ ଶକ୍ତି, ତପଃଶକ୍ତି ଓ ଶାନ୍ତି ଶକ୍ତିର ପ୍ରତୀକ ଅଟନ୍ତି। ସାହିତ୍ୟ ପାଠର ଆନନ୍ଦ ସହିତ ଶିକ୍ଷା, ଉଚ୍ଚନୈତିକ ମୂଲ୍ୟବୋଧ ଅଛି 'କୁମାରସମ୍ଭମ'ରେ ଯାହାକି ପାଠକକୁ ସର୍ବଦିଗରୁ ବିକଶିତ କରିପାରିବ। ଏହା ଏକାଦିକ୍ରମେ ଜୀବନଗ୍ରନ୍ଥ, ଧର୍ମଗ୍ରନ୍ଥ ଓ କାବ୍ୟଗ୍ରନ୍ଥ ରୂପେ ସୁବିଦିତ।

'କୁମାର ସମ୍ଭବ'ରେ ବିଶ୍ୱ-ଉତ୍ପୀଡ଼କ ତାରକାସୁରର ନିଧନ ସକାଶେ ଭଗବାନ ଶିବ ଓ ଦେବାତ୍ମା ଗିରିରାଜ ହିମାଳୟଙ୍କର କନ୍ୟା ପାର୍ବତୀଙ୍କର ପରିଣୟ ଫଳରେ କୁମାର ଅର୍ଥାତ୍ କାର୍ତ୍ତିକେୟଙ୍କର ଜନ୍ମ ବିଷୟ ବର୍ଣ୍ଣନା କରାଯାଇଛି।

ଏଥିପାଇଁ ମୂଳ ମୁଦ୍ରିତ ସଂସ୍କୃତ 'କୁମାର ସମ୍ଭବ' କାବ୍ୟରେ ଅଠର ଗୋଟି ସର୍ଗ ରହିଛି। ଏହାର ପ୍ରଥମ ଟୀକାଦାର ମଲ୍ଲିନାଥ ପ୍ରଥମ ଆଠଗୋଟି ସର୍ଗର ଟୀକା ଲେଖିଛନ୍ତି। ପରବର୍ତ୍ତୀ ଟୀକାକାର ରାମ ଗୋବିନ୍ଦ ଅଷ୍ଟମ ସର୍ଗକୁ ଏହାର ଶେଷ ସର୍ଗ ବୋଲି କହିଛନ୍ତି। ବାକୀ ନବମ ସର୍ଗଠାରୁ ଅଷ୍ଟାଦଶ ସର୍ଗ ମଧ୍ୟରେ ରୀତିଗତ ଦୋଷ ଓ ଅଶ୍ଳୀଳତା ଦୋଷ ଥିବାରୁ ଏହି ପରବର୍ତ୍ତୀ ସର୍ଗଗୁଡ଼ିକ ଅନ୍ୟ ହସ୍ତର ଲେଖା ବୋଲି ସାଧାରଣତଃ ଗୃହୀତ ହୋଇଅଛି।

କାଳିଦାସଙ୍କ ରଚନାରେ ମୁଗ୍ଧ ଓ ଆକୃଷ୍ଟ ହୋଇ କବିବର ରାଧାନାଥ ରାୟ ଓ ପରେ କବି ପଦ୍ମଶ୍ରୀ ରାଧା ମୋହନ ଗଡ଼ନାୟକ ତାଙ୍କ 'ମେଘଦୂତ' ଖଣ୍ଡକାବ୍ୟକୁ ଓଡ଼ିଆରେ ଅନୁବାଦ କରି ଲୋକପ୍ରିୟତା ତଥା ପାଠକୀୟ ଶ୍ରଦ୍ଧା ଲାଭ କରିଛନ୍ତି। ସେହିପରି ଓଡ଼ିଆ ଭାଷାରେ ପ୍ରଥମେ ପଣ୍ଡିତ ମୃତ୍ୟୁଞ୍ଜୟ ରଥ କୁମାର ସମ୍ଭବର ପ୍ରଥମ ଓ ସପ୍ତମ ସର୍ଗର ପଦ୍ୟାନୁବାଦ କରିଥିଲେ। ପଣ୍ଡିତ କୁଳମଣି ଦାସ ତାଙ୍କର କାଳିଦାସ ସନ୍ଦର୍ଭରେ ପ୍ରଥମ ସାତଗୋଟି ସର୍ଗ ମଧ୍ୟରୁ କିଛି ଅଂଶ ଗଦ୍ୟାନୁବାଦ କରିଛନ୍ତି। ଉକ୍ତ ଗ୍ରନ୍ଥଦ୍ୱୟରେ କେତେକ ଅଭାବ ପରିଲକ୍ଷିତ କରି ଜଣେ ଅବସର ପ୍ରାପ୍ତ ଡେପୁଟୀ ମାଜିଷ୍ଟ୍ରେଟ୍ ଶ୍ରୀଭରତ ଚନ୍ଦ୍ର ନାୟକ "କୁମାର ସମ୍ଭବ ଓ ତାରକା ବଧ" ନାମରେ ସପ୍ତଦଶ ସର୍ଗ ବିଶିଷ୍ଟ 'କୁମାର ସମ୍ଭବ'ର ଗଦ୍ୟାନୁବାଦ କରିଛନ୍ତି। କିନ୍ତୁ ଗଦ୍ୟ ସାହିତ୍ୟର ପ୍ରଚାର ଅପେକ୍ଷା ପଦ୍ୟ ସାହିତ୍ୟର ପ୍ରଚାର ସହଜ ଓ ଅଧିକ ହୃଦୟସ୍ପର୍ଶୀ ହୋଇଥିବାରୁ ବୈଦେଶ୍ୱର ମାଇନର ସ୍କୁଲର ପ୍ରଧାନ ଶିକ୍ଷକ ଶ୍ରୀଯୁକ୍ତ ନୀଳକଣ୍ଠ ମହାପାତ୍ର 'କୁମାର ସମ୍ଭବ'ର ପ୍ରଥମ ସପ୍ତସର୍ଗର "ପାର୍ବତୀ ପରିଣୟ" ନାମରେ ପଦ୍ୟାନୁବାଦ କରିଛନ୍ତି।

ଶ୍ରୀଯୁକ୍ତ ମହାପାତ୍ର ଅଧିକାଂଶ ଆଧୁନିକ କବିଙ୍କ ପରି ଗୋଟିଏ ସରଳ ଛନ୍ଦରେ ଗ୍ରନ୍ଥଟିକୁ ନିବନ୍ଧ ନକରି ଓଡ଼ିଶାର ପ୍ରାଚୀନ ମନୋଜ୍ଞ ବିଭିନ୍ନ ଦଶଗୋଟି ବୃତ୍ତର ଉପନିବଦ୍ଧ କରିଥିବାରୁ ଗ୍ରନ୍ଥଟି ସଂଗୀତମୟ ହୋଇଛି। ଏହାପରେ ଶ୍ରୀଜଗବନ୍ଧୁ ମହାପାତ୍ର ମଧ୍ୟ 'କୁମାରସମ୍ଭବ'ର ପଦ୍ୟାନୁବାଦ କରି ସ୍ମରଣୀୟ ହୋଇଛନ୍ତି। ଏହାର ବହୁଦିନ ପରେ ଶ୍ରୀମତୀ ଆଶାମଞ୍ଜରୀ ଦେବୀଙ୍କ ସପ୍ତଦଶ ସର୍ଗ ବିଶିଷ୍ଟ 'କୁମାର ସମ୍ଭବ'ର ପଦାନୁବାଦ ଖ୍ରୀ.ଅ. ୨୦୦୨ରେ ପ୍ରଥମ ପ୍ରକାଶ ଲାଭ କରିଛି।

ମୁଁ ଏହି ଗ୍ରନ୍ଥଟିକୁ ଶ୍ରଦ୍ଧାର ସହିତ ଆମୂଳଚୂଳ ପାଠ କରିଅଛି। ପ୍ରଥମ ସର୍ଗରେ ଗିରିରାଜ ହିମାଳୟର ଅବସ୍ଥିତି, ସୌନ୍ଦର୍ଯ୍ୟ ଓ ମାହାତ୍ମ୍ୟ ବର୍ଣ୍ଣନା ସହିତ ପାର୍ବତୀଙ୍କ ଜନ୍ମ ବୃତ୍ତାନ୍ତ ବର୍ଣ୍ଣନା କରାଯାଇଛି। ଦ୍ୱିତୀୟ ସର୍ଗରେ- ଏକ ସମୟରେ ବ୍ରହ୍ମାଙ୍କ ବରରେ ବଳୀୟାନ ତାରକାସୁର ସ୍ୱର୍ଗପୁରକୁ ଉତ୍ପୀଡ଼ନ ଓ ଲୁଣ୍ଠନ କଲା। ଦେବତାମାନଙ୍କର କୌଣସି ଶକ୍ତିଶାଳୀ ସେନାପତି ନଥିଲେ ଏହାର ପ୍ରତିରୋଧ କରିବା ପାଇଁ। ଦେବଗଣ ମିଳିତ ହୋଇ ବ୍ରହ୍ମାଙ୍କୁ ପ୍ରାର୍ଥନା କଲେ ଓ ତାରକାସୁରର ନିଧନ ଉପାୟ ଜିଜ୍ଞାସା କଲେ। "ଶିବଙ୍କ ଔରସରୁ ଯେଉଁ ସନ୍ତାନ ଜନ୍ମ ନେବ ସେ ହେବ ଦେବତାମାନଙ୍କର ସେନାପତି"। - ବ୍ରହ୍ମାଙ୍କର ଏହି ଆଦେଶରେ ଦେବଗଣ ଶିବ ଓ ପାର୍ବତୀଙ୍କର ବିବାହ କରାଇବା ପାଇଁ ଆୟୋଜନ କଲେ। ତୃତୀୟ ସର୍ଗରେ ସେତେବେଳକୁ ମହାଯୋଗୀଶ୍ୱର ଶିବ ତପସ୍ୟାରତ। ନାଦରଙ୍କ ପରାମର୍ଶରେ ହିମାଳୟଙ୍କର କନ୍ୟା ପାର୍ବତୀ ତପାବିଷ୍ଟ ଶିବଙ୍କର ସେବାରେ ନିଯୁକ୍ତ ହୋଇଥିଲେ। ଶିବଙ୍କ ହୃଦୟରେ କାମବିକାର ଆଣିବା ପାଇଁ ଦେବତାମାନେ କନ୍ଦର୍ପଙ୍କୁ ପ୍ରେରଣ କଲେ। କନ୍ଦର୍ପଙ୍କ ଉପସ୍ଥିତିରେ ଶିବଙ୍କ ତପୋବନରେ ଅକାଳ ବସନ୍ତର ରମ୍ୟ ପ୍ରଭାବ ସର୍ବତ୍ର ବିରାଜମାନ କଲା। ପୁଷ୍ପଧନ୍ୱା କନ୍ଦର୍ପ ଶିବଙ୍କୁ ଧ୍ୟାନଚ୍ୟୁତ କରିବା ପାଇଁ ସମ୍ମୋହନ ଅସ୍ତ୍ର ପ୍ରୟୋଗ କଲେ। କିନ୍ତୁ ହାୟ ! ଯୋଗେଶ୍ୱର ଶିବ କନ୍ଦର୍ପଙ୍କର ଏହି ଅବିମୃଷ୍ୟକାରିତାରେ କ୍ରୁଦ୍ଧ ହୋଇ ତାଙ୍କୁ ନିଜର ତୃତୀୟ ନେତ୍ର ଜ୍ୱାଳାରେ ଭସ୍ମୀଭୂତ କଲେ। ଚତୁର୍ଥ ସର୍ଗରେ- କନ୍ଦର୍ପଙ୍କ ଦହନରେ ରତିଙ୍କ ବିଳାପ-କାରୁଣ୍ୟ ବର୍ଣ୍ଣିତ। ପଞ୍ଚମ ସର୍ଗରେ- ନିଜର ରୂପଦ୍ୱାରା ଶିବଙ୍କୁ ଆକୃଷ୍ଟ କରିବାକୁ ଚେଷ୍ଟାରତା ପାର୍ବତୀ ସମ୍ମୁଖରେ କନ୍ଦର୍ପର ଦହନ ସନ୍ଦର୍ଶନ କରି ନିଜର ରୂପଲାବଣ୍ୟକୁ ଧିକ୍‌କାର କଲେ ଏବଂ ମୃତ୍ୟୁଞ୍ଜୟ ଶିବଙ୍କୁ ପତିରୂପେ ପାଇବା ପାଇଁ ତପସ୍ୱିନୀ ହେଲେ। ହିମାଳୟଙ୍କ ଅନୁଜ୍ଞା ଲାଭ କରି ରାଜକନ୍ୟା ପାର୍ବତୀ ଗୌରୀ ଶିଖରକୁ ତପଶ୍ଚରତା ପାଇଁ ଗଲେ। ସେହି ପବିତ୍ର ତପୋବନରେ ପାର୍ବତୀ କଠୋର ତପଶ୍ଚରତା କଲେ। ଗ୍ରୀଷ୍ମ ସମୟରେ ପଞ୍ଚାଗ୍ନି ସାଧନା, ବର୍ଷ ସମୟରେ ବର୍ଷଣମୁଖର ବର୍ଷାରେ ଏବଂ ଶୀତଋତୁରେ ସିକ୍ତବସ୍ତ୍ର ପରିଧାନ ପୂର୍ବକ ଜଳ ମଧ୍ୟରେ ପାର୍ବତୀ ତପସ୍ୟା

କରୁଥାନ୍ତି । ତାଙ୍କ ତପସ୍ୟାରେ ସନ୍ତୁଷ୍ଟ ହୋଇ ସ୍ୱୟଂ ଶିବ ଛଦ୍ମ ବ୍ରହ୍ମଚାରୀ ବେଶରେ ତପୋବନରେ ପ୍ରବେଶ କଲେ । ପାର୍ବତୀ ନବାଗତ ଅତିଥିଙ୍କର ପରିଚର୍ଯ୍ୟା କଲେ । କୁଶଳ ଜିଜ୍ଞାସା ପରେ ବ୍ରହ୍ମଚାରୀ ତପସ୍ୟାର କାରଣ ପଚାରିଲେ । ପାର୍ବତୀ ସ୍ୱୀୟସଖୀ ମୁଖରେ ନିଜର ଅଭିପ୍ରାୟ ବ୍ୟକ୍ତ କଲେ । ଛଦ୍ମବେଶୀ ବ୍ରହ୍ମଚାରୀ ପାର୍ବତୀଙ୍କ ନିଷ୍ଠା ପରୀକ୍ଷା ପାଇଁ ଶିବଙ୍କ ବିରୋଧରେ କୁତ୍ସା ରଚନା କରି ବହୁ ଯୁକ୍ତି ଉପସ୍ଥାପନ କଲେ । ଅନ୍ୟପକ୍ଷରେ ଦୃଢ଼ ସଂକଳ୍ପ ପାର୍ବତୀ ବ୍ରହ୍ମଚାରୀଙ୍କ ସମସ୍ତ ଯୁକ୍ତିକୁ ନିରାସ ନକରି ସେଠାରୁ ଅନ୍ୟତ୍ର ପ୍ରସ୍ଥାନ କରିବା ପାଇଁ ଉଦ୍ୟତ ହେଲେ । ଇତ୍ୟବସରରେ ସ୍ୱୟଂ ଶିବ ନିଜର ସ୍ୱରୂପ ପ୍ରକାଶ କରି ପାର୍ବତୀଙ୍କୁ ବ୍ରୀଡ଼ିତ ଓ ଉଲ୍ଲସିତ କଲେ । ଷଷ୍ଠସର୍ଗରେ – ଶିବପାର୍ବତୀଙ୍କ ବିବାହ ପ୍ରସ୍ତାବରେ ବିକାଶଭାଗ ବର୍ଣ୍ଣିତ । ସପ୍ତମସର୍ଗରେ- ଶିବପାର୍ବତୀଙ୍କ ବିବାହ ବିଷୟ ବର୍ଣ୍ଣିତ- ଅଷ୍ଟମ ସର୍ଗରେ- ଶିବପାର୍ବତୀଙ୍କ କାମକ୍ରୀଡ଼ା, ନବମସର୍ଗରେ- ବରକନ୍ୟାଙ୍କ କୈଳାସ ଆଗମନ, କନ୍ୟାର ପତିଗୃହଯାତ୍ରା ବର୍ଣ୍ଣିତ । ଦଶମସର୍ଗରେ- କୁମାରଙ୍କର ଜନ୍ମବୃତ୍ତାନ୍ତ ବର୍ଣ୍ଣିତ । ଏକାଦଶସର୍ଗରେ- କୁମାରଙ୍କ ବାଲ୍ୟଲୀଳା, ଦ୍ୱାଦଶ ସର୍ଗରେ- କୁମାରଙ୍କର ଯୌବନପ୍ରାପ୍ତି ଓ ଦେବଗଣଙ୍କ ସେନାପତିତ୍ୱ ଲାଭ । ତ୍ରୟୋଦଶ ସର୍ଗରେ କୁମାରଙ୍କର ଦେବ ସେନାପତି ଭାବେ ଅଭିଷେକ କ୍ରିୟା ବର୍ଣ୍ଣିତ । ଚର୍ତୁଦଶ ସର୍ଗରେ-ଦେବସେନାଙ୍କ ଯୁଦ୍ଧଯାତ୍ରା ପ୍ରସ୍ତୁତି । ପଞ୍ଚଦଶ ସର୍ଗରେ-ଦେବାସୁର ଯୁଦ୍ଧ ବର୍ଣ୍ଣନା, ଷୋଡ଼ଶ ସର୍ଗରେ ଦେବାସୁରଙ୍କ ମଧ୍ୟରେ ଘମାଘୋଟ ଯୁଦ୍ଧର ବର୍ଣ୍ଣନା, ସପ୍ତଦଶ ସର୍ଗରେ ତାରକାସୁରର ବଧ ବିଷୟ ବର୍ଣ୍ଣିତ । 'କୁମାର ସମ୍ଭବ' ଅର୍ଥାତ୍ କାର୍ତ୍ତିକେୟଙ୍କ ଜନ୍ମ ବିଷୟକୁ ନେଇ କାବ୍ୟର ନାମକରଣ କରାଯାଇଛି । ତାରକାସୁରର ବଧ ହେଉଛି ମୁଖ୍ୟ ଉଦ୍ଦେଶ୍ୟ । 'ରାମାୟଣ' ଓ 'ମହାଭାରତ'ରୁ ଏହାର ବିଷୟବସ୍ତୁକୁ କାଳିଦାସ ଗ୍ରହଣ କରିଛନ୍ତି । କାବ୍ୟଟି ପ୍ରସାଦ ଗୁଣଯୁକ୍ତ ବର୍ଣ୍ଣନାରେ ପରିପୂର୍ଣ୍ଣ । ସୌନ୍ଦର୍ଯ୍ୟ ଚେତନା ଓ ଉପମା ଗୌରବ ଉପରେ ଅଧିକ ଧ୍ୟାନ ଦିଆଯାଇଛି । ଶୃଙ୍ଗାର ଓ କରୁଣ ରସ ମୁଖ୍ୟ ସ୍ଥାନ ଲାଭ କରିଛନ୍ତି । ଚରିତ୍ରଚିତ୍ରଣ ଦୃଷ୍ଟିରୁ ମଧ୍ୟ କାବ୍ୟଟି ଅଦ୍ୱିତୀୟ । କାବ୍ୟର ଶେଷରେ କୁହାଯାଇଛି, "ଏହିପରି କୁମାରଙ୍କ ଲୀଳାଛଳେ, ଈଶ୍ୱରଙ୍କ ମହିମା ପ୍ରକାଶି, ଆପଣାରେ ବ୍ୟକ୍ତ କଲେ ମହାକବି କାଳିଦାସ, ଆନନ୍ଦିତ କରି ବିଶ୍ୱବାସୀ" । ଅନୁବାଦ ଶକ୍ତିର ପରିଚୟ ନିମିତ୍ତ ଏକ ତୁଳନାତ୍ମକ ପରିଚୟ ଦିଆଯାଇପାରେ ।

କାଳିଦାସ- "ଅସ୍ତ୍ୟୁତ୍ତରସ୍ୟାଂ ଦିଶି ଦେବାତାତ୍ମା ହିମାଳୟୋ ନାମା
ନାଗାଧିରାଜଃ ପୂର୍ବାପରୌ ତୋୟନିଧିବଗାହ୍ୟସ୍ଥିତ୍ୱା
ପୃଥିବ୍ୟାଇବ ମାନଦଣ୍ଡଃ ।" ୧ ।୧ମ ସର୍ଗ

ଅନୁବାଦ (ଭରତ ଚନ୍ଦ୍ର) – "ଉତ୍ତର ଦିଗରେ ଦେବତାଧିଷ୍ଠିତ ହିମାଳୟ ନାମକ ଏକ ପର୍ବତ ଅଛି। ସେହି ଗିରିରାଜର ପ୍ରାନ୍ତଦ୍ୱୟ ପୂର୍ବ ଓ ପଶ୍ଚିମ ସାଗରରେ ଅବଗାହନ ପୂର୍ବକ ପୃଥିବୀର ମାନଦଣ୍ଡ ସ୍ୱରୂପ ବିଦ୍ୟମାନ ରହିଅଛି।"

(ନୀଳକଣ୍ଠ)- " ଧନପତି ଦିଗେ ଦେବାତ୍ମା ପରି, ରାଜେ ଗିରିରାଜ ହିମ-ଶିଖରୀ।

ପୂରବ ପଶ୍ଚିମ ପାରାବାରରେ, ପରବେଶି ଶିର ଉନ୍ନତ ଶିରେ ସେ
ପୃଥ୍ୱୀ ପରମାପ ପାଇଁ ଯେ।
ପ୍ରକାଣ୍ଡ ମାନଦଣ୍ଡ ପୋତିଛନ୍ତି କି ଅବା ବ୍ରହ୍ମାଣ୍ଡ ପାଇଁ ଯେ।"

(ଶ୍ରୀମତୀ ଆଶାମଞ୍ଜରୀ)- "ଏ ଉତ୍ତର ଦିଗନ୍ତରେ ଶୈଳରତ, ହିମାଳୟନାମେ ଅବରୋଧି ରହିଛି ଯା' ପୂର୍ବ ଆଉ ପଶ୍ଚିମ ବାରିଧି।
ଅବଗାହି ବାରିଧିର କଟି ତଟେ, ମାନଦଣ୍ଡ ପରି
ଦେବଗଣ ଲୀଳାଭୂମି ଭୂମଣ୍ଡଳ ଗିରି ରାଜପଣେ।"

(କାଳିଦାସ)- "ଚନ୍ଦ୍ରଂଗତା ପଦ୍ମଗୁଣାନ୍ନ ଭୁଂକ୍ତେ ପଦ୍ମାଶ୍ରିତ ଚାନ୍ଦ୍ରମସୀମଭିଖ୍ୟାମ୍,
ଉମା ମୁଖଂ ତୁ ପ୍ରତିପଦ୍ୟ ଲୋଳା ଦ୍ୱିସଂଶ୍ରୟାଂ ପ୍ରୀତିମବାପଲକ୍ଷ୍ମୀଃ।"-୪୩ । ୧ମସର୍ଗ

ଅନୁବାଦ (ଭରତଚନ୍ଦ୍ର)- "ଚଞ୍ଚଳା ଲକ୍ଷ୍ମୀ ଯେତେବେଳେ ଶଶଧରରେ ବିରାଜିତ ଥାନ୍ତି, ସେତେବେଳେ ପଦ୍ମଗୁଣକୁ, ପୁଣି ଯେତେବେଳେ ଶତଦଳରେ ଅଧିଷ୍ଠିତା ହୁଅନ୍ତି ତେତେବେଳେ ଚନ୍ଦ୍ରମାଙ୍କ ଶୋଭାକୁ ଉପଭୋଗ କରିପାରନ୍ତି ନାହିଁ; କିନ୍ତୁ ସେ ଗିରିରାଜ ନନ୍ଦିନୀଙ୍କ ବଦନ ମଣ୍ଡଳ ଆଶ୍ରୟକରି ଉଭୟପ୍ରକାର ଆନନ୍ଦ ଉପଭୋଗ କରୁଥିଲେ।"

(ନୀଳକଣ୍ଠ)- ଚନ୍ଦ୍ରେ ବାସ କରି ସାଗର ଜେମା, ଦେଖି ନପାରନ୍ତି ପଦ୍ମ ସୁଷମା
ଦିବସେ କମଳା କମଳେ ଥାଇ, ବିଧୁର ସୌନ୍ଦର୍ଯ୍ୟ ପାଇଲେ ନାହିଁ
ମାତ୍ର ଉମା ମୁଖେ,
ଉଭୟ ମାଧୁରୀ ଲଭିଲେ ସୁଖେ।"

(ଶ୍ରୀମତୀ ଆଶାମଞ୍ଜରୀ)- "ଉମା ମୁଖେ ଶୋଭା। ଦେଖି ଲୋଳାଲକ୍ଷ୍ମୀର ରହିଲେ ଆବୋରି,

ସେ ବିପୁଳ ଶୋଭାମଧ୍ୟେ, ତୃପ୍ତ ମନେ ଦିବସ ନିଶିଥେ।
ଦିବସେ ପଦ୍ମରେ ଥିଲେ, ଭାବୁଥିଲେ ଚନ୍ଦ୍ରସୁଧା ପାଇଁ
(କିନ୍ତୁ) ଏକାଧାରେ ଲଭିଲେ ସେ ପଦ୍ମ ଆଉ ଚନ୍ଦ୍ର-ସୁଧା ଉମା ମୁଖ-ଶିରୀ।"

କାଳିଦାସଙ୍କ ରଚନା ସଂସ୍କୃତରେ ଲିଖିତ। ତେଣୁ ସାଧାରଣ ସଂସ୍କୃତ ଅନଭିଜ୍ଞ ଲୋକଙ୍କ ପକ୍ଷରେ ତାଙ୍କ କବିତା ପଢ଼ିବା ଓ ତାଙ୍କର ସ୍ୱାଭାବିକ ମୌଳିକ ଭବାନୁଭୂତିର ରସୋତ୍ତୀର୍ଣ୍ଣତାକୁ ଆସ୍ୱାଦନ କରିବା କଷ୍ଟକର। ତଥାପି ଯେଉଁମାନେ ତାଙ୍କ କବିତା ବା ସାହିତ୍ୟ ସହିତ ପରିଚିତ ହେବାକୁ ଚାହାନ୍ତି, ସେମାନଙ୍କ ପାଇଁ ଉପରୋକ୍ତ ଅନୁବାଦ ସାହିତ୍ୟ ଏକମାତ୍ର ପାଥେୟ। ସେଥିପାଇଁ ଅନୁବାଦ ଜରିଆରେ ହିଁ ଦେଶ, ଜାତି ଓ ଭାଷାଗତ ପରିଚିତି ସହଜସାଧ ହୋଇଥାଏ। ଏହାହିଁ ଅନୁବାଦ ସାହିତ୍ୟର ବୈଶିଷ୍ଟ୍ୟ ଓ ଭୂମିକା। କିନ୍ତୁ ଏହାମଧ ସତ୍ୟ ଯେ କବି କିମ୍ବା କବିତାର ଆତ୍ମା ଅନୁବାଦରେ ଫୁଟେ ନାହିଁ। ତଥାପି ସେ ଯାହାହେଉନା କାହିଁକି ଆଦୌ ନଜାଣିବା ଅପେକ୍ଷା କିଛି ଜାଣିବା ଭଲ। ଏଦୃଷ୍ଟିରୁ ଅନୁବାଦିକା ଶ୍ରୀମତୀ ଆଶାମଞ୍ଜରୀ ସଂସ୍କୃତଭାଷା ସାହିତ୍ୟର ମହାନ୍ ସ୍ରଷ୍ଟା କାଳିଦାସଙ୍କ କୃତି 'କୁମାର ସମ୍ଭବ'କୁ ଓଡ଼ିଆ ଭାଷାରେ ଯଥାସମ୍ଭବ ଅନୁବାଦ କରି ନିଶ୍ଚିତ ଭାବରେ ଓଡ଼ିଆ ମାଟିର ଓ ଭାଷାର ସୁକନ୍ୟା ଆସନରେ ଆସିନା ହୋଇପାରିଛନ୍ତି; ଅନ୍ୟଦିଗରୁ ଏହା ଫଳସ୍ୱରୂପ ଓଡ଼ିଆ ଭାଷା ସାହିତ୍ୟର ପାଠକମାନେ ଏକ ସୁନ୍ଦର ଓ ଅମର ସାହିତ୍ୟିକ ଉପହାର ଲାଭ କରିଛନ୍ତି।

ଅନୁବାଦିକା ଆଶାମଞ୍ଜରୀ 'କୁମାର ସମ୍ଭବ'ର ଅନୁବାଦ କଳାକୁ ନିଜର କର୍ତ୍ତବ୍ୟ ବୋଲି ମନେକରି ନେଇଥିଲେ। ସେହି କର୍ତ୍ତବ୍ୟକୁ ସେ ଠିକ୍ ସମୟରେ, ଠିକ୍ ରୂପେ, ସାଧୁ ଓ ସୁନ୍ଦର ରୂପରେ ସଂପାଦନ କରିଛନ୍ତି। ଓଡ଼ିଆ ଅନୁବାଦ କାବ୍ୟରାଜ୍ୟରେ ରତ୍ନଟିଏ, ଅମର କୃତିଟିଏ ଓ ନୂତନ ଅତିଥିଟିଏ ସାମିଲ୍ ହୋଇପାରିଛି। ମାତୃଭାଷା ଓ ମାତୃଭୂମିର ସମ୍ମାନ ବୃଦ୍ଧିର ସହାୟକ, ସ୍ୱାଭିମାନର ପ୍ରତୀକ ଓ ଔଜ୍ଜଲ୍ୟତାର ସୂଚକ। ସାମାଜିକ, ସାଂସ୍କୃତିକ, ଆଧାତ୍ମିକ ପରିସରକୁ ଉଚ୍ଚକୋଟୀର ନୈତିକ ମାର୍ଗଦ୍ୱାରା ଶୁଦ୍ଧ କରାଇ ଜୀବନକୁ ବହୁ ଊର୍ଦ୍ଧ୍ୱରେ ପହଞ୍ଚାଇ ପାରିବ। କାଳିଦାସୀୟ ସାହିତ୍ୟ ପୁଷ୍ପୋଦ୍ୟାନର ଏକ ସୁଗନ୍ଧିତ ପୁଷ୍ପକୁ ଓଡ଼ିଆ ଭାଷା ସାହିତ୍ୟର ପୁଷ୍ପୋଦ୍ୟାନରେ ଫୁଟାଇ ଶ୍ରୀମତୀ ଆଶାମଞ୍ଜରୀ ବନ୍ଦନୀୟା। ଏହା ଓଡ଼ିଆମାନଙ୍କ ପାଇଁ ସୌଭାଗ୍ୟର ବିଷୟ। ଗୋଟିଏ ଜାତିର ସମ୍ମାନ ପାଇଁ ଓ ବିକାଶ ପାଇଁ- ତାହାର ଭାଷାର ଅଭିବୃଦ୍ଧି ଓ ପ୍ରସାର ଲୋଡ଼ା। ଏ ଦିଗରେ ପୁସ୍ତକଟି ନିଶ୍ଚୟ ସହାୟକ ହେବ।

ଶ୍ରୀମତୀ ମଞ୍ଜରୀଙ୍କ ପରିବାର ସାହିତ୍ୟ, ସଂସ୍କୃତି, ସଭ୍ୟତା ଓ ଆଧାତ୍ମିକତାପୂର୍ଣ୍ଣ

ମାନବବାଦୀ ଦର୍ଶନରେ ଦୀକ୍ଷିତା। କଠିନ ପରିଶ୍ରମ, ଆଗ୍ରହ, ଶ୍ରଦ୍ଧା, ଶୃଙ୍ଖଳିତ ଅଭ୍ୟାସ। ନିରାଡ଼ମ୍ବର ଜୀବନ, ମାନସିକ ଶାନ୍ତି ଓ ସନ୍ତୋଷ ଏବଂ ସାହିତ୍ୟିକ ପରମ୍ପରାସମୃଦ୍ଧ ପରିବାର ପ୍ରେରଣା ଆଶାମଞ୍ଜରୀଙ୍କ 'କୁମାର ସମ୍ଭବ'ର ପଦାନୁବାଦକୁ ସହଜସାଧ୍ୟ କରିଦେଇଥିଲା। ସଂସ୍କୃତରୁ ଓଡ଼ିଆଭାଷାରେ ଅନୁବାଦ କରିବା ତାଙ୍କ ମସ୍ତିଷ୍କର ଏକ ଶ୍ରେଷ୍ଠ ଓ ଶକ୍ତିଶାଳୀ ନିଦର୍ଶନ। କିନ୍ତୁ ଓଡ଼ିଆମାନଙ୍କ ପାଇଁ, ଓଡ଼ିଆ ଭାଷା ଓ ସାହିତ୍ୟ ପାଇଁ ଦୁର୍ଭାଗ୍ୟର କଥା ବୋଲି ମନକୁ ଆସେ। କାରଣ ସେ କାଳିଦାସଙ୍କର ଅନ୍ୟାନ୍ୟ କୃତିମାନଙ୍କୁ ଏହିଭଳି ଅନାୟାସରେ ଅନୁବାଦ କରିପାରିଥାନ୍ତେ। କଲେ ନାହିଁ କାହିଁକି ? ଏହାର ଉତ୍ତର ଅବଶ୍ୟ ସେ ନିଜେ ମୁଖବନ୍ଧରେ ଦେଇଛନ୍ତି। ପାରିବାରିକ ଜଞ୍ଜାଳ ଭିତରେ ତାଙ୍କୁ ସମୟ ଓ ସୁଯୋଗ ମିଳିନାହିଁ। ତେବେ ତାଙ୍କର ଏ କୃତିଟି ନିଶ୍ଚୟ ତାଙ୍କ ପରି ଶ୍ରଦ୍ଧାଳୁ ଅନୁବାଦକ ଓ ଅନୁବାଦିକାଙ୍କୁ ପରବର୍ତ୍ତୀ କାଳରେ ପ୍ରେରଣାର ମାର୍ଗ ପ୍ରଦର୍ଶନ କରିବ। କ୍ଷୁଦ୍ରମନୁଷ୍ୟ ପକ୍ଷରେ ମହତକାର୍ଯ୍ୟ ସଂପାଦନ ପାଇଁ ଦେବତାମାନଙ୍କର ଓ ଗୁରୁଜନ ମାନଙ୍କର ଆଶୀର୍ବାଦ ଆବଶ୍ୟକ। ଆଶାମଞ୍ଜରୀ ତାଙ୍କର ସଂସ୍କୃତ ବିଦ୍ୱାନ ଶ୍ୱଶୁର ଶ୍ରୀଯୁକ୍ତ ରାମଚନ୍ଦ୍ର ମହାନ୍ତି, ନିଜର ସ୍ୱାମୀ ପ୍ରଖ୍ୟାତ ସାହିତ୍ୟିକ ଓ କବି ଗୁରୁପ୍ରସାଦ ମହାନ୍ତି, ଅନ୍ୟାନ୍ୟ ଆତ୍ମୀୟ, ଗୁରୁଜନ ଓ ଈଶ୍ୱରଙ୍କଠାରୁ ଏହି ଆଶୀର୍ବାଦ ଲାଭ କରି ଧନ୍ୟା ହୋଇଛନ୍ତି; ଆଉ ଲାଭ କରିଛନ୍ତି ନିଜର ଏହି ଶ୍ରଦ୍ଧାନୁବନ୍ଧନ ଅନୁବାଦକ ସଫଳତା। ଏହି କ୍ଷୁଦ୍ରକାମ କରି ସେ ପାଠକମାନଙ୍କ ମନରେ ଦିବ୍ୟ ଗୌରବର ଅନୁଭୂତି ଆଣିପାରିଛନ୍ତି।

ସାହିତ୍ୟରେ ହେଉ ବା କଥୋପକଥନରେ ହେଉ ଗୋଟିଏ ଶବ୍ଦର ସଠିକ ପ୍ରୟୋଗ ହୋଇପାରିଲେ ତାହାର ଓଜନ ପୃଥିବୀର ଓଜନଠାରୁ ଅଧିକ ଅଟେ। ଠିକ୍ ଯେମିତି କହିବା ଦରକାର, ଭାବାନୁସାରୀ ଯେଉଁଭଳି ସଠିକ ଶବ୍ଦ ପ୍ରୟୋଗ ଦରକାର ତହିଁରୁ ଗୋଟିଏ ଅକ୍ଷର କମ୍ କିମ୍ବା ବେଶୀ ଅନୁବାଦରେ ହୋଇଥିଲା ପରି ମନେହୁଏ ନାହିଁ। ଅନୁବାଦରେ ଭାବ, ଭାଷା, କଳ୍ପନା ଆଳଙ୍କାରିକତା, ରସାନୁଭୂତି ସଂପନ୍ନତା, ସୌନ୍ଦର୍ଯ୍ୟ ଚେତନା ପୁଣି ସାମାଜିକ, ସାଂସ୍କୃତିକ ଓ ଚାରିତ୍ରିକ ବୈଶିଷ୍ଟ୍ୟର ସମସ୍ତ ଶିଳ୍ପାନୁପାତିକତାର ଭାରସାମ୍ୟକୁ ସେ ରକ୍ଷା କରିପାରିଛନ୍ତି।

ସାଧାରଣ ପାଠକ ତାଙ୍କୁ ବିଶେଷ ଭାବରେ ଜାଣନ୍ତୁ ବା ନ ଜାଣନ୍ତୁ ଓଡ଼ିଆ ଅନୁବାଦ ସାହିତ୍ୟ ପଠନ ଓ ଚର୍ଚ୍ଚାରେ ଯେଉଁମାନେ ସମୟ ଅତିବାହିତ କରନ୍ତି ସେମାନଙ୍କ ପାଇଁ ଆଶାମଞ୍ଜରୀଙ୍କ କୃତି ଆଲୋଚନାର ସାମଗ୍ରୀ ନିଶ୍ଚୟ। ଭାଷାରେ ନିପୁଣତା ଓ ନିର୍ମଳତା ପ୍ରକାଶ ପାଇଛି। କାଳିଦାସୀୟ ଉଚ୍ଚାଙ୍ଗ ଭାବସଂପଦକୁ ଓ ଶିଳ୍ପସଂପଦକୁ ପ୍ରକାଶ କରିବାର ଶକ୍ତି ଓଡ଼ିଆ ଭାଷାର ଅଛି ବୋଲି, ପଢ଼ିଲାପରେ

ମନରେ ଗର୍ବ ଆସେ; ଭାବ, ଭାଷା ଓ ଶିଳ୍ପାୟନର ଆନୁପାତିକତାରେ ଅନୁବାଦଟି ଛନ୍ଦିତ, ସ୍ପନ୍ଦିତ ଓ ମଳିଭୂତ।

ଜଗତରେ କୌଣସି କର୍ମର ବା ଜିନିଷର ପରିପୂର୍ଣ୍ଣତା ବା ସନ୍ତୋଷର ସୀମାବୋଲି କିଛି ଗୋଟା ନଥାଏ। ସବୁକିଛି ଇନ୍‌ଫିନାଇଟ୍ ବା ଅନିର୍ଦ୍ଦିଷ୍ଟ। ତେବେ କିଛି କର୍ମ ନକରିବା ଅପେକ୍ଷା ବା କିଛି ଜିନିଷ ନପାଇବା ଅପେକ୍ଷା– ଯାହା ଜଣେ କରିପାରିଥାଏ, ବା କିଛି ଜିନିଷ ହେଉପଛେ ପାଇପାରିନଥାଏ ତାହାହିଁ ହେଉଛି ତାହାର ପରିପୂର୍ଣ୍ଣତା ବା ସନ୍ତୋଷର ପ୍ରଚୁରତା ବା ମାପକାଠି। ଆଶାମଞ୍ଜରୀ ଅନୁବାଦଟିକୁ ଏକ ଶିଶୁସମ ଭଲପାଇବାକୁ ଅନୁଭବ କରିପାରିଛନ୍ତି; ଭଲ ପାଇବାକୁ ପାଠକକୁ ଅନୁରୋଧ କରିବାର ଦୃଢ଼ ଓ ଆନ୍ତରିକ ବିଶ୍ୱାସ ପୋଷଣ କରିଛନ୍ତି। ତାହାହିଁ ତାଙ୍କର ବଡ଼ ସଫଳତା। ଲୋକେ କହନ୍ତି, "ଏକ ନୂତନ ସାଧନାର ସିଦ୍ଧିଟିଏ ବା ସୃଷ୍ଟିଟିଏ ଲାଭକଲେ ତାହା ଏକ ପୁତ୍ରଜନ୍ମର ଆନନ୍ଦ ଅନୁଭବ ଆଣିଦେଇଥାଏ। ଅନୁବାଦିକା ଠିକ୍ ଏଇ ଆନନ୍ଦ ଲାଭ କରିଛନ୍ତି। ତାଙ୍କ ମୁଖବନ୍ଧରେ ସେ ଏହା ସ୍ୱୀକାର କରିଛନ୍ତି। ସତରେ ସାହିତ୍ୟ ଅନୁବାଦରେ ତାଙ୍କର ଶାସ୍ତ୍ରୀୟ ଶ୍ରଦ୍ଧା। ସାଧନା ଜୀବନ କି ନିବିଡ଼ ସୂତ୍ରରେ ବନ୍ଧା! ଆତ୍ମ ବିଶ୍ୱାସ ଓ ଆତ୍ମସମ୍ମାନ ମନୁଷ୍ୟର ସବୁଠୁ ବେଶୀ ଦରକାର। ଓଡ଼ିଆ ଭାଷା ସାହିତ୍ୟ, ସଭ୍ୟତା, ସଂସ୍କୃତି ଓ ରୁଚି ସମୃଦ୍ଧି ଏକ ବଂଶଲତା ଓ ପରିବାରର ଝିଅ ଆଉ ବୋହୂ ଭାବରେ ଶ୍ରୀମତୀ ଆଶାମଞ୍ଜରୀ ଏତକ ଅର୍ଜନ କରିପାରିଛନ୍ତି। ସେହି ଆତ୍ମସମ୍ମାନ ଓ ଆତ୍ମବିଶ୍ୱାସର ଫଳଶ୍ରୁତି ହେଉଛି 'କୁମାର ସମ୍ଭବ'ର ପଦାନୁବାଦ।

ଅନୁବାଦିକାଙ୍କର ଅନୁବାଦ ପାଇଁ ମନର ବଳକୁ ଜାଣିଲାପରେ ମନେ ପଡ଼େ କବି ରାମକୃଷ୍ଣନନ୍ଦଙ୍କ ପ୍ରେରଣା, "ଧନ ନଥିଲେ ପରବା ନାହିଁ ମନରେ ଅଛି ବଳ, ମନର ବଳେ କରିପାରେ ମୁଁ ଦୁନିଆ ଟଳମଳ।" ପୁଣ୍ୟାତ୍ମା ଉତ୍କଳମଣି ଗୋପବନ୍ଧୁ ଦାସ ଏ ଧରଣର କାର୍ଯ୍ୟକୁ ଅତି ସୁନ୍ଦର ଭାବେ ପ୍ରକାଶ କରି କହିଛନ୍ତି, "କ୍ଷୁଦ୍ରକାମରେ ଦିବ୍ୟ ଗୌରବ"। ଓଡ଼ିଆରେ 'କୁମାର ସମ୍ଭବ' ପଦାନୁବାଦକୁ ଏକ ଅଭିନବ, ଉତ୍କୃଷ୍ଟ ଓ ମୌଳିକ କାବ୍ୟରୂପେ ଗ୍ରହଣ କରାଯାଇପାରେ। ଆଜି ଯୁଗରେ ଉତ୍କୃଷ୍ଟ ଅନୁବାଦ ଯେହେତୁ ମୌଳିକ ସୃଷ୍ଟିର ସମ୍ମାନ ଲାଭ କରିପାରୁଛି, ଏହାକୁ ମହାବିଦ୍ୟାଳୟ ତଥା ବିଶ୍ୱବିଦ୍ୟାଳୟର ସ୍ତରରେ ପାଠ୍ୟକ୍ରମ ରୂପେ ଗ୍ରହଣ କରାଗଲେ, ଛାତ୍ରଛାତ୍ରୀ ଓ ଗବେଷକ ମାନଙ୍କ ପାଇଁ ସଂସ୍କୃତରୁ ଓଡ଼ିଆକୁ ଅନୁବାଦ କରିବାର ଦିଶାରୀ ରୂପେ ଏହା କାର୍ଯ୍ୟକରନ୍ତା। ଏଥିରେ ପାଠକେ ଦ୍ୱିମତ ହେବାର ନାହିଁ। କାଳିଦାସକୃତ ତଥା ସଂସ୍କୃତ କାବ୍ୟ ସାହିତ୍ୟରେ ଶାଶ୍ୱତ ସତ୍ୟର ସ୍ପର୍ଶ, ତା'ର ସ୍ଥାୟିତ୍ୱ ତଥା ଲୋକପ୍ରିୟତା ବହୁ ଅନୁବାଦକଙ୍କୁ ନିଜ ମାତୃଭାଷାରେ ଅନୁବାଦ କରିବାକୁ ପ୍ରେରଣା ଯୋଗାଇ ଆସିଛି।

ସେହି ପ୍ରେରଣାର ଫଳ ହେଉଛି- 'କୁମାର ସମ୍ଭବ'ର ପଦାନୁବାଦ।

ପୁରସ୍କାର ପ୍ରତି ମମତା ନାହିଁ; କିମ୍ବା ଅରଣ୍ୟ କୁସୁମ ପରି ଲୋକ ଲୋଚନ ଅଗୋଚରରେ ଝରିପଡ଼ିବାର ଗ୍ଲାନି ନାହିଁ କି ଆତ୍ମପ୍ରଚାର ପାଇଁ ପ୍ରୟାସ ନାହିଁ। ଅଛି କେବଳ ସାଧନା, ନିଜର ମନକୁ ପ୍ରକାଶ କରିବାର ବେଦନା। ନିଜେ ସେ ଯାହା ଆନନ୍ଦ ଓ ଅନୁଭୂତିର ଶାଶ୍ୱତ ପାକ ଚାଖିଛନ୍ତି, ସେହି ସ୍ୱାଦକୁ ଗ୍ରାହକ, ପାଠକମାନଙ୍କୁ ପରଷି ଯାଇଛନ୍ତି ମାତ୍ର। କବି ରବୀନ୍ଦ୍ରନାଥଙ୍କ ଭାଷାରେ, "ଜୀବନ-ମନ୍ଥନ ବିଷ ନିଜେ କରି ପାନ୍, ଅମୃତ ଯା ଉଠେଛେଲ୍ କରେ ଗେଛ୍ ଦାନ୍।" ଏତିକି ହିଁ ଅନୁବାଦିକାଙ୍କ ଜୀବନର ପରମବ୍ରତ ଓ ପରମ ଗୌରବ କାରଣ ଦୃଷ୍ଟି ତାଙ୍କର ଭିନ୍ନ; ଆଉ ଉଦ୍ଦେଶ୍ୟ ମଧ୍ୟ ମହତ। ମନୁଙ୍କ ଭାଷାରେ, "ଏତଦ୍ଦେଶ-ପ୍ରସୂତସ୍ୟ ସକାଶା-ଦ୍ରଗ ଜନ୍ମନଃ, ସ୍ୱସ୍ୱଂ ଚରିତ୍ରଂ ଶିକ୍ଷେତ ପୃଥିବ୍ୟାଂ ସର୍ବ ମାନବଃ।"- ଅର୍ଥାତ୍ "ଏହି ଭାରତ ହିଁ ସମଗ୍ର ପୃଥିବୀର ଚରିତ୍ର ଶିକ୍ଷାର କେନ୍ଦ୍ରବିନ୍ଦୁ ସ୍ୱରୂପ।" ସଂସ୍କୃତ ସାହିତ୍ୟ ଏହାର ଆଧାରଭୂମି। ସେ ଦୃଷ୍ଟିରୁ କାଳିଦାସକୃତ 'କୁମାର ସମ୍ଭବ' ପୃଥିବୀ ପାଇଁ ଏହି ଚରିତ୍ର ଶିକ୍ଷାର କେନ୍ଦ୍ରବିନ୍ଦୁ ସ୍ୱରୂପ ନୁହେଁ କି ?

ମୌଳିକ ସୃଷ୍ଟି ହେଉ ବା ଅନୁବାଦ ମୂଳକ ସୃଷ୍ଟି ହେଉ, ପ୍ରକାଶ କରିବାର ଯନ୍ତ୍ରଣା ସମସ୍ତଙ୍କର ଅଛି। ସେ ଗିରିଗୁହାର ମଣିଷ ହେଉ ଅଥବା ଆଜିର ରକେଟ୍ ଯୁଗର ମଣିଷ ହେଉ ତା'ଠାରେ ସେଇ ସମାନ ଅନୁଭୂତି। ନିଜର କଥା କହିବା ପାଇଁ ଆମେ ଅଧିକ ଭଲ ପାଉ; ନିଜର ଅନୁଭୂତିକୁ ରୂପାୟିତ କରି ନୂତନ ସୌନ୍ଦର୍ଯ୍ୟର ସୃଷ୍ଟି କରି; ପୁଣି ଏହି ବ୍ୟକ୍ତିଗତ ଅନୁଭୂତିରେ ସାର୍ବଜନୀନ ଅନୁଭୂତିର ଆସ୍ୱାଦନ ଆଣିପାରିଲେ ତାହା ଶ୍ରେଷ୍ଠ ସାହିତ୍ୟିକ କୃତିରେ ପରିଣତ ହୋଇଥାଏ। 'କୁମାର ସମ୍ଭବ' ଅନୁବାଦ କଲାବେଳେ ଅନୁବାଦିକା ଏହି ସତ୍ୟକୁ ଅନୁବାଦର ଆଧାରଭୂମି ରୂପେ ଗ୍ରହଣ କରିଥିବା କଥା ମୁଖବନ୍ଧରେ ଅଭିବ୍ୟକ୍ତ କରିଛନ୍ତି। ସାଂପ୍ରତିକ ଜଗତରେ ମଣିଷର ଅସରନ୍ତି ଦୁଃଖ, ଭୌତିକ ସଭ୍ୟତା ଆମକୁ ସମୃଦ୍ଧିଶାଳୀ ଯେତିକି କରିଛି; ଅଶାନ୍ତି ଓ ହାହାକାର ମଧ୍ୟରେ ସନ୍ତୁଳିତ ହେବାକୁ ସେତିକି ଛାଡ଼ି ଦେଇଛି। ତେଣୁ ସୁଖ ବସ୍ତୁ ନୁହେଁ ବରଂ ତାହା ଏକ ମାନସିକ ଐଶ୍ୱର୍ଯ୍ୟ। ଏହି ମାନବିକ ବିଭୂତି କେବଳ ସାହିତ୍ୟ ମାଧ୍ୟମରେ ଆହାରଣ କରାଯାଇପାରେ। ସାହିତ୍ୟ ହିଁ ଜୀବନକୁ ଏପରି ପ୍ରେରଣା ଗର୍ଭିତ କରିପାରେ। ଜୀବନର ଚରମ ସଫଳତା ଓ ଆନନ୍ଦ ଅଛି ଅନ୍ୟପାଇଁ ନିଜକୁ ଉତ୍ସର୍ଗ କରିଦେବାରେ। 'କୁମାର ସମ୍ଭବ'ର ଶିବ, ପାର୍ବତୀ ଓ କାର୍ତ୍ତିକେୟ ଆଦି ଚରିତ୍ରଗୁଡ଼ିକ ଏହି ଐଶ୍ୱର୍ଯ୍ୟ ଓ ବିଭୂତିର ପ୍ରତୀକ। ଏମାନେ ପାଠକର ମନରୁ ଦୁଃଖ ହରଣ କରିବେ, ଆଖିରୁ ଲୁହ ପୋଛି ଦେବେ ଓ ହୃଦୟରେ ରମ୍ୟ ଓ ଅମୃତର ପ୍ରଲେପ ବୋଳିଦେବେ। ବର୍ତ୍ତମାନ ଯୁଗରେ

ଅନୁବାଦିକାଙ୍କର ଏଭଳି ଚେଷ୍ଟା ହିଁ ଆସ୍ତିକ ବୁଦ୍ଧିର ପରିଚାୟକ। ଏହା ମାଧ୍ୟମରେ ସେ ସତ୍ୟ, ଶିବ ଓ ସୁନ୍ଦରର ଆହ୍ୱାନ କରିଛନ୍ତି। ଛନ୍ଦୋବଦ୍ଧ, ତତ୍‌ସମ ଶବ୍ଦ ବହୁଳ ମଧୁର-କୋମଳ-ପ୍ରସାଦ-ଗୁଣଯୁକ୍ତ ପଦାବଳୀର ସର୍ବତ୍ର ଜୟଜୟକାର ସାହିତ୍ୟିକ-ସମ୍ଭ୍ରାନ୍ତତାର ଠାଣି, ଚାହାଣୀ, ଚମକ ଓ ଚଳଣୀ ବିମଣ୍ଡନ କରିଛି କାବ୍ୟନାୟିକାଙ୍କୁ।

ମୋର ଦୃଢ଼ ବିଶ୍ୱାସ ଏ ଅନୁବାଦଟି କିଛି ନହେଲେ ହେଁ, ବହୁଜନ ସୁଖାୟ କାବ୍ୟଗ୍ରନ୍ଥ ରୂପେ ଆଦୃତ ହେବ।

ଶ୍ରଦ୍ଧାଳୁ ପାଠକ,

**ଶଙ୍କର ଗାଉଣା,**

ତା ୧୧.୨.୨୦୦୪

# ମନ୍ତବ୍ୟ-୧

ଶ୍ରୀମତୀ ଆଶାମଞ୍ଜରୀ ଦେବୀଙ୍କ ଦ୍ୱାରା ଲିଖିତ 'କୁମାର ସମ୍ଭବମ୍' କାବ୍ୟର ପଦାନୁବାଦ ଗ୍ରନ୍ଥଟି ଦେଖିଲି- ଏହା ମହାକବି କାଳିଦାସକୃତ ସଂସ୍କୃତ 'କୁମାର ସମ୍ଭବମ୍'ର ଓଡ଼ିଆ ଅନୁବାଦ। କାଳିଦାସକୃତ ସମସ୍ତ ଗ୍ରନ୍ଥ ପୃଥିବୀର ବିଭିନ୍ନ ଭାଷାରେ ଅନୂଦିତ। ଓଡ଼ିଆ ଭାଷାରେ ମଧ୍ୟ ଏହାର ଅଭାବ ନାହିଁ। ତଥାପି ଲେଖିକା କୁମାର ସମ୍ଭବମ୍ ପ୍ରତି ଆକୃଷ୍ଟ ହୋଇ ଏହି ଯେଉଁ ପଦାନୁବାଦଟି କରିବାକୁ ଯାଇଛନ୍ତି ତାହା ନିଶ୍ଚିତ ଭାବେ ପ୍ରଶଂସିତ। ଜଣେ ପାରମ୍ପରିକ ଗୃହବଧୂ କାଳିଦାସଙ୍କ ଭଳି ବିଶ୍ୱପ୍ରସିଦ୍ଧ ଲେଖକଙ୍କ କୃତିକୁ ଅନୁବାଦ କରିବା ପ୍ରୟାସ ସାଧାରଣ ନୁହେଁ। ଏଥିରେ ଲେଖିକାଙ୍କ ସୁରମ୍ୟ ମନୋଭାବନା ଯେପରି ପ୍ରତିଫଳିତ ସେହିପରି ଅସୀମ ସାହିତ୍ୟାନୁରାଗ ମଧ୍ୟ ପରିଲକ୍ଷିତ। ଗ୍ରନ୍ଥାରମ୍ଭର ଗୁରୁନିବେଦନ ପ୍ରସଙ୍ଗରେ ସେ ଯେଉଁ ପରିସର ମଧ୍ୟରେ ରହି ଏତାଦୃଶ ସାହସିକ କର୍ମରେ ପ୍ରବୃତ୍ତ ହୋଇଛନ୍ତି ତାହା ପ୍ରଣିଧାନଯୋଗ୍ୟ। କଟକ ଜିଲ୍ଲା ବାସ୍ତବ୍ୟ ସୁପ୍ରସିଦ୍ଧ ମହାନ୍ତି ପରିବାରର ଜମିଦାର ଘରେ ଜନ୍ମଗ୍ରହଣ କରି ଏବଂ କଠୋର କୁଳାଚାର ମଧ୍ୟରେ ଆବଦ୍ଧ ରହି ନାନାବିଧ ପ୍ରତିବନ୍ଧକ ସତ୍ତ୍ୱେ ଆପଣାର ଦୁର୍ବାର ଆକାଂକ୍ଷାକୁ ରୂପାୟିତ କରିପାରିଥିବା ଦେଖିଲେ ଆଶ୍ଚର୍ଯ୍ୟ ଲାଗେ।

କାଳିଦାସଙ୍କ କାବ୍ୟତ୍ରୟୀ ଓ ନାଟକତ୍ରୟୀ ମଧ୍ୟରେ କୁମାର ସମ୍ଭବମ୍ ସ୍ୱତନ୍ତ୍ରସ୍ଥାନ ରହିଛି। ଏଥିରେ ଶିବ-ପାର୍ବତୀଙ୍କ ବିବାହ ଓ କୁମାରୋତ୍ପତ୍ତି ବିଷୟରେ ସବିଶେଷ ବର୍ଣ୍ଣନା ପରିଦୃଷ୍ଟ ହୁଏ। ବିଶେଷତଃ ଶିବପ୍ରାପ୍ତି ନିମିତ୍ତ ହିମାଳୟ କନ୍ୟା ପାର୍ବତୀଙ୍କ କଠୋର ତପଶ୍ଚର୍ଯ୍ୟା ଓ ତାର ମଧୁର ପରିଣତି ସମ୍ବନ୍ଧୀ ବର୍ଣ୍ଣନା ବିଶ୍ୱ ସାହିତ୍ୟରେ ଦୁର୍ଲଭ କହିଲେ ଚଳେ। ସେହିପରି ଏକ କାବ୍ୟର ଓଡ଼ିଆ ଭାଷାରେ ପଦାନୁବାଦ କଲାବେଳେ ସ୍ଥାନେ ସ୍ଥାନେ ତ୍ରୁଟିବିଚ୍ୟୁତି ରହିବା ସ୍ୱାଭାବିକ। ତଥାପି ଲେଖିକା ଯେଉଁ

ଛନ୍ଦ, ଭାଷା ଓ ପ୍ରକାଶନଭଙ୍ଗୀ ଅନୁସରଣ କରି ଗ୍ରନ୍ଥଟିର ମର୍ମାନୁବାଦ କରି ଯାଇଛନ୍ତି ତାହା ମୂଳ ଗ୍ରନ୍ଥର ଭାବାବେଗକୁ ଅକ୍ଷୁର୍ଣ୍ଣ ରଖିବା ସଙ୍ଗେ ସଙ୍ଗେ ସ୍ୱକୀୟ ସଂସ୍କୃତ ଭାଷା ଦକ୍ଷତାର ପରିଚୟ ପ୍ରଦାନ କରିଛନ୍ତି । ଲେଖାଟି ସରଳ ଓ ସୁଖପାଠ୍ୟ । ସାଧାରଣ ପାଠକ ପକ୍ଷେ ନିଶ୍ଚିତ ଭାବେ ହୃଦୟଗ୍ରାହୀ ହେବ । ସନ୍ଦେହ ନାହିଁ । ଏଥି ସକାଶେ ଲେଖିକାଙ୍କୁ କେତେ ଯେ କଷ୍ଟ ସ୍ୱୀକାର କରିବାକୁ ପଡ଼ିଥିବ ତାହା ସହଜେ ଅନୁମେୟ ।

ଆଜିକାଲିକା ପୁରାତନ କାବ୍ୟ-କବିତା ଓ ସାଂସ୍କୃତିକ ପରମ୍ପରାର ଅବକ୍ଷୟ ଯୁଗରେ ଭାରତର ପୂର୍ବସୂରୀମାନଙ୍କ ଚିନ୍ତାଧାରା ଓ ସାର୍ବଜନୀନ ଗୌରବକୁ ଓଡ଼ିଆ ଜନମାନସରେ ପରିଚିତ କରାଇବା ପାଇଁ ଯେଉଁ ସତ୍ସାହସ ଓ କର୍ମନିଷ୍ଠା ଏକ ଯୌଥ ପରିବାରର ନାରୀପକ୍ଷେ କେତେ ଗୌରବାବହ ତାହା କଥାରେ କହିହୁଏ ନାହିଁ । ଏହି ଦୃଷ୍ଟିରେ ଓଡ଼ିଆ ସାହିତ୍ୟକୁ ଲେଖିକାଙ୍କ ଏ ଅମୂଲ୍ୟ ଅବଦାନ ପାଇଁ ମୁଁ ଧନ୍ୟବାଦ ଜଣାଉଛି ଏବଂ ଜଗନ୍ନାଥଙ୍କଠାରେ ପ୍ରାର୍ଥନା କରୁଛି କି ତାଙ୍କ ଲେଖନୀ ସର୍ବଦା ଚଳଚଞ୍ଚଳ ରହୁ ।

ଚନ୍ଦ୍ରପ୍ରଭା ସାହୁ,
୮/୧୦/୨୦୦୨ ବେଣୀମାଧବ ପାଢ଼ୀ

www.ingramcontent.com/pod-product-compliance
Lightning Source LLC
Chambersburg PA
CBHW060559080526
44585CB00013B/619
* 9 7 8 1 6 4 5 6 0 6 4 2 0 *